T0161641

Écrire l'Histoire
à Rome

Stéphane Ratti

professeur à l'Université de Bourgogne

Écrire l'Histoire à Rome

en collaboration avec

Jean-Yves Guillaumin
professeur à l'Université de Franche-Comté

Paul-Marius Martin
professeur émérite à l'Université de Montpellier III

Étienne Wolff
professeur à l'Université Paris X-Nanterre

LES
BELLES
LETTRES

Pour consulter notre catalogue
et découvrir nos nouveautés
www.lesbelleslettres.com

ISBN : 978-2-251-44364-5

AVANT-PROPOS

Cet ouvrage a été conçu et pensé d'abord pour les étudiants. Il n'a pas d'autre prétention que de présenter les grands historiens romains dans une perspective historique et littéraire proche de celles qui sont requises par les examens de nos Universités. Les différents chapitres qui le composent sont souvent d'ailleurs issus des cours qu'assurent les auteurs dans leurs Facultés devant des étudiants avancés, agrégatifs et auditeurs de séminaires de Master.

Néanmoins nous ne nous sommes pas crus obligés de taire toute subjectivité ni toute interprétation personnelle, au contraire. Les auteurs des différents chapitres sont aussi des chercheurs, tous férus d'historiographie. On saura reconnaître dans telle ou telle page la synthèse de recherches pointues et publiées dans des revues scientifiques spécialisées. L'objectif que nous avons constamment poursuivi était de mettre à la portée d'un public le plus large possible ces acquis auxquels renvoient les bibliographies placées à la fin de chacun des huit chapitres. En aucun cas ces listes d'ouvrages ne se veulent exhaustives : elles reflètent les choix et – pourquoi ne pas l'avouer ? – les orientations personnelles des auteurs. On n'a pas, dans ce petit livre, voulu tout dire et, du reste, la chose était parfaitement impossible eu égard à l'inflation bibliographique que connaissent nos disciplines.

Deux spécificités caractérisent ce qui suit. La première est de l'ordre du contenu. Les auteurs tardifs tiennent ici une place que nous avons voulue substantielle. C'est un parti pris qui détonne avec l'espace qu'occupe généralement dans les manuels existants la littérature latine postérieure au IIe siècle : celle du parent pauvre. Ammien Marcellin, notamment, est traité avec une ampleur qui trahit non pas une volonté de réhabilitation – d'autres l'ont menée avant nous – mais qui est fondée sur un jugement de valeur : l'auteur des *Res Gestae* est un des plus grands écrivains de langue latine. De la même manière, le chapitre sur l'*Histoire Auguste* n'échappe pas à la pression de l'actualité scientifique puisqu'on trouvera ici décrite la thèse nouvelle que j'ai pu présenter très récemment, à Bamberg en 2005 et à Paris en 2007, sur l'auteur mystérieux de cette collection de biographies impériales.

La seconde spécificité de l'ouvrage est d'ordre méthodologique. Nous avons choisi d'intégrer dans chaque chapitre des prolongements qui jettent des éclairages de détail sur un passage de l'auteur abordé. Le texte latin est à chaque fois suivi de sa traduction et d'une approche structurée dans l'esprit de ce que les jurys des concours attendent des candidats dans les épreuves de leçon, d'étude littéraire ou d'explication. L'objectif était d'autant plus naturel que les auteurs ont tous l'expérience de ces jurys.

Stéphane Ratti

CHAPITRE I

CÉSAR

CÉSAR, L'HOMME

Né entre 102 et 100 (juillet 101, selon J. Carcopino), César, neveu de Marius par sa tante Iulia, devient orphelin de père dès 86 ou 85. Son éducation sera désormais assurée par un entourage féminin qui, renvoyant sa première épouse Cossutia, le remarie (il a environ 18 ans) à Cornelia, fille de Cinna, chef du parti des *populares*. Il commence sa carrière politique en plaidant en 77 et début 76 contre des syllaniens, Cn. Cornelius Dolabella et C. Antonius. Il part ensuite à Rhodes (76) pour y suivre les leçons du rhéteur Apollonios Molon. Il est élu questeur en 69 pour 68 : c'est le début de sa carrière politique.

Cette année-là, justement, mourut la tante Iulia, qui était la veuve de Marius. Utilisant le précédent de Q. Lutatius Catulus, son collègue dans le collège des pontifes, qui trente ans auparavant avait obtenu la *laudatio* publique pour sa mère défunte, César, qui sera toujours l'homme des précédents (il se plaît à les récupérer en sa faveur), célèbre la *laudatio* de sa tante ; monté à la tribune, il dit dans son discours : « Du côté de sa mère, ma tante Iulia descend des rois ; du côté de son père, elle se rattache aux dieux immortels. C'est en effet d'Ancus Martius que sont issus les *Marcii Reges*, et tel était le nom de sa mère. C'est de Vénus que descendent les *Iulii*, et nous sommes une branche de cette famille. On voit donc que notre famille unit le caractère sacré des rois, qui sont les maîtres des hommes, et la sainteté des dieux, qui sont les maîtres des rois[1] ». Si le discours est cité par Suétone, c'est certainement qu'on

---

1. Suétone, *César* 6, 2 : *Amitae meae Iuliae maternum genus ab regibus ortum, paternum cum diis inmortalibus coniunctum est. Nam ab Anco Marcio sunt Marcii Reges, quo nomine fuit mater ; a Venere Iulii, cuius gentis familia est nostra. Est ergo in genere et sanctitas regum, qui plurimum inter homines pollent, et caerimonia deorum, quorum ipsi in potestate sunt reges.* Cf. Plutarque, *Vie de César* 5.

avait pu le copier, c'est-à-dire que César avait dû le publier après coup, en même temps qu'il en conservait sans doute le texte dans ses archives familiales. Cet éloge de la tante, par la dimension politique dont il est marqué, éclipse sans doute celui que prononça de nouveau César, en des circonstances semblables, quelques semaines plus tard, début 68 : il s'agissait cette fois de la *laudatio* de son épouse Cornelia[2].

Ces démonstrations illustrent la double prétention de César, aristocratique et populaire. L'homme a des attaches aussi bien dans l'aristocratie que vers le parti démocratique. Il a des qualités personnelles : intellectuelles, morales (non pas « de morale »), physiques. Il a de la beauté. Il a de l'habileté politique : il ménage d'abord Pompée, l'homme fort, et crée des précédents (ainsi, il approuve les pleins pouvoirs à Pompée contre les pirates en 67 puis contre Mithridate en 66). Il réconcilie en 60 Pompée et Crassus et s'allie avec eux. Ainsi est-il élu consul pour l'année 59, en exécution des accords du « premier triumvirat », arrangement secret entre les trois partenaires. Son collègue est Bibulus, élu par les conservateurs, et rapidement neutralisé par César (« consulat de Jules et de César », dira-t-on[3]). Ayant exercé la charge de consul en 59, c'est tout naturellement qu'en 58 il aura à administrer une province. Et ce sera le début de son épopée militaire.

L'APPEL DE LA GAULE

Ce qui est piquant, c'est que le conquérant n'aurait jamais dû venir en Gaule. La guerre des Gaules n'est que la conséquence d'une défaite de politique intérieure des *optimates*. Le Sénat, prévoyant le consulat de 59, avait dès longtemps décidé que les provinces proconsulaires de 58 seraient l'Apulie et le Bruttium (on donnait habituellement ces régions à un jeune questeur !). Cela revenait à envoyer César dans *siluae callesque*, « les forêts et les drailles »[4]. César ayant fait intervenir le peuple

---

2. La fille de Cinna, donc, que César avait épousée quand il avait 18 ans – il épousera ensuite Pompeia, qu'il répudiera au moment du scandale de la *Bona Dea*, en janvier 61 ; la dernière sera Calpurnia.

3. *Iulio et Caesare consulibus* (Suétone, *César* 20, 2).

4. Suétone, *César* 19, 2 : *Opera ab optimatibus data est ut prouinciae futuris consulibus minimi negotii, id est siluae callesque, decernerentur*, « Les optimates veillèrent à ce que fussent attribuées aux futurs consuls des provinces sans importance, les forêts et les drailles » (de l'Apulie et du Bruttium).

(grâce au tribun Vatinius), la *lex Vatinia* lui donne finalement la Gaule cisalpine et l'Illyricum (nord de l'ex-Yougoslavie, et un peu d'Italie, le long de l'Adriatique ; Aquilée est dans l'Illyricum) et le Sénat y ajoute, pour faire bonne mesure et montrer qu'il n'a jamais eu que d'excellentes intentions, la Gaule transalpine (la *Prouincia*), avec une légion en plus des trois déjà accordées. Commentaire de J. Carcopino[5] : « Ainsi Gribouille, pour éviter la pluie, se jetait à l'eau ». En tout cas, voilà César en charge de la Gaule, celle de la plaine du Pô et celle de l'autre côté des Alpes.

César cependant, et c'est une autre raison qui aurait dû l'écarter de la Gaule et le lancer vers d'autres champs de manœuvre et de pillage, avait regardé plutôt vers le Danube et vers le barbare dace Burebistas, dangereux vers 65-60 (raison pour laquelle, consul en 59, il fait donner à Arioviste le titre d'ami du Peuple romain) ; cela d'autant plus qu'il savait pouvoir disposer de cinq ans de proconsulat, ce qui permet de faire des projets dans la longue durée. Il y aura, dans ces régions qui pourraient être le Far West de César, des occasions de moissonner la gloire et la richesse, tout en luttant de façon visible pour la sécurité de Rome au nord. Malheureusement, ce sont ces années 60 que choisit la menace Burebistas pour s'évanouir... Il n'y a plus de prétexte, pour César ni pour personne, à une grande expédition danubienne.

C'est alors que voici, cadeau du Ciel, les Helvètes au début de 58 : avec eux, des Boïens, des Rauraques, des Tulinges et des Latoviques, au total 368 000 hommes dont 92 000 en armes, rassemblés vers Genève avec l'intention de se transporter chez les Santons (qui ont laissé leur nom à la moderne Saintes). César averti revient de Rome *quam celerrime*. L'intervention contre eux s'impose parce que Rome vient d'être informée que ce peuple s'est mis en marche après avoir décidé sa migration vers l'ouest et l'avoir préparée dès 61. Même si la menace est peut-être plus supposée que réelle, le rôle du proconsul en charge de la Transalpine est de faire face. La raison officielle sera la tentative helvète de passage par le territoire romain de la *Prouincia* (*Bellum Gallicum* 1, 14, 3) et la demande de protection présentée par les Éduens (*BG* 1, 11, 2), « frères consanguins du peuple Romain » (1, 33, 2). L'intervention se soldera, comme on sait, par l'écrasement des émigrants entre Autun et Gueugnon (au minimum 220 000 tués). L'intervention contre les Helvètes est pour César une belle occasion de se faire une armée solide, d'entreprendre de

---

5. *César*, p. 215.

commander l'axe Verceil/Grand Saint-Bernard/Boulogne/Douvres, vers les mines d'étain de Cornouailles, et de piller les richesses de la Gaule : hommes, mines, temples (Suétone, *César* 54, 2).

La Gaule vers – 60, relativement peuplée[6], est assez proche de Rome par bien des points. Il est très important de noter que « vers 100 av. J.-C., (…) des peuples gaulois ont adopté l'étalon-argent et un poids aligné sur un demi-denier d'argent romain (également proche de la drachme massaliote) afin de permettre des équivalences faciles »[7] ; *mutatis mutandis*, on pourrait risquer la comparaison avec l'euro, même si dans le cas dont nous parlons il ne s'agit pas d'une monnaie unique. Il y a donc une « volonté commune » ! Alors que la Gaule du sud-est est déjà province romaine depuis la défaite de la coalition des Allobroges et des Arvernes en 123-121, même une partie de la Gaule indépendante est pour ainsi dire passée dans l'orbite italienne. Les échanges commerciaux se font entre le vin italien et les esclaves gaulois. Les Éduens sont en quelque sorte déjà romanisés ; Diviciacos, venu à Rome pour solliciter une aide du Sénat contre l'hégémonie séquane (*BG* 6, 12, 5), avait été reçu dans la maison de Cicéron[8]. Malgré cette proximité entre la Gaule et l'Italie, il reste qu'il n'y a pas en Gaule d'urbanisme comparable à celui de l'Italie, pas de centralisation politique. Les cours d'eau et les reliefs marquent entre les peuples les limites d'une indépendance sourcilleuse et agressive. Parler de la Gaule, au singulier, comme d'une entité cohérente en ses *partes tres*, en obéissant à l'implicite suggestion de César, est faire erreur. Plus juste est le pluriel que l'on emploie en parlant de la guerre « des Gaules ».

L'armée de César est constituée de citoyens de fraîche date. La solde quotidienne est de 5 as, la moitié du salaire d'un travailleur manuel, moins le coût de la nourriture. Il est vrai que le butin permet d'arrondir les fins de mois. Le lien est très fort entre le général et les *milites*. Sur l'armement, on a beaucoup d'incertitudes et les reconstitutions sont à prendre avec prudence, même si l'on sait, évidemment, de quoi se compose la panoplie du soldat. En 59, César a quatre légions ; en mars-avril 58, il en a déjà deux de plus. L'armée possède un parc d'artillerie (héritage, dans le monde méditerranéen, des Alexandrins et de leurs

---

6. Entre 8 millions d'habitants au moins, pour M. Rambaud, *L'Art de la déformation historique dans les Commentaires de César*, p. 181, et 24 millions, évaluation large de C. Jullian, *Gaule*, 2, p. 3-8 – dans ce dernier cas, comme la France de Louis XIV ; 12 millions pourrait constituer un chiffre intermédiaire satisfaisant.

7. Chr. Goudineau, *César et la Gaule*, p. 142.

8. Cicéron, *De diuinatione* 1, 41, 90.

ingénieurs, qui ont beaucoup fait progresser la balistique). Elle a aussi des troupes auxiliaires constituées de Gaulois (surtout des cavaliers ; en 58, contre les Helvètes, César dispose de 4 000 cavaliers). Le rôle des centurions est prépondérant : véritable courroie de transmission entre le général et le soldat, ils sont souvent mis en avant dans les anecdotes des *Commentaires*, ce qui est une récompense de leur bravoure et de leur dévouement à César. Tout cela donne une armée considérable, et l'on peut évaluer l'ampleur de la colonne en déplacement sur le terrain : pour 10 légions (en l'an 53 ; pour beaucoup d'historiens[9], il y aura même 12 légions en 52), on peut compter 100 000 hommes, 4 000 bêtes, des milliers de chariots, des marchands ; au total, un convoi de 30 kilomètres de longueur quand l'armée se déplace : ce n'est jamais un pion sur un échiquier. Avec cet outil, les exploits de César en Gaule se monteront, d'après Plutarque[10], à un million de morts et un million de prisonniers, sur trois millions d'ennemis affrontés.

On ne reprendra pas ici, évidemment, tout le déroulement de la guerre des Gaules, qui est bien connu et sur lequel on ne compte plus les livres. Au début de la guerre, avec ses légions, César tient des passages et des lignes de communication. Sont concernés les Séquanes, les Belges, non pas encore les Arvernes (que, du reste, la politique étrangère romaine a toujours eu tendance à isoler sur leur donjon du Massif central, qui finirait bien par s'user). En 56 (livre 4), vient le tour des peuples de l'Océan (Morbihan, sud du Finistère). En 55 et 54, César s'attaque à la Bretagne ; mais sans succès. C'est la matière de beaux rapports au Sénat, cependant, et la cause de félicitations officielles.

Malgré tout, en automne 54, c'est la révolte des Belges, des Sénons et des Carnutes. Puis, pour 52, on peut parler de « l'année Vercingétorix », ensuite devenu figure mythique d'une certaine vision de la France (ne pas manquer de lire la fin des *Copains*, de Jules Romains). Bien que Vercingétorix[11] invoque le *consensus* de la Gaule, celui-ci est à construire (*effecturum*, dit le chef gaulois) et la révolte n'est pas une révolte générale. Il faut songer, parmi ses causes, au rôle des druides

---

9. Dont Chr. Goudineau, *op. cit.*, p. 221.

10. *Vie de César* 16 : « En moins de dix ans qu'a duré sa guerre dans les Gaules, il a pris d'assaut plus de huit cents villes, soumis trois cents nations différentes et combattu, en plusieurs batailles rangées, contre trois millions d'ennemis, dont il a tué un million et fait autant de prisonniers. »

11. Discours après la chute d'Avaricum, *BG* 7, 29, 6.

(cependant exagéré dans toutes les études de J. Harmand[12]), à celui du système de clientèle entre peuples et entre chefs.

LES *COMMENTAIRES*

Cette guerre qui dure, ce n'est pas toujours bon pour César, dès lors que les résultats de chaque année ne sont pas constants. Les adversaires font circuler l'information, et en rajoutent... Exemple : en mai 51, Cicéron étant parti pour prendre son gouvernement de Cilicie, province d'Asie mineure, un de ses amis, Caelius, lui écrit[13] : « Pour ce qui est de César, bien des bruits, et de vilains bruits, nous arrivent sur son compte, mais on se contente de chuchoter : tantôt il a perdu sa cavalerie, ce qui, à mon avis, est sûrement une invention ; tantôt la VIIᵉ légion est étrillée et César est assiégé chez les Bellovaques, coupé du reste de son armée. Il n'y a encore rien de certain et d'ailleurs ces incertitudes ne sont pas colportées dans le public, mais on en fait des récits, dans de petits cercles que tu connais bien, plus ou moins sous le manteau ». Cet exemple est d'autant plus frappant qu'au printemps 51, les sept livres ont déjà été publiés, sans doute ; et malgré eux les bruits reprennent. La propagande anticésarienne peut toujours être active. Combien est-il vrai qu'il a toujours fallu à César dire et répéter, par l'envoi annuel au Sénat et la publication dans Rome, au moins partielle, de son rapport de campagne : « Je suis là, et bien là ».

Les *Commentaires sur la Guerre des Gaules*, ouvrage très bref, comprennent un livre par année de guerre, de 58 à 51, soit sept livres écrits par César, et un huitième par son lieutenant Aulus Hirtius pour l'année 51 ; le nom de *Commentaires* s'applique aussi au *Bellum Ciuile* ; quant au *Bellum Alexandrinum*, au *Bellum Africum* et au *Bellum Hispaniense*, c'est du Pseudo-César. Les *Commentaires* se présentent comme une simple documentation pour un historien à venir, sans intention artistique. C'est pourtant une belle œuvre, au jugement que portent sur *BG* les deux contemporains Cicéron et Hirtius, le premier n'ayant pas à l'égard de César les mêmes raisons d'adulation politique que le second. Cicéron,

---

12. Voir, par exemple, son *Vercingétorix*, Paris, 1984.

13. *Ad Fam.* 8, 1 : *Quod ad Caesarem, crebri et non belli de eo rumores, sed susurratores dumtaxat, ueniunt : alius equitem perdidisse, quod, opinor, certe fictum est ; alius septimam legionem uapulasse, ipsum apud Bellouacos circumsederi interclusum ab reliquo exercitu neque adhuc certi quidquam est, neque haec incerta tamen uulgo iactantur, sed inter paucos, quos tu nosti, palam secreto narrantur.*

donc, écrit en 46 : *Nudi enim sunt, recti et uenusti, omni ornatu orationis tamquam ueste detracta*…, « Ils sont nus, directs, et pleins d'une
grâce dépouillée de tout ornement oratoire, comme un corps sans vêtement… »[14] Et voici le jugement d'Hirtius[15] : *Constat enim inter omnes
nihil tam operose ab aliis esse perfectum, quod non horum elegantia
commentariorum superetur. Qui sunt editi ne scientia tantarum rerum
scriptoribus deesset, adeoque probantur omnium iudicio ut praerepta,
non praebita facultas scriptoribus uideatur. Cuius tamen rei maior nostra quam reliquorum est admiratio ; ceteri enim quam bene atque emen-
date, nos etiam quam facile atque celeriter eos perfecerit scimus. Erat
autem in Caesare cum facultas atque elegantia summa scribendi, tum
uerissima scientia suorum consiliorum explicandorum* ; « C'est un fait
reconnu de tous : il n'est pas d'ouvrage, quelque soin qu'on y ait mis,
qui ne le cède à l'élégance de ces commentaires. Ils ont été publiés pour
fournir des documents aux historiens sur des événements si considérables ; or, telle est la valeur que chacun leur attribue qu'ils semblent, au
lieu d'avoir facilité la tâche des historiens, la leur avoir rendue impossible. Et cependant notre admiration passe encore celle des autres : car s'ils
savent quelle est la perfection souveraine de l'ouvrage, nous savons, en
outre, avec quelle facilité et quelle promptitude il l'a écrit. César n'avait
pas seulement au plus haut degré le don du style et l'élégance naturelle
de l'expression, mais il avait aussi le talent d'expliquer ses desseins avec
une clarté et une exactitude absolues ».

Le titre de *Commentaires* est donné par Hirtius dans cette même
préface de *BG* 8, 2 : *Caesaris nostri commentarios rerum gestarum
Galliae*. Cicéron, *Brutus* 75, dit *commentarios scripsit* ; Suétone, *César*
56, parle de *rerum suarum commentarios*. Pour L.-A. Constans[16], le
mot latin doit être traduit par le mot français de « notes ». « En effet,
commentarii dans le latin classique désigne des notes brèves et sèches,
un recueil de faits, un aide-mémoire. C'est dans ce sens que César a
employé le mot ; dans sa pensée il marquait qu'il n'avait pas prétendu
écrire une Histoire de la guerre des Gaules mais seulement publier des
notes qui rendraient ce travail possible à d'autres ». Pour G. Walter[17],
cette explication est trop réductrice, et insuffisante. Outre cette accep-

---

14. *Brutus* 75, 262.
15. Préface de *BG* 8, 4-7.
16. Introduction de son édition dans la CUF (Les Belles Lettres, Collection des
Universités de France) de la *Guerre des Gaules*, p. VII.
17. Dans sa traduction de la « Bibliothèque de la Pléiade » (voir *infra*, notre bibliographie), p. 25.

tion, en effet, le mot servait aussi de titre pour un ouvrage consacré à un sujet historique où l'auteur était censé intervenir personnellement : par exemple, en 60, Cicéron avait écrit (en grec) des commentaires sur son consulat de 63 – qui firent long feu auprès du public ; plus tard, d'après Suétone, Tibère écrira un *Commentarius de uita sua* ; et Agrippine, mère de Néron, fera la même chose sur sa propre vie d'après Tacite[18].

Avant César, le genre historique n'est pas fixé. Il oscille entre les vers et la prose, entre l'épopée et la tragédie, autour du patriotisme. C'est, depuis le temps de la deuxième guerre punique, l'époque des annalistes, qui enregistrent les événements année par année (ainsi fera encore Tacite, dont les *Annales* s'efforcent, fût-ce avec quelques accommodements, de suivre encore la trame annalistique, et dont les quatre livres d'*Histoires* qui ont été conservés sont consacrés à l'année 69). César aussi rédige des notes, comme ses prédécesseurs ; mais avec élégance. Lui aussi suit un ordre chronologique, comme les annalistes : du printemps à l'automne ; mais en mettant en valeur causes et conséquences des événements.

Le matériau mis en forme dans les *Commentaires* consiste principalement dans les rapports de César au Sénat et les rapports des lieutenants à César. Cela est englobé dans des adjonctions « narratives » ou « culturelles » comme les anecdotes mettant en scène des centurions ou des soldats, et comme l'excursus du livre 6 sur les Gaulois et sur les Germains. La rédaction finale est dictée à des secrétaires, à Bibracte, pendant l'hiver 52-51 (en quelques semaines : car rapide fut la reprise de l'agitation gauloise, objet du livre 8 ensuite écrit par Hirtius). Du moins est-ce, en matière de datation des *Commentaires*, la théorie la plus vraisemblable[19], aucune,

---

18. *Annales* 4, 53 : *Id ego, a scriptoribus annalium non traditum, repperi in commentariis Agrippinae filiae quae Neronis principis mater uitam suam et casus suorum posteris memorauit.*

19. La question a été très débattue de savoir si les *Commentaires* ont été rédigés en une seule fois, ou si César a composé et publié un livre par an. Cette dernière conception était celle de Ch. Ebert, *Über die Entstehung von Caesars Bellum Gallicum*, Nuremberg, 1909 ; elle a été reprise par Th. Hastrup, « On the Date of Caesar's Commentaries on the Gallic War », *Classica et Mediaevalia* 18, 1957, p. 58-74. La théorie de la datation unique est celle de C. Jullian, *Histoire de la Gaule* 3, p. 540, n. 2 ; elle est reprise par L.-A. Constans dans son édition de la Collection des Universités de France. Elle peut être nuancée par la constatation que César envoyait nécessairement au Sénat des rapports qui ont constitué sa documentation personnelle pour la rédaction définitive. M. Rambaud, *Déformation*, p. 404-405, qui rappelle cette évidence, paraît être favorable à une rédaction définitive à la fin de l'année 52, d'après les documents accumulés jusqu'alors : dossiers, journaux de marche, lettres et rapports. La rédaction finale fut donc menée rapidement, une fois les événements de −52

du reste, n'étant prouvée[20]. Pour G. Walter[21], les *Commentaires* n'ont pas pu être écrits d'un seul jet, et si l'on veut distinguer les coupures, il faut les placer soit après le livre 4, soit après le livre 5. Car entre le début et la fin de chacun des quatre premiers livres, il y a chaque fois un enchaînement marqué par César ; tandis que le livre 4 s'achève sur une phrase conclusive (« Le Sénat, recevant les rapports de César, décrète vingt jours d'action de grâce ») et que le début du livre 5 (« Sous le consulat de L. Domitius et d'Appius Claudius, César, quittant ses quartiers d'hiver pour se rendre en Italie…») suggère une entrée en matière nouvelle. Une autre coupure nette semblerait se marquer entre les livres 5 et 6 (les deux allégations, celle de la fin de 5 sur la tranquillité de la Gaule et celle du début de 6 sur l'agitation gauloise à laquelle il fallait s'attendre, sont contradictoires). Quoi qu'il en soit, le début des *Commentaires* écrits par César est bien « la Gaule divisée en trois parties » ; la fin est marquée par les « supplications » décernées après Alésia.

GLAUBWÜRDIGKEIT

La question de la véracité de César, de ce que les Allemands ont appelé sa *Glaubwürdigkeit*, est en même temps fondamentale et rebattue[22]. Il est bien certain que le propos de César écrivant les *Commentaires* n'est pas seulement – ni même prioritairement – littéraire[23]. L'Antiquité

---

terminés, d'après les documents (rapports, notes, carnets de César) rassemblés pendant les années de campagne. Sans doute ce travail fut-il celui auquel César se consacra, avec la collaboration de son état-major, à Bibracte, pendant l'hiver 52-51, juste après la prise d'Alésia survenue vraisemblablement en octobre.

20. M. Rambaud, *Déformation*, p. 365.

21. Traduction de la « Bibliothèque de la Pléiade », p. 26-29.

22. C'est le XIXᵉ siècle qui a le premier discuté la véracité du *Bellum Gallicum*. Le résumé de ces enquêtes et de leurs conclusions est donné par T. R. Holmes, *Caesar's Conquest of Gaul*, Londres, dont la première édition (1899) présente un appendice intitulé « The Credibility of Caesar's Narrative », résumé dans la deuxième édition (1931), p. 211-256. Cet érudit défend la *credibility*. C'est du reste la tendance générale à propos de *BG* (bien affirmée chez C. Jullian), tandis que *Bellum ciuile (BC)* est plus systématiquement critiqué, dans la mesure où on peut le faire par comparaison avec d'autres documents sur les mêmes événements (Cicéron, Lucain…), possibilité qui n'existe guère pour *BG*, si l'on excepte la comparaison avec Dion Cassius, lequel relève de sources anticésariennes (cf. G. Zecchini, *Cassio Dione e la guerra Gallica di Cesare*).

23. Contrairement à la surprenante thèse de H. Oppermann, *Caesar, der Schriftsteller und sein Werk*, Leipzig, 1933, puis *Neuere Forschungen zur Glaubwürdigkeit Caesars*, *Gymnasium* 68, 1961, p. 258-259.

pourtant ne semble pas l'avoir soupçonné de mensonge : ni Cicéron (*Brutus* 75, 262) ni Hirtius (*BG* 8) dans sa préface ne lui refusent le mérite d'avoir voulu laisser à la postérité des « documents pour l'histoire », conformément au sens du mot latin *commentarii* tel que nous l'avons éclairci *supra* : sorte de *memorandum*, d'« aide-mémoire », ensemble d'archives et de notes destiné à faciliter (et à encadrer) le travail des historiens futurs[24], non pas du tout ce que nous désignons en français par des « commentaires ».

Nous avons en *BG* l'ouvrage d'un chef de guerre, qui se fait le narrateur d'événements dont il fut aussi l'acteur principal, et d'un homme politique dont la volonté de glorification personnelle ne saurait faire aucun doute : ne prépare-t-il pas déjà son accession à la dictature[25] ? Ouvrage de propagande, certes : César fait sa propre apologie, et l'on sait toute l'ambiguïté de pareilles « Confessions ». N'ayant pas oublié les leçons de ses maîtres grecs, il rapporte les événements sous leur jour le plus favorable, en s'aidant de procédés stylistiques et littéraires que M. Rambaud a savamment débusqués. Il se donne toujours le beau rôle, celui du protagoniste, imposant son nom, par le martèlement des répétitions, « à la mémoire mécanique, au tympan, à la vue »[26]. D'autre part, comme il écrit après les événements, il lui est à la fois nécessaire et possible d'en donner un récit cohérent, lisible, passionnant et dramatique ; il suit un ordre chronologique très clair, dans lequel il donne leur place à des discours, des décisions, des manœuvres d'adversaires, dont il n'a pu être informé, en réalité, que par la suite. *Ornatio*, certes ; mais aussi, cependant, *narratio*, car les faits demeurent non altérés ; plus qu'il ne déforme les événements historiques, César met en forme[27] le matériau brut fourni par ses archives, soucieux qu'il est de placer entre les mains de son lecteur un ouvrage d'accès facile. Il organise les données, parce qu'il est le seul à avoir toute la vision du jeu ; il peut ainsi laisser

---

24. L'originalité des écrits de César impose d'admettre qu'il a, en réalité, créé son propre genre, à partir d'habitude préexistantes. Sur la définition des « Commentaires », voir F. Boemer, « Der Commentarius. Zur Vorgeschichte und literarischen Form der Schriften Caesars », *Hermes* 81, 1953, p. 210-250.

25. Par les *Commentaires*, mais aussi par d'autres moyens : discours, lettres, recours à l'éloquence des grands orateurs comme Cicéron dans le *De prouinciis consularibus*, émission de monnaies ; cf. M. Rambaud, *Déformation*, p. 409-410.

26. M. Rambaud, *Déformation*, p. 197.

27. M. Rambaud, *Déformation*, p. 412, n'est pas loin de cette idée : « Admettre que César déforme la réalité selon des intentions diverses et complexes peut aider à comprendre son art de la narration ».

entendre que c'est lui qui a toujours eu tout le jeu en main. Cela lui permet de présenter les choses comme si elles avaient toujours été voulues et organisées par lui seul (bel exemple, celui de l'affaire d'Alésia, devenue témoignage de sa *fortuna*, mais qui aurait bien pu tourner autrement).

Les *Commentaires* doivent donc être lus sans complaisance : on évitera l'admiration dans laquelle se complaît J. Carcopino, pourtant capable de méfiance, en face des « ruses »[28] du génial capitaine de la guerre des Gaules. Mais on ne tombera pas non plus dans le piège d'un systématique dénigrement : le « scepticisme historique » dont parle M. Rambaud ne doit pas être méfiant à l'excès. Certes, s'il s'agit des effectifs ennemis dont César a triomphé, on pourrait s'attendre, bien qu'il « ne paraisse pas acharné à tromper sur les chiffres »[29], à ce qu'il les ait parfois un peu grossis[30], rendant plus grand par là l'éclat de sa victoire. Sans doute aussi aura-t-il pu noircir tel ou tel adversaire, brossant par exemple (*BG* 7, 77) le portrait d'un Critognatos particulièrement barbare, car le triomphe de Rome fut celui du droit et de la civilisation. Plus certainement encore, il y a des cas où César était bien inspiré de pratiquer l'art de l'embrouillement des données : on songera, à propos d'Alésia, à la fameuse phrase 7, 66, 2, ... *cum Caesar...*, bien faite pour donner à penser que le combat de cavalerie eut lieu chez les Lingons, et dans un enchaînement de faits dont la rapidité défie la vraisemblance.

Mais, lors même qu'il s'agit pour lui de dissimuler, par de savantes manœuvres stylistiques, tel ou tel échec, telle ou telle erreur, une situation qu'il n'avait pas su prévoir, César ne ment pas. Ses adversaires politiques nombreux, les multiples témoins des événements que sont devenus ses anciens compagnons, dont certains embrasseront le parti de Pompée, ne lui en laissent pas le loisir. Les quelques lignes de 7, 66, 2, volontairement floues sur le cheminement de l'armée romaine, sont en réalité très conciliables avec les autres sources antiques, grecques principalement, sur les circonstances du combat de cavalerie qui précéda le siège d'Alésia. Le lecteur, simplement, ne doit pas être naïf. Les longues phrases dans lesquelles César dissimule ce qu'il ne tient

---

28. Il leur a emprunté le titre d'un de ses ouvrages : *Alésia et les ruses de César*, Paris, 1958.
29. M. Rambaud, *Déformation*, p. 180.
30. À propos d'une partie de *BG* 5, J. Beaujeu admet de tels grossissements et mises en valeur, mais nie la falsification : « Les soulèvements de 54 en Gaule et la véracité de César », Actes du Congrès Budé de 1958, p. 249-251.

pas à dire trop nettement sont faites pour être décryptées. On peut faire les mêmes réflexions, bien sûr, à propos de la *Guerre civile* : trop d'acteurs auraient pu stigmatiser les éventuels mensonges, et de fait personne n'en a reproché à César.

QUELQUES GOMMAGES

Dire la vérité et rien que la vérité n'impose pas à César de dire toute la vérité. Très nombreuses sont dans les *Commentaires* les approximations bienvenues, les judicieuses omissions, les « gommages » bienveillants. Le livre de référence de M. Rambaud les a magistralement identifiés et commentés. Nous nous contenterons d'en prendre ici trois exemples, deux concernant la guerre des Gaules, le troisième, par anticipation sur la suite de l'exposé, concernant la guerre civile.

- *La faim.* Cette armée romaine victorieuse des Gaules, cet *exercitus* césarien qui vint ensuite à bout de toutes les résistances pompéiennes, paraît se recommander notamment par une parfaite organisation de l'intendance, et, grâce à des exigences toujours honorées par des Gaulois tremblants, ne jamais manquer du blé dont le légionnaire consomme des quantités impressionnantes puisque c'est la base de son régime alimentaire. La famine, c'est pour les autres : on peut imaginer qu'Avaricum assiégée, malgré les vivres accumulés, finit par souffrir, et l'on sait qu'Alésia rêve un temps de manger femmes et enfants (*BG* 7, 77 ; cf. 8, 14, 1 puis 34, 1). Et pourtant le légionnaire a eu faim devant Avaricum et autour d'Alésia. À Avaricum, le contexte était celui de la tactique de la « terre brûlée » fermement appliquée par Vercingétorix (sauf – quelle erreur ! – pour la ville elle-même) : plus rien, dans les zones avoisinantes, jusqu'à une assez longue distance, pour le ravitaillement romain (*BG* 7, 17, 3). À Alésia, d'assiégeant que l'on était, on se retrouve, après l'arrivée de l'armée de secours, doublement assiégé[31], par les gens de Vercingétorix côté intérieur, par ceux

---

31. Tel est le souvenir qui alimente les protestations de l'aristocratie romaine lorsque, en 48, Claude, dans un discours fameux, prétend accorder aux notables de la Gaule Chevelue le droit d'accès aux magistratures de l'État : *Oppleturos omnia diuites illos, quorum aui proauique hostilium nationum duces exercitus nostros ferro uique ceciderint, diuum Iulium apud Alesiam obsederint*, « Ils rempliraient tout, ces richards dont les grands-pères et les arrière-grands-pères, chefs de nations ennemies, avaient taillé

des quatre chefs gaulois côté extérieur ; cela dure, les vivres nécessairement s'épuisent. Or César minimise la disette d'Avaricum et, surtout, ne souffle mot de celle d'Alésia. Il se trahira pourtant – plus tard. On entend en effet ses soldats en 48, souffrant de la faim à Dyrrachium, tenter de se consoler ainsi (*Bellum ciuile* 3, 47, 4-5) : *Meminerant ad Alesiam magnam se inopiam perpessos, multo etiam maiorem ad Auaricum, maximarum gentium uictores discessisse* ; « Ils se souvenaient d'Alésia, où ils avaient dû supporter une grande disette ; cela avait été bien pire encore à Avaricum ; mais ils en étaient sortis vainqueurs de peuples très puissants ».

- *Les échecs cinglants*. On pense ici à l'affaire de Gergovie. César est aussi flou que possible. *XLVI centurionibus amissis*, dit-il en *BG* 7, 51, 1 ; puis *Eo die milites sunt paulo minus septingenti desiderati* ; « Nous perdîmes ce jour-là un peu moins de sept cents hommes » (7, 51, 4). « On remarquera, écrit L.-A. Constans en note, la très forte proportion de centurions tués (46 contre 700 hommes de troupe) ». Il faut aussi considérer que, pour un homme tué, on doit bien compter quatre ou cinq autres gravement blessés. Le nombre de victimes de l'offensive est donc à évaluer au moins entre 3500 et 4200 ; c'est énorme, cela représente une légion tout entière mise hors de combat. César ne l'avoue pas ; Suétone (*César* 25, 2) est net : *legione fusa*, écrit-il brutalement[32].

- *La valeur de l'adversaire*. Prenons un seul exemple, celui de Domitius dans *BC* 1. Lucius Domitius Ahenobarbus, consul en 54, est au fond la cause de la guerre civile puisqu'il vient d'être nommé par le Sénat successeur de César comme proconsul des Gaules à compter de janvier 49, nomination contre laquelle les tribuns césariens Antoine et Curion ont en vain voulu user de leur *intercessio* ; on a donc dans Corfinium le nouveau proconsul, qui n'a jamais exercé sa charge et

---

en pièces nos armées par le fer et par la force, et avaient assiégé le divin Jules devant Alésia. » (Tacite, *Annales* 11, 23, 4).

32. Suétone met sur le même plan trois catastrophes subies par César au cours de la guerre des Gaules, et trois seulement : *Per tot successus ter nec amplius aduersum casum expertus, in Britannia classe ui tempestatis prope absumpta et in Gallia ad Gergouiam legione fusa et in Germanorum finibus Titurio et Aurunculeio legatis per insidias caesis*, « Au milieu de tant de succès, il n'éprouva pas plus de trois revers : l'un en Bretagne, où sa flotte fut presque anéantie par une violente tempête ; le second en Gaule, devant Gergovie, où une légion fut mise en déroute ; le troisième sur le territoire des Germains, où ses légats Titurius et Aurunculeius périrent dans une embuscade. » Noter la reprise insistante des participes *absumpta*, *fusa* et *caesis*.

pour cause, et, devant la ville, l'ancien, qui l'assiège (*BC* 1, 16-23). L'auteur de *BC* fait de son adversaire un incompétent, un *priuatus*, et surtout un lâche : il n'a qu'une idée, c'est de se sauver en abandonnant à son sort la place assiégée. Or, ce portrait n'est pas du tout celui qui a été conservé par la tradition. Sénèque (*De beneficiis* 3, 24, 1) puis Plutarque (*César* 40) disent que Domitius, en stoïcien conséquent, voulut se tuer mais ne reçut de son médecin qu'un breuvage inoffensif ; la prestance de Domitius en face de César est confirmée par Lucain (2, 509-510)[33]. Trois témoignages en faveur de Domitius, donc, promu au rang *d'exemplum* stoïcien, en face du seul témoignage défavorable de César. On comprend, certes, que César n'ait pas tenu à exalter cette attitude stoïcienne qui était la dernière forme de résistance contre lui. Et l'on se demande si, prenant ses précautions pour le cas où le lecteur saurait par information personnelle que Domitius, loin de vouloir s'enfuir, essaya de se suicider, il ne cherche pas à discréditer cette résolution de suicide même, dont il ne parle pas, en insinuant qu'elle était l'effet de la peur, quand il rapporte les paroles suivantes de Lentulus Spinther, dans lesquelles Domitius est évidemment compris,

---

33. Chez Sénèque : *Corfinium Caesar obsidebat, tenebatur inclusus Domitius ; imperauit medico eidemque seruo suo ut sibi uenenum daret. Cum tergiuersantem uideret :* « *Quid cunctaris* », *inquit,* « *tamquam in tua potestate totum istud sit ? Mortem rogo armatus.* » *Tum ille promisit et medicamentum innoxium bibendum illi dedit ; quo cum sopitus esset, accessit ad filium eius et :* « *Iube* », *inquit,* « *me adseruari, dum ex euentu intellegas an uenenum patri tuo dederim.* » *Vixit Domitius et seruatus a Caesare est ; prior tamen illum seruus seruauerat,* « César assiégeait Corfinium et tenait Domitius enfermé dans cette place. Domitius ordonna à son médecin, qui était aussi son esclave, de lui donner du poison. Le voyant hésiter : "Que tardes-tu, dit-il, comme si tout dépendait de toi ? Je te demande la mort les armes à la main." L'esclave promit, et lui donna à boire un breuvage inoffensif, qui assoupit Domitius ; puis il alla trouver le fils de son maître, et lui dit : "Fais-moi garder en prison, jusqu'à ce que l'issue des choses te montre si j'ai donné du poison à ton père." Domitius vécut, et reçut la vie de César : mais il l'avait auparavant reçue de son esclave. » Chez Plutarque : « (Domitius), qui désespérait de pouvoir défendre la ville, demanda du poison à un de ses esclaves, qui était médecin, et l'avala dans l'espérance de mourir promptement ; mais, ayant bientôt appris avec quelle extrême bonté César traitait ses prisonniers, il déplora son malheur et la précipitation avec laquelle il avait pris une détermination si violente. Son médecin le rassura, en lui disant que le breuvage qu'il lui avait donné n'était pas un poison mortel, mais un simple narcotique. Content de cette assurance, il se leva sur-le-champ et alla trouver César, qui le reçut avec beaucoup d'amitié ; cependant, peu de temps après, Domitius se rendit au camp de Pompée. » Chez Lucain : *uoltu tamen alta minaci / nobilitas recta ferrum ceruice poposcit,* « Domitius, loin de laisser abattre par le malheur la noble fierté de son âme, présente à la mort un front menaçant ».

et même prioritairement, dans *nonnullos* : *adeo esse perterritos non-nullos ut suae uitae durius consulere cogantur* (22, 6). On voit comment Domitius est caricaturé et déshonoré, ce qui n'arrivait guère aux chefs gaulois dans *BG*. C'est que les deux « commentaires », ayant pour sujet des guerres de nature fondamentalement différentes, sont très différents dans le ton et dans la méthode.

THÈMES DE PROPAGANDE CÉSARIENNE

Il est trop évident que les *Commentaires*, aussi bien sur la guerre des Gaules que sur la guerre civile, sont une œuvre de propagande et, en tant que tels, véhiculent des thèmes récurrents qui ont dès longtemps été mis en lumière par M. Rambaud. Nous ne développerons donc pas ce point ici de manière excessive. Il suffira de rappeler quels sont, pour l'essentiel, ces thèmes.

Dans *BG* comme dans *BC*, César souligne à l'envi la *celeritas* dont il fait preuve dans la conduite des opérations ; il est toujours là avant que l'ennemi ait pu s'en apercevoir (que l'on se rappelle par exemple de quelle façon, au livre 1 de la *Guerre des Gaules*, il remporte sur Arioviste la course de vitesse dont l'enjeu est la possession de Besançon ; ou bien comment, au livre 7, il franchit les Cévennes dans la neige et tombe sur les arrières de la révolte gauloise naissante, au début de 52). Bien plus, et on le voit dans *BC*, il est capable d'insuffler à ses lieutenants cet esprit et cette faculté de *celeritas*[34] ; l'ennemi, en revanche, ne met sa *celeritas* qu'au service de la fuite (*BC* 1, 59 : *non longo a castris progressi spatio, ut celerem receptum haberent*)[35].

Pratiquer la *celeritas* ne signifie certes pas se précipiter en avant sans réflexion. La réflexion, en effet, *consilium* du chef avisé, est une qualité que César ne balance point à s'accorder et à mettre en avant, avec la présence dans le texte de multiples mots comme *intellegere*, *iudicare*, *instituere*, *decernere*. Cela de deux manières : dans le rappel

---

34. Au début des opérations contre les pompéiens d'Espagne (1, 37) : *C. Fabium legatum... in Hispaniam praemittit celeriterque saltus Pyrenaeos occupari iubet* ; ordre exécuté, puisque, juste après, dans le même chapitre, on lit : *Fabius, ut erat imperatum, adhibita celeritate praesidium ex saltu deiecit...*

35. Les pages 252-254 de la *Déformation* de M. Rambaud donnent de nombreux autres exemples empruntés aux deux *Commentaires*.

d'événements ponctuels et identifiables, parmi lesquels[36] la dernière grande bataille d'Alésia, qui de fait fut nécessairement bien gérée, car les troupes romaines n'y étaient pas en position d'avantage ; mais aussi en énonçant quelque part[37] cette *sententia* que le bon général (c'est lui) est vainqueur bien davantage encore par le *consilium* que par l'épée.

Ces thèmes de la *celeritas* et du *consilium* sont récurrents aussi bien dans *BG* que dans *BC*. Mais la *Guerre civile* leur en ajoute d'autres qui lui sont plus spécifiques. Elle met en valeur de manière plus nette que *BG* les attentions de *Fortuna* envers César ou l'intelligence avec laquelle celui-ci est capable de faire face aux coups du sort, *fortuna*. Sans doute la guerre des Gaules, contre des adversaires qui, malgré leur supériorité numérique, n'étaient pas vraiment en mesure de soutenir techniquement le choc d'une armée professionnelle comme celle de César, offrit-elle aux interventions et aux mises en scène de la Fortune des occasions moins nombreuses que ne le fait *BC*, relatant l'affrontement entre des chefs romains menant des troupes romaines. Le contenu du livre 1 est enchâssé entre *felicissime* au début (*BC* 1, 7, 7), dans le discours par lequel César enflamme ses troupes au moment du passage du Rubicon en leur rappelant la « chance » qui s'est toujours attachée à lui et à eux, et *feliciter* à la fin (1, 85, 10), certes appliqué de façon générale aux généraux victorieux, mais qui ne peut être refusé aux campagnes précédentes de César lui-même. La « chance » dont Sylla s'était fait un surnom (ce qui explique peut-être que César ne s'applique guère à lui-même cet adjectif *felix*) a choisi son camp, celui de César, et en ce sens on peut, comme l'a suggéré M. Rambaud[38], écrire son nom de *Fortuna* avec une majuscule. De cette constatation César tire une propagande, cependant précautionneuse parce que *Fortuna*, chez un général, ne doit évidemment pas remplacer *uirtus* à laquelle traditionnellement elle s'oppose. Il reste que l'aide de *Fortuna* a souvent été rappelée entre les lignes, et même dès la *Guerre des Gaules*, où l'on voit par exemple César « ayant eu la chance de trouver » (*BG* 7, 85, 1 : *nactus*), dans un paysage manifestement accidenté qui n'en offre pas beaucoup, le point d'observation idéal d'où il pourra observer, contrôler et organiser les phases de la dernière bataille du siège d'Alésia. Mais la *fortuna* n'est pas toujours souriante, et le latin parle, comme on sait, de *utraque fortuna*. Le propre du bon général est

---

36. Exemples chez M. Rambaud, *Déformation*, p. 250-251.
37. *BC* 1, 72, 2 : *praesertim cum non minus esset imperatoris consilio superare quam gladio*.
38. *Déformation*, p. 264.

alors d'éviter d'ouvrir la voie à ses caprices : *cur denique fortunam periclitaretur ?* (*BC* 1, 72, 1). Si malgré tout elle se déchaîne et emporte des ponts en même temps qu'une situation favorable qui paraissait assise (*BC* 1, 52, 3, précédé par tout un enchaînement de misères), elle offre à César un moyen de relativiser les échecs en estompant sa responsabilité et de souligner ensuite, par contraste, le redressement de la situation – dont il est évidemment le seul auteur. Au fond, la réussite de César relève davantage de son propre *consilium* qui lui permet de résister à la *fortuna aduersa*, que de l'aide constante de *Fortuna Caesaris*.

Un second thème de propagande plus typique de *BC* est celui de la « clémence de César ». Dans la *Guerre des Gaules*, il en était peu question, si ce n'est pour dire (au livre 8, écrit par Hirtius) que, puisqu'elle était bien connue de tous les Gaulois (allusion, sans doute, à *BG* 7, 1, 20, où, au début de son intervention en Gaule, César affiche sa clémence envers Diviciacos ; noter pourtant que cette clémence est intéressée, les Éduens étant un peuple d'importance capitale pour les entreprises de César), il n'y avait plus lieu d'en faire (la) preuve à Uxellodunum, où le vainqueur fit couper les mains à tous les défenseurs de la place. Mais à l'égard d'adversaires romains dans la *Guerre civile*, la *clementia* a parfaitement sa place, et César n'en finit pas de conclure des épisodes, surtout dans le récit de la foudroyante conquête du Picenum sur laquelle s'ouvrit la guerre, par le renvoi d'adversaires qu'il a réduits à merci mais auxquels, à leur grand étonnement, il fait grâce[39]. L'épisode de Corfinium spécialement (*BC* 1, 16-23) peut être lu comme une illustration de la clémence de César ; les conditions de la reddition des pompéiens d'Espagne, aussi. Le mot *clementia*, toutefois, n'apparaît pas dans *BC*. On ne trouve que de la *lenitas* (fin du chap. 74 du livre 1) et de la *misericordia* (trois occurrences dans le récit des « derniers jours des pompéiens » d'Espagne : *misericordia ciuium*, « la pitié pour des concitoyens », c'est ce que César dit éprouver pour les soldats d'en face ; *misericordia*, c'est ce que demande Afranius dans son discours de reddition, 84, 5, et le mot revient dans la réponse de César, 85, 3). Du reste, la vraie clémence relève d'un projet d'ensemble, elle n'acquiert sa valeur que par le *consilium* qui la dirige.

---

39. *BC* 1, 13, 5 : *Puppium dimittit* ; 1, 18, 4 : *Attiumque incolumem dimisit* ; 1, 23, 3 : *dimittit omnes incolumes* ; 1, 24, 5 : *quem Caesar ad eum remittit* ; 1, 34, 1 : *Vibullium Rufum, quem paucis ante diebus Corfinio captum ipse dimiserat...* Ensuite, dans le livre 3 : *incolumisque ab eo conseruatus est* (11, 4) ; *quos omnes conseruatos Caesar domum remisit* (27, 2) ; *omnes conseruauit* (98, 2).

C'est très visible quand César parle de *lenitas* ; car, si sa *lenitas* personnelle n'est aucunement blâmable parce que parfaitement dominée, on n'oubliera pas que *leniter* est posé comme synonyme de *cunctari*, et donc la « modération » comme synonyme de l' « hésitation », en *BC* 1, 1, 4, où l'on voit Scipion menacer le Sénat de perdre l'appui de Pompée *si cunctetur atque agat lenius*, « si l'on hésite et si l'on agit mollement ». Le thème de la *clementia* est donc indissociable, par l'intermédiaire du *consilium*, de celui de la négociation (cf. *BC* 1, 5, 5 : *suis lenissimis postulatis*), et aussi de celui de la popularité. La *clementia Caesaris* est, comme dit Cicéron, une *insidiosa clementia*[40]...

GUERRE CIVILE

En septembre 54, la mort de Julie (fille de César et de Cornelia, épousée par Pompée en 59, sous le consulat de César, dans le cadre des accords du triumvirat : dès lors Pompée n'était que le gendre, alors qu'il avait cinq ans de plus que César...) a rompu les liens entre Pompée et César. L'élimination de Pompée va être conduite en un peu plus de quatre ans : Marseille, octobre 49 ; Espagne, août 49 ; Pharsale en Thessalie, le 8 août 48 ; Afrique (Thapsus), au printemps 46 ; en été 46, quatre triomphes : Gaule/Égypte/Pont/Afrique ; bataille de Munda, en 45, en Espagne. Sur le détail de ces événements très connus, nous ne nous étendrons pas ici, renvoyant à tout ce qu'en ont écrit J. Carcopino et M. Rambaud par exemple. Début 44, César est *diuus* par décret du Sénat. La royauté ?... Aux Lupercales du 15 février 44, on crut comprendre nettement que tel était le but poursuivi ; un mois plus tard, on le lui fit bien voir.

AMPLIORA BELLA

Ampliora bella, telle est l'expression dont use Hygin le Gromatique[41] pour désigner les guerres civiles. Il est vrai qu'il pense tout spécialement à l'affrontement entre Octave et Antoine et aux installations de vétérans qui suivirent. Mais ces mots peuvent s'appliquer parfaitement

---

40. Cicéron, *epist. ad Att.* 8, 16, 2 (le 4 mars 49) – bien que l'orateur y ait longtemps vu de la sincérité, car il a consacré de nombreux développements, dans de multiples discours, à la clémence de César : voir l'introduction de la nouvelle édition CUF de *Sénèque. De la clémence* par F.-R. Chaumartin, 2005, p. XXIV *sq.*
41. *Constitutio limitum* 5, 1, dans *Les Arpenteurs romains*, I, éd. J.-Y. Guillaumin, Paris, CUF, 2005, p. 89.

à la guerre entre César et Pompée, bien qu'ils soient volontairement privés de toute résonance sentimentale (les *agrimensores* ou « gromatiques », auteurs techniques de traités sur la cadastration, la centuriation et l'organisation des terres[42] ne sont pas des poètes). La « grandeur » de cet affrontement se lit aussi bien dans le paroxysme qu'il représenta pour la République moribonde, que dans les troubles entraînés, dans la dimension historique des personnages, dans les conséquences qui en découlèrent, et même dans l'extension géographique assez vaste des théâtres d'opérations.

Un *bellum ciuile* est dans l'esprit romain quelque chose de clairement défini, à propos de quoi P. Jal a écrit un ouvrage majeur. La guerre, en principe, se pratique contre des ennemis, et les ennemis, en principe, sont à l'extérieur ; les guerres sont donc « normalement » *externa*. Quand elles opposent des citoyens romains, elles deviennent *ciuilia*[43]. *Ciuilis* ne signifie pas alors seulement « qui concerne les citoyens ou les concitoyens », mais les *bella ciuilia* sont des guerres qui entraînent « une action réciproque et hostile de *citoyens contre des concitoyens* »[44] ; c'est une véritable distorsion du sens de *ciuilis*, et saint Augustin[45] le soulignera en parlant des *discordiae ciuiles uel potius inciuiles*. Quand des familles même s'entre-déchirent, les guerres sont *plus quam ciuilia*, selon l'expression que le premier vers de l'épopée de Lucain (*bellum plus quam ciuile*) applique précisément à la guerre qui commence en 49 entre César et Pompée. Pour Appien, ces deux généraux firent s'affronter « des hommes de la même race, de la même cité, de la même tribu, des parents et parfois même des frères[46] ».

À propos de cette guerre, César lui-même ne parle de « guerre civile », et même de « guerre », que sur la pointe des pieds. *Bellum* n'apparaît qu'en 1, 26, 6 et est presque immédiatement remplacé par *negotium* (1, 29, 1). Ce n'est pas avant le livre 2 de *BC* que César ose (peut-être ; car le passage en question, 2, 69, 3, est épouvantablement corrompu et a fait le désespoir des éditeurs) l'expression de *ciuile bellum* pour qualifier la guerre qu'il mène contre le parti pompéien. En 1, 67, 3, il avait parlé de *ciuilis dissensio* dans

42. Éd. K. Lachmann, Berlin, 1848.
43. Le grec d'Appien, *Préface* 15, dit τὰ ἐμφύλια.
44. P. Jal, *La Guerre civile*, p. 64.
45. *La Cité de Dieu* 3, 23.
46. *Guerres civiles* 2, 77, 323.

une phrase qu'il place dans la bouche des chefs pompéiens d'Espagne[47] ; cette expression évite le mot *bellum*, le remplace par *dissensio* (« dissension », « discorde », « division ») qui fait plutôt partie du vocabulaire politique pour désigner les affrontements du forum (certes parfois violents), et constitue ainsi presque un euphémisme[48] ; et l'on notera de plus que la phrase est prononcée par les ennemis, non par César lui-même qui ne souille donc ici ni ses lèvres ni son stylet de la notion de « guerre civile ». Au début du livre 3, on lit *bella et ciuiles dissensiones*[49]. La *seule* occurrence nette de *ciuile bellum* se trouve immédiatement après (3, 1, 4) : *initio ciuilis belli*, « dès le début de la guerre civile » (atténué dans 3, 88, 2 : *initio dissensionis*).

Le sujet de *Bellum ciuile*

Le sujet de *BC* est « la » guerre civile, dit-on, mais c'est plus exactement la guerre de César contre Pompée. Les trois livres de la *Guerre civile* vont depuis le 1er janvier 49 jusqu'en novembre 48, où le récit s'interrompt brutalement à Alexandrie (ce caractère inachevé de *BC* le distingue de *BG*, où Alésia constituait le point d'orgue). La conquête de l'Italie, prioritaire, est entreprise au cours du 1er trimestre de 49 et fait l'objet de la première partie du livre 1.

Quelles furent exactement les causes de la guerre ? On entre ici dans un maquis de lois romaines, dont certaines exceptionnelles, qui ouvraient à des interprétations différentes selon les intérêts des

---

47. *Nocturnaque proelia esse uitanda, quod perterritus miles in ciuili dissensione timori magis quam religioni consulere consuerit*, « Les combats de nuit doivent être évités, car un soldat démoralisé, dans une guerre civile, obéit généralement plutôt à la crainte qu'à ses serments ».

48. Ce qui est confirmé par une phrase de Cicéron – en janvier 49 –, *ad fam.* 16, 11, 2 : *Sed incidi in ipsam flammam ciuilis discordiae uel potius belli*, « Mais je suis tombé en plein feu des discordes civiles, ou plutôt de la guerre » ; et par d'autres passages, soit de Cicéron soit d'autres auteurs, dans certains desquels la *discordia* ou la *dissensio* paraît être une étape préparatoire à la guerre civile, mais pas encore la guerre civile elle-même, et en tout cas une forme d'affrontement dont la violence est inférieure ; voir l'opposition qu'il marque entre les *magnae discordiae* d'Athènes et les *non solum seditiones, sed etiam pestifera bella ciuilia* de Rome, *De off.* 1, 25, 86 ; sur tout cela voir P. Jal, *La Guerre civile*, p. 29 *sq.*

49. *Hoc et ad timorem nouarum tabularum tollendum minuendumue, qui fere bella et ciuiles dissensiones sequi consueuit,… esse aptissimum existimauit*, « Il considérait cela comme la meilleure manière d'apaiser et de calmer les craintes d'une abolition des dettes, suite ordinaire des guerres et des discordes civiles » (3, 1, 3).

uns et des autres. Une loi de Sylla imposait un intervalle de dix ans entre deux consulats successifs ; César, qui était sorti de charge le 31 décembre 59, ne pouvait être de nouveau consul avant le 1er janvier 48, en se faisant élire en juillet précédent ; mais la loi venait d'être violée par le troisième consulat de Pompée et César pouvait donc en contester l'application à lui-même. Son problème était de rester couvert par l'immunité de l'*imperium* sans laisser entre le passage du proconsulat à l'exercice d'un nouveau consulat les quelques mois de non-immunité qui auraient permis à ses adversaires de lui chercher noise devant la justice, comme ils entendaient bien le faire. L'autre élément de son jeu dont il voulait se servir, c'était donc la durée de sa charge de proconsul des Gaules. La loi *Licinia Pompeia* de février 55 avait prorogé cette charge de cinq ans. Mais elle ne disait pas à partir de quand. Interprétation procésarienne : les cinq premières années de proconsulat allaient de 58 à 54 compris ; cinq de plus, cela nous donne 53 à 49 compris, avec une élection au consulat en juillet 49 pour une prise de fonction le 1er janvier 48. Interprétation des ennemis de César : la prorogation prend effet à la date où est votée la loi : la période couvre donc l'intervalle entre le 1er mars 55 et le 28 février 50 ; à cette date, César se retrouvera nu, au moins jusqu'en juillet, moment des élections, s'il veut et s'il peut se présenter au consulat de 49. De fait, il semble bien que la date butoir était celle du 28 février 50, puisque *BG* 8, 39, 3 dit que l'été 51 était au su de tous les Gaulois le dernier de l'*imperium* de César en Gaule, et qu'il s'agissait donc pour eux de tenir assez longtemps, jusqu'à son départ. Bon Prince, Pompée repousse la date jusqu'à l'automne. Mais il faudra que César, s'il a ainsi la satisfaction de conserver son immunité sans solution de continuité, soit effectivement candidat dès 50 pour le consulat de 49 ; ce qui ne lui plaît pas, car il souhaite pouvoir profiter encore pendant l'année 50 tout entière de la Gaule et de ses richesses. Il est difficile, je crois, d'aller plus loin, en peu de pages, dans l'interprétation de ces textes et de ces circonstances ; les meilleurs spécialistes, J. Carcopino et M. Rambaud en tête, leur ont consacré de longues analyses sans parvenir à un accord parfait ; qu'il suffise de donner une idée de la complexité des choses, que chacun des partis pouvait apprécier selon ses intérêts, mais où il faut, en tout cas, voir l'élément déclencheur de la guerre civile.

Cette guerre civile est une « sale guerre ». La mentalité romaine a toujours eu horreur de la guerre civile, si fréquente, sentie comme une malédiction romaine depuis Romulus et Rémus. César affecte d'ailleurs d'appeler les pompéiens des *aduersarii*[50] au moins aussi souvent que des *hostes*[51]. L'épisode de Marseille, dès le livre 1, est bienvenu parce qu'enfin César fait la guerre non plus contre des Romains mais contre une cité étrangère. La psychologie du lecteur romain doit en effet être ménagée.

Tout cela fait ressortir la différence qui existe entre *BG* et *BC*, différence plus grande que ne le laisse supposer *L'Art de la déformation historique* de M. Rambaud, qui les réunit de façon solidaire pour l'étude des procédés de déformation et de justification. Certes, la démarche est semblable dans la forme : des *commentarii* au style extraordinairement dépouillé, *nudi et uenusti* selon l'expression de Cicéron que nous avons citée plus haut. Mais la « justification » tient nécessairement une plus grande place dans *BC* que dans *BG*. Tailler en pièces des Gaulois, comme d'ailleurs n'importe quels autres *hostes*, était avouable, légitime et glorieux. Avec des armées romaines en face de soi, tout change. Le sujet est pénible pour bon nombre de Romains, surtout si César a d'abord envisagé de publier *BC* dans les années 47-45 (ce qui n'a pas été fait ; la publication est plus vraisemblablement posthume[52]). Dans un cas, il était bon de faire ressortir ses succès ; dans l'autre, parado-

---

50. Dans *BC* 1, treize fois : fin du chap. 40, puis chap. 43, puis fin du 47, puis 50, puis 54, puis 61 au début, puis 63 à la fin, puis 66, puis 72 deux fois, puis 73, 77, 82 ; par ailleurs, une fois, au début du chap. 76, dans la bouche de Petreius pour désigner les césariens. Les pompéiens sont même désignés une fois par César comme des « concitoyens », *ciues*, lorsqu'il évoque sa *misericordia* à leur endroit (chap. 72).

51. Dans *BC* 1, treize fois : deux fois au chap. 41 ; puis chap. 42, 45, 51, 64, 66, 68 deux fois, 70 deux fois, 72, 80 ; aux chap. 57 et 58 le mot est appliqué aux Marseillais, ce qui passe mieux puisque effectivement ce sont des étrangers.

52. P. Jal (Congrès Budé, 1958, Paris, 1960) défendait déjà l'idée d'une publication posthume de *BC*, à cause de « la gêne que n'aurait pas manqué de créer dans l'opinion romaine, avant 44, la parution d'un ouvrage sur la guerre civile, ouvrage écrit par le responsable de cette guerre et publié du temps même de sa « domination ». Cette publication n'aurait-elle pas été une maladresse plutôt qu'une habileté de la propagande césarienne ? » (p. 251). D'ailleurs, après les années de traumatisme, pouvait arriver le moment de la curiosité du « lectorat » romain pour ces récits de guerre civile, dont P. Jal (*La Guerre civile*, p. 79) a montré qu'ils étaient un véritable « sujet » romain que l'on appréciait au moins autant que celui des *bella externa*, surtout quand tant de contemporains encore vivants y avaient pris part. En réalité, il semble bien que *BC* ait été publié dès après la mort de César, sous la forme inachevée où se trouvait l'ouvrage, et par Antoine (hypothèse très plausible de P.-M. Martin, *César*, *La Guerre des Gaules*, La *Guerre civile*, Paris, Ellipses, 2000) qui s'était immédiatement emparé de tous ses papiers (et qui aurait d'ailleurs, autre hypothèse ingénieuse de P.-M. Martin, arraché en quatre endroits les feuilles contenant du texte qui ne lui était pas favorable, ce qui expliquerait les quatre lacunes que l'on observe dans *BC*).

xalement, mieux valait les rendre discrets et exalter plutôt la *clementia* dont on avait fait preuve, sans s'interdire même de rendre parfois hommage aux ennemis[53].

Le matériau qui a servi à la fabrication de *BC* est constitué des lettres officielles (envoyées et reçues) conservées[54] ; de la correspondance personnelle, notamment avec Cicéron dont César, au premier trimestre 49, voulait s'assurer la neutralité ; des « lettres ouvertes »[55] attestées au moins par Dion Cassius 41, 10, 2 ; des informations apportées par des émissaires[56] et succinctement consignées par écrit sur le moment, réutilisées ensuite dans les « commentaires » ; puis, et ici nous retrouvons deux éléments semblables à ceux qui étaient entrés dans la composition de *BG*, du « journal de bord » constitué jour après jour au cours des opérations militaires ; et des rapports des lieutenants quand ils sont sur d'autres théâtres d'opérations[57]. Sont utilisés aussi les *Acta Senatus*, que César a pu consulter après qu'il eut repris en main cette institution (31 mars 49, soit chap. 32 du livre 1 de *BC*), à commencer par le compte rendu de la séance du 1er janvier 49, celle dont il est question dès le premier chapitre du livre 1, à laquelle évidemment César n'assistait pas ; et des séances de la première semaine de janvier, si cruciale, auxquelles il n'était pas davantage présent. À cela on peut ajouter, toujours après que César eut repris en main le Sénat, les rapports qu'il a pu envoyer[58] sur ses opérations (comme il l'avait fait depuis la Gaule pendant toutes les années de la guerre ; c'est une obligation de tout général).

Comme dans *BG*, le cadre chronologique du récit est hérité de la tradition annalistique. Les événements sont conviés, aussi bien dans *BC* que dans *BG*, à s'insérer dans un schéma annuel. Mais c'était plus facile pour les livres de *BG* : chaque livre commençait avec le début de la campagne, chaque année, avec le printemps ; il se terminait avec l'arrêt des opérations à la fin de l'automne et les quartiers d'hiver. Les

---

53. Ainsi en 1, 44, 1, où ces pompéiens sont bien courageux…

54. Cf. 1, 1, 1, à quoi il est encore fait allusion en 1, 9, 3 ; voir ensuite 1, 10, 2 ; peut-être 1, 26, 2.

55. Expression de P. Jal, *La Guerre civile*, p. 226.

56. Voir déjà 1, 3, 6 ; ensuite 1, 8, 2.

57. Par exemple, pour Marseille, les rapports envoyés à César par Decimus Brutus, qui constitueront la matière des chap. 56-58 du livre 1.

58. Dans la mesure du moins où il l'a fait pendant la guerre civile, car Plutarque (*César* 56) dit qu'avant Munda, César n'avait pas envoyé de rapports sur ses victoires, « comme pour repousser une gloire dont il rougissait ».

événements de la guerre civile n'ont pas la même régularité. De plus, il y a pendant l'été 49 plusieurs théâtres d'opérations simultanés : Marseille et l'Espagne ; comme il l'avait fait, par exemple, pour les expéditions simultanées contre Lutèce (Labiénus) et contre Gergovie (lui-même)[59] au printemps 52, César suspend un récit pour amener l'autre au même moment chronologique : dans *BC* 1, le siège de Marseille est abandonné quelque temps et le récit se transporte en Espagne ; c'est seulement au livre 2 que l'on verra capituler Marseille.

Mais plus que dans *BG* est sensible la dimension d'autojustification du texte. Elle se marque dans l'intervention plus soutenue des techniques oratoires. Certes, il y avait des discours dans *BG* ; mais beaucoup étaient ceux de chefs gaulois, et le but essentiel de leur retranscription était de contribuer à la structuration du récit en y introduisant de la *uariatio*, en même temps que d'en augmenter le pathétique ; que l'on repense surtout aux discours de Vercingétorix au moment d'Avaricum, ou à celui de Critognatos dans Alésia. Dans *BC*, les discours les plus marquants, dès le livre 1, sont ceux de César (ainsi aux chap. 7, 23, 32, 85). Ils crient son bon droit et sa détermination de défenseur de la légalité contre ceux qui ont osé bafouer l'*intercessio* tribunicienne. La phrase oratoire est beaucoup plus présente dans *BC* que dans *BG*. Dans la *Guerre civile*, on remarque davantage la présence des homéotéleutes et des allitérations, ainsi que celle de la prose métrique. Les clausules (souvent particulièrement soignées : plus de deux mesures, ce qui suffirait pourtant) n'y sont pas l'ornement des discours seuls ; souvent, elles scandent aussi les phrases du récit lui-même. C'est sensible dès le 1er chapitre du 1er livre de *BC* : § 1, une clausule à la fin de la première phrase (*in senatu recitarentur*, crétique – choriambe – trochée) et une autre à la fin de la seconde (*impetrari non potuit*, trochée – spondée – péon premier) ; § 2, fin de la première partie de la phrase : *consul senatum* (dichorée) ; puis *pollicetur* (dichorée) ; § 3, une fois qu'on est entré dans le discours du consul, quatre clausules métriques (*sen/tenti/as di/cere ue/lint* : longue + trochée + spondée + péon quatrième ; *grati/am se/quantur* : trois trochées ; *ob/tempera/turum* : longue + crétique + trochée ; *grati(am)/atqu(e) a/miciti/am re/ceptum* : dichorée + dactyle + dichorée). Au § 4, trois clausules (*non deesse* : dichorée ; *si sena/tus se/quatur* : crétique + trochée ; *im/plora/turum* : longue + spondée + trochée). Le procédé est donc assez impressionnant, dès ce discours initial de Lentulus enchâssé dans la *narratio* du tout premier

---

59. Livre 7 de la *Guerre des Gaules* ; *Dum haec apud Caesarem geruntur*, 57, 1.

chapitre[60]. Le groupe binaire souligne des succès (1, 46, 3 : *commodiorem ac tutiorem... receptum*) ou rejoint deux qualités du chef (1, 72, 1-3, science militaire et *misericordia : se sine pugna et sine uulnere suorum* en face de *quibus saluis atque incolumibus*). L'anaphore d'un adjectif ou d'un adverbe de quantité, procédé oratoire mentionné par la *Rhétorique à Hérennius* (4, 13, 19), n'est pas absente : 1, 49, 1 *multum... multum...* ; 1, 56, 2 *multa... magnum... magnum...* ; 1, 59, 2 *minus libere, minus audacter*. Il y a donc dans *BC* plus d'*ornatio* et de *dignitas* qu'il n'y en avait dans *BG*. Le ton est moins strictement celui des « notes » (*commentarii*) ; l'ouvrage se rapproche de l'historiographie, avec la dimension de propagande et de subjectivité qui entrait dans la conception de ce genre chez les anciens.

LES ARGUMENTS DE CÉSAR

Dans la *Guerre civile*, César se prétend le champion de la légalité, à laquelle tout Romain est viscéralement attaché, comme au respect scrupuleux des formes juridiques établies. L'un de ses thèmes (dès *BC* 1, 7) est celui de la protestation répétée contre le traitement inadmissible dont, en la personne de Curion et d'Antoine (les deux sbires césariens qui, par tous les moyens, s'opposent à la désignation d'un successeur de César en Gaule), a été victime la *tribunicia potestas* en janvier 49 au Sénat. Le problème est que la légalité est devenue si complexe que chaque camp (César, Pompée, le Sénat) peut revendiquer d'en être, au moins partiellement, le défenseur investi. C'est pourquoi César invoque si souvent les droits constitutionnels qui auraient été violés à ses dépens[61]. En face des *iniuriae* et des *contumeliae* qu'on lui a fait subir, lui ne pratique que la « défense », celle de ses propres droits en même temps que celle des tribuns ; jamais, si on l'en croit, il « n'attaque » les agresseurs. Défendre la légalité, c'est défendre la patrie et les citoyens ; c'est ce que laisse entendre César ; c'est aussi ce que sont persuadés de faire ses adversaires pompéiens. Pour cela, mieux vaut pouvoir s'appuyer sur des titres officiels ; il y a là un handicap de César parce que, au début de 49, Pompée est proconsul, il y a deux consuls à Rome, et César n'est rien, si ce n'est un aventurier contre qui

---

60. Voir M. Rambaud, « Essai sur le style du *Bellum ciuile* », *Information Littéraire* 14, 1962, p. 60-69, qui a relevé de très nombreux exemples de clausules métriques dans le *Bellum ciuile*.
61. *BC* 1, 2, 6 ; 1, 3, 4 ; 1, 7, 8 ; 1, 22, 5 ; 1, 32, 2.

est porté le sénatus-consulte ultime. C'est pourquoi César souligne que dans le camp d'en face, il y a beaucoup de *priuati* (1, 6, 5) ou de gens qui agissent comme des *priuati* (ainsi Domitius, qui promet aux soldats des récompenses en lots pris sur ses propres domaines, et qui arme ses fermiers colons, 1, 34, 2 puis 56, 4 ; ce n'est pas un comportement de général romain). Il faut aussi avoir le Sénat de son côté : c'est se placer sous l'aile de la légalité républicaine, car le Sénat reste, dans son affaiblissement, le pôle théorique de la stabilité : c'est pour cela que César est si déçu de ne pouvoir réunir, le 31 mars 49, et après bien des efforts, qu'une partie[62] du Sénat (*BC* 1, 32) ; mais enfin c'est mieux que rien, et il affecte de considérer ces sénateurs restés à Rome comme s'ils étaient le Sénat tout entier, se faisant décerner par eux « une sorte de pouvoir légitime », dit Dion Cassius[63].

CONCLUSION

J. Carcopino[64] a écrit à propos de l'œuvre urbanistique et architecturale de César que celui-ci « aéra, ordonna, métamorphosa » le « sombre chaos de bâtisses » qu'était alors Rome. Comment ne pas appliquer la formule à la façon dont César traite sa matière dans les *Commentaires* ? Le même esprit, qui « repoussait aussi bien la mièvrerie que le colossal »[65], se manifeste dans la relation historique du général et dans les initiatives urbanistiques du politique. La « simplicité harmonieuse et robuste », l'« austère élégance », « la sobriété la plus gracieuse », ces qualités par lesquelles J. Carcopino entendait caractériser le *forum Iulium*, peuvent tout aussi bien être tenues pour caractéristiques des *Commentaires*, auxquels on ne peut refuser ce « je ne sais quel air de dignité (…) hautaine » dont parlait l'historien[66] à propos des portraits que la sculpture de l'époque nous a laissés du dictateur.

---

62. Τινες, dit Dion Cassius, 41, 9, 7.
63. 41, 36, 4 : ἐξουσίαν ἔννομον δή τινα.
64. *César*, p. 968.
65. *Ibid.*, p. 970.
66. *Ibid.*, p. 971.

PROLONGEMENTS

BC 1, 7 : DISCOURS DE CÉSAR À SES TROUPES AVANT LE DÉPART POUR LA GUERRE CIVILE

1. Quibus rebus cognitis Caesar apud milites contionatur. Omnium temporum iniurias inimicorum in se commemorat ; a quibus deductum ac deprauatum Pompeium queritur inuidia atque obtrectatione laudis suae, cuius ipse honori et dignitati semper fauerit adiutorque fuerit. 2. Nouum in re publica introductum exemplum queritur, ut tribunicia intercessio armis notaretur atque opprimeretur, quae superioribus annis armis esset restituta. 3. Sullam nudata omnibus rebus tribunicia potestate tamen intercessionem liberam reliquisse ; 4. Pompeium, qui amissa restituisse uideatur, bona etiam quae ante habuerint ademisse. 5. Quotienscumque sit decretum, darent operam magistratus, ne quid res publica detrimenti caperet, qua uoce et quo senatus consulto populus Romanus ad arma sit uocatus, factum in perniciosis legibus, in ui tribunicia, in secessione populi, templis locisque editioribus occupatis ; 6. atque haec superioris aetatis exempla expiata Saturnini atque Gracchorum casibus docet ; quarum rerum illo tempore nihil factum, ne cogitatum quidem : nulla lex promulgata, non cum populo agi coeptum, nulla secessio facta. 7. Hortatur, cuius imperatoris ductu VIIII annis rem publicam felicissime gesserint plurimaque proelia secunda fecerint, omnem Galliam Germaniamque pacauerint, ut eius existimationem dignitatemque ab inimicis defendant. 8. Conclamant legionis XIII quae aderat milites (hanc enim initio tumultus euocauerat, reliquae nondum conuenerant) sese paratos esse imperatoris sui tribunorumque plebis iniurias defendere.

Voici le premier grand discours prononcé par César dans le livre 1 de *BC*. Quelles sont les circonstances ? D'abord, si l'on en croit l'auteur, les premiers jours de janvier pendant lesquels le Sénat a siégé ont été occupés uniquement par des assauts et des mauvais coups dirigés contre lui ; circonstance aggravante, contre les tribuns aussi, du moins contre les deux qui prenaient son parti, et qui ont été privés, contre toute considération de droit, de leur *intercessio*. La situation est à tout point de vue anormale (le chap. 6 l'a souligné au § 7, *quod ante id tempus accidit nunquam*, puis *contra omnia uetustatis exempla* ; et au § 8, *omnia diuina humanaque iura permiscentur*). Les choses ne pouvant plus être réglées par les *iura* qui sont bafoués, il reste à employer la force pour que ce qui est juste soit fort… Mais il faut tout de même l'expliquer aux soldats, et par-delà les soldats, au lecteur de *BC* ; tel est le but poursuivi par ce discours dont certains éléments sont peut-être mieux compréhensibles par un lecteur informé que par le troupier de base. César va donc exposer ses propres arguments, et la dernière phrase du chapitre montrera qu'ils portent, parce que sont en jeu autant ses justes intérêts personnels que le respect de la légalité romaine.

Distinguons d'abord une phrase d'introduction que son caractère vague ne doit pas rendre complètement innocente :

  1. Quibus rebus cognitis Caesar apud milites contionatur.

Ayant appris cela, César prononce un discours devant ses soldats.

Informé de ces événements, César harangue ses troupes. (trad. P. Fabre)

Il y a peu à dire sur cette obligation romaine qui s'impose à tout général de haranguer ses troupes avant de les faire marcher ou combattre (ici, c'est la XIIIe légion, comme on le verra à la fin du chapitre) ; c'est banal, sauf si l'on consent à lire aussi sous ces lignes l'affirmation nette, dès le début, de la solidarité complète entre l'*imperator* et ses troupes (solidarité forgée par les longues années de campagnes en Gaule, il le rappellera dans le discours), et qui les mènera loin (jusqu'au triomphe des chapitres 85-86). Ce qui est plus intéressant est le lien de temporalité causale qui semble être établi entre l'ablatif absolu initial et la prise de parole de César, préalable à l'entrée en campagne. À l'en croire en effet, c'est seulement après avoir été renseigné sur le degré ultime des manœuvres entreprises contre lui qu'il aurait pris la décision de la harangue et du départ. En réalité, s'il n'y a pas lieu, effectivement, de mettre en doute l'affirmation que son discours et le départ se placent à la veille du franchissement du Rubicon, c'est-à-dire le 11 janvier 49 préjulien, la décision était déjà prise d'avance, ainsi que toutes les dispositions nécessaires. Car les légions de Gaule arriveront trop vite pour qu'on puisse croire que César n'avait pas déjà, plus tôt que ce 11 janvier, envoyé l'ordre de marche qui devait les tirer de leurs quartiers d'hiver. La légion XIII elle-même, si elle est déjà là, a été appelée, disons début janvier au plus tard, de ses quartiers d'hiver de Cisalpine (cf. Hirtius, *BG* 8, 54, 3). C'est dans ce plan plus large qu'il faut inscrire cette donnée du présent § 1, plutôt que de la mettre au compte d'une patience qui ne cède qu'en dernière limite. Je verrais donc entre l'ablatif absolu et la proposition principale une relation temporelle, certes, mais pas de causalité. Les adversaires de César avaient raison de dire qu'il avait préparé son plan d'attaque de longue date. Sous le bon apôtre perce ici le cynique, si l'on se donne la peine de bien y regarder.

Les attaques dont César a fait l'objet :

> Omnium temporum iniurias inimicorum in se commemorat ; a quibus deductum ac deprauatum Pompeium queritur inuidia atque obtrectatione laudis suae, cuius ipse honori et dignitati semper fauerit adiutorque fuerit.

Il rappelle les torts que lui ont faits en tout temps ses adversaires ; il se plaint que Pompée ait été entraîné et détourné par eux, et ait agi par jalousie et par désir de ravaler sa gloire, à lui qui personnellement a toujours favorisé et aidé l'honneur et la dignité de Pompée.

Il rappelle les continuelles injustices de ses ennemis à son égard ; il se plaint qu'ils aient entraîné Pompée et qu'ils l'aient détourné de la voie droite par jalousie et par désir de rabaisser sa gloire, à lui, qui au contraire a toujours favorisé et soutenu Pompée dans la recherche des titres et des dignités. (trad. P. Fabre)

Dans cette phrase se détachent quatre mots : *inimicorum* (en général), *Pompeium* (en particulier), *omnium temporum* (durée), *iniurias* (toutes les mesures prises à l'égard de César sont toujours par lui désignées comme *iniuriae* dans *BC*, ou par *contumeliae* : thème de propagande récurrent). Les manœuvres entêtées (*omnium temporum*) des ennemis de César, dit celui-ci, ont fini par rendre Pompée (dont le nom est ici prononcé immédiatement, dès l'ouverture du discours et des hostilités ; voilà bien les deux adversaires du *Bellum ciuile* face à face) hostile à l'*imperator* des Gaules. Pompée est donc à la fois influençable et ingrat. Influençable, parce qu'il a prêté l'oreille aux sirènes anticésariennes (*deductum ac deprauatum*). Ingrat, parce qu'il est ainsi devenu hostile à quelqu'un qui l'a toujours soutenu (ce fut vrai au moins dans le cas du premier triumvirat : et notamment pour l'obtention du commandement contre les pirates en 67 ; du commandement contre Mithridate en 66 ; pour l'élection de 56 au consulat pour 55 ; et aussi longtemps que Pompée fut lié à César dont il était le... gendre depuis 59 ; mais Julia est morte en septembre 54 ; les relations se sont ensuite dégradées de part et d'autre ; pas seulement de Pompée à César).

La vraie responsabilité est donc stylistiquement rejetée sur les « ennemis de César » (*a quibus*) et non sur Pompée ; mais c'est vraiment précaution de style. Car c'est bien Pompée, ensuite, qui est accusé d'*inuidia* envers la gloire de César. L'opposition supposée entre les attitudes des deux hommes est développée et soulignée par la structure en chiasme de la phrase : l'*inuidia/obtrectatio* (Pompée) s'oppose à *fauerit/adiutor* (César), et à l'intérieur du chiasme s'opposent *laudis* (gloire de César) et *honori et dignitati* (pour Pompée). Opposition des attitudes, donc : l'un (César) « favorise » et « seconde », l'autre (Pompée) « jalouse » et « rabaisse » ; deux verbes de chaque côté. Est-ce un hasard, maintenant, s'il faut – à propos de la « gloire » de chacun des deux hommes – deux mots (*honos* et *dignitas*) du côté de Pompée pour en contrebalancer un seul (*laus*) du côté de César ? Devant l'auditoire militaire auquel il s'adresse, César a sans doute bien choisi en parlant de sa propre *laus*, la « gloire » ; car l'*honos* et la *dignitas* renvoient évidemment au domaine des distinctions politiques, somme toute un peu routinières (même lorsque, comme Pompée, on a mené une carrière uniquement faite d'*honores* et de *dignitates* extraordinaires : ce peut être aussi une pointe paradoxalement glissée par César sous ces mots routiniers d'*honos* et de *dignitas*, contre un personnage dont il n'a pas hésité à favoriser la carrière bien qu'elle fût en tout anormale). En d'autres termes, *honos* et *dignitas* cantonnent Pompée dans le statut de « civil » un peu bavard et traditionnel, et soulignent, par contraste, la solidarité entre l'*imperator* et ses soldats, soudés autour de la notion plus militaire de *laus*, réunis aussi par la solidarité que ses hommes doivent à la malheureuse victime (*queritur*) de tant d'inimitiés (*inimicorum*) persévérantes (*omnium temporum*).

Mais César va maintenant affecter de s'élever au-dessus de ces considérations de gloire et de carrière personnelles, pour déplorer l'affront infligé au droit constitutionnel romain dans la personne des tribuns :

> 2. Nouum in re publica introductum exemplum queritur, ut tribunicia intercessio armis notaretur atque opprimeretur, quae superioribus annis armis esset restituta. 3. Sullam nudata omnibus rebus tribunicia potestate tamen intercessionem liberam reliquisse ; 4. Pompeium, qui amissa restituisse uideatur, bona etiam quae ante habuerint ademisse.

Il déplore le précédent encore inconnu qui s'est introduit dans l'État, à savoir que l'intercession tribunicienne soit blâmée officiellement et écrasée avec l'appui de la force armée, elle qui dans les années précédentes avait été rétablie par les armes. Sylla, qui avait dépouillé de tout la puissance tribunicienne, avait cependant laissé libre le droit d'intercession ; Pompée, réputé avoir rendu aux tribuns ce qu'ils avaient perdu, leur avait enlevé même les droits qu'ils avaient gardés auparavant.

Il déplore la nouveauté du précédent introduit dans l'État, la condamnation et l'écrasement par les armes du droit d'intercession tribunicienne, qui avait été rétabli naguère par les armes. Sylla, qui avait dépouillé la puissance tribunicienne de tous ses pouvoirs, avait pourtant laissé libre le droit d'intercession ; et Pompée, qui passe pour avoir rendu aux tribuns ce qu'ils avaient perdu, leur a, au contraire, retiré les prérogatives qu'ils avaient conservées auparavant. (trad. P. Fabre)

Avant de développer l'affront infligé aux tribuns, le discours indique en quoi cet affront est insupportable. Pour le bon apôtre, il ne l'est, bien sûr, qu'en tant qu'il affecte les usages politiques de Rome. Certes, il est piquant que ce soit César qui s'indigne (*queritur* revient pour la deuxième fois en trois lignes) de la *nouitas* (« caractère de "jamais vu" ») de cette pratique, lui qui n'est pas vraiment porté à manifester de la révérence à l'égard du fonctionnement normal des institutions. Ici, c'est vraiment un César très légaliste qui s'exprime devant ses troupes, lesquelles, sans doute, n'en demandent pas tant (il a devant lui, en effet, la XIIIe légion, levée en Transpadane, à ses frais, en 57, au début de la deuxième année de la guerre des Gaules, cf. *BG* 2, 2, 1, et qui est donc avec lui depuis huit ans ; mais cette longue fréquentation dans le contexte de la guerre a-t-elle vraiment suffi à transformer ces gens en fins politologues ?…) : c'est-à-dire que c'est plutôt au lecteur de *BC* que s'adresse l'orateur, pour justifier la décision qu'il prendra à la fin du chapitre.

Donc, il s'agit de déplorer la manière brutale dont on a traité à Rome les deux tribuns de la plèbe Curion et Antoine, proprement « vidés » *manu militari* (*armis*, dit le texte) d'un Sénat dans lequel ils opposaient systématiquement leur *intercessio* à toute tentative de désigner un successeur à César dans sa charge de proconsul des Gaules. Les hommes, et c'est très habile, ne sont pas en cause : le texte ne parle ni d'Antoine ni de Curion, ni même de *tribuni plebis*, mais, abstraitement, de la charge (*tribunicia potestas*) et d'une de ses prérogatives les plus sacrées (au sens exact du terme : quiconque porte la main sur un tribun du peuple devient *sacer*), la *tribunicia intercessio* par laquelle tout tribun peut opposer son veto à toute décision prise par tout magistrat (même par un autre tribun).

Pompée, tenu pour responsable de l'expulsion des tribuns, est donc celui qui viole la *tribunicia potestas*, et il est soit inconséquent soit cynique, parce que c'est justement grâce à lui, en 70, pendant son premier consulat où il avait pour collègue Crassus (*lex Licinia Pompeia de tribunicia potestate*), que les droits des tribuns, rognés par Sylla, ont été rétablis (*quae superioribus annis armis esset restituta*, expression dans laquelle, d'ailleurs, *armis* n'est pas clair parce que cette restitution se fit sans violence ; on ne voit donc pas à quoi César peut bien faire allusion ici, et l'on serait tenté de supprimer *armis*, en le traitant, avec Nipperdey, comme une glose marginale ensuite introduite à tort dans le texte ; d'ailleurs le mot est absent du ms. *L* de Louvain, xɪᵉ siècle ; pour sa part, en le gardant, l'éditeur Hotman a proposé de le faire précéder de *sine*). A-t-il oublié, ou bien ne l'avait-il fait que dans son intérêt propre et pour favoriser, à un moment donné, sa carrière personnelle ? Tels sont les sous-entendus. Il y en a un autre. Pompée, piétinant la *tribunicia potestas*, est pire que Sylla, qui, en 81-80, avait totalement dépouillé (*nudata omnibus rebus*) les tribuns de leur pouvoir, mais leur avait laissé au moins l'*intercessio*. Il y a ici une utilisation du personnage de Sylla, symbole du dictateur sanglant, que l'on se jette à la figure d'un parti à l'autre ; c'est à qui, du côté pompéien, convaincra le mieux que César est un nouveau Sylla (bien que par sa famille il se rattache au parti de Marius) ; ici, dès l'ouverture de *BC* et dans le premier discours qu'il dit avoir prononcé, César sous-entend qu'avec Pompée, on a affaire à un nouveau Sylla.

En réalité, cette commisération de César pour la *tribunicia intercessio* n'est pas tout à fait étrangère à l'échec de la stratégie qu'il a utilisée au Sénat par personne interposée. Tout ce qu'il voulait faire, c'était empêcher que le Sénat ne nomme son successeur en Gaule. Or, comme Pompée a oublié de stipuler que sa loi (*de prouinciis*) ne pourrait pas faire l'objet de l'opposition (*intercessio*) des tribuns, les tribuns favorables à César vont pouvoir s'opposer à tout processus de nomination d'un proconsul en Gaule pour remplacer César. Sur les 10 tribuns, le parti césarien n'a réussi à faire élire que deux de ses partisans. Mais cela suffit à l'obstruction, surtout quand les deux en question sont des gens aussi teigneux que Curion et Antoine. La méthode va fonctionner un certain temps. Toutefois, après une première semaine de janvier 49 particulièrement animée (premiers chapitres de *BC* 1), le nouveau consul Lentulus, un ennemi de César, prenait le taureau par les cornes et établissait la liste des gouverneurs remplaçants, parmi lesquels le remplaçant de César ; cela, malgré les hurlements des deux tribuns. Le droit d'opposition des tribuns bafoué est dès lors le prétexte d'ordre constitutionnel sur lequel César peut, en même temps que sur la défense de sa *dignitas* piétinée, se permettre d'entrer en guerre (voir aussi 1, 9, 2).

Après ce morceau émouvant sur la *tribunicia potestas*, César revient en effet à ce qui le concerne lui-même, contre qui a été pris le sénatus-consulte ultime le transformant en ennemi public :

> 5. Quotienscumque sit decretum, darent operam magistratus, ne quid res publica detrimenti caperet, qua uoce et quo senatus consulto populus Romanus ad arma sit uocatus, factum in perniciosis legibus, in ui tribunicia, in secessione populi, templis locisque editioribus occupatis, 6. atque haec superioris aetatis exempla expiata Saturnini atque Gracchorum casibus docet ; quarum rerum illo tempore nihil factum, ne cogitatum quidem : nulla lex promulgata, non cum populo agi coeptum, nulla secessio facta.

Et toutes les fois qu'il a été décrété que les magistrats veillassent à ce que la République ne subît aucun dommage, expression et sénatus-consulte par lesquels le Peuple romain est appelé aux armes, il leur montre que cela a été fait dans le cas de lois dangereuses, dans le cas de violences exercées par des tribuns, dans le cas de sécession du peuple, les temples et les hauteurs ayant été occupés ; et que ces exemples de l'époque précédente ont été expiés par le sort de Saturninus et des Gracques ; mais de tout cela, en ce moment, rien n'a été fait, rien n'a même été imaginé : aucun projet de loi n'a été affiché, on n'a pas entrepris de convoquer le peuple, aucune sécession ne s'est produite.

Chaque fois qu'a été pris le décret ordonnant aux magistrats de veiller à ce que la République ne subisse aucun dommage, formule du sénatus-consulte par lequel on appelle aux armes le Peuple romain, on l'a fait pour combattre des lois dangereuses, des coups de force des tribuns, des sécessions du peuple, quand il s'était établi dans les temples et sur les hauteurs ; et ces tentatives du passé, il montre qu'elles ont été expiées par le sort de Saturninus et des Gracques. Rien de pareil ne s'est produit actuellement, l'idée n'en est même pas venue ; ni projet de loi affiché, ni essai de convocation du peuple, ni sécession. (trad. P. Fabre)

Le sénatus-consulte ultime qui vient d'être rendu contre César n'a jamais été porté, dit celui-ci, que dans des périodes extrêmement troublées de l'histoire politique de Rome (exemples développés par le § 5 et le début du § 6), alors que César lui-même, présentement, est tout sauf un agitateur (fin du § 6) : bien plutôt la victime d'un universel complot. Voici donc les exemples que prend César. Sécession du peuple : cela ne peut guère faire référence qu'à l'occupation de l'Aventin par les partisans des Gracques en 121, avant la proclamation du sénatus-consulte ultime (les *templa*, qui sont surélevés sur leur podium, peuvent constituer des points de résistance en cas d'émeute, comme tous les endroits un peu élevés, *locis editioribus*). L. Appuleius Saturninus, qui s'était retranché dans le Capitole, fut tué dans la curie où on l'avait mis en garde à vue, après que le Sénat eut rendu un décret *caueant...* contre lui à cause de ses violences politiques, en décembre 100. Tiberius Gracchus fut assassiné dans une émeute fomentée par le parti sénatorial vers la fin de son tribunat en 133 ; bien qu'il n'y ait pas eu de sénatus-consulte ultime, les circonstances étaient assez semblables à celles qui entraînèrent cette proclamation contre son frère Caius, lequel, après l'échec de l'occupation de l'Aventin en 121, se fit tuer par un esclave. Les trois catégories d'exemples (proposition de loi hostile au parti aristocratique ; agitation tribunicienne en réunion publique ; sécession) sont renvoyées à leur inexistence présente, selon César, par des expressions symétriques en fin de § 6 (*nulla lex promulgata, non cum populo agi coeptum, nulla secessio facta*) ; la vivacité du ton de l'orateur est rendue par le style indirect libre de cette phrase (qui, rompant avec le style indirect de tout ce qui a précédé, a été considérée comme suspecte par certains éditeurs qui l'ont rejetée bien qu'elle soit dans tous les manuscrits).

Quel cours d'histoire ! Et par allusions qui s'adressent à l'initié que n'est pas le troupier. Là encore, le véritable destinataire est bien évidemment le lecteur de ce plaidoyer d'autojustification.

Voici maintenant les conclusions que tire l'orateur des faits qu'il a précédemment rassemblés :

> 7. Hortatur cuius imperatoris ductu VIIII annis rem publicam felicissime gesserint plurimaque proelia secunda fecerint, omnem Galliam Germaniamque pacauerint, ut eius existimationem dignitatemque ab inimicis defendant.

Il les exhorte, cet *imperator* sous la conduite duquel pendant 9 ans ils ont avec le plus grand succès œuvré pour la République, livré de très nombreux combats favorables, pacifié toute la Gaule et la Germanie, à défendre contre ses adversaires sa réputation et sa dignité.

Il exhorte ses soldats, qui, sous sa conduite, ont, pendant neuf années, mené pour la patrie des campagnes particulièrement heureuses, gagné tant de batailles, pacifié toute la Gaule et la Germanie, à défendre contre ses adversaires la réputation et l'honneur de leur chef. (trad. P. Fabre)

C'est la même construction que dans les deux autres grands discours de *BC* 1 (à savoir celui qui sera adressé au Sénat au chap. 32, et celui qui sera prononcé devant les pompéiens d'Espagne vaincus au chap. 85). La fin du discours indique aux auditeurs ce qu'ils doivent faire. La différence est que dans les deux autres discours, on trouve pour introduire cette conséquence des expressions comme *pro quibus rebus* en 32, 7 (devant un *hortatur* identique à celui que l'on a ici), et *proinde* en 85, 12 ; ici, il y a asyndète, mais c'est une autre manière de faire sentir la rigoureuse liaison entre ce qui a précédé et le § 7.

L'exhortation finale ramène au thème de César chef d'armée, que l'on avait senti affleurer sous la *laus* du § 1, mais qui est cette fois nettement développé, autour de mots essentiels dans lesquels se détachent *imperator* d'une part, et d'autre part les deux termes solidaires *felicissime* et *secunda*. Ce que l'on demande à un général, à Rome, c'est d'avoir de la chance pour assurer le succès des armes romaines ; cette *felicitas* a largement (*plurima*) accompagné César dans ses combats en Gaule, et pendant longtemps (neuf ans, dit-il : de 58 à 50, c'est-à-dire juste avant les quartiers d'hiver dont viennent de sortir les soldats). Il n'est pas sans intérêt de remarquer que l'adverbe *felicissime* a ici une portée plus vaste par rapport à l'ensemble du livre 1 lui-même, car il l'ouvre sous le signe de la *felicitas*, et c'est encore la *felicitas* qui le refermera (avec le *feliciter* de 85, 10, vers la fin du discours aux pompéiens vaincus). On sait tout ce qu'a pu écrire M. Rambaud sur la *felicitas* ou la *fortuna* comme thème de la propagande césarienne. De fait, c'est bien le rôle que joue ici le rappel des succès militaires du proconsul, susceptible à la fois de galvaniser ses troupes et de s'adresser au lecteur, lequel est à même de constater, un certain nombre d'années après les faits, que véritablement la Fortune de César ne l'a jamais quitté.

Ce rappel ne va pas sans une certaine exagération puisque, si l'on peut facilement admettre la « pacification » (*pacuerint* ; comprendre la « conquête » ; *ubi solitudinem faciunt, pacem appellant*, dira le Calgacus de Tacite à propos des Romains) de toute la Gaule (*omnem Galliam*), la Germanie (*Germaniamque*) entraîne quelque réticence quand on sait combien furent vains les efforts de César en cette direction, au point qu'il choisit finalement, dans *BG*, d'opposer artificiellement et de manière erronée Gaulois et Germains dans le célèbre *excursus* du livre 6, avec entre eux le Rhin dont il fait une frontière : en-deçà, c'est Rome, apportant la civilisation à des peuples gaulois susceptibles de l'accueillir ; au-delà, on est chez les sauvages, et c'est pourquoi César (laisse-t-il entendre) a choisi de ne pas pousser outre-

Rhin l'empire de Rome. En réalité, les Germains lui avaient fait peur en 55 et, après quelques rodomontades de l'autre côté du pont qu'il avait fait construire sur le Rhin, comme les Germains l'attendaient dans les profondeurs de leurs forêts (*BG* 4, 18, 4 et 19, 2), il avait préféré revenir sur la rive gauche en coupant derrière lui (*BG* 4, 19, 4) son merveilleux ouvrage d'art (*BG* 4, 17). Donc, la Germanie est loin d'être « entièrement pacifiée ».

Au nom du serment qu'ils lui ont prêté lors de leur enrôlement, le *sacramentum*, l'*imperator* est fondé à demander à ses soldats leur collaboration dans la nouvelle lutte qui s'annonce. Pour cela il n'oublie pas, justement, de s'appliquer son titre d'*imperator*, qui rappelle des campagnes réussies sous le signe de la *felicitas*, mais qui d'un autre côté place désormais tout le débat sur le plan militaire et non plus sur le plan civil ; car *imperator* est un titre décerné au général par ses soldats. P. Jal, dans *La Guerre civile* (p. 96 *sq.*), a insisté sur l'importance qu'il y avait pour un général engagé dans des opérations de guerre civile à pouvoir se prévaloir du titre d'*imperator*. Car « il s'agissait, cette fois, d'une distinction exceptionnelle accordée par les soldats eux-mêmes, sur le champ de bataille, à leur général vainqueur ». On prouvait ainsi à l'opinion en même temps qu'aux adversaires l'attachement et la fidélité d'une armée. Dans notre passage, le chef salué du titre d'*imperator* a toujours su où il conduisait ses troupes (*ductu*) et il le saura donc encore. Aussi peut-il compter que les soldats le « défendront ».

César placé malgré lui dans l'obligation de se défendre, c'est bien l'idée dont l'écrivain veut persuader le lecteur et l'on est ainsi ramené aux phrases initiales du discours, qui avait commencé par rappeler les *iniuriae inimicorum*. C'est une expression tout à fait comparable qui clôt le discours : *ab inimicis defendant*. La boucle est bouclée. La différence est que cette fois il ne s'agit plus de se plaindre passivement (*queritur* deux fois au début du discours, on l'a vu), mais de se défendre vigoureusement (*defendant* ; on voit ici que la meilleure défense est l'attaque ; plus sérieusement, il faut dire que César présente son *offensive* comme une *défensive* ; encore un thème récurrent de *BC*) ; ou plus exactement, de défendre *eius existimationem dignitatemque*, deux mots redondants qui rappellent l'*honos* et la *dignitas* dont on parlait au début à propos de Pompée.

Il ne reste qu'à décrire les réactions de l'auditoire :

8. Conclamant legionis XIII quae aderat milites (hanc enim initio tumultus euocauerat, reliquae nondum conuenerant) sese paratos esse imperatoris sui tribunorumque plebis iniurias defendere.

Les soldats de la XIIIe légion, celle qui était là (car il l'avait fait venir dès le début des troubles, et les autres n'avaient pas encore rejoint), s'écrient qu'ils sont prêts à venger les torts faits à leur *imperator* et aux tribuns de la plèbe.

Des cris unanimes s'élèvent de la XIIIe légion, qui était là (César l'avait appelée dès le début des troubles ; les autres n'avaient pas encore rejoint), attestant que les troupes sont prêtes à venger les injures faites à leur général et aux tribuns de la plèbe. (trad. P. Fabre)

On retiendra d'abord la clameur d'approbation unanime, *conclamant*, soulignée par la place du verbe par rapport au sujet, qui n'est pas la place normale (sujet, puis verbe à la fin de la proposition) ; on a ici le même effet stylistique que dans *BG* 7, 21, 1, *conclamat omnis multitudo* ou surtout 7, 66, 7, *conclamant equites*, avant le serment solennel prêté par les cavaliers gaulois dans la préparation du combat de cavalerie préliminaire d'Alésia. On retiendra aussi ce qui justifie cette clameur unanime. Les cris des soldats reprennent exactement les deux points de l'argumentation césarienne – ce qui est une bonne manière de la marteler dans l'esprit du lecteur, méthode d'intoxication dans laquelle César est passé maître ne serait-ce qu'en martelant son nom, par l'emploi de la fameuse troisième personne. Premièrement, les injustices commises contre leur *imperator* ; deuxièmement, les injustices commises contre les tribuns de la plèbe (qui, dans la scène, sont sûrement là, debout à côté de l'orateur qui les exhibe pour exciter compassion et fureur ; car, expulsés du Sénat et contraints de s'enfuir de Rome, ils ont accouru à Ravenne) ; tels étaient bien les deux thèmes du discours. Mais les mots également sont repris : surtout *imperator* (qui était à la fin du discours), *iniuriae* (qui était au début), et *defendere* (qui était à la fin), cette fois au sens de « venger ». Le chef et ses troupes parlent à l'unisson. Tout est prêt, les soldats (*paratos*), mais sûrement davantage encore leur chef, qui a déjà sa treizième légion en état d'opérer, et les autres qui sont en train d'arriver, car il a eu à cœur, même s'il le dissimule dans une parenthèse confortablement vague (quand donc faut-il placer exactement l'*initium tumultus* ?... Et si les autres légions « n'ont pas encore rejoint », il ne s'ensuit pas qu'elles soient très loin...), de « préparer » les choses suffisamment à l'avance et en tout cas avant d'apprendre l'expulsion du Sénat qui a frappé les tribuns.

Discours d'autojustification sur lequel s'ouvre le livre 1 ; ce livre se fermera sur un autre discours d'autojustification (chap. 85), utilisant des arguments comparables. C'est un hors-la-loi qui s'exprime ; il faut donc qu'il persuade le lecteur que la légalité est de son côté. D'ailleurs il fera encore preuve d'esprit de modération en tentant d'ultimes négociations aux chapitres suivants, 8-9-10, et c'est seulement au chap. 11, § 4 qu'un *itaque* tirera les conséquences de la mauvaise foi prêtée au parti adverse, signant l'entrée en campagne cette fois effective. Mêlant habilement l'histoire de Rome à celle de ses démêlés avec Pompée, se faisant victime patiente mais sourdement menaçante, revendiquant la défense de la légalité constitutionnelle romaine autant que de ses propres intérêts, César, à la fois, annonce ici les grandes lignes de sa propagande du livre 1 et laisse entrevoir le récit haletant d'une campagne militaire qui, sous les auspices de la *felicitas*, le mènera à la victoire.

BC 1, 85 : DISCOURS DE CÉSAR AUX POMPÉIENS QUI SE RENDENT

Ad ea Caesar respondit : nulli omnium has partis uel querimoniae uel miserationis minus conuenisse. Reliquos enim omnis officium suum praestitisse : se, qui etiam bona condicione, et loco et tempore aequo, confligere noluerit, ut quam integerrima essent ad pacem omnia ; exercitum suum, qui iniuria etiam accepta suisque interfectis, quos in sua potestate habuerit, conseruarit et texerit ; illius denique exercitus milites, qui per se de concilianda pace egerint, qua in re omnium suorum uitae consulendum putarint. Sic omnium ordinum partes in misericordia constitisse : ipsos duces a pace abhorruisse ; eos neque colloquii neque indutiarum iura seruasse et homines imperitos et per colloquium deceptos crudelissime interfecisse. Accidisse igitur his, quod plerumque hominum nimia pertinacia atque arrogantia accidere soleat, uti eo recurrant et id cupidissime petant, quod paulo ante contempserint. Neque nunc se illorum humilitate neque aliqua temporis opportunitate postulare quibus rebus opes augeantur suae ; sed eos exercitus quos contra se multos iam annos aluerint, uelle dimitti. Neque enim sex legiones alia de causa missas in Hispaniam septimamque ibi conscriptam neque tot tantasque classis paratas neque submissos duces rei militaris peritos. Nihil horum ad pacandas Hispanias, nihil ad usum

prouinciae prouisum, quae propter diuturnitatem pacis nullum auxi-
lium desiderarit. Omnia haec iam pridem contra se parari ; in se noui
generis imperia constitui, ut idem ad portas urbanis praesideat rebus
et duas bellicosissimas prouincias absens tot annis obtineat ; in se iura
magistratuum commutari, ne ex praetura et consulatu, ut semper, sed
per paucos probati et electi in prouincias mittantur ; in se etiam aetatis
excusationem nihil ualere, cum superioribus bellis probati ad obtinen-
dos exercitus euocentur ; in se uno non seruari, quod sit omnibus datum
semper imperatoribus, ut rebus feliciter gestis aut cum honore aliquo
aut certe sine ignominia domum reuertantur exercitumque dimittant.
Quae tamen omnia et se tulisse patienter et esse laturum ; neque nunc
id agere, ut ab illis abductum exercitum teneat ipse, quod tamen sibi
difficile non sit, sed ne illi habeant, quo contra se uti possint. Proinde,
ut esset dictum, prouinciis excederent exercitumque dimitterent ; si
id sit factum, se nociturum nemini. Hanc unam atque extremam esse
pacis condicionem.

Après d'ultimes épisodes très pénibles de leur aventure espagnole,
pendant lesquels ils ont allié découragement et obstination, incom-
pétence et cruauté, les deux chefs pompéiens Afranius et Petreius
sont acculés à la capitulation par les manœuvres de César (Ilerda,
août 49). Afranius vient de faire un discours plein de soumission. César
répond :

> Ad ea Caesar respondit nulli omnium has partis uel querimoniae uel
> miserationis minus conuenisse. Reliquos enim omnis officium suum
> praestitisse : se, qui etiam bona condicione, et loco et tempore aequo,
> confligere noluerit, ut quam integerrima essent ad pacem omnia ; exer-
> citum suum, qui iniuria etiam accepta suisque interfectis, quos in sua
> potestate habuerit, conseruarit et texerit ; illius denique exercitus mili-
> tes, qui per se de concilianda pace egerint, qua in re omnium suorum
> uitae consulendum putarint.

À cela César répondit qu'à personne au monde ce rôle de plainte ou d'appel à la pitié ne convenait moins. Les autres en effet, tous, ont fait leur
devoir : lui-même, qui même dans de bonnes conditions, et avec un terrain
et un moment favorables, n'a pas voulu se battre, pour que tout soit le plus
sauvegardé possible pour la paix ; son armée, qui, ayant même subi une
trahison et vu massacrer les siens, a épargné et caché ceux qu'elle avait en
son pouvoir ; enfin les soldats de l'autre armée, qui d'eux-mêmes ont traité
des conditions de la paix, chose dans laquelle ils ont pensé qu'il fallait
veiller à la vie de tous les leurs.

À ces paroles, César répondit qu'« à personne au monde un pareil rôle, ces plaintes, ces appels à la pitié ne convenaient moins qu'à Afranius. Car les autres avaient tous fait leur devoir : lui, César, qui, même dans des circonstances propices, lorsque le terrain, lorsque le moment lui étaient favorables, n'a pas voulu engager l'action, pour qu'en tout le champ fût ouvert le plus largement possible à la paix ; ses soldats, qui malgré la trahison dont ils ont été victimes et le massacre de leurs camarades, ont épargné, ont protégé les ennemis qui étaient entre leurs mains ; les troupes de l'armée adverse enfin, qui, de leur propre initiative, ont entamé des négociations de paix, dans lesquelles elles ont considéré qu'elles devaient penser au salut de tous ceux de leur parti. (trad. P. Fabre)

Le complément du comparatif, à la fin de la première phrase, n'est pas exprimé, mais c'est Afranius, qui vient de parler (et avec lui son collègue Petreius, les deux chefs étant considérés de manière solidaire).

La réponse de César (*ad ea respondit*), donnée ici dans un discours qui, comme partout dans *BC* 1, est mis sous « la forme du style indirect, qui reproduit la pensée sans viser à transcrire les termes mêmes de l'orateur » (J. Bayet, *Littérature latine*), va, dès son ouverture, poser de façon définitive l'*imperator* comme l'exact inverse des chefs pompéiens. Le *nulli* initial met immédiatement Afranius (et Petreius) à part de la communauté des hommes de bonne volonté. Ceux-ci sont répartis en trois catégories : César, ses soldats, les soldats pompéiens. César a été fidèle à son éternelle volonté de clémence et a joué l'accord plutôt qu'une victoire qui lui était acquise ; son armée a fait preuve de grandeur d'âme en protégeant des ennemis, à qui on aurait dû faire payer la criminelle trahison dont se sont rendus coupables certains membres de leur parti ; les soldats pompéiens eux-mêmes ont tout fait pour éviter une issue tragique. Reprenons ces trois points. César bénéficiait de l'avantage ; sous-entendu, son génie de chef l'avait aidé à se procurer le *locus* et le *tempus* favorables, c'est-à-dire la *bona condicio* pour livrer une bataille décisive, et il a choisi de ne pas en profiter, assumant ainsi avec sang-froid (qualité qui manque évidemment aux chefs pompéiens, on le voit par antithèse) son *officium* suprême, la recherche de la paix (*ad pacem*). La même grandeur d'âme est celle des soldats césariens qui n'ont pas succombé plus que leur chef à l'appétit d'une vengeance qui eût été parfaitement autorisée par les lois de la guerre, et deux ablatifs absolus solidaires rappellent et jettent à la face d'Afranius la noirceur de la trahison dont il a été, avec Petreius, le responsable : *iniuria accepta suisque interfectis*, et pour ce dernier ablatif absolu, de quelle façon ! César a employé plus haut l'expression de *crudelitas in supplicio*. La même grandeur d'âme, enfin, est aussi celle des soldats pompéiens (à propos desquels s'imposait particulièrement ici, plutôt que de parler d'*hostes* ou même d'*aduersarii*, l'emploi de *ille*, « ceux d'en face », procédé qui se rencontre aussi ailleurs dans *BC*), sur lesquels la sauvagerie de leurs chefs n'a pas eu de prise (critique voilée : qu'est-ce qu'un chef, de toute façon, incapable de se faire suivre par ses hommes ?), et qui ont même eu à cœur de demander, dans leurs négociations spontanées pour la paix, d'abord la vie pour leurs généraux (ces derniers sont compris dans le *omnium* de *omnium suorum uitae consulendum*), des gens qui cependant se moquent bien de la vie de leurs hommes comme de celle de leurs ennemis. Toutes ces affirmations sont une accusation implacable parce qu'elles portent sur des faits avérés et indiscutables.

César, les césariens et les soldats pompéiens, tous ceux-là ont agi en hommes raisonnés, ce que souligne chaque fois la relative, au subjonctif parce qu'on est au style indirect, mais qui pourrait l'être aussi au style direct. Contraste : en face des *officia* (penser à Cicéron pour la force du mot, qui n'est pas seulement militaire comme il l'est ici), les généraux pompéiens ne sont capables que de *partes*. On n'a pas affaire à des hommes responsables, mais à des acteurs d'une mauvaise pièce, des acteurs geignards (*querimonia*, *miseratio*), incapables d'assumer ce qui devrait être la conséquence normale de leur comportement : la mort. Il y a décidément peu de stoïcisme dans ces gens-là, sanguinaires, pleutres, vils (le début du chap. 75 a déjà indiqué ironiquement en quoi consistait le stoïcisme d'Afranius). Le discours va souligner maintenant en quoi consistent les reproches qu'on peut leur faire.

> Sic omnium ordinum partes in misericordia constitisse : ipsos duces a pace abhorruisse ; eos neque colloquii neque indutiarum iura seruasse et homines imperitos et per colloquium deceptos crudelissime interfecisse. Accidisse igitur his, quod plerumque hominibus nimia pertinacia atque arrogantia accidere soleat, uti eo recurrant et id cupidissime petant, quod paulo ante contempserint.

Ainsi le rôle de tous les grades a été dans l'humanité. Mais les chefs eux-mêmes ont eu horreur de la paix ; ils n'ont respecté le droit ni de la discussion ni des trêves, et ils ont tué avec la plus grande cruauté des hommes sans méfiance et trompés pendant la discussion même. Il leur est donc arrivé ce qui arrive habituellement le plus souvent aux hommes d'une opiniâtreté et d'une arrogance excessives, qu'ils reviennent en le recherchant avec le plus grand désir vers ce que, peu avant, ils ont méprisé.

Ainsi le rôle de chacun, quelle que fût sa situation, avait été un rôle d'hu-
manité. Mais à eux, les chefs, la paix leur avait fait horreur ; ils n'avaient
observé ni les règles des négociations, ni celles de la suspension d'armes ;
des hommes sans défiance, abusés par les pourparlers en cours, ils les
avaient massacrés avec la dernière cruauté. (trad. P. Fabre)

La reprise (ouverte par *sic*, « dans ces conditions », qui poursuit la
logique froide et implacable du développement entrepris par César)
porte maintenant sur l'opposition, non plus entre les deux généraux
pompéiens et le groupe César + césariens + troupes pompéiennes,
mais, à l'intérieur même de l'armée pompéienne, entre les deux chefs
et les hommes du rang, qu'ils soient simples soldats ou centurions
(*omnium ordinum*). *Omnium ordinum* s'oppose en effet, en asyndète
comme c'est le plus fréquent chez César, à *ipsos duces* (Petreius est
évidemment rendu solidaire d'Afranius, même si celui-ci seul a parlé ;
on comprend que Petreius, après ce qu'il a fait au chap. 75, cherche à
se faire oublier). La *misericordia* (qualité que César revendique plus
haut pour lui-même au chap. 72 en la précisant par le génitif *ciuium*,
« à l'égard de concitoyens » ; qu'Afranius, à la fin de son discours,
fin du chap. 84, vient de le supplier de montrer ; et qui est ici mise
au compte du *miles* adverse, dont César hausse donc la « clémence »
presque au rang de la sienne propre) a été le fait de la troupe, tandis
que les chefs ont montré leur horreur (*abhorruisse*, mot d'une grande
force) pour la paix ; si l'on ne peut faire grief à un général d'être
rendu malade par l'idée de la paix, les circonstances exceptionnelles
dans lesquelles se sont trouvés placés ces deux-là auraient dû entraîner chez eux une attitude différente. Surtout, les *duces* sont accusés
d'avoir violé des lois sacrées (*iura*) que leurs troupes ont respectées.
Mais César pousse son avantage psychologique en exagérant la faute
morale de ses adversaires. Il n'y a pas eu de *indutiae*, contrairement à
ce qu'il dit (trêve dûment conclue par les deux partis), seulement une
fraternisation des soldats. Et même *colloquium* au singulier, comme
il l'emploie ici deux fois, est excessif en ce sens qu'il suggère une
discussion générale et pour ainsi dire organisée, alors qu'il y a réellement eu des *colloquia*, au pluriel (74, 1), inorganisés quoique générali-
sés. Si donc il y a eu atteinte contre des *iura*, ce n'est pas contre les
lois de la guerre, mais contre celles du fair-play (tromper – *deceptos* ;
quant à *per colloquium*, il me semble qu'il a plutôt une valeur temporelle qu'une valeur de moyen comme l'interprète la traduction de
P. Fabre – et massacrer des gens qui ne s'y attendent pas, *imparatos*
si on admet, avec M. Rambaud, cette correction d'éditeurs au lieu

de *imperitos* des mss.) et surtout contre celles de l'humanité : c'est peut-être encore pire.

Le ton sentencieux du moraliste n'est pas inhabituel chez César donneur de leçons. Ici, il applique aux deux chefs pompéiens cette vérité psychologique universelle (*plerumque soleat accidere*) : les téméraires finissent par tomber dans la lâcheté et supplient alors le vainqueur d'accepter l'arrangement qu'ils avaient commencé par refuser. En tout cas, leur déconvenue est une juste conséquence (*accidisse igitur* : *igitur* n'est employé qu'une seule fois chez César, ici ; ce qui suggère que l'écrivain y voit un mot plus fort que *itaque*) de leur attitude et ils ne font que recueillir le fruit de leurs erreurs.

> Neque nunc se illorum humilitate neque aliqua temporis opportunitate postulare quibus rebus opes augeantur suae ; sed eos exercitus quos contra se multos iam annos aluerint, uelle dimitti.

> Lui, maintenant, il ne réclame, ni à cause de leur abaissement ni à cause d'une chance offerte par le moment, des choses par lesquelles ses forces soient augmentées ; mais les armées qu'ils ont entretenues contre lui depuis de nombreuses années, il veut qu'elles soient renvoyées.

> *Non, maintenant, il ne va pas, lui, profitant de leur humiliation et de l'occasion favorable, réclamer de quoi accroître ses propres forces ; mais ces armées, qu'ils ont, depuis déjà bien des années, entretenues contre lui, il en exige le licenciement.* (trad. P. Fabre)

Cette phrase est une charnière brutale et réellement inattendue dans le discours d'un vainqueur romain – sauf pour un lecteur déjà averti de la clémence de César (et d'ailleurs, on a pu soupçonner que cette partie centrale, entre *neque nunc se…* et *neque nunc id agere*, § 5 et 11, avait été ajoutée par la suite au texte initial du discours réellement prononcé), ce que ne sont pas les pompéiens défaits, dans les rangs desquels on croit entendre ici un soupir de soulagement. Du moins chez les hommes de troupe ; pour les deux chefs, César n'a pas encore révélé le sort qu'il leur réserve, et ils ont tout lieu de craindre encore. Ainsi, malgré la révélation de la clémence à venir à l'égard des hommes du rang, le suspense est-il maintenu dans la progression du discours.

À l'égard des simples soldats en effet, César fait preuve de mansuétude. Le droit de la guerre lui permettrait de les incorporer purement et simplement dans son armée, ce qui aurait pour conséquence d'augmenter d'un seul coup ses forces (*opes*) de cinq légions. Il se contente d'exiger leur licenciement. Pure grandeur d'âme ? Quel serait l'état d'esprit de ces pompéiens qui ont souffert pour leur *imperator absens*, une fois passée l'allégresse initiale de s'en tirer à bon compte ? Du reste, ils ne savent pas encore (ils ne le sauront pas avant le chapitre suivant) que César va les nourrir jusqu'au moment où il les démobilisera, et la question de leur subsistance, une fois assurée leur survie immédiate, peut en ce moment les inquiéter quelque peu.

Le verbe *dimitti*, qui dans un ordre sec (*uelle dimitti*) claque aux oreilles des deux *duces* comme la fin de leur campagne, a aussi, pour le lecteur, une tout autre résonance parce que c'est un verbe dont César s'est plu à parsemer le début du livre 1 de *BC*, au moment de sa « campagne d'Italie », toutes les fois où il a renvoyé sans exercer de vengeance un ennemi tombé entre ses mains (13, 5 ; 18, 4 ; 23, 3 ; 24, 5 avec *remittit*). Il participe donc de la thématique récurrente de la « clémence de César », et exerce en ce sens la même fonction que le mot *misericordia* qui a été rencontré plus haut, même si ce sont cette fois les deux *duces* qui doivent « renvoyer » leurs propres troupes ; on peut dire que César les « renvoie » par personne interposée, se donnant ainsi le double plaisir de l'allégresse des soldats et de la détresse de leurs chefs pompéiens.

Contra se introduit pour la première fois un thème qui va maintenant revenir à plusieurs reprises dans le discours, celui des persécutions endurées par un César qui est patient mais qui n'est pas dupe. Il va en effet, maintenant, expliquer pourquoi personne ne saurait prétendre que les légions d'Espagne n'étaient là que pour le maintien de l'ordre dans cette province.

> Neque enim sex legiones alia de causa missas in Hispaniam septimamque ibi conscriptam neque tot tantasque classis paratas neque submissos duces rei militaris peritos. Nihil horum ad pacandas Hispanias, nihil ad usum prouinciae prouisum, quae propter diuturnitatem pacis nullum auxilium desiderarit.

Et ce n'est pas pour une autre raison que six légions ont été envoyées en Espagne et qu'une septième y a été enrôlée, que tant de flottes si importantes ont été équipées, et qu'ont été envoyés en renfort des chefs expérimentés dans l'art militaire. Rien de ces choses n'a été prévu pour la pacification des Espagnes, rien pour l'utilité de la province, qui, à cause de la longue durée de la paix, n'a eu besoin d'aucun secours.

Point d'autre raison, en effet, à l'expédition de six légions en Espagne, à la levée d'une septième dans le pays même, ni à l'armement de tant de flottes si considérables et à l'envoi secret de chefs expérimentés. Rien de tout cela n'a été prévu pour la pacification des Espagnes, rien pour les besoins de la province, puisque, grâce à la longue durée de la paix, aucun secours n'y était nécessaire. (trad. P. Fabre)

Submissos : ce n'est pas nécessairement « en secret » comme dit
P. Fabre ; dans *submittere*, il y a l'idée de « renfort » (cf., chez César
lui-même, *BG* 2, 25, 1 ; 4, 26, 4 ; 5, 58, 5 ; 7, 85, 1).

César se plaît à faire un tableau impressionnant des forces réunies,
dit-il, contre lui : six légions puis une septième (de fait, Afranius et
Petreius lui ont opposé cinq légions, et Varron en a deux autres qui
ne sont pas intervenues), les généraux les plus compétents (César ne
pense certainement pas à Vibullius Rufus, libéré de Corfinium et parti
ensuite pour l'Espagne sur ordre de Pompée, cf. 1, 34, 1 ; car il est en
train de décrire ici le renforcement militaire de l'Espagne *antérieur* à
la guerre civile ; les généraux en question sont sans doute, par conséquent, ceux dont il vient d'être vainqueur, auxquels on peut ajouter
Varron, qui est prudemment resté à l'écart ; l'ironie est perceptible
sous l'hommage rendu), et même des flottes (cette dernière précision
est inattendue car on n'a guère vu de flotte arriver qu'à Marseille, qui
n'est pas l'Espagne ; du reste, ces bateaux de Domitius, peu nombreux,
ne s'y sont précipités que dans le cadre de la guerre civile, et César,
je le répète, est en train de décrire la situation des années antérieures ;
il n'est donc pas possible de penser avec M. Rambaud, éd. Érasme,
p. 126, n. 6, que peut-être César dépasse ici le simple théâtre des opérations d'Espagne et met en cause toutes les opérations pompéiennes
contre lui dont il peut être informé, ce qui renverrait par exemple à
Cicéron, *ad Atticum* 9, 9, 2, qui énumère les endroits du bassin de la
Méditerranée orientale où sont armés des navires destinés à contrôler le transport du blé depuis les régions productrices jusqu'en Italie,
*ad intercludendos commeatus Italiae et ad occupandas frumentarias
prouincias* ; il ne peut pas s'agir non plus des flottes qu'avait armées
Pompée contre les pirates en 67-66, c'est trop ancien. Nipperdey a supposé que *classis* était une glose expliquant *auxilia*, qui aurait ensuite
été introduite dans le texte en faisant disparaître *auxilia* lui-même, et il
a proposé, en rétablissant les accords grammaticaux nécessaires, *neque
tot tantaque auxilia parata*, ce qui a le mérite de faire disparaître l'en-
nuyeux problème des flottes…). Le retour régulier des négations, dans
une série un peu haletante et où l'orateur, peut-être, se laisse quelque
peu emporter par une sourde colère (trois *neque*, deux *nihil*, un *nullum*), sert à montrer à l'inverse que tout n'avait qu'un seul but, qui était
de l'abattre. Tout repose sur l'argument de la longue paix en Espagne ;
seulement cet argument est un peu tiré par les cheveux, car César lui-
même, qui a fait campagne en Espagne en 61-60, est bien placé pour
savoir la réalité ; les choses avaient été assez sérieuses pour que lui soit

décerné un triomphe (à la célébration duquel il renonça sur la pression de ses adversaires). Mais justement, outre que parler de paix définitive en Espagne lui permet ici de souligner que les légions d'Afranius n'y sont que pour se battre contre lui, insister sur la pacification de l'Espagne lui est également indispensable à cause du triomphe de 60, parce que le triomphe, précisément, sanctionne la réussite d'un chef romain qui a définitivement défait l'ennemi (ce qui lui donne la possibilité de ramener à Rome, pour les y faire défiler comme il en a l'obligation, ses troupes victorieuses : preuve de sa victoire durable). La présence « normale » (c'est-à-dire pour maintenir le pays dans l'obéissance à Rome) de nombreuses légions dans l'Espagne des années 55-50 serait la marque d'un relatif échec de César. Quoi qu'il en soit, il est certain que la *lex Trebonia*, en 55, avait donné les deux Espagnes à Pompée pour cinq ans avec quatre légions selon Plutarque, *Pompée* 52, mais ces troupes furent évidemment renforcées par la suite, et d'ailleurs la *lex* autorisait Pompée à lever des troupes dans les provinces elles-mêmes, s'il le jugeait nécessaire (dans les mêmes conditions exactement et pour la même durée, César s'était vu attribuer la Gaule par la *lex Licinia Pompeia* ; il allait pour sa part lever en Narbonnaise sa X[e] légion, appelée *Alaudae*).

César, donc, prétend dévoiler le jeu de ses adversaires, uniquement dirigé contre lui. Il pense l'avoir montré à propos de l'Espagne. Il poursuit cette analyse.

> Omnia haec iam pridem contra se parari ; in se noui generis imperia constitui, ut idem ad portas urbanis praesideat rebus et duas bellicosissimas prouincias absens tot annis obtineat ; in se iura magistratuum commutari, ne ex praetura et consulatu, ut semper, sed per paucos probati et electi in prouincias mittantur ; in se etiam aetatis excusationem nihil ualere, cum superioribus bellis probati ad obtinendos exercitus euocentur ; in se uno non seruari, quod sit omnibus datum semper imperatoribus, ut rebus feliciter gestis aut cum honore aliquo aut certe sine ignominia domum reuertantur exercitumque dimittant.

Tout cela, depuis longtemps, c'est contre lui que c'est préparé ; c'est contre lui que sont établis des pouvoirs d'un genre inconnu, de sorte que le même homme peut, aux portes de la Ville, diriger la politique romaine et avoir la charge, pendant tant d'années, de deux provinces si belliqueuses dont il est absent ; c'est contre lui que l'on change les règles des magistratures, pour que ce ne soit pas des gens sortant de la préture et du consulat, comme cela s'est toujours fait, mais des gens approuvés et choisis par un petit nombre, qui soient envoyés dans les provinces ; c'est contre lui encore que la dispense d'un délai n'est pas admise, puisque des gens qui ont fait leurs preuves dans des campagnes précédentes sont reconduits pour diriger des armées ; c'est quand il s'agit de lui, et de lui seul, que n'est pas respecté – ce qui a toujours été accordé à tous les *imperatores* – le fait qu'après avoir remporté des succès, ils rentrent à Rome et congédient leur armée soit avec quelque honneur, soit au moins sans flétrissure.

Toutes ces mesures, et de longue date, c'est contre lui qu'on les prend ; contre lui, on crée des commandements d'un nouveau genre, si bien qu'un seul homme, aux portes de Rome, a la direction de la politique romaine, et, quoique absent, gouverne en même temps, depuis un grand nombre d'années, deux provinces qui sont parmi les plus belliqueuses ; contre lui, on bouleverse les droits des magistratures ; ce n'est plus au sortir de la préture et du consulat, selon la règle constante, mais après un choix et une élection faits par une coterie, qu'on est nommé au gouvernement des provinces ; contre lui, l'excuse même de l'âge n'est pas admise, puisque des chefs qui ont fait leurs preuves dans les guerres précédentes sont rappelés à un commandement d'armée ; contre lui seul, on supprime ce qui a toujours été accordé à tous les généraux, de rentrer à Rome, après une campagne heureuse, ou avec quelque honneur, ou en tout cas sans flétrissure, et de licencier seulement ensuite leur armée. (trad. P. Fabre)

Une première phrase synthétise ce qui a précédé (*haec – parari*) et surtout assume une fonction d'ouverture sur la suite. Tout ce qui a été énuméré par César jusque-là a été fait, dit-il, *contra se* (cette expression est ici reprise après avoir été déjà employée au § 5) ; tout ce qui va être énuméré ensuite est fait *in se* (expression dont on va trouver dans la phrase quatre occurrences, ouvrant chacune l'exposé d'un grief). Ces anaphores montrent que dans ce discours, « les sentiments passionnés de César s'expriment avec sobriété, mais vigueur » (J. Bayet, *Littérature latine*). Toutes les mesures politiques romaines sont donc prises « contre lui », tel est bien le sens que l'on peut donner aux trois premiers *in se* ; et le refus des honneurs du triomphe tombe *in se uno*, « quand il s'agit de lui seulement », « uniquement quand il est en cause », parce que, sans doute par un souci d'élégance, le quatrième *in se* est un ablatif, non pas un accusatif (*uno* le prouve, et aucun ms. ne semble présenter une variante *unum*).

Premier grief de César : immédiatement dirigé contre Pompée, désigné par *idem* : un seul et même homme a le droit de gouverner sa province sans y être présent et simplement par l'entremise de *legati* (le thème de Pompée *absens* a déjà été abordé plusieurs fois dans le livre ; mais comme les Espagnes, l'auteur oubliant ce qu'il a écrit quelques lignes plus haut ou l'orateur ce qu'il disait à la minute précédente, ont maintenant perdu la *diuturnitas* de leur paix pour être vues comme *bellicosissimae*, c'est un véritable abandon de poste dont se rend coupable Pompée ! Il est vrai qu'une autre interprétation est possible : *bellicosissimas* peut faire allusion au « surarmement » des Espagnes, citérieure et ultérieure, où Pompée a envoyé six légions et en a recruté une septième : provocation et menace contre César) et de dicter en même temps (*idem*) la politique dans la Ville. Certes, il n'est que *ad portas*, non pas dans la Ville, conformément à l'interdiction faite à un proconsul investi de l'*imperium* d'entrer dans Rome ; mais comme sa maison est au Champ de Mars (certes hors du *pomœrium*), on ne peut pas dire qu'il ait beaucoup de peine à s'entretenir avec magistrats et sénateurs ! Le pire est que son consulat en 52 (il est consul unique, rappelons-le), alors qu'il est en même temps proconsul d'Espagne, lui permet d'avoir en même temps le gouvernement d'une province importante et la haute main sur les affaires politiques à Rome. Ce sont vraiment des *noui generis imperia* (valeur péjorative de *nouus* pour un esprit romain), mais toute la carrière de Pompée a été faite de pouvoirs extraordinaires (situation que César a favorisée alors, de manière à créer des précédents dont il espérait pouvoir ensuite invoquer le souvenir en sa propre faveur).

Le deuxième grief de César (*iura magistratuum commutari*) est dirigé contre la *lex Pompeia de prouinciis*, qui a modifié en 52 le système traditionnel d'attribution des provinces. Jusque-là, aux termes de la *lex Sempronia*, un consul à sa sortie de charge recevait immédiatement une province proconsulaire. Désormais, aux termes de la nouvelle loi, il y aura un délai de cinq ans entre la fin de la magistrature et la promagistrature dans une province (voir *supra*) ; et en attendant que les magistrats de 52 puissent « concourir » en 47, il faut nommer n'importe qui pour boucher les trous des années intermédiaires ; ce qui est fait, dit César, par une « coterie » (*per paucos*), pour reprendre les mots de P. Fabre, comprenons le petit groupe d'anticésariens de Rome. La plainte présente est l'écho très net de celle qui était poussée par César, sur le même motif, au début du livre 1 (chap. 6 § 5). Par un enchaînement de circonstances et d'interprétations complexes, c'est cette loi qui a été considérée comme interdisant à César de rester proconsul des Gaules aussi longtemps qu'il l'avait espéré pour faire la « soudure » avec un nouveau consulat, et c'est cette loi qui l'a poussé à entrer en guerre. Ici, elle est vue comme une *commutatio* du système (César emploie le verbe *commutari*), et l'idée rejoint celle qui était exprimée, dans l'énoncé du premier grief, par *noui generis* : les institutions vénérables de la République sont bouleversées par des gens qui ne veulent qu'une chose, nuire à César.

Le troisième grief (*aetatis excusationem...*) est un point difficile. Il ne faut pas chercher ici une « excuse de l'âge » (trop vieux ? trop jeune ?) qui n'a rien à voir, même si c'est bien un sens fréquent de l'expression. Suivons plutôt l'explication récemment proposée par M. Reydellet. *Aetas* est un « temps qui dure » : un intervalle posé comme obligatoire entre deux charges officielles. *Excusatio* est alors une « dispense » ; et on comprend. César se plaint : alors que d'autres, par dispense plus ou moins tacite, peuvent enchaîner deux charges malgré la règle, contre lui seul on prétend la faire respecter (en lui imposant un délai entre son proconsulat et le consulat suivant). César est donc une victime tout à fait unique.

Quatrième grief : un proconsul qui ne peut ramener ses troupes à Rome et les licencier est un gouverneur qui n'a pas mené à bien ses opérations militaires dans sa province. Or, la manière dont on a pourvu au remplacement de César, selon la *lex Pompeia de prouinciis*, ne lui a effectivement pas permis d'agir ainsi. D'où l'absence de triomphe (*honore aliquo*) et la flétrissure (*ignominia*) qui s'ensuit. Ces considérations ne visent bien sûr que les derniers développements de la carrière de César juste avant le début de la guerre civile, parce que, pour les campagnes précédentes en Gaule, il avait obtenu des *supplicationes* (15 jours en 57, 20 en 55 puis en 52, voir la fin des livres de *BG* correspondants).

> Quae tamen omnia et se tulisse patienter et esse laturum ; neque nunc id agere, ut ab illis abductum exercitum teneat ipse, quod tamen sibi difficile non sit, sed ne illi habeant, quo contra se uti possint.

Toutes ces choses cependant, il les a supportées avec patience et il les supportera encore ; et maintenant, ce qu'il veut faire, ce n'est pas leur enlever leur armée pour se l'approprier, ce qui pourtant ne lui serait pas difficile, mais éviter qu'eux n'aient une armée qu'ils puissent utiliser contre lui.

Tous ces procédés, cependant, il les a supportés patiemment, et il continuera. D'ailleurs, ses plans actuels ne sont pas de débaucher leur armée et de la prendre sous ses ordres, ce qui pourtant ne lui serait pas difficile, mais de les empêcher d'avoir une armée qu'ils puissent, eux, utiliser contre lui. (trad. P. Fabre)

C'est un résumé général de toutes les avanies que César prétend avoir subies qui se trouve récapitulé dans *quae omnia*, de même qu'un peu plus haut *omnia haec* (début du § 5) récapitulait en particulier tous les moyens mis en œuvre contre lui par les pompéiens sous prétexte de défendre l'Espagne ; les deux expressions se répondent, ce qui est souligné par le chiasme (*omnia haec / quae omnia*). Cela permet de souligner la propre *diuturnitas pacis* – si l'on peut se permettre de reprendre cette expression appliquée plus haut à l'Espagne – de César, ce qu'il exprime par *et se tulisse patienter et esse laturum* : balancement des deux *et*, constat sur le passé (*tulisse*) qui permet d'assurer l'attitude future (*laturum*) avec, entre ces deux formes de *ferre*, l'adverbe qui les précise ici en commun : *patienter*. La *patientia*, voilà bien un autre thème de la propagande césarienne, qui rejoint celui de la *lenitas*. Il n'est pas étonnant que l'on rejoigne ainsi des expressions qui figuraient dans un autre grand discours d'auto-justification, et à propos des mêmes noises cherchées à César : celui qui avait été prononcé devant le Sénat le 31 mars (32, 4 : *Patientiam proponit suam...* – sa « longanimité » pour P. Fabre, sa « modération » pour D. Nisard – en face des outrages de ses ennemis, *iniurias inimicorum* au § 2 du même chapitre).

De même que *quae omnia* reprenait le *omnia haec* précédent, de même *neque nunc* est l'exacte reprise du *neque nunc* du début du § 5 ; et cette reprise introduit la répétition du contenu de ce § 5 par le § 11 où nous sommes maintenant. Avec une expression différente, c'est bien la même intention qui est ici proclamée : César ne veut pas incorporer les légions pompéiennes aux siennes, dont il exige seulement la dissolution (*neque nunc id agere, ut ab illis abductum exercitum teneat ipse, quod tamen sibi difficile non sit, sed ne illi habeant quo contra se uti possint*), seulement pour leur enlever tout instrument d'action contre lui, *contra se* à nouveau, qui boucle en chiasme la série des *in se* (§ 8-9-10) enfermés entre ce dernier *contra se* et ceux des § 5 et 8. Cela est présenté comme un pur effet de sa bonté (*quod tamen sibi difficile non sit*), bien que, pour des raisons que nous avons évoquées plus haut à propos du § 5, l'*imperator* ne tienne peut-être pas vraiment à incorporer ces légions dont il peut redouter l'esprit pompéien trempé dans de si nombreuses épreuves.

> Proinde, ut esset dictum, prouinciis excederent exercitumque dimitterent ; si id sit factum, se nociturum nemini. Hanc unam atque extremam esse pacis condicionem.

Ainsi donc, comme cela avait été dit, qu'ils sortissent de ces provinces et renvoyassent leur armée ; si cela est fait, il ne fera de mal à personne. Telle est la seule et dernière condition de paix.

Ainsi, il leur ordonnait, comme il l'avait déjà signifié, de quitter l'Espagne et de démobiliser leurs troupes. Si cette clause est exécutée, personne n'aura rien à redouter de lui. C'est la seule et unique condition de paix. (trad. P. Fabre)

La trame de l'autre grand discours du livre 1 se retrouve ici bien nettement. Après l'exposé des motifs (c'est-à-dire la liste des vexations auxquelles il a été soumis), César tire la conclusion pratique (ici, *proinde* ; à la fin du discours au Sénat, chap. 32, *pro quibus rebus*) : Afranius et Petreius doivent licencier leurs troupes (devant le Sénat, il disait, en 32, 7, qu'« il priait et conjurait les sénateurs de prendre en main la République et de la gouverner avec lui. Si la crainte les faisait reculer, lui ne se soustrairait point au fardeau et assumerait seul le gouvernement de l'État »). Le discours s'achève sur l'expression de la grandeur d'âme de l'orateur : ici, modicité des conditions de paix, réduites à une seule, et si facile à satisfaire ; devant le Sénat, *se... iustitia et aequitate uelle superare* (fin du chap. 32).

Parallélisme et similitude de ce discours avec celui du chap. 32, délivré au Sénat. Non seulement la structure et les thématiques, mais aussi certaines expressions sont récurrentes. Une longue liste *d'iniuriae* dûment constatées et incontestables amène à une double conclusion : 1) ce qui doit être fait, *uolens nolens*, par les auditeurs ; 2) la grandeur d'âme de celui qui leur impose ses exigences si douces... On remarquera spécialement comment se répondent le substantif *patientia* du discours au Sénat et l'adverbe *patienter* du discours aux pompéiens. C'est que l'un et l'autre sont des discours prononcés dans des circonstances où, l'opposition ennemie ayant été abattue par la stratégie de l'*imperator*, le temps revient de la parole ; une parole synthétisante, conclusive, ferme en même temps et rassurante, d'autant qu'elle est, après coup, transposée dans un discours qui la rend plus nerveuse et lui donne l'apparence d'une plus grande objectivité grâce à l'utilisation systématique du style indirect. Car la transposition est évidente : comment croirait-on que les vingt-cinq mille hommes (au moins) de Petreius et d'Afranius aient pu tous entendre tout cela ? que César ait pu faire un discours aussi long devant des troupes aussi épuisées ? Du reste, on ne sait jamais s'il s'adresse aux deux généraux pompéiens vaincus (c'est ce qu'il semble, par exemple, quand il énonce, § 5, puis réitère, § 11, son exigence de licenciement des légions d'Espagne) ou à l'ensemble de leurs troupes (qui, le discours terminé, manifestent bruyamment leur approbation, si l'on en croit César 86, 1-2, soit « depuis le retranchement », *ex uallo*, selon les manuscrits, soit « depuis la vallée », *ex ualle*, selon la correction apportée par M. Rambaud, c'est-à-dire l'endroit défavorable et en contrebas où l'on avait pris la précaution de les parquer). Non, ce ne sont pas eux les vrais auditeurs ; mais, en cette fin de livre, glorieuse et magnanime, c'est le lecteur des *Commentaires* qui est pris à témoin de la grandeur de César, général, psychologue, ferme mais humain, sachant utiliser l'épée autant que l'habileté (*praesertim cum non minus esset imperatoris consilio superare quam gladio*, 72, 2, phrase qui était une véritable annonce de la manière dont se déroulerait l'étape ultime de l'affrontement contre les pompéiens d'Espagne). On voit combien « la composition et la portée de ce discours, comme l'écrit J. Bayet (*Littérature latine*), dépassent l'occasion momentanée où il est censé avoir été prononcé ».

BIBLIOGRAPHIE

ÉDITIONS ET TRADUCTIONS

– On trouvera aux Belles Lettres dans la « Collection des Universités de France » le texte et la traduction de *La Guerre des Gaules*, éd. L.-A. Constans, Paris, rééd. 1996, et ceux de *La Guerre Civile*, éd. P. Fabre, Paris, rééd. 1997.
– César, *De Bello Gallico*. Livres II et III. Édition, introduction et commentaire par M. Rambaud, Paris, PUF, « Érasme », 1965.
– César, *De Bello Civili*. Livre 1. Édition, introduction et commentaire par M. Rambaud, Paris, PUF, « Érasme », 1962.
– *C. Iulii Caesaris Commentarii rerum gestarum*, éd. A. Klotz, Teubner, Leipzig, 1950.
– *C. Iulius Caesar. Bellum Gallicum*, éd. W. Hering, Teubner, Leipzig, 1987.
– Julius Caesar, *The Civil War*, edited with an Introduction, Translation & Commentary by J. M. Carter, Warminster, 1991 (vol. 1, Books I & II ; vol. 2, Book III).
– *Historiens romains. Historiens de la République* t. II : *César*. Introduction, traduction nouvelle, notes par G. Walter, Paris, Gallimard, « Bibliothèque de la Pléiade », 1968.

ÉTUDES

– G. Achard, « Le *Bellum ciuile* de César : déformation historique ou subtile rhétorique ? », *Vita Latina*, mars 1996, p. 14-23.
– A. Bachofen, *Caesars und Lucans Bellum Civile. Ein Inhaltsvergleich*, Diss. Zürich, 1972.

– J. Carcopino, *César*, Paris, PUF, 1936 (*Histoire Générale* publiée sous la direction de G. Glotz. *Histoire Ancienne*, Troisième Partie : *Histoire Romaine*, Tome II : *La République Romaine de 133 à 44 avant J.-C.*).

– M. Chênerie, « L'architecture du *Bellum ciuile* de César », *Pallas* 21, 1974, p. 13-31.

– R. Chevallier (éd.), *Présence de César. Actes du Colloque des 9-11 décembre 1983, Caesarodunum* XX bis, Paris, 1985.

– R. Combès, *Imperator, recherches sur l'emploi et la signification du titre d'imperator dans la Rome républicaine*, Paris, PUF, 1966.

– R. Étienne, *Jules César,* Paris, Fayard, 1997.

– H. Fugier, « Un thème de la propagande césarienne dans le *De bello ciuili* : César maître du temps », *Bulletin de la Faculté des Lettres de Strasbourg* 47, 1968, p. 127-133.

– Chr. Goudineau, *César et la Gaule*, Paris, Errance, 1990.

– J. Harmand, *L'Armée et le soldat à Rome de 107 à 50 avant notre ère*, Paris, éd. A. et J. Picard et Cie, 1967.

– P. Jal, « César et la publication du *Bellum Civile* », *Actes du Congrès de l'Association Guillaume Budé*, Lyon, 1958, Paris, Les Belles Lettres, 1960, p. 251-253.

– P. Jal, *La Guerre civile à Rome. Étude littéraire et morale*, Paris, PUF, 1963.

– Y. Le Bohec, *César chef de guerre*, Paris, éditions du Rocher, 2001.

– P.-M. Martin, *César, La Guerre des Gaules, La Guerre civile*, Paris, Ellipses, 2000.

– P.-M. Martin, « Le *Bellum ciuile* de César, œuvre inachevée ou œuvre censurée ? », dans *Hommages à Miquel Dolç*, Actes del XII Simposi de la SEEC (Palma, 1996), Palma de Majorque, 1997, p. 305-324.

– M. Rambaud, « L'opposition de Lucain au *Bellum Civile* de César », *L'Information littéraire* 12, 1960, p. 155-162.

– M. Rambaud, « Essai sur le style du *Bellum ciuile* », *L'Information littéraire* 14, 1962, p. 60-69 et p. 108-113.

– M. Rambaud, *L'Art de la déformation historique dans les Commentaires de César*, Paris, Les Belles Lettres, 1966 (1952).

– M. Rambaud, *César*, Paris, PUF, coll. « Que sais-je ? », 3e éd., 1974.

– M. Ruch, « La véracité du récit de César dans les six premiers chapitres du *De bello ciuili* », *Revue des Études Latines*, 1949, p. 118-137.

– L. Ross Taylor, *La Politique et les partis à Rome au temps de César* (traduit de l'anglais), Paris, La Découverte, 1977.

– Z. Yavetz, *César et son image*, Paris, Les Belles Lettres, 1991.

– G. Zecchini, *Cassio Dione e la guerra gallica di Cesare*, Milan, 1978.

CHAPITRE II

SALLUSTE

PAS D'HISTOIRE AVANT SALLUSTE ?
UN MYTHE CICÉRONIEN

« L'histoire n'était alors que la rédaction des annales ». Ainsi parle l'orateur Antoine en automne 91, à la veille du déclenchement de la guerre sociale. En substance, dit-il, l'état de l'historiographie, à Rome, est à peu près celui de la Grèce à l'époque des chronographes : on sait raconter les événements année par année, c'est tout ; ni recul, ni ornement. *Breuitas* et *ueritas* sont les seules qualités que Cicéron – car c'est en réalité lui qui parle, en 55 – reconnaît aux annalistes (*De orat.* 2, 51-52). Il semblerait donc que le retard de Rome par rapport à la Grèce provienne, d'après cette analyse, d'un simple décalage culturel : les Grecs aussi ont connu cette phase annalistique de l'écriture de l'histoire avant d'avoir de véritables historiens. Les choses seraient claires si, en même temps, Cicéron ne développait pas l'idée suivante : si nous, Romains, nous n'étions pas aussi assidus au forum et au barreau, nous aurions eu tout loisir pour développer le genre historique ; en somme, comme nous faisons l'Histoire (puisqu'en République la parole est reine), nous n'avons pas le temps de l'écrire. C'est un peu vite oublier que les Grecs avaient leurs ténors de l'*agora* dans le même temps qu'ils avaient de vrais historiens ! La faille du raisonnement cicéronien est patente et Salluste saura s'en souvenir : il préférera ne pas opposer ceux qui font l'Histoire à ceux qui l'écrivent et les juger complémentaires (*De Catilinae coniuratione* 3 ; *Bellum Iugurthinum* 4). Quelques années après, Cicéron enfonce le clou (*De leg.* 1, 7) : il y a bien aujourd'hui, dit-il, comme *scriptores* Licinius Macer et Sisenna – de bords opposés – mais c'est tout. Et le terme *scriptores* montre que, pour lui, ce sont des tâcherons, non des historiens véritables.

Est-ce bien vrai ? Passons sur Valerius Antias : son goût immodéré pour les anecdotes, les récits fictifs, les légendes, ses exagérations manifestes le discréditent en effet comme historien « sérieux ». Mais Sempronius Asellio ? Il fut pourtant le premier à définir les finalités de l'histoire : non seulement raconter les faits, mais montrer comment ils se sont déroulés. Et Claudius Quadrigarius ? Il était fervent partisan de l'*exornatio rerum*, comme Cicéron, et attentif à ne choisir que des sources jugées sûres, lui qui refusait de prendre en compte les traditions antérieures au sac de Rome par les Gaulois (vers 390) parce que, disait-il, tout avait alors brûlé. Malgré tout, Cicéron les fait passer à la trappe, comme Gellius et Clodius. Bref, aucun des noms de l'annalistique récente ne trouve grâce à ses yeux, non plus que Licinius Lucullus, premier auteur pourtant d'une monographie historique (en grec, il est vrai) sur la *Guerre des Marses* (la guerre de Rome contre ses alliés italiens), ni les auteurs de *Mémoires*, Scaurus, Rufus, Catulus, Sylla. Les *Mémoires,* dira-t-on, ne sont pas des ouvrages historiques. Soit, mais alors, pourquoi Cicéron a-t-il envisagé comme une œuvre historique d'écrire le récit de son consulat, pourquoi a-t-il orné de « toute la boîte à parfums d'Isocrate » (*ad Att.* 2, 1, 1 *sq.*) son *Commentarius consulatus* ?

La question que nous posons trouve sa réponse en elle-même : il *fallait* qu'il n'y eût pas d'historien à Rome avant Cicéron. Écoutons Atticus – ou plutôt Cicéron parler par sa bouche : « Il y a longtemps que l'on réclame de toi une œuvre d'histoire. Car, pense-t-on, si tu t'y mets, nous pourrons arriver, même dans ce domaine, à ne plus du tout nous trouver inférieurs à la Grèce. […] L'histoire en effet n'existe pas dans notre littérature, comme je m'en rends compte et comme je te l'entends dire si souvent. Or tu peux d'autant mieux y réussir qu'il s'agit là, comme tu as d'ailleurs coutume de l'envisager, d'un travail tout particulièrement propre à un orateur. […] C'est un service que tu dois non seulement aux aspirations de ceux qui aiment les lettres, mais aussi à la patrie, pour que, déjà sauvée grâce à toi, elle soit encore, grâce à toi, illustrée. […] Aussi l'histoire est-elle le présent que l'on attend maintenant de toi » (*leg.* 1, 5-7).

Traduisons : 1. Il n'y a toujours pas d'historiens à Rome : Cicéron refuse de voir dans ses prédécesseurs ne serait-ce que des précurseurs ; 2. Dans ce genre aussi, nous pouvons égaler les Grecs ; 3. Vu son génie oratoire, seul Cicéron est capable de le faire ; 4. Cicéron doit écrire l'histoire de son consulat et de ses luttes politiques (des *Mémoires,* en somme, comme d'autres à qui il refuse le titre d'historiens) ; 5. Cela implique une conception de l'histoire qui soit contemporaine et conçue comme une dépendance du genre rhétorique : *tantum munus oratoris* (*De orat.* 2, 62). Précisons : Cicéron, qui passe en revue les historiens grecs, salue froidement Thucydide comme le plus grand, mais lui préfère nettement Hérodote. Pour son style ? Peut-être, mais surtout « parce qu'il fut le premier à orner ce genre » (*De orat.* 2, 55), parce qu'il fut *pater historiae* (*leg.* 1, 5) – en clair, parce qu'il fut ce que Cicéron rêve encore de devenir dans les années 50.

Mais alors, pourquoi Cicéron s'est-il adressé à Posidonios de Rhodes, à Archias et à Lucceius, qu'il qualifie d'ailleurs d'*historien* dans *Ad familiares* (5, 12, 2), pour leur demander (en vain d'ailleurs) d'écrire, en grec et en latin, l'histoire de son consulat ? Pourquoi n'a-t-il jamais pris le calame pour écrire ce récit historique, lui qui n'hésita pas à chanter en vers son consulat ? C'est sans doute qu'il est plus facile, comme il le dit lui-même (*De leg.* 1, 4), de prendre en poésie des libertés avec la vérité qu'en histoire : le poème est *fabula*, le contraire d'*historia*, qui exige le respect de la vérité (*De orat.* 2, 64). Cicéron s'est-il senti incapable de respecter cette exigence en parlant de lui-même ? Ce que nous savons de lui par ailleurs ne rend pas l'hypothèse invraisemblable. A-t-il eu peur de le faire ? Un passage de sa correspondance (*epist. ad Att.* 14, 5) l'atteste. La crainte n'était pas vaine : il y a des mots qui tuent, et d'autres qui *vous* tuent. Horace, un peu plus tard, mettra en garde Asinius Pollion du danger qu'il y a à « marcher sur des cendres encore chaudes » en racontant la dernière guerre civile, celle justement qui coûta la vie à Cicéron.

Toujours est-il qu'aveuglés par les affirmations cicéroniennes, tous les manuels de littérature latine répètent pieusement après lui : à l'époque de Cicéron, il n'y a pas encore d'historiens à Rome. Ce qui est vrai si l'on s'en tient à la définition que donne Cicéron du genre historique, mais objectivement faux. Pourtant le grand historien R. Syme lui-même conclut ainsi le premier chapitre de son *Salluste* : « Cicéron fut tué le 6 décembre de l'an 43 av. J.-C. Peu de mois après cet événement, Salluste était au travail ». Ce qui peut s'interpréter comme signifiant : peu de temps après que Cicéron eut posé les fondements théoriques du genre historique (très approximativement d'ailleurs), Salluste, docilement, écrivait le premier ouvrage historique bâti sur ces fondements.

C'est doublement faux. D'abord parce que, comme nous l'avons vu, le genre historique n'a pas attendu l'autorisation de Cicéron pour naître. Ensuite, parce que la conception de l'histoire de Salluste ne coïncide avec celle de Cicéron que sur deux points, essentiels il est vrai, mais dont le premier est « basique » : 1. l'éthique de l'historien à l'égard de l'objectivité historique ; 2. la conception de l'histoire comme

Écrire l'Histoire à Rome

monographie ciblée sur une brève période contemporaine. Pour le reste, ils divergent en tout. Salluste rompt complètement avec la théorisation cicéronienne du genre historique : son style est sec et nerveux, émaillé d'archaïsmes et de tournures poétiques, alors que Cicéron en tenait pour un style fluide et une langue limpide ; peu de dramatisation ; une chronologie approximative ; un récit coupé de digressions relevant de la philosophie de l'histoire, annonçant l'analyse sociologique ou, plutôt, une réflexion à la Montesquieu. Nous sommes aux antipodes de Cicéron et il est à peine exagéré de dire que l'écriture de l'histoire sallustéenne est anticicéronienne – et pas seulement en ce sens qu'elle épouse des thèses politiques opposées à celles de Cicéron, surtout dans la *Conjuration de Catilina.*

UN HOMME DANS LA TEMPÊTE

Caius Sallustius Crispus, né à Amiternum (Sabine) en 86 av. J.-C., mort à Rome en 35 av. J.-C. : telle pourrait être la « fiche » de Salluste. En soi, elle nous apprend à la fois peu et beaucoup.

Elle nous apprend d'abord qu'il appartient à la génération intermédiaire entre celle de Cicéron et de César (qui ont respectivement vingt et quinze ans de plus que lui) et la génération « augustéenne » de Virgile et d'Horace (seize et vingt et un ans de moins). Les premiers ont vécu la main basse des pouvoirs personnels – Marius, Sylla, Pompée, César – sur l'État ; les seconds ont vu la « révolution romaine », le passage de la République à un régime qui ne s'avouait pas monarchique tout en l'étant et qui, ayant trop de noms (Principat, Empire), faisait semblant d'être encore la République.

Salluste, lui, est de la génération de Catulle et de Brutus, celle qui vit l'agonie sanglante de la République, c'est-à-dire d'un régime politiquement oligarchique, mais de liberté civique (rappelons l'adage : *ciuitas, quae est libertas* : « La citoyenneté, c'est la liberté »). Ce régime, selon la tradition, s'était installé, non sans mal, quatre siècles avant la naissance de Salluste, à la chute de la royauté ; il avait fait la grandeur de Rome, transformant la Méditerranée en *Mare Nostrum* – l'expression est d'un contemporain, l'érudit Varron. Il y avait, dans cette formidable expansion de Rome, de quoi être fier d'être un Romain de la République, d'être au sommet de la hiérarchie des hommes libres, et en même temps, il y avait matière à inquiétude : que signifiait une citoyenneté de laquelle l'éloignement géographique de Rome rendait

lettre morte tout exercice des droits civiques et surtout qui n'empê-
chait pas une paupérisation de plus en plus grande de la masse des
citoyens ? Certes, Rome n'avait jamais été une démocratie – « dieux
merci ! », disaient les Romains, échaudés, comme tout le monde, par
la piteuse expérience athénienne – et la politique avait toujours été à
Rome « un métier ». Mais l'exercice de ce métier tendait à se restrein-
dre à un nombre toujours plus faible de grandes familles patricien-
nes ou plébéiennes, dont les membres se disputaient le pouvoir entre
eux, sans possibilité d'accession à des talents nouveaux, aux *homines
noui*, aux « hommes neufs » (traduction meilleure que l'habituelle :
« hommes nouveaux »), à ceux dont la famille ne pouvait revendiquer
aucun magistrat élu avant eux dans l'histoire de Rome. Le nombre de
ces *homines noui*, entre les deux plus célèbres d'entre eux : Caton le
Censeur et Cicéron, est divisé par quatre ; le nombre de *gentes* ayant
des représentants dans les hautes magistratures de l'État est divisé,
dans le même intervalle de temps, par deux.

Face à cette oligarchie autoproclamée « des meilleurs » – les *optimates* – s'est dressé un certain nombre d'hommes, issus d'ailleurs pour
la plupart de ses rangs, qui prétendaient, avec une sincérité variable,
défendre les droits du peuple – les *populares*. Les premiers d'entre
eux furent Tiberius et Caius Gracchus, de la grande *gens Cornelia,*
apparentés aux Scipions. Méfions-nous des anachronismes : le « programme » *popularis* n'avait rien de révolutionnaire. Ou plutôt, s'il
était, en raison de la force de blocage légal des *optimates,* condamné à
être révolutionnaire dans ses méthodes, il était profondément réaction-
naire, au sens premier du terme, dans ses fins : il s'agissait en effet de
ressusciter, par des distributions de terres, la classe des petits-moyens
propriétaires ruraux qui avaient fait la force de Rome – comme les
paysans firent la force de la France pendant la guerre 14-18 – et que la
conquête avait ruinés et fait disparaître. Ils s'étaient transformés, non
en un *Lumpenproletariat* prêt au Grand Soir, mais en une masse de
disoccupati à la sicilienne, assistés, sans travail, mais pour la plupart
sans envie d'en avoir, bref les mêmes qui deviendront bientôt la plèbe
réclamant à l'empereur *panem et circenses,* « du pain et des jeux ! »
pour se tenir tranquilles. Il est facile de dire après coup que l'entreprise
des Gracques et de leurs successeurs était vouée à l'échec. Dans un
autre contexte socio-politique, elle aurait pu réussir. De l'autre côté, les
raisons des conservateurs de s'opposer à cette entreprise ne relevaient
pas toutes de l'égoïsme de classe : l'idée que la République était le fruit
d'un long exercice de compromis, d'un précaire équilibre, et donc que

toucher à cette structure risquait de la déstabiliser – cette idée était historiquement juste et elle se vérifiera d'ailleurs : qu'une structure, pensaient les plus lucides, comme Cicéron, ait besoin d'être réformée ne signifie pas nécessairement qu'il soit bon de la réformer, si cela risque de la détruire. Il y a des remèdes qui tuent le malade qu'ils sont censés guérir. Salluste lui-même, pourtant proche des idées *populares,* reconnaît que, pour être sincère et honnête, l'action des Gracques engendra plus de mal que de bien : « Car du jour où il se trouva dans la noblesse des hommes pour préférer la vraie gloire à une injuste domination, l'État en fut tout secoué, et la discorde civile, tel un tremblement de terre, commença à poindre » (*Iug.* 41, 10).

Ces pensées contradictoires ont dû tourner dans la tête du jeune Salluste. Sa famille, des plébéiens obscurs mais aisés, avait dû, comme les autres habitants d'Amiternum, durement souffrir durant le conflit qui, entre 91 et 89, avait opposé Rome à ses alliés italiens pour l'octroi de la citoyenneté romaine : la guerre « sociale », c'est-à-dire des *socii,* des alliés de Rome. La bataille avait fait rage, dans et autour de ce bourg montagneux (aujourd'hui San Vittorino, près d'Aquila) qui avait pris parti pour les insurgés : les Sabins ont toujours été de rudes combattants. Les Italiens, au terme d'une guerre presque civile qui avait fait près de cent mille morts, avaient été battus… et avaient obtenu ce pour quoi ils s'étaient battus ! Désormais, du Rubicon au détroit de Messine, tous les Italiens sont citoyens Romains. Ils en ont les garanties et les droits. Les gens d'Amiternum sont recensés dans la tribu *Quirina.*

Mais pour voter, il faut aller à Rome. Et l'on a beau être un citoyen romain, comme l'attestent les *tria nomina* de Salluste, pour un « vrai » Romain de Rome, on reste toujours un citoyen « d'occasion » : Cicéron lui-même n'aura pas fini de s'entendre rappeler, par ses amis *optimates* comme par ses ennemis *populares,* qu'il n'est qu'un citoyen de municipe (d'Arpinum). Le jeune Sabin Salluste, né dans un pays réputé pour sa rudesse, pour sa moralité, pour son sens de l'effort, son austérité et sa piété, aura beau se frotter à la jeunesse dorée de Rome, il passe encore, dans ses *Prologues,* quelque chose de l'atmosphère dans laquelle il a été élevé, comme il y passe quelque chose des rancœurs du Romain de fraîche date, de l'Italien qui n'arrive pas à se sentir à l'aise dans la bonne société romaine. Au fond, Cicéron et lui sont « sur la même longueur d'onde » : tous deux aspirent à ce que la classe dirigeante s'élargisse à l'élite italienne, tous deux pensent que c'est le moyen de régénérer le peuple, de lui redonner le goût de la *uirtus,* de la vraie *gloria,* qu'il faut donner leur chance aux Romains de la deuxième ou de la troisième génération, qui n'appartiennent ni à la classe dirigeante ni aux démagogues « populaires ». C'est, entre autres, le sens des *Prologues* de Salluste, comme des traités de philosophie politique de Cicéron. Ils ne diffèrent que sur la méthode : en douceur, par l'alliance avec les conservateurs modérés pour Cicéron, en force, grâce à César, pour Salluste. Et justement, Salluste ne sera-t-il pas déçu par César, à qui il conseille, au début de la guerre civile, cette ouverture politique dans sa *2ᵉ Lettre à César*, de voir que le maître de Rome n'est pas allé assez loin dans l'entreprise de régénération du peuple, qu'il a, lui aussi, cédé à une solidarité de classe qui finira par lui être fatale ?

Il n'y a pas que pour voter qu'il faut aller à Rome. Pour réussir, aussi. Sauf que Rome n'est plus ce qu'elle était. Salluste a trois ans quand le bruit parvient à Amiternum, dont les sympathies vont aux « populaires », que ceux-ci sont battus : pour la première fois dans l'histoire de Rome, les troupes romaines se sont affrontées dans Rome même. Après quoi, Sylla a réglé leur compte aux chefs *populares* par un moyen inédit : une comptabilité macabre qu'on appelle la proscription. Après la guerre sociale, puis cette guerre civile qui s'éternise en Espagne avec Sertorius, voici le pire : de 73 à 71, la guerre servile de Spartacus. L'Italie sous la terreur de bandes d'esclaves révoltés. La première puissance du monde tenue en échec par des esclaves ! On imagine le choc qu'un tel événement a pu produire sur l'esprit d'un adolescent. Où était alors Salluste ? Encore à Amiternum ? Déjà à Rome ? On l'ignore. En revanche, il était probablement à Rome quand, dix ans plus tard, eut lieu, en 63, la conjuration de Catilina : des détails de son récit, dans son premier ouvrage, sentent les « choses vues » par un jeune homme de vingt-trois ans. Cette crise – une de plus – montrait bien, malgré l'échec de Catilina, que tout était possible désormais à Rome, pourvu qu'on ait de l'ambition et cette sorte de *uirtus* qui fait tout céder devant elle.

Que faisait Salluste à Rome ? Sa famille y avait une maison et, comme il est naturel quand on veut voir le fils réussir, elle avait envoyé le jeune Salluste étudier à Rome. Mais on ne sait rien de ses maîtres, sinon qu'il fréquenta le cercle néo-pythagoricien de Nigidius Figulus. Lacune de nos sources ou absence de notoriété de ses maîtres ? La seconde hypothèse expliquerait bien certains aspects inattendus, presque autodidactes, de l'œuvre sallustéenne. Rien non plus de ses « protecteurs », nécessaires pour pénétrer dans la bonne société romaine : peut-être les *Claudii*, qui revendiquaient une origine sabine ? Il se pourrait que ce soit par l'intermédiaire d'un des ressortissants les plus en vue de cette *gens,* l'agitateur populaire Clodius Pulcher, qu'il ait fréquenté les milieux *populares* et rencontré celui qui sera son grand homme : César. Il n'y avait pas de contradiction entre l'affirmation de sympathies *populares* et l'admiration pour César : ce patricien d'une *gens* depuis longtemps écartée du soleil de la République était aussi le neveu de Marius et il avait eu le courage, ou le culot, de ramasser, dans la boue et le sang où les exactions des *populares* l'avaient laissée, la bannière « populaire ». Grâce donc à César, dont l'étoile commence à monter – il vient d'être élu *pontifex maximus* l'année même où Cicéron abat Catilina, Salluste va connaître de près les hommes qui font l'événement, le dessous des affaires, la jungle politique d'une Rome déstabilisée, qui recule devant les grands capitaines (Pompée, et bientôt César) et qui plie devant les agitateurs (Catilina, Clodius…). Le jeune Salluste va s'y mouvoir comme un poisson dans l'eau et, se jetant dans le cours fangeux de la politique à corps perdu, il entame une carrière qui s'annonce brillante.

En 55/54, il est questeur, premier grade du *cursus honorum.* Mais c'est en 52 qu'il est propulsé sur le devant de la scène : tribun de la plèbe, il se déchaîne contre Milon, l'assassin de Clodius, et contre son défenseur, Cicéron. C'est la seule attestation sûre de discours prononcés par lui – l'*Invective à Cicéron* qui lui est attribuée étant sans doute un faux d'époque impériale, contrairement, selon nous, aux *Lettres à César.* Alors qu'il pouvait tout espérer, brutalement, en 50, sa carrière s'arrête net : victime d'une *nota censoria* qui le taxe d'immoralité, il est expulsé du Sénat. L'accusation était-elle fondée ? Il est certain qu'il était l'amant de la femme de Milon ; il paraît que le mari l'avait honteusement surpris avec elle et qu'il l'avait rossé copieusement, avant de le rançonner. Mais il est certain aussi que la sanction respire le règlement de comptes politique : à travers Salluste, c'est César qui est visé ; l'un des deux censeurs, Appius Claudius Pulcher, était un pompéien notoire. Nous sommes alors en pleine crise politique, entre un César vainqueur des Gaules qui demande le droit, assez couramment octroyé, de postuler au consulat sans être présent à Rome et un Pompée qui, appuyé par l'aile dure du Sénat, voit là l'occasion de casser les reins politiquement à un rival devenu dangereux. On sait comment cela finira : en janvier 49, César franchit le Rubicon et une nouvelle guerre civile commence.

Dans le même temps, la carrière politique de Salluste recommence, à zéro : grâce à César, maître d'une Rome abandonnée par Pompée, il est élu de nouveau questeur, avant de réintégrer, probablement en

48, le Sénat. Comme l'heure est aux armes plutôt qu'à la toge, le jeune questeur se voit confier une légion, fin 49, avec mission de tenir l'Illyricum : il échoue piteusement, incapable d'empêcher les troupes pompéiennes de s'emparer de cette zone sensible, où César pouvait débarquer du jour au lendemain pour passer en Grèce affronter Pompée. Chose curieuse : César ne lui en veut pas ; il ne mentionne même pas son nom dans son *Bellum ciuile*, lui qui est pourtant prompt à stigmatiser ses lieutenants indignes. Il faut croire que Salluste l'avait vraiment séduit. Les grands ont parfois de ces engouements pour des hommes sans grands mérites, mais dont ils admirent l'intelligence, le brillant ou l'entregent. Mieux ! César le pousse dans la préture et, en 47, alors qu'il est préteur désigné, il le charge de calmer la mutinerie de deux légions en Campanie, qui refusent de marcher sur l'Afrique. Aussi peu doué pour la négociation que pour l'art militaire, Salluste échoue de nouveau. Préteur en 46, Salluste se voit confier par César – décidément toujours plein de confiance dans son protégé – la charge de la logistique militaire lors de la campagne d'Afrique qui s'achèvera en avril par la victoire de Thapsus sur les jusqu'au-boutistes pompéiens, menés par Caton le Jeune ; par bonheur pour les armes césariennes, Salluste n'était pas le seul chargé de cette mission, car il y fit montre de la même incapacité que dans ses actions précédentes. En récompense (*sic*), César lui confie, avec le titre de *proconsul cum imperio* – lui qui n'a jamais été consul – le gouvernorat de la nouvelle province d'*Africa noua,* créée à partir du royaume numide de Juba, ainsi puni d'avoir fait « le mauvais choix ». Cette nouvelle province, qui comprend à peu près le Sahel tunisien et le Constantinois, va être mise en coupe réglée par son gouverneur. Ne l'accablons pas : c'était l'usage républicain de « faire sa pelote » quand on était propulsé dans la promagistrature d'une province ; il faudra attendre l'Empire pour que le soleil de Rome chauffe les épaules de ses sujets. Simplement, à l'époque, il y avait des limites, que Salluste, comme naguère Verrès, semble avoir dépassées. Du coup, de retour à Rome, il tombe sous le coup d'une accusation *de repetundis*, pour malversations. César intervient et les charges sont abandonnées. Qui plus est, Salluste va profiter de cette énorme fortune ainsi (mal) acquise pour acheter, dans Rome même, un immense domaine qui portera désormais le nom de *Horti Sallustiani,* « les Jardins de Salluste » et que les empereurs, à partir de Néron, mettront au nombre de leurs propriétés favorites. On comprend pourquoi : réunissez le Pincio actuel et la villa Médicis et vous avez à peu près les Jardins de Salluste.

Est-ce dans le calme de ces jardins parsemés d'œuvres d'art qu'il apprit l'assassinat de César, ou était-il à la séance du Sénat où les poignards des « tyrannicides » tranchèrent net la trajectoire qui semblait mener César droit à la monarchie ? On ne sait. Ce qui est sûr, c'est que la mort de son protecteur sonna définitivement le glas de sa carrière. Il est vrai qu'il y avait manifesté plus de passion pour la politique que de capacités gestionnaires et plus d'appétits personnels que d'intérêt pour la chose publique. Son cas ne fait au demeurant qu'illustrer le degré de perversion où était parvenu l'exercice de l'activité politique. Il le reconnaît lui-même dans le *Prologue* de sa première œuvre : « Pour moi, tout jeune encore, mon goût me porta comme tant d'autres vers la politique, et j'y trouvai bien des déboires. Au lieu de l'honneur, du désintéressement, du mérite, c'était l'audace, la corruption, la cupidité qui régnaient. Malgré l'aversion qu'inspiraient ces vices à mon âme encore innocente, ma faible jeunesse, gâtée par l'ambition, demeurait pourtant attachée à ce milieu corrompu ; et tout en me refusant à suivre l'immoralité générale, j'étais tourmenté de la même soif des honneurs qui me livrait comme les autres aux attaques de la médisance et de l'envie » (*Cat.* 3, 3-5). Assurément, cet autoportrait en jeune homme « vêtu de probité candide » perverti par la société souffre quelques nuances : Salluste semble en réalité s'être bien accommodé de la pourriture politique de Rome et en avoir bien profité. S'il n'a pas réussi en politique, au moins les profits qu'il en a tirés lui permettront-ils de passer dans le luxe et le calme – les mauvaises langues ajoutaient : « et dans la volupté » – les quelque dix années qui lui restent à vivre, entre ses jardins romains et la villa de César à Tibur, qu'il s'était empressé d'acheter après la mort du dictateur.

« Lorsqu'après bien des misères et des périls mon esprit eut retrouvé le calme, et que je fus résolu à passer le reste de ma vie loin de la politique […] je décidai d'écrire l'histoire du peuple romain, en en détachant les faits qui me semblaient dignes de mémoire ; j'y étais d'autant plus poussé que j'étais dégagé d'espoir, de crainte, d'esprit de parti » (*Cat.* 4, 1-2). Là encore, il faut prendre quelque distance avec la première partie de cette profession de foi : c'est moins Salluste qui a décidé d'abandonner la politique que la politique qui l'a abandonné : César mort, Salluste n'y avait plus aucun avenir. Tant mieux pour lui d'ailleurs, car il y aurait sans doute, comme tant d'autres, laissé la vie : la décennie qui suit voit se dresser ce qu'un poète contemporain appelle « le bûcher de la République ». Sous les remparts de Modène tombent les deux consuls de 43, et sous la seconde proscription le consul de 63, Cicéron, trop tard revenu dans l'arène politique pour son dernier combat. Bientôt, les marais de Philippes se teignent du dernier sang républicain, avant que Pérouse ne devienne ville martyre. Unis provisoirement contre les républicains et contre le fils de Pompée, qui tient la mer, Antoine et Octave sont deux fauves aussi assoiffés de sang que de pouvoir, chacun guettant la première faiblesse de l'autre pour le terrasser.

Salluste ne verra pas l'ultime affrontement, à Actium ; il est mort cinq ans avant, à cinquante et un ans, devant sa table de travail sur laquelle demeure inachevée sa dernière œuvre, les *Histoires*.

L'ÉCRITURE SALLUSTÉENNE DE L'HISTOIRE

Salluste n'est plus retourné à la politique. Tant mieux pour lui, avons-nous dit ; tant mieux pour nous aussi. Car, s'il ne faut pas prendre pour argent comptant le détachement serein qu'il manifeste dans le *Prologue* de sa première œuvre, il convient néanmoins d'en retenir deux choses. La première est que, si sa démarche, en soi, est devenue banale de son temps (les hommes politiques retirés des affaires qui écrivent sur l'époque qu'ils ont vécu sont légion, à commencer par Sylla), son originalité tient à ce qu'il n'a pas parlé de lui-même – ce qu'aurait été incapable de faire Cicéron – mais qu'il a, à travers son œuvre, posé, avec un maximum d'objectivité, la seule question qui vaille : « De quoi la République est-elle en train de mourir ? » Tant il était évident à tous, sauf aux naïfs idéologues fourbissant leurs armes contre César, que, quoi qu'il sorte de la crise où était plongée Rome, plus rien ne serait comme avant. Du coup, écrire l'histoire, c'est encore s'intéresser, et intéresser les autres, à la chose publique : à l'époque de folie où l'on vit, dit Salluste dans le Prologue du *Bellum Iugurthinum* (3-4, 1), il est devenu plus utile d'écrire l'histoire que d'essayer de la faire. C'est même le seul moyen de faire encore véritablement de la politique, en ces jours où, après les *imperatores,* qui au moins étaient de grands hommes, ce sont à présent malfrats et tueurs qui ont fait main basse sur l'État. Attention ! Il ne s'agit pas ici de philosophie politique, mais d'analyse historique : comprendre les erreurs du passé récent pour qu'à l'avenir, il y soit peut-être, un jour, porté remède. Ambition à la fois humble – on n'est pas sûr du résultat – et immense, qui va bien au-delà d'une simpliste histoire « donneuse de leçons » ou « catalogue de modèles à imiter ».

Car Salluste a une véritable philosophie de l'histoire, qu'il expose dans ses *Prologues*. Le prologue – rappelons-le – a toujours fait partie du genre historique ; il est même, pourrait-on dire, la « signature » de l'œuvre historique. Les *Commentaires* de César n'ont pas de prologue : donc ils ne sont pas une œuvre historique, même si nous avons la tentation, nous modernes, de les considérer comme tels. En revanche, Hécatée, Hérodote, Xénophon, Thucydide, Polybe et, après Salluste, Denys d'Halicarnasse, Tite-Live, Tacite... Bref, tous les « vrais » historiens font commencer leurs œuvres par des prologues. Ceux-ci développent en général trois thèmes, non exclusifs l'un de l'autre : 1. L'intérêt d'écrire et de lire l'histoire ; 2. Pourquoi l'auteur était personnellement intéressé à cette histoire ; 3. Pourquoi ce sujet était digne d'être écrit et d'être lu. Les prologues de Salluste, dans les deux œuvres de lui conservées, répondent à ces trois questions. La similitude de pensée, de structure et de forme entre les deux prologues – à quelques nuances près – témoigne de la continuité de celle-ci et de la force de la conviction de Salluste. Cette similitude est certainement délibérée : même longueur, même organisation, même style, même pensée. Après l'exposé de son *credo* moral, un retour sur soi, pour justifier par son exemple les principes moraux exposés au début et pour se défendre d'éventuels reproches ; pour finir, une justification du sujet. Pour résumer sa démonstration en trois temps, conforme aux trois aspects canoniques du prologue : 1. L'homme doit exercer son âme par l'activité désintéressée, au service de la cité, qui seule donne la vraie gloire, à savoir l'immortalité dans la mémoire des hommes ; 2. On peut y arriver *aussi* par l'histoire, ultime forme d'activité civique possible quand la cité tout entière est dévoyée ; 3. Pour cela, il faut raconter et analyser des événements particulièrement significatifs.

C'est la seconde chose importante à retenir dans la phrase citée *supra* : pour tenter de comprendre et de faire comprendre le processus de dégradation qui a mené la République à l'agonie sanglante, il faut « détacher les faits dignes de mémoire », autrement dit circonscrire d'abord les moments de crise qui ont constitué ce que les historiens appellent des « tournants de l'histoire », puis y porter le scalpel de l'analyse historique. Entre l'histoire « totale » *ab ultimis* – celle des historiographes et, bientôt, de Tite-Live – et l'histoire contemporaine, à la Sisenna, le choix de Salluste va à la seconde. De même, entre l'histoire analytique, à la Thucydide ou à la Polybe, et l'histoire oratoire, à la manière d'Isocrate, de Théopompe, d'Ephore ou de Callisthène (celle qu'appelait de ses vœux Cicéron), Salluste choisit la première...

sans s'interdire de loucher vers les autres pour quelques beaux morceaux d'éloquence et quelques scènes pathétiques.

Confronté au problème de l'écriture historique, Salluste était contraint d'innover. Non que – nous l'avons vu – il n'y ait pas de genre historique à Rome avant lui. C'est Cicéron qui prétendait cela, parce que c'était son intérêt. Et il est certain que la perte des œuvres de Sisenna, de Lucullus et des *Mémoires* d'Aemilius Scaurus, de Rutilius Rufus, de Lutatius Catulus, de Sylla lui-même nous empêche de discerner ce que Salluste pouvait leur devoir ; peut-être plus qu'on ne croit. Tout au plus peut-on repérer qu'il doit quelque chose aux *Origines* de Caton le Censeur, dont Salluste se sentait proche : style abrupt, conception rigoriste du devoir d'État, dénonciation de la morgue de la noblesse.

Ce qui est non moins certain, bien que ce point soit passé inaperçu de la critique jusqu'à présent, c'est qu'il doit beaucoup à César. Quoi d'étonnant ? La *Guerre des Gaules* avait été saluée par Cicéron, un peu tardivement, mais sincèrement, comme un chef-d'œuvre (*Brutus* 262), même si aucun ancien ne lui reconnaît le statut d'ouvrage historique véritable. Et la *Guerre civile* venait d'être publiée alors que Salluste était déjà au travail (cf. *infra*). Il n'y a donc rien de surprenant à ce que cet ancien césarien ait trouvé chez l'homme qu'il avait suivi en politique de quoi nourrir son inspiration littéraire. L'*imitatio* est un hommage qu'on rend à un prédécesseur qu'on admire. L'*imitatio* de César par Salluste est certaine aussi bien pour la *Conjuration de Catilina* que pour la *Guerre de Jugurtha*. Nous y reviendrons.

Nous avons en revanche la chance d'avoir conservé une grande part de ce qui a été reconnu depuis un demi-siècle comme les sources grecques d'inspiration de Salluste. Certes, il nous manque les historiens de l'époque hellénistique, dont l'influence est discernable chez lui par le goût de l'anecdote, le souci de la variété et un pathétique qui, pour être retenu, n'en est pas moins perceptible. Notons que la plupart des autres sources ne sont pas, à l'exception de la *Cyropédie* de Xénophon, historiques, mais rhétoriques : Isocrate et surtout Démosthène. Pour ce dernier, son choix était attendu : l'époque s'y prêtait. Rome, comme l'Athènes de Démosthène, vivait la fin de sa liberté républicaine et ce n'est pas un hasard si nombre d'allusions aux *Philippiques* ont été décelées, notamment dans les fragments conservés des *Histoires*. L'ultime cri lancé pour la défense de la République, par Cicéron, n'avait-il pas repris à Démosthène le titre de *Philippiques* ?

Plus surprenante pourrait paraître l'inspiration platonicienne, mais elle est surtout présente dans les *Prologues*, dans lesquels la conception de l'homme s'inspire en effet de Platon, par l'affirmation de la primauté de l'âme sur le corps. De plus, la source où Salluste puise le plus est la *Lettre VII* de Platon, qui manifeste, devant l'incapacité d'œuvrer utilement en politique, le même désenchantement amer qu'exprime Salluste. Là encore, le parallélisme de situation explique, mieux qu'on ne sait quel fondement culturel, le choix de Salluste.

Mais qu'est-ce qui explique le choix de Thucydide comme source d'inspiration ? Habitués que nous sommes à cet acquis de la critique littéraire qui remonte à l'Antiquité (cf. Velleius Paterculus 2, 23, 6 ; Quintilien 10, 1, 101 ; Sénèque le Père, *Suasoriae* 6, 21), nous n'avons pas assez conscience du caractère surprenant du choix de Salluste. Cicéron reconnaît bien en lui le plus grand historien grec, mais il lui reproche de ne pas être un orateur et d'avoir suscité, en la personne des « Atticistes » romains, de piètres émules (cf. *De oratore* 2, 56 ; 93 ; *Brutus* 29 ; 287 ; *Orator* 30-32). Il exprime là l'opinion générale de son temps : on oublie un peu trop qu'avant Salluste, l'influence de Thucydide à Rome, mais aussi en Grèce, est quasi nulle. Les anciens étaient en effet loin de partager l'admiration que les modernes professent pour Thucydide. Sous Auguste encore, Denys d'Halicarnasse (2, 2, 1 ; 3, 6 ; 4, 2) lui reprochera d'utiliser une langue déconcertante, encombrée de tournures archaïques et poétiques, qui rendent son œuvre difficile à lire. Or ces caractéristiques sont étrangement semblables au style de Salluste. L'*imitatio* de Thucydide par Salluste ne concerne pas seulement les thèmes abordés, mais elle concerne d'abord le style, qui rompt à la fois avec l'ampleur fleurie de Cicéron et avec la pure clarté de César. Pour le reste, l'immense littérature accumulée depuis un siècle sur l'influence de Thucydide sur Salluste a donné lieu à une telle surenchère qu'on en est arrivé à considérer souvent de simples utilisations communes de *topoi* rhétoriques comme autant de « preuves » d'*imitatio*.

Il faut raison garder. À y regarder de près, on constate : 1. Que cette influence va en diminuant d'une œuvre à l'autre ; 2. Que le nombre de passages où l'influence de Thucydide est incontestable est relativement réduit (dix dans la *Conjuration de Catilina*, qui est l'œuvre où l'influence est la plus grande) ; 3. Que plusieurs de ces reprises thucydidéennes indubitables se répètent de la *Conjuration de Catilina* à la *Guerre de Jugurtha* ; 4. Qu'aucune d'entre elles ne dépasse le livre 3 de la *Guerre du Péloponnèse* ; 5. Que toutes, sauf une, sont empruntées à des textes de discours et se retrouvent chez Salluste dans des discours ou dans ces « intrusions d'auteur » que sont les *Prologues* et les « digressions ». Au point qu'on a soupçonné que Salluste ne connaissait pas l'intégralité de la *Guerre du Péloponnèse*, mais seulement des « morceaux choisis » composés essentiellement de discours, rassemblés à des fins pédagogiques par quelque rhéteur grec.

Cependant l'exception majeure constituée par l'inspiration sallustéenne de Thucydide (3, 82, morceau où l'historien grec fait l'analyse socio-politique des conditions qui ont conduit Athènes à la guerre du Péloponnèse) interdit de penser que Salluste ne connaissait de Thucydide que les discours contenus dans son œuvre. Salluste s'inspire de ce passage par trois fois dans la *Conjuration de Catilina* (10, 3 ; 38, 3 ; 52, 11) et par deux fois dans la *Guerre de Jugurtha* (41, 5 ; 42, 4). C'est la preuve qu'il l'avait profondément marqué et que, *mutatis mutandis,* Salluste considérait que l'analyse qu'il contenait était applicable à la situation romaine.

Sans doute tenons-nous là l'une des clés de la prédilection de Salluste pour Thucydide : l'un et l'autre ont vu leur cité déchirée dans les troubles intérieurs au moment même où elles étaient apparemment au faîte de leur puissance. Une autre clé est la relative similitude, qui avait dû frapper Salluste, entre son destin et celui de l'historien grec. Tous deux étaient politiquement des modérés, ou du moins des hommes revenus de toute position partisane ; tous deux avaient leur grand homme : Périclès, César ; tous deux furent de piètres stratèges, l'un en Thrace, l'autre en Afrique ; tous deux ont vu leur carrière politique brisée net, l'un par l'exil, l'autre par l'assassinat de son protecteur. Tous deux enfin se sont alors mis à réfléchir sur l'histoire, tandis que leur cité s'enfonçait sous leurs yeux dans le malheur, la guerre civile et la tyrannie anarchique. Tous deux se sont alors posé la question de savoir pourquoi une telle chose était possible et ils ont essayé d'y répondre.

De là à voir en Thucydide un maître à penser de Salluste, il y a un pas que nous nous garderons de franchir. Les lacunes méthodologiques de Salluste, surtout dans sa première œuvre, sont trop nombreuses pour qu'on voie en lui, quoi qu'on en ait dit, un élève de Thucydide, sauf à admettre – hypothèse absurde – que l'élève était moins doué que le maître. Simplement, en matière de conception de l'histoire et du genre historique, Thucydide était le plus proche de Salluste : en choisissant de renvoyer ostensiblement à l'historien grec, Salluste entendait clairement manifester sa rupture à la fois avec l'esthétique cicéronienne de l'*historia ornata* et avec la conception cicéronienne de l'histoire comme *opus oratorium*. Mais le choix si improbable de Thucydide s'explique avant tout par la similitude de leur approche de l'événement historique : choisir un moment décisif de l'histoire, braquer le projecteur dessus et analyser le processus qui a conduit à la catastrophe présente.

Une telle histoire ne peut être que contemporaine. Salluste a donc discerné trois moments clés de l'histoire contemporaine, qui sont le sujet de ses trois œuvres : à les prendre dans la chronologie, la guerre de Jugurtha (111-105), la décennie 78-67 (les *Histoires*) et la conjuration de Catilina (63) ; dans l'ordre où Salluste les a traités, la *Conjuration de Catilina,* la *Guerre de Jugurtha* et les *Histoires.* Il nous reste à voir pourquoi il a retenu ces trois périodes et comment il les a traitées.

L'ŒUVRE DE SALLUSTE : UN BRÛLOT ANTISYLLANIEN

Remarquons d'abord que ces trois œuvres couvrent une période qui va de 111 à 63. Période de crise, non de grandeur. Pour donner une idée du faible recul par rapport à l'événement, raconter ce demi-siècle, c'est à peu près comme, pour nous, au début du XXIᵉ siècle, évoquer la période qui va du Front populaire à l'élection de François Mitterrand à la présidence de la République : de l'histoire très contemporaine, dont le poids se fait sentir encore au moment où l'on en parle.

Quel est, pour Salluste, le fil conducteur de cette période ? La réponse crève les yeux : Sylla. Un simple coup d'œil sur l'*index uerborum Sallustianus* montre que le nom d'homme qui, à la fois, apparaît le plus et se trouve le mieux réparti à travers l'ensemble de l'œuvre de Salluste – y compris les fragments des *Histoires* et les *Lettres à César,* c'est le nom de Sylla. L'œuvre tout entière de Salluste est une dénonciation de l'action syllanienne, jugée responsable de la situation catastrophique où se trouve l'État. Il le dit sans ambages : « Quand Sylla eut conquis le pouvoir par les armes, et qu'à de bons débuts succédèrent des catastrophes, voler, piller devint la loi commune. [...] Ajoutez à cela que Sylla, pour s'assurer la fidélité de l'armée qu'il avait commandée en Asie, l'avait habituée, contrairement à la coutume des ancêtres, au luxe et à une discipline trop lâche. [...] Là, pour la première fois, l'armée du Peuple romain s'habitua à baiser, à boire, à s'extasier devant des statues, des tableaux, des vases ciselés, à les voler aux particuliers comme à l'État, à dépouiller les temples, à tout salir, le sacré comme le profane » (*Cat.* 11, 4-6).

Or, si la légende noire de Sylla commença à se répandre dès sa mort, voire dès son retrait du pouvoir – Cicéron s'en fait l'écho complaisant, ce qui montre qu'on ne risquait rien à critiquer l'ancien dictateur – , si les *optimates* n'eurent de cesse de démanteler son œuvre parce qu'elle dérangeait leurs habitudes politiques, il n'en demeure pas moins qu'à tout prendre, entre les excès sanglants dont les *populares* s'étaient rendus coupables durant les années sombres où ils eurent le pouvoir et la dictature syllanienne – dont l'épuration avait été limitée, comme le reconnaît Salluste lui-même (*2ᵉ Lettre* 4, 1), l'opinion penchait plutôt en faveur du dictateur. Et toute une littérature historiographique chantait sa louange : Q. Claudius Quadrigarius dans ses *Annales* et surtout L. Cornelius Sisenna dans ses *Histoires*, qui traitaient de la période située entre 91 et 78 ; sans parler des *Commentaires* que Sylla lui-même avait laissés. Et justement, Sisenna est épinglé sévèrement par Salluste, qui tient à « rectifier » le portrait du dictateur brossé par son rival, au moment où il parle de Sylla pour la première fois dans son récit : « Puisque le sujet nous a fait mentionner ce personnage si considérable, il nous a paru à propos de dire quelques mots de sa nature et de son caractère : en effet, outre que nous n'avons pas l'intention d'écrire ailleurs l'histoire de Sylla, L. Sisenna, le meilleur et le plus sérieux de ceux qui ont traité ce sujet, n'en a pas parlé, d'après moi, avec suffisamment d'indépendance d'esprit » (*Iug.* 95, 2). Suit le portrait de Sylla jeune, qui s'achève par ces mots : « Quant à ce qu'il a fait par la suite, j'hésite entre la honte et la répugnance à en parler » (*Iug.* 95, 4). « Ce qu'il a fait par la suite », c'était justement le sujet traité par Sisenna : de la guerre sociale, où Sylla s'illustra en Italie du sud, à sa mort en 78, il narrait la geste du tombeur de Marius, du dictateur jusqu'à ce que, au faîte du pouvoir, il se retire en 79. Cette période, comme il l'a annoncé, Salluste va la « sauter » dans son panorama des années 111 à 63. Il va donc parler du Sylla jeune qui, en 107-105, aide Marius (en lui volant quelque peu sa victoire) à liquider Jugurtha, puis de l'après-Sylla, à partir de 78, dans les *Histoires*. Quant à la *Conjuration de Catilina*, le récit amène Salluste à remonter jusqu'en 66 (*Cat.* 18, 1). Il reste un « trou » entre 105 et 91 ; il s'explique par le fait que Sylla ne fit guère parler de lui durant cette période. En revanche, elle voit dominer Marius, comme l'annonce Salluste à la fin de la *Guerre de Jugurtha* : « Marius, bien qu'absent, fut réélu consul, et la province de Gaule lui fut assignée. Son triomphe fut célébré en grande pompe aux calendes de Janvier. Et dès lors, c'est sur lui que reposèrent toutes les ressources et tous les espoirs de la cité » (*Iug.* 114, 3-4). Raconter la geste de

Marius aurait pu tenter Salluste : le grand général *popularis* sorti du rang restait une figure populaire, surtout depuis que son neveu César l'avait réhabilitée. Il y a d'ailleurs de la part de Salluste un clin d'œil à rappeler que Marius, lui, fut élu consul en son absence (ce qui fut obstinément refusé à César) et qu'il avait déjà eu, lui aussi, pour province la Gaule. Mais le poète Archias avait chanté le los de Marius, Cicéron, l'autre grand homme d'Arpinum, aussi, et, dans leurs *Mémoires,* P. Rutilius Rufus et Q. Lutatius Catulus avaient abondamment parlé de Marius, le premier sans doute en bien, le second à coup sûr en mal. Il restait donc à évoquer les débuts de Sylla et l'après-Sylla. Ce que fit Salluste.

Le tableau suivant aidera peut-être à y voir plus clair :

107 -------- carrière de Sylla ---------- 78

Salluste, *Iug.* 111-105	« Trou » : Marius domine 105-91	Sisenna, *hist.* : Sylla domine 91-78	Salluste, *hist.* 78-67	Salluste, *Cat.* 66-63

Une question se pose évidemment au vu de ce tableau : en quoi l'œuvre de Salluste est-elle une machine de guerre antisyllanienne alors qu'elle ne traite pas de la carrière de Sylla ? D'abord, Salluste ne se prive pas d'évoquer la période syllanienne comme l'une des pires que Rome ait connues : outre le passage que nous avons cité, le discours de Lépide, dans les *Histoires,* est un violent réquisitoire contre la tyrannie syllanienne (*hist.,* 1, 55 Maurenbrecher) et celui du tribun Licinius Macer comporte une allusion cinglante à la « servitude scélérate » subie du temps de Sylla (*hist.* 1, 48, 9 Maurenbrecher). Assurément, il faut faire la part de l'outrance oratoire de la part d'orateurs *populares* que Salluste fait parler. Mais César aussi, sous la plume de Salluste, évoque la terreur syllanienne : « Rappelez-vous : quand Sylla vainqueur a fait égorger Damasippe et toute la racaille qui prospérait sur le malheur de la République, qui n'a pas loué cette action ? Ces scélérats, ces factieux, qui secouaient l'État par leurs séditions, avaient été, disait-on, exécutés à bon droit. Mais ce fut le début d'un immense massacre : quiconque avait envie d'une maison, d'une villa, voire d'un meuble ou d'un vêtement, s'arrangeait pour faire mettre son possesseur sur la liste des proscrits. Ainsi ceux que la mort de Damasippe avait réjouis se retrouvaient eux-mêmes peu après appréhendés et l'égorgement ne prit pas fin avant que Sylla eût comblé de richesses tous ses sbires » (*Cat.* 51, 32-34).

Bref, ce que souligne Salluste, c'est la responsabilité majeure de Sylla, à ses yeux, dans la dégradation des mœurs républicaines, lui qui y a institutionnalisé en quelque sorte la violence. En affirmant cela, Salluste prend parti dans un débat qui agitait ses contemporains : de quand date le début de cette dégradation et qui en est responsable ? La réponse des conservateurs était : la double tentative des Gracques, en 133 et 123 ; Cicéron se fait abondamment l'écho de cette thèse, à laquelle il adhère.

Non, répond Salluste. Et sa dénégation est double. Elle consiste d'abord à nier la responsabilité des Gracques dans la déstabilisation de l'État : « Car lorsque Ti. et C. Gracchus [...] voulurent revendiquer pour la plèbe le droit à la liberté et dénoncer les crimes de l'oligarchie, la noblesse, coupable et donc inquiète, [...] avait fait obstacle à l'action des Gracques. [...] Et sans doute les Gracques avaient-ils, dans leur désir de vaincre, manqué de mesure. [...] Mais la noblesse, usant de sa victoire au gré de son caprice, fit disparaître beaucoup d'hommes par le fer et par l'exil, aggravant pour l'avenir sa crainte plutôt que son pouvoir » (*Iug.* 42, 1-4). C'est donc la réaction démesurée, allergique, de l'oligarchie face à l'entreprise des Gracques qui a déstabilisé Rome, bien plus que cette entreprise elle-même. Ensuite, par une réaction en chaîne, la guerre contre Jugurtha, en faisant éclater l'impéritie et la corruption nobiliaires, fit que « pour la première fois on osa s'opposer à la morgue de la noblesse – lutte qui confondit toutes les lois divines et humaines et qui atteignit un tel degré de déchaînement que les dissensions entre citoyens ne cessèrent qu'après la guerre et la dévastation de l'Italie » (*Iug.* 5, 1-2). Guerre sociale et guerre civile sont donc le fruit, non de l'action des Gracques, mais de la réaction politique brutale d'une classe dirigeante d'autant plus crispée sur ses privilèges qu'elle les méritait moins.

Le second élément de réponse est que la décadence de Rome a connu deux paliers successifs : le premier est, après la chute de Carthage en 146 (*Cat.* 10 ; *Iug.* 41), la disparition de la crainte de l'ennemi, qui avait jusqu'alors soudé la cohésion nationale. Cette disparition du *metus hostilis* permit à l'oligarchie toutes les audaces, auxquelles tentèrent de s'opposer les Gracques ; le second palier a été descendu quand la perversion des mœurs fut aggravée à Rome du fait des victoires syllaniennes, en Orient (cf. *supra Cat.* 40, 4-6), puis contre ses concitoyens, dans les années 80. Jusqu'alors en effet, seule la classe dirigeante était pourrie ; « grâce » à Sylla, cette corruption a gagné l'armée et le peuple. Écoutons Salluste évoquer les espoirs des complices plébéiens de Catilina : « Et puis beaucoup se rappelaient la victoire de Sylla, et voyant de simples soldats devenus sénateurs, ou tellement enrichis qu'ils menaient un train de vie royal, chacun d'eux, en prenant les armes, espérait tirer de la victoire de tels avantages. [...] En outre, ceux dont la victoire de Sylla avait proscrit les parents, ravi la fortune, rogné les droits civiques, n'attendaient certes pas dans un esprit différent l'issue de la guerre » (*Cat.* 37, 6 et 9 ; cf. 28, 4). En somme, les gagnants comme les perdants de la guerre civile menée par Sylla avaient autant de raisons de basculer dans la subversion catilinienne.

Ce passage donne la clé de l'attaque antisyllanienne par Salluste. Son but n'est pas de répliquer point par point aux thuriféraires du dictateur ou aux *Commentaires* de celui-ci en reprenant les détails des actes de Sylla, mais de mettre en évidence d'une part les racines de son action, dans la dernière partie de la *Guerre de Jugurtha*, où s'affirment tous les traits de caractère du futur maître de Rome, d'autre part, dans les *Histoires* et dans la *Conjuration de Catilina*, les conséquences durables et néfastes de l'ère syllanienne. En plus, la première partie de la *Guerre de Jugurtha* lui permettait d'illustrer l'état tout ensemble de morgue, de corruption et d'incapacité qui caractérisait la classe politique romaine depuis la disparition du *metus hostilis*.

Le crime majeur de Sylla, c'est d'avoir donné des idées à d'autres : puisque Sylla a réussi, pourquoi pas moi ? C'est ce que pense Lentulus, à la fois complice et rival de Catilina (*Cat.* 57, 2), et, bien sûr, Catilina : « Depuis la domination de L. Sylla, un irrépressible désir l'avait envahi de s'emparer de l'État et il n'avait que cette idée en tête : quels qu'en fussent les moyens, prendre le pouvoir » (*Cat.* 5, 6). Il faut rappeler que Catilina, *popularis* « repenti », s'était d'abord illustré comme exécuteur des basses œuvres de Sylla. Catilina est un monstre : c'est un émule de Sylla qui parle comme un *popularis,* qui parle même comme César ! On est frappé en effet, non seulement par la conformité des thèmes développés par Catilina dans ses discours chez Salluste avec les thèmes majeurs de l'idéologie *popularis,* mais, plus précisément, par les rencontres de termes, d'expressions qu'on relève entre Salluste parlant de Catilina ou le faisant parler et... César dans le *Bellum Gallicum* et dans le *Bellum ciuile.* Comme il est évidemment hors de question que Salluste puisse assimiler l'un à l'autre, la seule hypothèse valable est que Salluste, ce faisant, dénonce l'hypocrisie des paroles et du comportement de Catilina, loup émule de Sylla revêtu de la peau d'un défenseur du peuple.

Mais il est un autre crime, plus subtil, dont Sylla est responsable : celui de donner à la classe politique romaine l'habitude de mener inconsidérément des répressions sanglantes. Dans le cas de Catilina, le sénatus-consulte ultime – arme absolue de la répression sénatoriale, dont la légalité fut d'ailleurs toujours contestée par les *populares* – se justifie. Mais dans d'autres circonstances ? Salluste fait tenir à César ce discours prémonitoire de ce qui va lui arriver quelques années plus tard : « Il se peut qu'en une autre circonstance, sous un autre consul, [sous-entendu : « moins irréprochable que Cicéron »] ayant lui aussi une armée à sa disposition, on tienne pour vrai quelque chose de faux. Et quand alors, fort de ce précédent, un consul, couvert par un décret du Sénat, dégainera son épée, qui aura le pouvoir de l'arrêter, ou qui arrivera à le tempérer ? » (*Cat.* 51, 36).

Le lecteur de Salluste n'aura aucune peine à décrypter le message : le consul auquel il fait allusion, c'est évidemment Pompée, à qui l'on tendra une épée fin 50 pour qu'il s'oppose au « factieux » César et qui ne la remettra pas au fourreau. Salluste, qui a bien lu le *Bellum ciuile*, paru quelques mois après la mort de César, alors que lui-même était en train d'écrire son *Catilina*, y a trouvé confirmation de la responsabilité de Pompée dans le déclenchement de la guerre civile en 50/49. À force de brandir le sénatus-consulte ultime à tort et à travers, on a fini par le lancer contre un innocent calomnié par ses ennemis : César. Au bout du compte, là encore, c'est l'habitude syllanienne de la violence légalisée qui est responsable de la dernière guerre civile.

D'ailleurs, comme Catilina, Pompée n'a-t-il pas fait ses premières armes, à vingt-trois ans, en se mettant aux ordres de Sylla avec un corps franc levé dans son fief du Picenum ? Ne s'est-il pas sinistrement illustré dans la guerre civile entre Sylla et les *populares* ? Lisons ce qu'écrit Salluste dans la *1re Lettre à César*, écrite après la victoire de César sur les pompéiens, en 46. L'auteur lui conseille la clémence, c'est-à-dire une conduite inverse de celle de Pompée et de Sylla jadis : « L'oubli a-t-il effacé les reproches qu'on lançait, peu avant cette guerre, contre Cn. Pompée et la victoire de Sylla : Domitius, Carbon, Brutus et tant d'autres criminellement assassinés non plus dans le droit de la guerre, quand ils étaient armés et en pleine bataille, mais quand, après la lutte, ils suppliaient leur vainqueur ; la plèbe de Rome massacrée comme du bétail dans la ferme publique ? » (*1re Lettre à César*, 4, 1).

Très logiquement, en 77, c'est l'ex-syllanien Pompée qui fut envoyé, simple *priuatus*, mais doté d'une autorité proconsulaire, réduire le marianiste Sertorius, qui tenait l'Espagne. Et, en 75, excédé par la pingrerie du Sénat à lui fournir l'aide qu'il demandait, il avait menacé de marcher sur Rome, comme naguère Sylla, pour réclamer son dû. Salluste a recomposé dans ses *Histoires* (2, 98 Maurenbrecher) la lettre cinglante envoyée par ce jeune général qui n'hésitait pas à se poser ainsi en émule de Sylla. De retour à Rome, il devint consul en 70 avant l'âge légal. En 67 et 66, il se vit confier des pouvoirs exorbitants pour lutter contre les pirates et contre Mithridate. On voyait alors en lui, plus que jamais, comme l'atteste la *Correspondance* de Cicéron, un nouveau Sylla en puissance : en 60 et en 59, il apparaît comme l'homme fort du trio qui a mis illégalement la main sur Rome. Mais comme il se rapproche progressivement des conservateurs pour faire pièce à César, ceux-ci lui confient, en 52, la charge oxymorique de « consul unique », puis celle, inédite, de *proconsul ad Vrbem* en 51 et 50. Gageons que les *Histoires,* si elles avaient pu être achevées, auraient ainsi retracé les étapes d'une carrière qui s'était tout entière déroulée par le viol permanent, mais toujours légalisé, de la légalité républicaine. Sur ce point, l'émule de Sylla avait dépassé le maître !

Si la perte de la majeure partie des cinq livres rédigés des *Histoires* rend donc incertaine la date jusqu'à laquelle Salluste comptait mener son récit (qui s'arrête en 67), si, pour l'image que Salluste y donnait de Pompée, nous n'avons que le discours de celui-ci mentionné *supra,* la *Conjuration de Catilina* ne permet pas le moindre doute sur l'opinion qu'a Salluste de l'adversaire de César. Certes, c'est l'éloignement de Pompée, aux prises avec Mithridate, qui va faciliter le dessein de Catilina (*Cat.* 16, 5). Mais ce même éloignement avait permis aussi à l'oligarchie de se livrer à tous les débordements de puissance (*Cat.* 39, 1), sans que le rétablissement par lui de la puissance tribunicienne, en 70, ait eu d'autre conséquence qu'un blocage catastrophique des institutions (*Cat.* 38, 1). Et n'est-ce pas parce que, comme Crassus (*Cat.* 17, 7), Catilina rêve d'égaler la puissance de Pompée, déjà si redoutable (*Cat.* 19, 3) qu'on n'hésite pas à créditer ce dernier du meurtre suspect, en 65, du questeur Cn. Calpurnius Piso, coupable d'avoir osé empiété sur « son » fief espagnol (*Cat.* 19, 5) ?

Pour nous résumer, dans l'incendie où s'abîme Rome, le principal responsable de sa propagation, c'est Sylla. Catilina fait partie des pillards qui profitent de la situation, tandis que Pompée joue les pompiers pyromanes ; mais tous, nobles comme prétendus défenseurs de la plèbe, « alimentaient l'incendie » (*Cat.* 38, 1) Le constat final les renvoie dos à dos : « Tous ceux qui depuis cette époque [le rétablissement de la puissance tribunicienne, en 70] ont jeté le trouble dans l'État sous des prétextes honorables, les uns se posant en défenseurs des droits du peuple, les autres pour donner toute sa force à l'autorité du Sénat, tout en feignant de défendre le bien public, rivalisaient chacun pour leur propre pouvoir. Et ils n'avaient ni modération ni mesure dans leur affrontement ; de part et d'autre, chacun exploitait sa victoire avec cruauté » (*Cat.* 38, 3-4). On le voit : la promesse d'impartialité faite par Salluste au début de sa première œuvre n'est pas vaine, même si, au tribunal de l'histoire où il se fait seul juge, la classe nobiliaire porte une responsabilité plus grande que ses adversaires.

Il nous reste à établir comment Salluste a mis en œuvre sa démonstration. Nous nous limiterons aux deux seules œuvres qui nous sont parvenues dans leur intégralité : la *Conjuration de Catilina* et la *Guerre de Jugurtha*. Mais auparavant, de manière quelque peu provocatrice, nous lirons une page de la *2ᵉ Lettre à César*, non seulement parce que nous ne doutons pas que Salluste en soit l'auteur, mais parce que ces lignes sont sans doute les premières de sa main qui aient été conservées et qu'elles vont nous permettre de cerner l'évolution de sa pensée, à partir de l'année 50 où cette lettre « ouverte », de propagande procésarienne, a été écrite.

DIAGNOSTIC SUR L'ÉTAT DE LA RÉPUBLIQUE : *2ᴱ LETTRE À CÉSAR* 5, 1-7

La lettre a probablement été écrite au cours de la crise qui a précédé le franchissement du Rubicon par César. Elle fait partie de cette littérature éphémère de pamphlets, lettres ouvertes, adresses, déclarations, etc., qui accompagne toute crise politique et contribue d'ailleurs à l'entretenir. C'est une lettre-programme où le *popularis* devenu césarien, Salluste, conseiller politique de César, réel ou autoproclamé, s'adresse – ou feint de s'adresser – à lui pour conseiller l'aristocrate *popularis* sur la meilleure manière de régénérer le corps social et politique de Rome. Mais, avant de lui prodiguer ses conseils, il analyse de quels maux souffre ce corps civique. Faisant déjà œuvre d'historien, Salluste estime que la déstabilisation de la classe moyenne consécutive à l'entrée en force de Rome dans les grands circuits économiques de Méditerranée après la seconde guerre punique – ce qu'on appellerait aujourd'hui la « mondialisation » de l'économie – a provoqué une polarisation socio-politique aux extrêmes : d'un côté une classe dirigeante d'*optimates* richissime prolongée par une classe d'affaires avide de profits, de l'autre, supplantées par une main-d'œuvre servile que la conquête proposait à bas prix, une plèbe urbaine sans travail et une masse de paysans ruinés condamnés à l'errance précaire de la campagne et préférant s'agglutiner à Rome, où tous profitaient de l'assistanat de l'État sous forme de distributions de vivres et de subsides – masse disponible prête à se vendre à tout agitateur ou ambitieux.

Texte

In duas partes ego ciuitatem diuisam arbitror, sicut a maioribus accepi, in patres et plebem. Antea in patribus summa auctoritas erat, uis multo maxuma in plebe. Itaque saepius in ciuitate secessio fuit, semperque nobilitatis opes deminutae sunt et ius populi amplificatum. Sed plebs eo libere agitabat quia nullius potentia super leges erat, neque diuitiis aut superbia sed bona fama factisque fortibus nobilis ignobilem anteibat : humillimus quisque in aruis aut in militia nullius honestae rei egens satis sibi satisque patriae erat. Sed ubi eos paulatim expulsos agris inertia atque inopia incertas domos habere subegit, coepere alienas opes petere, libertatem suam cum re publica uenalem habere. Ita paulatim populus qui dominus erat, cunctis gentibus imperitabat, dilapsus est et pro communi imperio priuatim sibi quisque seruitutem peperit. Haec igitur multitudo primum malis moribus imbuta, deinde in artis uitasque uarias dispalata, nullo modo inter se congruens, parum mihi quidem idonea uidetur ad capessendam rem publicam. Ceterum additis nouis ciuibus magna spes tenet fore ut omnes expergiscantur ad libertatem ; quippe cum illis libertatis retinendae, tum his seruitutis amittendae cura orietur.

Traduction

Pour ma part, je pense, comme je l'ai appris de nos ancêtres, que la cité s'est trouvée divisée en deux, patriciens et plèbe. Jadis l'autorité était au plus haut degré chez les patriciens, la plus grande force, de beaucoup, dans la plèbe. Aussi la sécession était-elle assez fréquente dans la cité, et toujours l'influence de la noblesse en fut diminuée, et les droits du peuple accrus. Mais la plèbe vivait dans la liberté, du fait que nul n'avait de puissance supérieure aux lois, et que ce n'était pas par les richesses ou l'orgueil, mais par la bonne renommée et les actes valeureux que le noble avait le pas sur qui ne l'était pas : tous les plus humbles, ne manquant, ni aux champs ni à la guerre, de quoi vivre décemment, avaient satisfaction pour eux-mêmes et donnaient satisfaction à la patrie. Mais dès lors que, peu à peu expulsés de leurs terres, chômage et indigence les acculèrent au vagabondage, ils se mirent à chercher des ressources en dehors d'eux, à mettre à l'encan leur liberté, avec la République. Ainsi peu à peu ce peuple dominant, qui commandait à toutes les nations, tomba en décomposition et, à la place de l'empire commun à tous, chacun se forgea individuellement sa propre servitude. Cette multitude donc, imprégnée d'abord de mauvaises habitudes, éclatée ensuite en activités et en modes de vie divers, n'ayant aucun point d'accord commun, me paraît, à mon sens, fort peu apte à gouverner l'État. En revanche, par l'adjonction de nouveaux citoyens, j'ai grand espoir que tous s'éveilleront à la liberté ; car aux premiers poindra le souci de conserver leur liberté, aux seconds de quitter la servitude.

Résumons : après le rappel des luttes patricio-plébéiennes aux premiers siècles de la République, mais aussi des conditions qui, malgré ces luttes, maintenaient la cohésion du corps civique, Salluste retrace la dégradation progressive du peuple, jusqu'au constat de son actuelle incapacité civique. Il propose alors un moyen de régénérer le peuple.

D'emblée, l'auteur définit sa problématique en termes de dualité, d'affrontement, de « fracture sociale » entre les deux parties du corps civique dès la naissance de la République : d'un côté les *patres* – il faut comprendre « les patriciens » – de l'autre la plèbe. Cette idée est commune aux historiens anciens et elle est affirmée avec force par Salluste. Elle est au départ empruntée à l'idéologie *popularis*, malgré l'*arbitror* qui pourrait laisser croire que c'est une idée originale de l'auteur. Les recherches modernes en ont montré la fausseté, mais elle permettait aux *populares* de mettre en continuité, pratiquement sans solution, la lutte patricio-plébéienne des deux premiers siècles de la République et l'affrontement contemporain entre *optimates* et *populares*. Pour être historiquement fausse, cette assimilation avait l'avantage idéologique de fournir ainsi, tout prêts à être mobilisés dans le combat politique, une galerie de « grands ancêtres », un peu comme on se réclamerait aujourd'hui de Robespierre, de Jaurès ou de De Gaulle. Avec la différence que, pour les *populares,* cette démarche permettait d'inscrire leur mouvement politique dans une référence à un *mos maiorum* qui, pour être différent de celui des *optimates,* n'en était pas moins aussi respectable par son ancienneté. Face aux grandes figures du passé républicain confisquées par l'histoire « officielle » des *optimates,* les *populares* se constituaient eux aussi une galerie d'ancêtres.

Salluste est donc bien resté sur ce point fidèle à l'idéologie *popularis*, mais il voit dans cette cassure ancienne de la cité une sorte de « péché originel » de la République (sous les rois, dit-il en *Cat.* 9, 1, la *concordia* régnait) – péché dont Rome continue de payer les conséquences : le point extrême sera atteint, après lui, quand les poètes se demanderont sérieusement si les guerres civiles ne sont pas l'expiation du fratricide originel de la fondation de Rome. L'idée était peut-être déjà dans l'air et elle expliquerait l'étrange parti pris de Salluste d'ignorer la vulgate roméenne pour attribuer la fondation de Rome... à Énée (*Cat.* 6, 1-2) – théorie abandonnée depuis deux siècles, mais qui avait l'avantage de placer l'origine de Rome sous le signe de la *concordia* du synœcisme latino-troyen, au lieu du fratricide roméen. En tout cas, selon Salluste, cette cassure de la cité en deux domine la vie politique romaine depuis la naissance de la République. L'opposition *summa/maxuma*, soulignée par la construction en chiasme de la phrase, précise quelles étaient les « armes » des parties en présence : d'un côté l'*auctoritas,* la « force morale » non dénuée de fondements religieux, de l'autre la *uis,* la force, voire la violence.

L'opposition de ces deux forces aboutissait assez souvent (*saepius*), dit-il, aux débuts de la République, à une fracture ouverte : la *secessio* ; mais le résultat était jadis toujours (*semper*) le même : la plèbe voyait ses droits augmentés aux dépens du lobby – *opes* – patricien. Mais prenons garde au glissement lexicologique de Salluste : *nobilitas* remplace *patres, populus* remplace *plebs.* C'est grâce à cette dérive de vocabulaire que Salluste peut placer les combats récents des *populares* dans une perspective de continuité chronologique avec les luttes d'antan de la plèbe. L'utilisation partisane du terme *populus* – assez comparable à l'utilisation de l'expression « forces populaires » dans le vocabulaire politique moderne – répond à l'assimilation des patriciens de jadis avec la *nobilitas*, bien que celle-ci ait intégré depuis le ive siècle un certain nombre de *gentes* plébéiennes. Le français « noblesse » achoppe à distinguer entre « patriciens » et « nobles », entre *gentry* et *nobility.*

Dans cette balance où l'abaissement d'un plateau (*deminutae*) entraînait automatiquement l'élévation de l'autre (*amplificatum*), des garde-fous sociologiques empêchaient la rupture du tissu social (*sed*, en tête de phrase, exprime cette réserve salutaire). Le premier est qu'un espace minimum de liberté était garanti à la plèbe par la soumission de tous à la loi : on pense à l'expression *imperia legum potentiora quam hominum* de Tite-Live (2, 1, 1), par laquelle il définit le pouvoir républicain par opposition au *regnum*, le pouvoir personnel. La volonté de puissance des nobles, par le fait même, était bridée. Qu'il y ait une part de convention, d'idéalisation du passé dans cette vision des débuts de la République, on en conviendra volontiers. Il reste que cette version arrangée est celle de l'annalistique romaine ; l'originalité de Salluste, ici, est qu'elle lui sert à stigmatiser, en creux, les excès de pouvoir de la réaction post-syllanienne.

De même, la phrase suivante contient une critique implicite des *optimates* contemporains, qui ne l'emportent que par *diuitiis aut superbia.*

On reconnaît là le thème qui sera développé dans le discours de Marius (*Iug.* 85). Derechef, la prétendue supériorité morale des patriciens de jadis sur leurs successeurs actuels résulte d'une reconstruction idéalisée du passé. Peu importe, puisque Salluste ne prétend pas ici faire œuvre d'historien – il n'imagine pas encore, à cette date, qu'il s'adonnera un jour, faute de mieux, à l'écriture de l'histoire – mais de politique, qui remodèle le passé en fonction de la thèse qu'il veut promouvoir. Dans cette optique, il *faut* que la supériorité (*anteibat*) résultant de l'*auctoritas* patricienne trouve son fondement dans une supériorité morale, qui seule fondait la légitimité du *nobilis* à avoir un statut supérieur à l'*ignobilis* – le terme est évidemment à prendre dans son sens étymologique. L'idée sous-jacente est celle-ci : dès lors qu'une classe – ou une équipe – dirigeante n'est plus moralement digne du pouvoir, elle n'est plus non plus politiquement digne de le conserver. Idée commune – encore aujourd'hui – d'autant plus forte qu'elle est plus simple.

La loi et la morale, donc, constituaient les remparts, extérieur et intérieur, de la liberté et – ajoute la phrase suivante – de la dignité, même des plus humbles (*humillimus quisque*). Les activités agricoles en temps de paix (*in aruis*) et même les « saisons de la guerre » (*militia*) étaient impropres à provoquer la paupérisation massive d'une plèbe essentiellement rurale, qui continuait à pouvoir vivre décemment : *nullius honestae rei egens* marque la différence entre la pauvreté décente (*paupertas*), dont on n'a pas honte et qui peut même être érigée en vertu, et l'*egestas* ou l'*inopia* (l'indigence, la misère), qui ôte à l'homme sa dignité.

Un nouveau *sed* va marquer le basculement de cet état vers le processus de dégradation du peuple. L'auteur ne dit pas pourquoi les paysans sont *expulsos agris* ; il indique seulement que le processus a été lent (*paulatim*) ; sans doute est-ce pour cela qu'on n'a pas pu y porter remède à temps : personne n'a vu venir la catastrophe. En fait, le rapport *aruis/militia* s'est inversé du premier terme en faveur du second : les guerres, de plus en plus longues, de plus en plus lointaines, ont provoqué, par la mobilisation trop longue du soldat-paysan, sa ruine. En quelques mots est décrit l'engrenage fatal de la dégradation : expulsion, chômage, indigence.

C'est alors que, devenue plèbe urbaine « de bidonville », les indigents se sont « donnés » à ceux qui avaient *opes* : de l'influence et des ressources, c'est-à-dire les nobles dont ils deviennent les clients, ou les démagogues dont ils constituent les troupes. La conclusion tombe, avec la sécheresse d'un couperet où se reconnaît bien le style de Salluste :

en vendant leur liberté, c'est l'État qu'ils vendent avec. Bien au-delà des brigues électorales, des affrontements de partis, est souligné le lien consubstantiel qui, en régime républicain, lie le maintien de la liberté à l'exercice des droits civiques.

La conséquence va se faire sentir sur toute l'étendue de l'empire. L'univers mental de Salluste adhère sans réticence au consensus qui considère la conquête romaine comme une chose bonne et naturelle : les *populares* se sont toujours fait remarquer comme des interventionnistes tous azimuts. Le peuple romain est le peuple *dominus*, et la relative qui suit ne fait que développer ce terme. Sa mission est de *regere gentes*, comme le rappellera bientôt Virgile. Et ce qui inquiète Salluste, c'est la perspective que Rome risque de faillir à cette mission : comment le peuple *dominus* peut-il accepter pour lui *seruitutem* ? L'opposition des deux termes, banale dans le vocabulaire politique romain, est ici renouvelée par le choc *communi/priuatim*. Ce qui a disparu, c'est la « conscience de classe » qu'avait la plèbe d'antan dans son combat contre le patriciat.

Du coup, il n'y a plus de *populus*, il ne reste qu'une *multitudo* aliénée, marginalisée dans son comportement moral et social. Cette masse invertébrée, éclatée en intérêts particuliers divergents, est donc, évidemment, incapable de prendre en mains les rênes du pouvoir, d'assurer « l'alternance » correctement. Salluste, qui en sait quelque chose, souligne ici la vanité de l'entreprise, sincère ou non, des *populares,* qui continuent à « faire comme si » il y avait encore un peuple à défendre, quand ils se contentent de prôner des mesures démagogiques, seules capables de les amener au pouvoir – la seule chose qui les intéresse au fond. Par-dessus les *populares* de son temps, Salluste renoue avec le point de vue des Gracques, qui voulaient recréer un véritable peuple en mettant la plèbe au travail.

Le remède préconisé par Salluste est d'ailleurs assez proche, dans son inspiration, du programme gracchien : créer massivement de « nouveaux citoyens » en octroyant généreusement la *ciuitas* aux provinciaux les plus romanisés. Ceux-ci, en venant s'amalgamer aux « anciens citoyens » (la plèbe romaine), vont la régénérer. Le vote à distance ou décentralisé étant, pour des raisons religieuses, impossible, il ne s'agit pas de constituer un corps électoral renouvelé : les structures électives étant ce qu'elles sont à Rome, la chose n'aurait pas eu grand intérêt. Et d'ailleurs, à Rome, qui croit encore que le salut puisse sortir des urnes ? Sûrement pas César ! Il s'agit de reconstituer un tissu social plébéien rural, avec les paysans provinciaux romanisés, bref de recréer la classe sociale des soldats-paysans de jadis. Le programme consiste en une réforme sociale, plus que politique.

En conclusion, une page très forte, dont la richesse ne peut être appréciée que si l'on a présente à l'esprit l'évolution de cinq siècles de République romaine, car l'auteur s'adresse à un public qui comprend à demi-mot la moindre allusion au passé, aussi bien ancien que récent. Une page sous-tendue par une idéologie incontestablement *popularis*, dont l'effet réducteur sur la réalité historique se fait sentir à plusieurs reprises. Mais en même temps une pensée courageuse, qui rompt avec le « catéchisme » politique des *populares*, tant par la sévérité du jugement porté sur la plèbe – sur l'aristocratie aussi, mais là, on s'y attendait – et par l'originalité de la solution proposée. Les termes par lesquels Salluste, dans ces lignes écrites quelques années avant ses œuvres historiques, stigmatise déjà aussi bien l'incapacité de la classe dirigeante que l'attitude irresponsable de la plèbe et démagogique de ses chefs sont d'une rare sévérité : tous se nourrissent de l'État et tous font son malheur, car tous sont des parasites. Les uns et les autres sont renvoyés dos à dos dans cette recherche d'une troisième voie puissamment originale : la reconstitution du Peuple romain par César. Celui-ci, sans vouloir rompre avec sa classe d'origine, saura entendre le conseil de Salluste : le droit de cité sera octroyé aux provinciaux de Gaule cispadane, puis transpadane, portant les frontières de la cité romaine aux limites de l'Italie continentale actuelle. Qui aurait suivi ? La Sicile ? Ou plutôt la *Gallia togata,* chère au cœur de César ? Les Ides de mars briseront net cet élan, en même temps que l'espoir et la carrière de Salluste. La voie où s'engagera Auguste sera opposée : prenant acte du fait qu'il n'y a plus de peuple, il videra la République de son contenu.

LA *CONJURATION DE CATILINA* : RÉCIT D'UNE CRISE

Salluste s'est probablement mis au travail, pour écrire sa première œuvre historique, peu après la mort de César. Cela se déduit de la phrase où il présente les deux grands hommes contemporains dont il va brosser le portrait : « Mais de mon temps il y eut deux hommes d'un immense mérite, de caractères opposés, M. Cato et C. Caesar » (*Cat.* 53, 6). Le parfait *fuere* ne laisse aucun doute : tous deux sont morts à l'heure où Salluste écrit ces mots : Caton depuis 46, César depuis le 15 mars 44. Et il est raisonnable de penser que l'ouvrage était rédigé quand l'année 43 s'achevait, sans qu'on puisse savoir si sa publication précéda ou suivit la mort de Cicéron – dans les deux cas, de toute façon, de peu.

Cette période connaît une formidable « guerre de l'écrit », chacun, après l'assassinat inattendu du dictateur, cherchant à gagner la bataille de l'opinion publique dans une République où de nouveau, croit-on, la parole et son support écrit, vont redevenir rois. Le consul de 44, Antoine, en mettant la main sur les papiers de César, y a sans doute trouvé le texte inachevé du *Bellum ciuile* de César et c'est sans doute lui qui le publia au plus vite, quitte – pensons-nous – à le « caviarder » quelque peu : l'image de lui qui ressortait du livre était en effet globalement positive et cette publication lui permettait donc de se poser en héritier moral de César. De leur côté, les césariens « orthodoxes » se dépêchèrent de publier un corpus des œuvres de César où le lien entre le *Bellum Gallicum* et le *Bellum ciuile* était assuré par le secrétaire de César, Hirtius, consul désigné pour 43, qui rédigea à la hâte le livre 8 du *Bellum Gallicum,* d'où l'image qui ressort d'Antoine n'est guère flatteuse. Peu de temps après va paraître la suite du corpus césarien, le *Bellum Alexandrinum,* le *Bellum Africum* et le *Bellum Hispaniense* – série de rapports rédigés par des lieutenants-secrétaires de César probablement dans la perspective de la rédaction, par César ou un autre, des suites du *Bellum ciuile* ; peut-être même les premiers chapitres du *Bellum Alexandrinum* sont-ils de la main d'Hirtius. Ces publications hâtives, sans grande valeur littéraire, n'avaient pour but que de justifier l'action de César durant les guerres civiles – action contestée par les pompéiens d'abord et, après sa mort, par les « Libérateurs ». Dans leurs rangs, Cicéron, expert en stratégie de publication, faisait paraître l'une après l'autre ses *Philippiques* comme autant de bordées d'artillerie lancées contre Antoine, le César *bis*. Et quand celui-ci eut réussi à éteindre dans un gargouillis sanglant la dernière voix de la liberté républicaine en décembre 43, aurait eu lieu, si l'on en croit Dion Cassius (39, 10), la publication d'un ouvrage de Cicéron « à ne faire paraître qu'après sa mort », le *De consiliis suis,* qui contenait, paraît-il, des révélations inédites, notamment sur la participation – ou la complicité passive au moins – de César à la conjuration de Catilina. On sait que le bruit en avait couru et que Cicéron lui-même, à chaud, avait fait une déclaration solennelle pour mettre fin à cette rumeur. Le *De consiliis suis,* s'il a jamais existé, étant perdu, on est réduit à des conjectures, dont la plus aventureuse – pourtant soutenue parfois – est que Salluste aurait écrit sa *Conjuration de Catilina* pour défendre la mémoire de César. Mais un seul chapitre (*Cat.* 49), soit une page (sur soixante-dix), traite de cette rumeur, pour la réfuter, malgré une insinuation venimeuse de Caton (*Cat.*, 52, 16) – qui avait d'ailleurs été beaucoup plus direct, en réalité, dans son accusation contre César. On conviendra que, comme justification de l'écriture d'une œuvre, c'est un peu mince. Sinon, le seul moment où il y est question de César, c'est quand il prononça au Sénat un discours demandant la prison à vie, mais non l'exécution des conjurés appréhendés, jugée illégale (*Cat.* 51). Une telle position était conforme à la position *popularis* vis-à-vis du sénatus-consulte ultime ; ce que sous-entend Salluste, c'est que, si l'on avait suivi l'avis de César plutôt que celui de Caton, Cicéron n'aurait pas été exilé.

Car, si la conjuration de Catilina a bien été réprimée par Cicéron, Salluste est assez chiche en compliments sur le consul de 63 : il n'avait été élu au consulat que par une coalition de la peur (*Cat.* 23, 5-6) – ce qui est tout à fait exact ; puis, averti du danger, il se réfugie derrière l'autorité du Sénat et du sénatus-consulte ultime (*Cat.* 29). Le seul mérite qu'il lui reconnaît est d'avoir prononcé la *1ʳᵉ Catilinaire* (sur les autres, pas un mot) : « Alors le consul M. Tullius, sous le coup de la colère, ou de la crainte que lui causait la présence de Catilina [au Sénat], prononça un discours brillant et utile à la République – discours qu'il rédigea et publia par la suite » (*Cat.* 31, 6). Cicéron avait bien pris soin en effet de publier ses *Catilinaires* en 60 et la remarque de Salluste porte *in cauda uenenum* : Cicéron est bien ce « consulaire beau parleur » dont se moquaient ses ennemis ; et son beau discours n'est pas le fruit d'une stratégie mûrement réfléchie, mais il fut prononcé sous le coup d'une émotion sur la nature de laquelle Salluste hésite, ou feint d'hésiter : la colère, qui est signe d'*impotentia,* d'absence de maîtrise de soi, ou – pire encore – de peur ? Malgré tout, dans le récit de cette célèbre séance du Sénat, la sympathie du sabin d'Amiternum va évidemment à l'*homo nouus* d'Arpinum plutôt qu'à son adversaire, l'aristocrate romain plein de morgue, qui osa répliquer : « Allaient-ils croire que lui, un patricien, qui avait, lui-même comme ses ancêtres, multiplié les bienfaits à l'égard de la plèbe romaine, avait besoin de perdre la République, alors que le sauveur en serait M. Tullius, un citoyen "de location" ? » (*Cat.* 31, 7). Quant à l'affaire des Allobroges, elle fut certes bien gérée par Cicéron, mais c'est surtout « la fortune de la République qui l'emporta » (41, 3) en faisant pencher les Gaulois du côté de la légalité. Les complices de Catilina démasqués et arrêtés, voilà de nouveau l'âme de notre consul déchirée : « Une inquiétude et une joie immense l'envahirent. Car il était heureux à la pensée que la découverte de la conjuration arrachait la République aux dangers ;

mais d'un autre côté, il était en proie à l'anxiété, en se demandant ce qu'il fallait faire de citoyens aussi considérables appréhendés pour le plus grand des crimes ; leur châtiment, pensait-il, pèserait lourd sur lui, leur impunité serait la perte de la République » (*Cat.* 46, 2). On le voit, le consul pense à lui, à son avenir politique « plombé » par la répression des Cataliniens – ce qui sera en effet le cas – avant de penser à la République, même si, en honnête homme, il se réjouit de la voir sauvée et s'il poursuivra ce salut jusqu'au bout. Mais en laissant le Sénat décider du sort des conjurés – il s'efface en effet étrangement du récit à partir de cet instant, n'apparaissant plus que pour donner l'ordre d'exécuter les prisonniers (*Cat.* 55) –, Cicéron, qui crut se dédouaner, ne fit que s'enfoncer.

En réalité, les deux grands hommes de cette époque, dit Salluste, furent Caton et César (*Cat.* 53-54), et celui qui eut à ce moment son heure de gloire, c'est Caton (*Cat.* 53, 1), non Cicéron. Quand on songe à tout le battage que ne cessa ensuite de faire Cicéron autour de « son » consulat, dont il chanta les louanges sur tous les modes, en vers et en prose, faute d'avoir pu convaincre d'autres de le faire, on ne saurait douter de la malignité de Salluste. Faut-il en conclure pour autant qu'il a écrit la *Conjuration de Catilina* pour « répondre » à Cicéron ? Là encore, la motivation paraît mince. La mort du consul de 63, égorgé sur ordre des triumvirs, donnera bien lieu à une abondante littérature, pour ou contre sa mémoire, mais ce sera après la date probable de la composition de notre œuvre et, en 43, bien d'autres choses s'étaient passées qui reléguaient la question de la légitimité de la gloire de Cicéron au rang des considérations secondaires.

Néanmoins, les événements qui avaient secoué Rome quelque vingt ans plus tôt étaient encore présents dans toutes les mémoires. Nombre des acteurs et des témoins de ces événements étaient toujours vivants. Pourquoi alors faire revivre ces heures tragiques ? Parce que, dit Salluste, « cet événement fut au premier chef mémorable par la nouveauté du crime et du péril » (*Cat.* 4, 4). Pourquoi ne pas le croire ? Pour une fois qu'il est d'accord avec Cicéron ! Ce qui différencie en effet l'entreprise de Catilina de toutes les autres crises qui agitèrent le dernier siècle de la République, c'est son caractère d'anarchie révolutionnaire, dans laquelle il s'en était fallu d'un rien que la République ne sombre. S'était-elle d'ailleurs jamais redressée depuis ? Ajoutons que cette crise paroxystique illustre parfaitement la thèse de Salluste sur le post-syllanisme, qui s'avéra pire que le syllanisme. Ce qu'il entend démontrer dans son ouvrage.

Rappelons brièvement les faits. Un patricien décavé, ancien syllanien ruiné, tentait depuis plusieurs années d'arriver au pouvoir, par les voies légales – le consulat – et même, déjà deux ans auparavant, si l'on en croit Salluste, par un coup d'État qui avorta. C'est même cette crainte qui avait conduit César et Crassus, lors des élections consulaires de 64 pour 63, à faire taire leur hostilité à Cicéron pour que celui-ci, élu, fît pièce à l'autre consul attendu, C. Antonius, qui ne faisait pas mystère de ses sympathies pour Catilina. Comprenant à ce troisième échec que les voies légales lui étaient fermées, Catilina rassembla ses amis pour fomenter une révolution qui n'avait rien d'un mouvement social : la tête en rassemblait pêle-mêle des nobles ambitieux comme lui-même, Lentulus Sura et quelques autres, quelques chevaliers, plusieurs femmes de grande famille et des représentants aventureux de la jeunesse dorée romaine, qui avaient mangé en herbe leur patrimoine ; ils étaient appuyés – c'est vrai – par des masses de mécontents, mais celles-ci étaient fort hétérogènes : d'anciens Syllaniens, colons vétérans ou hommes de main, tous ruinés, des victimes des épurations syllaniennes, qui avaient tout perdu, des nostalgiques de la liberté étrusque, des Gaulois Cisalpins mal pacifiés, des petites gens dans le besoin, des « casseurs » à l'affût d'un bon pillage et même d'authentiques *populares,* dont le désespoir transparaît dans la lettre attribuée par Salluste à C. Manlius (*Cat.* 33). Quand les mécontentements, même contradictoires, s'additionnent et fusionnent, l'État a tout à craindre. Et n'allons pas croire que cette crainte était vaine : un homme capable, une fois démasqué, d'aligner une armée de vingt mille hommes fanatisés n'est assurément pas un « tigre de papier ». Car Catilina fut vite démasqué : l'un des conjurés avait fait des confidences sur l'oreiller à sa maîtresse, une certaine Fulvie, qui les avait répétées au consul Cicéron. Mais, sans preuves, il ne pouvait agir. Il fallut attendre que Crassus remette au consul les lettres anonymes avertissant qu'un massacre des principales personnalités politiques de Rome était imminent pour que celui-ci demande au Sénat d'activer le sénatus-consulte ultime. Quelques jours plus tard, de nouveau averti par sa « taupe » féminine, Cicéron échappe à un attentat nocturne. Le lendemain, 7 novembre, Cicéron lança son fameux *Quousque tandem, Catilina…* ; c'est cette *1re Catilinaire,* rappelée par Salluste, qui déstabilisa Catilina au point qu'il préféra s'enfuir de Rome pour rejoindre l'armée des insurgés en Étrurie ; il fut aussitôt déclaré ennemi public. Comme le souligne Salluste, la chance favorisa de nouveau l'État : approchés par Lentulus, des députés Allobroges venus à Rome se plaindre d'exactions préférèrent avertir

Cicéron, qui, avec leur aide, piégea les chefs catiliniens restés à Rome et les arrêta. Le 5 décembre au soir, au terme d'une séance du Sénat houleuse, où le discours ferme de Caton renversa la tendance à l'indulgence prônée par César, Cicéron fit exécuter sommairement les détenus : *Vixerunt*, annonça-t-il sobrement à la foule glacée d'épouvante, puis enthousiaste, qui reconduisit jusqu'à sa demeure le consul sous les ovations en une immense retraite aux flambeaux. Un mois plus tard jour pour jour, l'armée des insurgés, Catilina en tête, fut broyée dans le mortier de Pistoia. C'est au soir de cette bataille que s'achève le livre de Salluste.

Ce résumé des faits était nécessaire : sans lui, le lecteur de Salluste risque de se perdre dans un récit haché de digressions et de retours en arrière, qui occulte plusieurs faits – à commencer par le triomphe de Cicéron, salué « nouveau Romulus » pour avoir sauvé Rome. À lire Salluste, bien des questions restent sans réponse. Pourquoi avoir mis en avant Curius et Cethegus, et non d'autres personnages plus importants, comme Manlius et Lentulus ? À quel moment Antonius a-t-il lâché Catilina ? Qui soutenait Catilina aux élections de 64 et de 63 ? Passons sur le coup de pouce qui consiste à prétendre « à peu près égaux par la naissance, l'âge et l'éloquence » (*Cat.* 54, 1) César, plus âgé de cinq ans, patricien, *pontifex maximus* et préteur désigné, et Caton, plébéien et seulement tribun de la plèbe désigné. Plus gênant est le fait que Salluste prend avec la chronologie quelques libertés. Ainsi, on doute que Catilina ait prononcé en 64 le discours incendiaire que lui fait tenir Salluste (*Cat.* 20-22), alors qu'il pouvait encore espérer arriver au pouvoir légalement en se faisant élire au consulat. Salluste relate la tentative d'assassinat de Cicéron, qui eut lieu dans la nuit du 6 au 7 novembre, comme si elle avait eu lieu avant le vote du sénatus-consulte ultime, qui eut lieu en réalité le 22 octobre ; ce faisant, il donne au lecteur l'impression que c'est parce que Cicéron craignait pour sa vie qu'il demanda cette mesure d'exception au Sénat. L'agression des chevaliers contre César est située au 4 décembre, alors qu'elle eut lieu le 5, après son discours au Sénat, et à cause de lui. Nous sommes cependant loin de l'« art de la déformation historique » de César, même si Salluste se montre un élève doué : les quelques manipulations historiques discernables ne visent qu'à minimiser le rôle de Cicéron et à disculper César. Cette seconde préoccupation est sûrement la raison pour laquelle il adopte pour une fois le point de vue de Cicéron en faisant de Catilina le protagoniste de la « première conjuration », alors que Suétone affirme que les chefs en étaient Crassus et César. Sans doute aussi est-ce la raison pour laquelle il cite son nom comme l'un de ceux à qui est confiée la « garde à vue » d'un conjuré (*Cat.* 47, 4) – signe que Cicéron a confiance dans sa loyauté républicaine.

Rendre compte de la structure de la *Conjuration de Catilina* est donc quasiment mission impossible. Essayons pourtant, en distinguant typographiquement les différentes natures d'écriture (italiques = commentaires ; corps droit = récit ; corps gras = discours et lettres) :

- *1-4 : Prologue*
- *5 : portrait de Catilina*
- *6-13 : « archéologie » de Rome*
- *14-16 : présentation des conjurés*
- 17 : première réunion des conjurés (début juin 64)
- *18-19 : retour en arrière : la première conjuration (66-65)*
- **20-22 : première harangue de Catilina à la première réunion des conjurés**
- 23-26 : les événements entre juin 64 et l'été 63 – *25 : portrait de Sempronia*
- 27-36, 3 : les progrès de la conjuration entre l'été 63 (élections consulaires) et la fuite de Catilina (7 novembre) [33 : lettre de C. Manlius ; 34-35 : lettres de Catilina]
- *36, 4-39, 5 : tableau de la situation socio-politique de Rome à cette époque*
- 39, 6-47 : l'épisode des Allobroges
- 48, 1-2 : revirement de la plèbe romaine
- 48, 3-49 : Crassus et César innocentés
- 50, 1-2 : les conjurés tentent en vain de soulever la plèbe
- 50, 3-53, 1 : la séance du Sénat le 5 décembre [**51-52 : discours de César et de Caton**]
- *53, 2-5 : l'importance des grandes individualités dans l'Histoire de Rome*
- *53, 2-54 : portraits parallèles de Caton et de César*
- 55 : exécution des complices de Catilina au soir du 5 décembre
- 56-61 : la répression de l'insurrection armée [**58 : 2ᵉ harangue de Catilina**]

Sur 61 chapitres, 43 seulement sont consacrés au récit historique, soit les deux tiers de l'ouvrage ? Certes il s'agit d'une approximation, les chapitres ayant des longueurs très diverses. Il n'en demeure pas moins que les développements extérieurs au récit pur occupent une place considérable, qu'on ne trouve chez aucun autre historien latin. Encore ce récit est-il ponctué lui-même, en son sein, par quatre longs discours : deux de Catilina, au début et à la fin de son entreprise, un de César et l'autre de Caton à la fameuse séance du 5 décembre ; ajoutez à cela trois lettres, les deux premières, de Manlius et de Catilina, reconstituées, la troisième, de Catilina, étant la transcription exacte de sa lettre authentique (chose rarissime en historiographie). Notons au passage que le seul à qui Salluste refuse la parole, non sans malice, c'est Cicéron ! Au total, sept chapitres qu'il faut encore retrancher du récit, même si l'usage du discours est une constante de l'écriture de l'histoire. Au bout du compte, on se retrouve donc avec une trame narrative qui n'excède pas un chapitre sur deux. Aucune autre œuvre historique latine, même chez Salluste, ne réduira autant le récit historique proprement dit au profit d'autres composantes. C'est assez dire que ce qui intéresse Salluste, c'est moins le récit de l'événement que la leçon qu'il en tire, à travers le commentaire de celui-ci. Le *Prologue*, pourtant long, ne lui suffit pas : il va « truffer » son récit de commentaires, à des moments judicieusement choisis.

On peut néanmoins, à partir du chap. 17, où commence véritablement le récit, en suivre la progression, organisée de manière dramatique. À ce moment, le décor a été planté : d'un côté, les prédateurs, Catilina et ses complices (leurs portraits), de l'autre côté, la proie facile : Rome (on explique pourquoi elle l'est dans l'« archéologie » : 6-13). Le drame peut commencer, par un long discours de Catilina (20-22). Suit une séquence narrative en « rimes croisées » (23-26) :

    1. bassesse de Curius et de Fulvie (23)
    2. frénésie de Catilina (24)
    3. bassesse de Sempronia (25)
    4. frénésie de Catilina (26).

Viennent ensuite quatre chapitres opposés deux à deux : deux (27-28) décrivent l'organisation de la rebellion, hors de Rome et dans Rome ; deux autres (29-30) montrent la réaction – enfin ! – des autorités romaines. La séquence se clôt aux chap. 31-32 par la fuite de Catilina, démasqué par Cicéron, auprès de ses troupes. À ce moment, nouvelle pause dans le récit (les trois lettres), puis l'acmè : Catilina déclaré *hostis*. Le récit reprend par une nouvelle séquence d'un peu plus de huit chapitres (39, 6-47), qui raconte comment les Allobroges ont permis d'arrêter en flagrant délit les complices urbains de Catilina. Suivent trois chapitres (48-50, 2) où le revirement de la plèbe romaine encadre la « démonstration » de l'innocence de Crassus et de César. Cette innocence posée, le champ est ouvert pour la fameuse séance du 5 décembre (50, 3- 53, 1), dont la narration, à peine esquissée, sert de décor, ou plutôt d'encadrement, aux deux discours opposés de César et de Caton. Puis, après un chapitre sur l'exécution des conjurés (55), la fin de l'ouvrage (56-61) nous transporte en Étrurie, où se joue le dernier acte, le protagoniste redevenant Catilina, non seulement en paroles (58), mais aussi en acte, par l'héroïsme désespéré de sa mort (60).

La distribution de cette trame narrative a cependant le défaut de ne pas faire apparaître le grand équilibre des masses :
- 16 chap. pour le Prologue et l'Introduction (1-16)
- 16 chap. pour le 1er Acte (17-32) : de la première réunion des conjurés à la fuite de Catilina hors de Rome
- 16 chap. pour le 2e Acte (33-49) : la conjuration démasquée et réprimée dans Rome
- 12 chap. pour le 3e Acte (50-61) : épilogue : de l'exécution des conjurés au massacre de Pistoia.

Le basculement du récit se situe exactement au milieu de l'œuvre, au chap. 32 : quand Catilina doit fuir Rome, l'avantage passe à la République. De part et d'autre de ce centre, à égales distances, les atouts de Catilina (14-16) et son échec (46-53, 1) ; son premier portrait (5, 1-8), complété en 15, 4, et son portrait *post mortem* (61, 4) ; deux harangues enfin de Catilina, l'une au début de l'aventure (20), l'autre à la fin (58). Catilina est bien le protagoniste du récit. Ce n'est pas un hasard si l'œuvre commence par son portrait. Il s'agit de démontrer que Catilina est un pur produit naturel de « l'ordre » syllanien et que c'est cet ordre syllanien qui, en confortant les privilèges de la *nobilitas*, est responsable des désordres où sombre la République. On peut s'étonner que Salluste taise les débuts de Catilina comme tueur à la solde de Sylla ; mais il aurait été obligé alors de rappeler que Catilina était aussi un renégat du parti de Marius et de Cinna. L'habileté de Catilina à manier les thèmes de l'idéologie *popularis* dans ses discours ne provient pas d'un rôle de composition : Catilina avait une culture politique *popularis* à l'origine. De même, sur la question de la première conjuration, outre d'innocenter César, la version suivie par Salluste avait l'avantage de conforter l'image d'un Catilina scélérat de toujours, criminel prédestiné.

Ce n'est pas non plus un hasard si, immédiatement après le portrait de Catilina, alors qu'on s'attend à un récit déroulant chronologiquement sa carrière jusqu'aux élections de 64, puis de 63, nous avons, à la place, une « archéologie » de Rome (6-13). Salluste, qui tourne le dos à l'histoire « totale » des annalistes, va remonter... aux Troyens et aux Aborigènes ! Mais cette étrange négation de la vulgate romaine est destinée à souligner le « miracle romain » : le synœcisme originel, générateur de la *concordia* primitive. La cité romaine a dès l'origine été un peuple de « sangs-mêlés », en perpétuelle expansion, qui a assimilé l'un après l'autre les peuples vaincus. Image idyllique du « bon vieux temps », où la vertu régnait dans la paix comme dans la guerre, où nature et morale étaient inséparables, avec une jeunesse ardente, désintéressée, avide de vraie gloire, où les conflits entre plèbe et patriciat se résolvaient toujours sans accroc majeur. Et puis la dégradation en deux temps : désarroi moral après la chute de Carthage, rôle corrupteur de la campagne de Sylla en Asie. Les deux derniers chapitres (12-13) peignent de couleurs chargées une situation contemporaine dominée par *luxuria* et *auaritia*. Sur ce terreau pourri, logiquement, l'entreprise de Catilina prend tout son sens : elle n'aura aucun mal à prospérer. Le récit peut reprendre… jusqu'à une brève pause (18-19), consacrée à la première conjuration, dont nous avons parlé.

La pause suivante (36, 4-39, 5) dans le récit se situe au moment de l'arrivée de Catilina au camp de Manlius, alors que le Sénat, devant l'ampleur de la rébellion, en est réduit à proposer l'amnistie aux conjurés non coupables de crimes capitaux. Le moment est donc particulièrement dramatique. Salluste va commencer par décrire la nature du terreau pourri où Catilina va puiser ses ressources humaines (37). Nous étions restés, lors de la précédente pause importante, sur le constat d'une Rome en proie à deux maux contradictoires. À partir de là, enchaînant directement au chap. 38, Salluste juge le moment venu pour développer une analyse en profondeur du mal romain, en tentant de répondre à la question latente : comment en est-on arrivé là ? D'où la description de la situation affligeante de la vie politique romaine. Ce développement constitue le centre de l'économie de la monographie. Salluste délivre son verdict sur ce qui se produisit après la liquidation de l'œuvre syllanienne par la *nobilitas*, achevée en 70. On peut penser ce qu'on voudra de Sylla, au moins son intention était-elle bonne. Au contraire, le démantèlement de sa réforme a donné libre cours aux ambitions : le pouvoir exorbitant du tribunat de la plèbe rétabli a servi de bélier à de jeunes ambitieux pour enfoncer les portes du pouvoir. Verdict accablant : également coupables ceux qui prétendaient faire valoir les droits du peuple et ceux qui soutenaient l'autorité du Sénat. Des deux côtés, prétextes spécieux pour atteindre en réalité le pouvoir personnel. Lui-même, qui a exercé le tribunat de la plèbe alors, ne s'épargne pas : il a fait partie de ces « hommes dont l'âge et la nature étaient également féroces » (*Cat.* 38, 1). La dernière phase décrite (39) est celle du triomphe politique de la *nobilitas* sur ses adversaires ; ce triomphe eût été vain, si Catilina avait réussi son coup d'État – hypothèse qui n'a rien d'invraisemblable ! Car à la morgue des grands s'oppose l'aliénation totale d'une plèbe qui, n'ayant plus rien, ni biens ni morale, n'a plus rien à perdre à recourir à la violence. L'alliance contre nature entre des nobles ruinés et des pauvres désespérés, entre la *luxuria* et l'*egestas,* a créé les conditions favorables à une fuite en avant dont Catilina a pris la tête. Salluste, qui a été un *popularis* actif, se montre aussi dur envers son ancien parti qu'envers les *optimates.* En fait, ce qu'il condamne, c'est l'idée même de parti : *mos partium* ou *factionis* est incompatible avec *mos maiorum.* Auguste saura écouter la leçon de Salluste : « J'ai délivré l'État opprimé par la domination de la faction politique » (*Res Gestae Diui Augusti* 1, 1).

Salluste aurait préféré que ce soit César. Ce n'est pas un hasard si la dernière digression traite de l'importance des grandes individualités en histoire, en prélude aux portraits parallèles de Caton et de César (53-54). Là encore, elle intervient à un moment particulièrement dramatique du récit : l'exécution des conjurés appréhendés sera lourde de conséquences. En décidant de suivre Caton pour cette mesure extrême, le Sénat savait qu'il passait un point de non-retour, qu'il déclarait la lutte à mort contre les rebelles. En ces moments cruciaux César et Caton ont littéralement, suggère Salluste, tenu le destin de Rome entre leurs mains : Caton a gagné momentanément, mais, au bout du compte, le vainqueur historique sera César. On remarquera qu'en saluant en César et en Caton les deux personnalités d'exception de son époque, Salluste exclut d'emblée, non seulement Cicéron – on s'en serait douté ! – mais aussi Pompée « le Grand ». Nous avons dit que le signe « égal » qu'il appose entre les deux hommes est, à la date où se situe le récit, abusif. En réalité, Salluste ne « croque » pas leurs portraits tels qu'ils étaient en 63, mais dans une perspective éloignée, comme les personnages historiques qu'ils étaient devenus après s'être tant battus l'un contre l'autre au nom d'idéaux opposés. Il est curieux de constater que, des deux, il semble que ce soit Caton qui l'emporte aux yeux de Salluste : le jugement qu'il portait sur lui en 50 (*2ᵉ Lettre à César,* 4, 2 ; 9, 3) était moins élogieux, à une époque où il était un « inconditionnel » de César. Salluste semble donc avoir évolué.

A-t-il été déçu que César n'ait pas autant suivi ses conseils qu'il le lui proposait dans les deux *Lettres* qu'il lui avait adressées, en 50 et en 46, sur la manière dont il convenait, selon lui, de réformer l'État ? On a dit que ces lettres étaient une sorte de réplique au *De Republica* et au *De legibus* de Cicéron. C'est voir les choses par le petit bout de la lorgnette. En réalité, le dessein de Salluste était bel et bien de conseiller César. Ce rôle de conseiller des grands a toujours démangé les intellectuels, depuis Platon au moins.

En tout cas, dans la *Conjuration de Catilina,* alors que Caton est dépeint comme un véritable homme d'État, un grand honnête homme, le jugement sur César est un tantinet ambigu. De sa *facilitas dando, subleuando, ignoscundo* (*Cat.* 54, 3), on glisse facilement à la complaisance, à la connivence ; l'ambition d'un grand commandement (54, 4) n'est pas chose illégitime, mais c'est déjà une perversion de la *uirtus* (cf. 11, 1) ; et le souci de la *dignitas* est certes louable, surtout quand elle est intacte comme chez Caton (54, 4), mais qu'en dire des autres : Catilina (35, 3-4), Lentulus (53, 32), le Sénat (51, 7), et César lui-même, qui déclencha une guerre civile pour défendre sa *dignitas* (*BC* 1, 9, 2-3 ; 32, 4) ? L'honneur jaloux des nobles confine à la *superbia.* La *dignitas* de Caton, au contraire, s'impose d'elle-même ; elle n'a pas besoin d'être défendue l'épée au poing. Car lui recherche le bien public d'abord, non l'ambition ; si bien que la *gloria* lui est donnée *en plus,* tout naturellement, sans qu'il la cherche. Caton est en quelque sorte l'illustration de l'idéal prôné par Salluste dans son *Prologue.*

L'ouvrage de Salluste fut accueilli avec faveur. Il était sulfureux à souhait, et en même temps traversé d'une vertueuse indignation : le genre de mélange que le public adore. Il mettait en scène des personnages qui venaient à peine de disparaître, et sur lesquels la polémique se déchirait : César avait-il été le Père de la Patrie ou un tyran ? Caton n'était-il qu'un ivrogne psychorigide ou avait-il la carrure d'un grand homme d'État qui n'avait été desservi que par la malchance d'avoir vécu à une époque pourrie ? Cicéron avait-il vraiment sauvé Rome du chaos anarchique ou n'était-il qu'une baudruche gonflée de vanité et de peur ? Comme tous les livres qui traitent d'un épisode récent à peine entré dans l'histoire ou d'un homme d'État à peine disparu, la *Conjuration de Catilina* fut certainement un beau succès de librairie. Ce n'est que plus tard qu'on s'aperçut qu'en plus, c'était un chef-d'œuvre.

En tout cas, ce succès encouragea Salluste à continuer à écrire.

LA *GUERRE DE JUGURTHA* :
QUAND LA GUERRE FAIT ÉCLATER LA NULLITÉ
D'UNE CLASSE POLITIQUE

Et c'est ainsi qu'en 40, probablement, parut la *Guerre de Jugurtha.* Cette fois, Salluste avait choisi de parler d'événements vieux de deux générations. Pour un Romain d'alors, évoquer la guerre qui avait opposé, de longues années durant, la première puissance de Méditerranée au roi numide, c'était remonter aussi haut que, pour nous, la guerre d'Indochine. Sauf qu'elle s'était passée en Afrique du nord – ce qui aussi nous dit quelque chose.

Rappelons brièvement les faits. Depuis la province d'Afrique (le quart nord-est de la Tunisie actuelle), devenue romaine après la chute de Carthage, les négociants romains et italiens sillonnaient « pour affaires » le royaume voisin de Numidie (en gros, l'Algérie actuelle augmentée de l'ouest de la Tunisie), ami et allié de Rome depuis Masinissa, à qui avait succédé Micipsa. À sa mort (118), une crise de succession s'ouvrit entre ses deux fils et son neveu Jugurtha, qu'il avait adopté et que les Romains connaissaient parce qu'il avait commandé un contingent allié de cavaliers numides au siège de Numance par Scipion Émilien. Très vite, Jugurtha assassina l'un de ses cousins et chassa l'autre, qui vint se plaindre à Rome. Soudoyés par l'or de Jugurtha pour les uns, peu enclins pour les autres à aller s'empêtrer dans une guerre contre un peuple réputé belliqueux, les sénateurs envoyèrent sur place une commission de dix membres chargée de partager le royaume en deux : l'ouest à Jugurtha, l'est à son cousin survivant Adherbal. Dès le départ de la commission sénatoriale, Jugurtha ouvrit les hostilités contre Adherbal, qu'il battit et assiégea dans sa capitale Cirta (112). Un nouvel appel au secours de celui-ci à Rome n'eut pour résultat que l'envoi d'une délégation composée de trois jeunes sénateurs, que Jugurtha paya de bonnes paroles. Une lettre éplorée d'Adherbal, lue au Sénat, décida les sénateurs à envoyer une commission d'enquête menée par l'incorruptible M. Aemilius Scaurus, Prince du Sénat. Malgré ses efforts, l'ambassade romaine fut impuissante à décider Jugurtha à lever le siège de Cirta. Lâché par les Italiens qui l'aidaient à la défense de sa capitale, Adherbal se rendit à Jugurtha : il fut aussitôt torturé à mort et les Italiens massacrés.

Plus que le sort d'Adherbal, ce massacre, qui ne pouvait rester impuni, émut les Romains, enflammés par les diatribes du tribun C. Memmius. Une expédition fut décidée, malgré une ambassade des fils de Jugurtha. Très vite, Jugurtha demanda la paix. Si vite, et à des conditions si avantageuses, que le chef de l'expédition, le consul L. Calpurnius Bestia, et même Aemilius Scaurus furent accusés par Memmius d'avoir été achetés. Jugurtha fut sommé de venir s'expliquer à Rome. Il ne s'expliqua pas – un tribun de la plèbe avait fait jouer son veto, par vénalité ou pour éviter à ses amis politiques d'être impliqués – et il en profita pour faire assassiner sur place un rival possible, un petit-fils de Masinissa. Protégé par son sauf-conduit, il put quitter Rome, non sans lancer une apostrophe devenue célèbre : « Ville à vendre ! »

Les opérations reprirent sous la conduite de Sp. Postumius Albinus... qui ne fit rien. Après son départ, son frère Aulus, trahi par ses troupes alliées achetées par Jugurtha, vit son camp pillé et son armée dut passer sous le joug. Sous la pression de l'opinion publique atterrée par ce désastre, qui venait s'ajouter à celui subi devant les Cimbres dans le Lyonnais, Albinus repartit en Afrique... où il continua à ne rien faire. Il fut bientôt condamné et s'exila, ainsi que Bestia, Calpurnius et quelques autres. Le commandement fut alors confié à l'un des nouveaux consuls, Q. Caecilius Metellus, un aristocrate honnête et capable, dont la première tâche fut de restaurer la discipline et le moral de l'armée romaine d'Afrique. Selon sa méthode habituelle, Jugurtha tenta de l'amadouer avec de belles paroles ; Metellus, tout en entretenant les contacts, maintenait la pression militaire et se ralliait les populations locales. La prise du grand souk de Vega (aujourd'hui Béja) décida Jugurtha à mener la guerre : une grande bataille eut lieu près du fleuve Muthul, remportée par Metellus, mais à un tel prix que le chef romain décida de changer de stratégie et de mener une guerre de terreur, pillant, tuant, brûlant tout ce qui se présentait. Massivement, les populations se soumirent. Jugurtha réussit cependant à imposer une nouvelle bataille rangée devant Zama (aujourd'hui Sicca) : il fallut deux jours aux Romains pour l'emporter. Pendant les quartiers d'hiver, Metellus réussit à « retourner » Bomilcar, lieutenant de Jugurtha, pour que celui-ci persuade son chef de se rendre : au dernier moment, après avoir livré éléphants, chevaux, armes et les déserteurs alliés de l'armée romaine, Jugurtha « cala » et décida de continuer la guérilla.

Pendant ce temps, la garnison romaine de Vaga avait été massacrée par les habitants. Furieux, Metellus fonça sur la ville et, vingt-quatre heures après, la mit à sac. Il fut prorogé en 108 comme proconsul. C'est alors qu'un de ses officiers « sorti du rang », un obscur Arpinate nommé C. Marius, dont il avait jusqu'alors facilité la carrière, lui demanda un congé pour se présenter au consulat. La prétention parut inouïe à Metellus, qui refusa. Marius ne cessa dès lors de dénigrer son chef, directement en Afrique, à Rome par l'intermédiaire de ses amis *populares*. Metellus avait pourtant remporté sur Jugurtha une nouvelle bataille, obligeant le roi à se réfugier à Thala, dans le sud, où il le poursuivit et d'où, au terme d'un raid hardi à travers le désert, il le délogea, le forçant à se réfugier chez les nomades subsahariens, les Gétules. Là, Jugurtha s'allia au roi de Maurétanie (Maroc) Bocchus et, avec lui, marcha sur Cirta. Metellus se trouvait près de la ville quand il apprit l'élection de Marius au consulat, au terme d'une campagne haineuse contre la noblesse en général et contre Metellus en particulier ; il apprit en même temps la décision sénatoriale de confier au nouveau consul une guerre qu'il s'apprêtait à finir. Ulcéré, il n'attendit pas son arrivée et laissa un légat faire la passation de pouvoirs avec Marius.

Celui-ci arrivait avec une force bien plus considérable que ce que le Sénat l'avait autorisé à recruter : il avait en effet décidé d'ouvrir les enrôlements aux *capite censi*, aux « non imposables », en leur faisant miroiter une victoire facile et qui rapporterait gros. Cette initiative – première étape de la fameuse réforme militaire qui porte son nom – rompait avec le principe antérieur, selon lequel on n'avait pas le droit de demander à quelqu'un qui ne possédait rien de se faire trouer la peau « pour la patrie ». Après quelques opérations mineures destinées à justifier ses promesses, Marius s'empara par surprise de Capsa (aujourd'hui Gafsa) et, malgré la reddition des habitants, laissa ses soldats piller et massacrer, au mépris du droit des gens. Cette stratégie de terreur, juteuse pour ses soldats, le mena jusqu'au fleuve Muluccha, où il se rendit maître d'un fortin imprenable dans des conditions rocambolesques.

C'est alors qu'arriva, avec le corps de cavalerie qu'il avait été chargé de constituer, le jeune questeur L. Cornelius Sylla, brillant aristocrate qui avait déjà servi sous Metellus. À la tête de cette cavalerie, il jouera un rôle notable dans les opérations. Mais son mérite principal fut de négocier avec Bocchus la capture de Jugurtha, qui mit fin à la guerre. La gloire en revint à Marius, qui obtint le triomphe, mais la noblesse souligna les mérites de Metellus et de Sylla, qui osa se représenter sur une monnaie en train de recevoir la soumission de Jugurtha. La lutte à mort entre les deux hommes commençait, même si elle fut un temps différée par le départ de Marius, réélu consul, contre les Cimbres et les Teutons. C'est sur ce départ contre les « Gaulois » que s'achève le récit de Salluste.

On le voit, la matière était plus ample que celle de la *Conjuration de Catilina*. L'ouvrage est donc plus important : à peu près le double du premier.

Quelles raisons ont conduit Salluste à s'intéresser à la guerre contre Jugurtha ? Il en donne deux : 1. « D'abord parce que ce fut une grande guerre, atroce et à la victoire longtemps incertaine » ; 2. « Ensuite parce que ce fut la première fois où l'on fit barrage à l'orgueil de la noblesse » (*Iug.* 5, 1-2). Le premier motif est un lieu commun, même si, en l'occurrence, il correspond à la réalité ; mais des grandes guerres, dont l'issue était restée incertaine jusqu'au bout, l'histoire de Rome en était pleine : alors pourquoi celle-là plutôt qu'une autre ? Le fait que Salluste, ex-gouverneur d'*Africa noua,* connaissait bien cette région, ses paysages, ses habitants, son histoire a dû jouer : les « digressions » sur la dynastie régnante et sur le peuplement de l'Afrique l'attestent. L'une de ses sources locales pourrait avoir été la bibliothèque du dernier roi de Numidie, qu'il avait à sa disposition. Mais c'est surtout la seconde raison qui est la véritable.

Non que Salluste ne se soit donné la peine de s'intéresser à la chose militaire. La *Conjuration de Catilina,* sauf pour les derniers chapitres, ne lui avait pas permis de montrer son talent pour un type de récits obligé dans le genre historique. La critique littéraire moderne considère généralement qu'il n'y a pas réussi, sous prétexte que ce n'est pas ce qu'il préfère. Mais on n'a pas vu qu'il a puisé son inspiration à la meilleure source qui soit : César. Comme le livre 7 de la *Guerre des Gaules,* la guerre contre Jugurtha fut d'abord une « guerre des villes » : Cirta, Zama, Vaga, Thala, Capsa, le fortin sur la Muluccha. Récits de sièges, attaques et prises de villes abondent dans les deux textes. Les rapprochements s'y prêtaient : le massacre des *negotiatiores* de Cirta et celui des Italiens de Vaga devaient être rapprochés de la liquidation des ressortissants romains de Cenabum : mêmes atrocités et, en retour, même punition rapide et exemplaire, comme aussi à Capsa. Le siège de la riche cité de Thala rappelle en bien des points celui de l'opulente Avaricum : fortifiées naturellement et fortement remparées, défendues et attaquées avec acharnement au cours d'un siège long et difficile, marqué dans les deux cas par un « miracle de la pluie » et achevé dans les deux cas par le massacre de la population. La prise du fortin sur la Muluccha apparaît comme un Gergovie qui aurait réussi : alors que la ville semble imprenable, une occasion s'offre, dont va profiter Marius... avec succès, contrairement à César. Inversement, Zama ressemble, jusque dans les détails, à un Alésia raté, puisque les soldats de Metellus, coincés comme les soldats de César entre les assiégeants et l'armée de secours, devront, eux, lever le siège.

Bien sûr, toutes ces batailles sont des données historiques qui s'imposaient à Salluste. S'imposaient aussi à lui les *topoi* en usage dans le récit militaire : les « instruments » obligés d'un siège, qui donnent au siège de Cirta, si c'est bien Constantine, un aspect irréaliste, la marche dans le désert, le retournement de fortune au plus chaud de la bataille, l'absence de notations sur le rôle de l'artillerie, etc. Mais, ce qui ne s'imposait pas à lui, c'est le choix des batailles qu'il allait raconter : dans cette guerre où « accrochages », coups de main, sièges, assauts, combats de cavalerie, batailles rangées… furent innombrables, Salluste a opéré un choix drastique, non sans parfois mettre en péril la cohérence de son récit : ainsi le chap. 73 ne se comprend que si, au début de la campagne, Zama a été prise ; or le lecteur reste sur l'échec narré au chap. 61. Son dessein était certainement de ne retenir que les situations à la fois les plus variées et les plus pittoresques : deux prises de camp (un camp numide, un camp romain), un rezzou, quatre sièges (dont nous avons vu la diversité), cinq batailles en rase campagne (dont quatre couplées deux par deux), un combat autour d'une ville, une expédition punitive et un raid de commando (tous deux marqués par la technique du *Blitzkrieg*). Ajoutons la « drôle de guerre » d'Albinus, qui se garde bien d'affronter l'ennemi, et surtout, à partir du chap. 54, la guerre *alio more,* autrement dit la guérilla, la « guerre de *fellaghas* » à laquelle se résout Jugurtha, à laquelle répond une contre-guérilla féroce de la part des Romains : cultures ravagées, *oppida* (*mechtas*) incendiés, population mâle liquidée, pillage systématique, « quadrillage » du terrain, mais aussi renseignement, infiltration, « action psychologique ». Cette nouvelle forme de guerre, étrangement moderne (comment s'en étonner ? Peuple et terrain demeurent les mêmes à travers les siècles), Salluste est le seul – le premier en tout cas – à la décrire. Ce qui ressort à l'évidence, c'est que, comme historien militaire, il est plus intéressant qu'on ne l'a trop souvent dit.

Mais – c'est vrai – ce n'est pas ce qui l'intéresse le plus. Peu ou prou, Salluste se trouve dans la position d'un historien qui, ayant à raconter la guerre d'Algérie, s'intéresserait plus à ses répercussions politiques qu'aux opérations militaires, même si son sujet l'oblige à en parler. Des deux raisons qu'il donne, la seconde est celle qui lui tient le plus à cœur. Salluste continue d'être avant tout un historien politique, un historien « de l'intérieur ».

Il y était d'ailleurs conduit, en l'occurrence, par les sources latines où il a puisé. La monographie de Sempronius Asellio, par l'effort d'analyse et de rationalité qu'elle apportait au récit des événements a dû être précieuse pour Salluste. Mais il a certainement puisé à d'autres sources : le consul de 115, Aemilius Scaurus devait évoquer dans son *De uita sua* son rôle en tant que Prince du Sénat au début du conflit ; dans son ouvrage du même titre, Rutilius Rufus devait en faire de même pour sa « cohabitation » avec Marius, dont il partagea le consulat en 105 ; Sylla, dans ses *Commentaires,* ne pouvait manquer de donner sa version de la manière dont s'était terminée la guerre, et le pro-syllanien

Sisenna devait rendre le même son de cloche, opposé à celui de l'historien *popularis* Licinius Macer. Sans parler de l'*Histoire après Polybe* de Posidonius. Arrêtons-là cette *Quellenforschung,* d'autant plus vaine que Salluste ne mentionne que Sisenna (cf. *supra*) et que, toutes ces œuvres étant perdues, il est impossible de mesurer le poids qu'elles eurent sur son récit. Et intéressons-nous plutôt à celui-ci.

Et d'abord à sa structure. Bien que le récit respecte beaucoup plus la chronologie que la première œuvre, nous sommes confrontés au même casse-tête que pour celle-ci : autant de critiques littéraires de la *Guerre de Jugurtha,* autant de « plans » proposés. Nous ne risquons rien à en proposer un à notre tour (en droit, les parties narratives ; en italiques, les parties théoriques [prologue, digressions] ; en corps gras, les lettres et les discours en style direct) :

- *chap. 1-4 : Prologue*
- *chap. 5 : Introduction : rappel des événements en Afrique avant 118.*
- chap. 6-26 : 1re **Partie** : L'irrésistible ascension de Jugurtha (de 118 à 112)
1. chap. 6-10 : Les débuts de Jugurtha – **chap. 9 : lettre de Scipion ; chap. 10 : discours de Micipsa**
2. chap. 11-16 : Le partage de la Numidie – **chap. 14 : discours d'Adherbal**
3. *chap. 17-19 : Ethno-géographie de l'Afrique*
4. chap. 20-26 : Jugurtha s'empare du pouvoir – **chap. 24 : lettre d'Adherbal**
- chap. 27-42 : 2e **Partie** : La guerre des nobles (de 111 à 109)
1. chap. 27-29 : Calpurnius et Scaurus se laissent acheter
2. chap. 30-35 : Jugurtha nargue les Romains à Rome – **chap. 31 : discours de Memmius**
3. chap. 36-38 : campagne d'Albinus et défaite de son frère
4. chap. 39-40 : l'effet de cette défaite à Rome
5. *chap. 41-42 : rappel de la décomposition progressive de Rome depuis la fin des guerres puniques*
- chap. 43-83 : 3e **Partie** : La guerre de Metellus (de 109 à 108)
1. chap. 43-45 : Metellus réorganise l'armée d'Afrique
2. chap. 46-62 : Première campagne de Metellus : Vaga et Zama
3. *chap. 63 : Entrée en scène de Marius : rappel de sa carrière*
4. chap. 64-65 : Manœuvres de Marius contre Metellus
5. chap. 66-83 : Deuxième année de campagne de Metellus : Vaga, Thala et Cirta – *chap. 78-79 : digression sur Leptis*
- chap. 84-113 : 4e **Partie** : La guerre de Marius (de 107 à 105)
1. chap. 84-85 : Marius avant son départ pour l'Afrique – **chap. 85 : discours de Marius**
2. chap. 86-94 : Première campagne de Marius en Afrique : Capsa

3. *chap. 95-96* : *Entrée en scène de Sylla* – ses manœuvres de séduction
4. chap. 97-101 : Deuxième campagne de Marius : Jugurtha et Bocchus tenus en échec
5. chap. 102-113 : Sylla négocie avec Bocchus la livraison de Jugurtha – **102** : **discours de Sylla** – **110** : **discours de Bocchus**
- chap. 114 : Conclusion : Deuxième consulat de Marius, appelé contre les Gaulois (104)

Un premier constat s'impose : la composition de la *Guerre de Jugurtha* est beaucoup plus fluide et régulière que celle de la *Conjuration de Catilina,* tout simplement parce que le récit suit l'ordre des événements ; les seules exceptions sont les rappels du processus de décadence de Rome (41-42) et des débuts de la carrière de Marius (63). Notre découpage en quatre parties chronologiques achoppe à faire apparaître les trois grandes masses qui scandent le récit : une quarantaine de chapitres « négatifs » qui opposent en deux blocs de texte à peu égaux la montée en puissance de Jugurtha à la nullité des dirigeants et des généraux romains sur sept années consécutives, puis de nouveau une quarantaine de chapitres retraçant le redressement de la situation, en deux ans, grâce à Metellus et enfin une trentaine de chapitres pour raconter les quelque trois ans avant la fin de la guerre.

Ce qui n'apparaît pas non plus dans la structure de l'œuvre que nous proposons, c'est la série de va-et-vient entre l'Afrique et Rome, qui illustre l'interaction entre le théâtre militaire des opérations et la politique intérieure de Rome : la guerre de Jugurtha n'a de véritable intérêt pour Salluste que parce qu'elle a révélé la décomposition de la classe politique romaine. Le tableau suivant illustre ces interactions :

Afrique	Rome
5 à 13, 4	13, 5 à 16
17 à 23	24 à 25, 3
25, 4 à 26 (massacre des Italiens)	27-28 (1re attaque contre la noblesse)
29	30 à 35
36 à 38 (défaite d'Albinus)	39 à 42 (2e attaque contre la noblesse)
43 à 54	55, 1-3
55, 4 à 62	63 à 65
66 à 72	73
74 à 83 (Metellus n'achève pas la guerre)	84 à 86 (3e attaque contre la noblesse)
87	88, 1
88, 2 à 94	95-96
97 à 113	114

Autre constatation : le récit est beaucoup moins morcelé que dans la première œuvre. Outre en effet les deux rappels que nous venons de mentionner, auxquels il faut ajouter le résumé des événements d'Afrique entre la chute de Carthage et la mort de Micipsa (5), les seules interruptions du récit sont : le portrait de Sylla jeune (95), qui fait pendant à l'évocation des débuts de Marius, et deux véritables digressions ethno-géographiques, l'une sur l'Afrique en général (17-19), l'autre sur Leptis (78-79) ; l'ensemble occupe 10 chapitres. Même en ajoutant les discours en style direct (les seuls à rompre véritablement le fil du récit) et la lettre d'Adherbal, soit 8 chapitres, nous atteignons un total de 18 chapitres sur 114, soit moins d'un cinquième de l'ouvrage, là où la *Conjuration de Catilina* laissait échapper un chapitre sur trois à la trame narrative. À l'évidence, Salluste est plus à l'aise dans l'écriture de l'histoire.

Là où son talent ne se dément pas, c'est dans l'art de répartir les pauses du récit. L'ethno-géographie de l'Afrique – morceau de bravoure décevant qui confirme que Salluste n'est jamais aussi mauvais que quand il imite servilement Thucydide – se trouve juste au centre du récit de l'irrésistible ascension de Jugurtha, héros de l'Afrique. Le rappel de la décomposition progressive de Rome se situe à la charnière entre la phase « négative » – pour Rome, s'entend – de la guerre et la phase positive. Seule la digression sur Leptis intervient au beau milieu de la seconde campagne de Metellus, peut-être pour ménager une pause dans un récit dont le caractère purement militaire risquait de lasser le lecteur, peut-être parce que l'occasion des pourparlers avec les délégués de Leptis était trop belle pour que Salluste la laissât passer, peut-être pour une autre raison, que nous verrons plus loin. Enfin il nous présente judicieusement Marius et Sylla au moment de leur apparition dans le récit, en trichant un peu d'ailleurs pour le premier : on relève six mentions de Marius avant son « entrée en scène » officielle au chapitre 63.

Même équilibre dans la disposition des discours en style direct. Remarquons d'abord que Jugurtha parle peu, sinon en style indirect pour répandre ses mensonges et, une fois, dans une formule en style direct, pour insulter la vénalité de Rome ; le roi numide préfère agir, par l'or et par le fer. Chose inhabituelle dans le genre historique, les discours en style direct sont nombreux dans l'œuvre et beaucoup n'ont que quelques lignes. Généralement, les historiens anciens préfèrent utiliser, pour les discours brefs – ou rapportés succinctement – le style indirect, qui a l'avantage de ne pas rompre le rythme et la continuité du récit. Il convient donc de se demander quel message Salluste veut faire passer quand il a recours, pour des discours de quelques lignes, au style direct. Les deux premiers se suivent : ce sont la lettre de Scipion (chap. 9) – la lettre est une parole écrite – et le discours de Micipsa (chap. 10). Malgré leur différence, tous deux vont dans le même sens. Le message de Scipion pourrait s'interpréter au premier degré comme une recommandation chaleureuse, mais la mention qu'il va s'efforcer de faire partager son point de vue au Sénat et au Peuple romain sonne comme un avertissement que la personnalité de Jugurtha ne fait déjà pas l'unanimité. Même sous-entendu dans les paroles de Micipsa sur son lit de mort : n'ayant pu se débarrasser du jeune homme, le roi, inquiet pour l'avenir de ses fils, lance un appel pathétique aux bons sentiments de son fils adoptif, mais sans illusions, comme le souligne Salluste. Deux hommes, à l'aube de l'histoire de Jugurtha, ont donc manifesté la même inquiétude devant la nature de sa personnalité.

La lettre d'Adherbal (chap. 24) n'a pas l'importance que pourrait faire croire sa longueur – moins en tout cas que son précédent discours (cf. *infra*) ; déjà, à ce moment, la personne d'Adherbal n'a plus guère d'importance : il fait partie des laissés-pour-compte de l'histoire. Alors à quoi sert son cri de détresse, son appel à l'aide « humanitaire » ? Seulement à faire ressortir l'*auaritia* des nobles romains, dont les oreilles sont bouchées par l'or de Jugurtha. Le pathétique, qui passe mieux au style direct, n'est là que pour souligner par contraste le degré de corruption de la classe politique romaine.

Enfin, les deux derniers discours brefs, vers la fin de l'ouvrage (chap. 102 et 110), jouent apparemment le rôle secondaire de précisions sur le déroulement des négociations entre Bocchus et Sylla. Mais leur fonction, en réalité, est autre. Le premier complète la peinture de Sylla : fin diplomate, jouant avec sûreté de son charme naturel, à l'aise avec les grands, à plus forte raison avec un roitelet barbare. Chantre habile de la grandeur impérialiste de Rome, devant laquelle, comme tout Romain, il n'éprouve aucun état d'âme, il brosse de cet impérialisme un tableau idéalisé, dans une langue de bois qui contraste fortement avec la réalité sordide des négociations dont l'enjeu est la trahison d'un homme, et aussi avec la manière honteuse dont Rome avait abandonné le fidèle Adherbal, coupable seulement d'avoir cru en la parole de Rome. Dans un contexte à peine différent, le discours de Bocchus répond partiellement à celui de Sylla, mais son intérêt est surtout ethnologique : un roitelet barbare énumère avec une ridicule complaisance ses titres de grandeur, flatte lourdement son interlocuteur et marchande pied à pied.

Tous ces petits discours sont autant de négatifs à côté des épreuves, constituées par les trois grands discours, qui scandent le récit à des moments cruciaux : celui d'Adherbal (14) au centre de la montée en puissance de Jugurtha ; celui de Memmius (31) aux heures les plus sombres de la faillite romaine, entre celle de la diplomatie et celle de la guerre des nobles ; celui de Marius (85) au moment où son étoile se lève.

Le discours d'Adherbal se situe alors que Jugurtha vient de tuer son frère et de l'agresser, lui. Il demande justice à Rome, en rappelant les services rendus par sa dynastie à Rome. Au-delà du pathos rhétorique, ce discours permet de comprendre ce que, selon Salluste, aurait dû faire le Sénat… et ce qu'il n'a pas fait. Il développe quatre grands thèmes, imbriqués les uns dans les autres : les obligations de Rome envers les descendants de Massinissa ; la situation angoissante d'Adherbal ; les sombres menées de Jugurtha ; les raisons qui doivent déterminer Rome à intervenir. Ce sont ces raisons qui intéressent le plus Salluste : il y va de la *dignitas* et de la *maiestas* de Rome. Elles lui imposent de secourir les malheureux, surtout quand ce sont ses alliés, et de punir l'injustice – image flatteuse de Rome en « gendarme du monde ». Le discours, dont la force dramatique confine au tragique, va rendre encore plus poignant la trahison des dirigeants romains, qui abandonnent à une mort atroce ceux qui ont fait confiance à Rome.

Le discours de Memmius est un réquisitoire contre la noblesse lancé à un moment particulièrement tendu. Le tribun jette de l'huile sur le feu en reprochant violemment à la *nobilitas* son impéritie et à la plèbe sa lâcheté. D'un côté, l'orgueil, la rouerie, la cruauté, la cupidité, bref une classe dirigeante décrite comme une association de malfaiteurs sûre de l'impunité ; de l'autre une plèbe qui, au lieu de saisir sa chance, demeure paralysée par l'aboulie, ne se souciant même plus de sa liberté. Memmius affirme parler au nom de l'intérêt de l'État et il est vrai qu'il a des accents que n'aurait pas reniés Caton l'Ancien… ou Salluste. Mais en faisant de son parti politique le seul détenteur de la *uirtus,* il tient un discours partisan, qui sera bientôt démenti dans les faits, en la personne de Metellus, aristocrate vertueux. Cependant la dénonciation des préjugés de la classe nobiliaire trouvera son illustration aussi chez Metellus : même cet honnête homme irréprochable n'arrivera pas à s'en affranchir.

Cette violente diatribe contre la noblesse trouve son pendant dans le discours de Marius, un panégyrique de lui-même en une série d'oppositions entre lui et les nobles : à eux la culture raffinée, à lui la rude formation de soldat ; lâcheté de leur côté, courage du sien ; recherche des vains honneurs quand lui recherche la gloire ; ils ont des ancêtres, lui s'est fait tout seul ; ils sont roués, il est franc. Bref, lui seul incarne la *uirtus*, lui seul prétend avoir le souci de l'État, de la vraie gloire, celle qui est utile à la République. Memmius monopolisait la *uirtus* au profit de son parti, Marius la confisque à son profit, en prétendant l'incarner. Mais, au moment même où il dénonce la *superbia* de la noblesse, il y cède ; au moment même où il affirme rechercher la vraie gloire, il s'engage sur le chemin de la fausse gloire. Et ses attaques contre la noblesse, plus violentes que celles de Memmius, sont, par leur excès, inquiétantes. Salluste annonce ainsi la « dérive » politique de Marius, qui ouvrira la liste des grands ambitieux, des *condottieri* plus préoccupés de leurs intérêts que du bien de la cité.

On voit bien que la fonction des discours est de confirmer les idées exprimées déjà, de manière théorique, dans le *Prologue* au moment où les événements les confirment. Mais la comédie humaine que dessinent les discours ne manque pas d'amertume : on sent l'auteur de plus en plus désabusé sur la capacité de Rome à sortir de l'ornière, même s'il s'accroche à cet espoir, alors que tout s'écroule autour de lui. Impression confirmée par la « digression » des chap. 41-42, qui contredisent presque le *Prologue*. La *uirtus* des Gracques a certes sauvé l'honneur du peuple (et d'ailleurs aussi de la noblesse, à laquelle ils appartenaient), leur défaite fut belle et ils restent un exemple, malgré leur manque de modération, dû à un désir exacerbé de gagner. Ils perdirent pourtant, même si ce fut dans l'honneur (42, 3). L'héroïsme des frères Gracques ne fut-il pas au bout du compte aussi inutile que celui des frères Philènes (79) ? Carthage fut finalement battue, non par Cyrène, mais par Rome, et Scipion pleura sur ses ruines, parce qu'il y voyait le destin futur de sa cité. Bref, l'analyse de l'état de Rome donne au lecteur l'impression tenace que la foi de Salluste dans la *uirtus* et dans sa capacité d'agir sur ses contemporains est en train de faiblir.

CONCLUSION

La perte presque totale des *Histoires* nous empêche de savoir si le pessimisme de Salluste s'accentuait encore dans cette dernière œuvre.

Nous avons vu qu'il « enchaînait » à partir de 78 sur l'ouvrage de Sisenna, qui s'achevait à la mort de Sylla. L'estime en laquelle Salluste tenait le travail de cet historien pro-syllanien lui faisait un devoir de lui répliquer, non sur la même période, mais sur la suivante, qui vit à la fois le démantèlement de la réforme syllanienne par les *optimates* et, d'après Salluste, les conséquences néfastes de l'ère syllanienne, avec un Pompée pire que le dictateur. Les cinq livres perdus des *Histoires* s'arrêtaient en 67 ; cette date n'a aucune signification historique. On peut donc raisonnablement penser que Salluste avait l'intention de poursuivre son panorama de l'histoire de Rome au-delà, peut-être jusqu'en 63, l'année de la conjuration de Catilina, ce qui lui aurait permis de relier cette œuvre à la première dans un *continuum* temporel, peut-être jusqu'à la mort de César, afin de répondre à l'abondante littérature, laudative ou dépréciative, parue après la disparition du dictateur. Ce qui est sûr, c'est que, dans la partie rédigée, il y racontait des événements qui faisaient partie de son passé personnel : la guerre servile, la troisième guerre contre Mithridate, le rétablissement des pouvoirs tribuniciens, le procès de Verrès, la piraterie omniprésente en Méditerranée… Ce qui est très probable, c'est qu'il y manifestait la même sévérité à l'égard de l'égoïsme de classe des *optimates* et de leur morgue, la même réprobation envers les méthodes démagogiques et l'irresponsabilité immature des *populares*.

La mort de la République contribua certainement à faire perdre à l'œuvre de Salluste son actualité : à partir de la prise de pouvoir d'Octavien-Auguste, l'optimisme est officiellement de rigueur. Son écriture si particulière, le caractère quelque peu erratique de ses modèles ont sans doute joué aussi dans le fait que Salluste n'eut pas de postérité véritable. Tite-Live revient à une conception annalistique de l'histoire ; Tacite louche parfois vers Salluste, mais c'est plus par affinité de caractère et parce que lui aussi se tourne vers des époques de crise. Quintilien et Fronton lui rendent hommage, mais le premier préfère Tite-Live et le second retient surtout ses talents oratoires. Finalement, c'est peut-être saint Augustin qui, dans sa *Cité de Dieu,* est le plus proche de sa pensée. À tous égards, l'œuvre du premier historien romain conservé reste un *unicum*.

Si la renommée de Salluste ne fut pas immense dans l'Antiquité, il s'est rattrapé depuis. On peut s'étonner que la *Guerre de Jugurtha* n'ait pas connu, du fait de la guerre d'Algérie, un renouveau d'intérêt ; sans doute faut-il voir dans ce silence le refus de gratter une plaie mal cicatrisée. À notre connaissance, seul un groupe de rock algérien porte le nom de Jugurtha. La *Conjuration de Catilina*, en revanche, a beaucoup inspiré. La modernité a été séduite par le récit de Salluste, depuis la tragédie *Catilina* de Crébillon jusqu'au roman *Catilina* d'Yves Guéna, en passant par la tragédie de Voltaire, *Catilina ou Rome sauvée* et *Les Affaires de M. Jules César* de B. Brecht. Avec Yves Guéna, ce dernier est le seul à porter sur Catilina un regard différent, qui ne soit pas totalement négatif : en réinterprétant le Catilina de Salluste en rebelle à la société hypocrite et lâche où il vit, le marxiste et le gaulliste se retrouvent pour porter sur lui un regard neuf.

Salluste est l'historien des périodes de crise, du mal-être de la société. Il est l'historien le plus prisé aujourd'hui sur les bancs de l'Université. Faut-il s'en réjouir, ou s'en inquiéter ?

BIBLIOGRAPHIE

TEXTE

– Salluste, *La Conjuration de Catilina. La Guerre de Jugurtha. Fragments des Histoires*, éd. A. Ernout, Paris, CUF, 1941 ; 13ᵉ tirage revu et corrigé par J. Hellegouarc'h, 1999.
– Salluste (Pseudo-), *Lettres à César. Invectives*, éd. A. Ernout, Paris, CUF, 1962.
– Sallustius, *Catilina, Jugurtha, Fragmenta ampliora*, éd. A. Kurfess, Teubner, Leipzig, 1976.
– *C. Sallusti Crispi Historiarum reliquiae*, éd. B. Maurenbrecher, Teubner, Leipzig, 1891.
– *Appendix Sallustiana*, éd. A. Kurfess, Teubner, Leipzig, 1962.

ÉDITIONS COMMENTÉES

– R. Lallier, *Salluste. Œuvres*, Paris, Hachette, coll. « Classiques », 1885.
– R. Jacob, H. Wirz, A. Kurfess, *C. Sallustius Crispus*, Berlin, 1968.
– J. Hellegouarc'h, *C. Sallustius Crispus. La Conjuration de Catilina*, Paris, PUF, coll. « Érasme », 1972.
– P. McGushin, *Bellum Catilinae*, Leyde, Brill Academic Pub, 1977.
– K. Vretska, *De Catilinae coniuratione*, I-II, Heidelberg, Carl Winter, 1976.
– E. Malcovati, *C. Sallusti Crispi « Bellum Iugurthinum »*, Turin, Paravia, 1956.
– E. Koestermann, *C. Sallustius Crispus, « Bellum Iugurthinum »*, Heidelberg, Carl Winter, 1971.

– G. M. Paul, *A Historical Commentary on Sallust's* « *Bellum Iugurthinum* », Liverpool, Francis Cairns Publications, 1984.

– P. McGushin, *Sallust, The Histories,* I-II, Oxford, Clarendon Press, 1992 et 1994.

ÉTUDES

– H. Aili, *The Prose Rythm of Sallust and Livy,* Stockholm, Almqvist & Wiksell International, 1979.

– A.W., Bennett, *Index Verborum Sallustianus,* Hildesheim-New York, Georg Olms, 1970.

– K. Buechner, *Sallust,* Heidelberg, Carl Winter, 1982.

– J.-P. Chausserie-Laprée, *L'Expression narrative chez les historiens latins : histoire d'un style,* Paris, 1969.

– D. C. Earl, *The Political Thought of Sallust*, Cambridge, Cambridge University Press, 1961.

– M. Chouet, *Les Lettres de Salluste à César,* Paris, Les Belles Lettres, 1950.

– R. Oniga, *Sallustio e l'etnografia,* Pise, Giardini, 1995.

– R. Poignault, éd., *Présence de Salluste,* Tours, *Caesarodonum* XXX bis, 1997.

– J. Rapsch, D. Najock, *Concordantia in Corpus Sallustianum,* I-II, Hildesheim, Georg Olms, 1991.

– T. F. Scanlon, *Spes frustrata. A Reading of Sallust,* Heidelberg, Carl Winter, 1987.

– R. Syme, *Salluste* (traduction française par P. Robin de l'ouvrage *Sallust,* Berkeley-Los Angeles, University of California, 1964), Paris, Les Belles Lettres, 1982.

– J. M. C. Toynbee, *Roman Historical Portraits,* Londres, Thames & Hudson, 1978.

– R. Ullmann, *La Technique du discours chez Salluste, Tite-Live et Salluste,* Oslo, J. Dybwad, 1927.

– R. Utard, *Le Discours indirect chez les historiens latins : écriture ou oralité ? Histoire d'un style*, Louvain-Paris-Dudley, MA, Peeters, 2004.

CHAPITRE III

TITE-LIVE

ÉLÉMENTS DE BIOGRAPHIE

DATES ET CONTEXTE

Les dates de Tite-Live sont contestées. On ne peut guère s'appuyer sur un document, le seul à fournir des précisions datées, la *Chronique* de saint Jérôme, achevée en 381-382. Jérôme fait naître Tite-Live en 59 avant notre ère (154 g Helm) et le fait mourir en 17 après J.-C. (171 f Helm), date qui est aussi celle de la mort d'Ovide en exil à Tomes et celle, toujours selon Jérôme, du triomphe de Germanicus César sur les Parthes. L'important est ici que Tite-Live meurt après Auguste (qui règne de 27 avant J.-C. à sa mort en 14 après J.-C.), sous le principat de Tibère. Son enfance s'est déroulée pendant la période des guerres civiles. Il avait environ 15 ans à l'époque de la mort de César (44 avant J.-C.). Il faut donc se rappeler que celui dont on fait trop souvent un défenseur de l'idéal républicain n'a pas connu véritablement le régime républicain, sinon ses dernières années, soit une période de crise. Tite-Live appartient donc à cette génération dont Tacite, dans le tableau qu'il brosse, au début des *Annales*, de la situation politique du règne d'Auguste, explique qu'ils n'ont de la République qu'une image inscrite dans le souvenir : « Les plus jeunes hommes étaient nés après la victoire d'Actium [31 avant J.-C.], même le plus grand nombre des hommes âgés étaient nés au milieu des guerres civiles ; combien restait-il de gens qui avaient vu la République ? » (*Annales* 1, 3, 7 ; trad. P. Grimal). Chez Tacite cette notation vise à expliquer qu'alors « rien, nulle part, ne subsistait intact de l'esprit ancien » (*Annales* 1, 4, 1) ; elle doit nous faire comprendre que Tite-Live ne pouvait donc être un vrai républicain à une époque où tous s'étaient ralliés à l'Empire.

Tite-Live était né à Padoue (*Patauium*), au nord de l'Italie, non loin d'Aquilée, tout près de Vérone. On rappelle constamment que

Quintilien lui reproche, sans autre précision, sa *patauinitas*, mais c'est là un terme que personne ne comprend vraiment, et qui ne saurait en tout cas être une forme de provincialisme dans l'écriture. Padoue était en Gaule cisalpine, région dont les habitants n'ont reçu la *ciuitas romana* qu'en 49 avant J.-C., grâce à Jules César. Ce qu'il faut retenir c'est que Tite-Live n'est donc un citoyen romain que de la première génération, ce qui peut expliquer en partie sa ferveur patriotique. Peut-être Tite-Live a-t-il vécu à Rome. Il aurait été, si l'on en croit Suétone, le précepteur du futur empereur Claude. Il est vrai que quelques détails du célèbre discours de Claude devant les notables Gaulois venus demander l'accès au Sénat de Rome en 48 (cf. Tacite, *Annales* 1, 24) peuvent faire penser à des réminiscences de Tite-Live 1, 8.

Tite-Live n'a exercé aucune magistrature ni n'a entrepris de carrière politique. Il a consacré sa vie à l'écriture de son *Histoire romaine*. Il n'a été ni soldat, ni sénateur, ce qui le distingue des César, Salluste ou, plus tard, Ammien Marcellin. Il mourut tranquillement, au contraire de nombreux autres historiens (par exemple Crémutius Cordus), obligés de se donner la mort parce qu'ils avaient déplu au pouvoir en place. On se rappellera aussi les angoisses de l'historien C. Fannius qui avait écrit, en trois livres, le récit des crimes de Néron et qui rêvait la nuit que l'empereur venait lire son manuscrit (ce récit figure dans une lettre de Pline le Jeune, *epist.* 5, 5). À Rome, la pratique de l'histoire conduisait souvent à l'exil, parfois à la mort. Rien de tel n'arriva jamais à Tite-Live, non pas parce qu'Auguste était plus tolérant que ses successeurs, mais tout bonnement parce que l'œuvre du Padouan se trouvait parfaitement en phase avec l'idéologie augustéenne.

LES CONVICTIONS POLITIQUES DE TITE-LIVE

On se fonde généralement sur un passage des *Annales* de Tacite pour affirmer que Tite-Live avait chaudement défendu l'action de Pompée et donc pour faire de l'auteur de l'*Ab Vrbe condita* un partisan convaincu du régime républicain. Voici ce texte :

> *T. Liuius, eloquentiae ac fidei praeclarus in primis, Cn. Pompeium tantis laudibus tulit, ut Pompeianum eum Augustus appellaret ; neque id amicitiae eorum offecit. Scipionem, Afranium, hunc ipsum Cassium, hunc Brutum nusquam latrones et parricidas, quae nunc uocabula inponuntur, saepe ut insignis uiros nominat.*

Tite-Live, Fragment 67 (= Tacite, *Annales* 4, 34, 3)

« Tite-Live, illustre entre tous pour son style et sa véracité, a décerné à Cn. Pompée de tels éloges qu'Auguste l'appelait "pompéien" ; et cela ne mit aucun nuage sur leur amitié. Scipion, Afranius, et ce Cassius lui-même, et ce Brutus, jamais il ne les appelle brigands et parricides, des noms qu'on leur donne maintenant, mais souvent les désigne comme de grands hommes. » (trad. P. Grimal)

Certes, Tite-Live devait corriger l'image défavorable de Pompée brossée par Salluste dans ses *Histoires* et sans doute était-ce le récit, perdu pour nous, de la période des guerres civiles qui lui avait valu ce surnom de *pompeianus* donné par Auguste. Mais il faut ici être circonspect. Auguste avait sans doute un sens aigu de la formule, mais le contexte est plus important : Tacite cherche à opposer la cruauté de Tibère (nous sommes en 25 après J.-C.) à la relative ouverture d'esprit d'Auguste ; en outre, le passage nous apprend surtout que « l'amitié » entre ce dernier et Tite-Live ne connut aucune ombre. Tite-Live est bien, comme l'a amplement démontré notamment Ronald Syme, un écrivain augustéen.

Si Tite-Live admire la République, c'est celle des temps anciens, la période plus ou moins mythique des *primordia Vrbis*, celle des Vᵉ et IVᵉ siècles. Les choses sont bien différentes à partir des guerres puniques au cours desquelles le pouvoir personnel – il suffit de songer à la figure du grand Scipion – s'affirme. Mais Tite-Live est en réalité un historien rallié au Principat d'Auguste. En 1, 19, 3, il fait allusion à la fermeture de Janus et à la paix augustéenne ainsi qu'au *cognomen Augustus* que porte Octave depuis janvier 27 (ce qui permet de dater la diffusion de ce livre 1 entre 27 et 25 avant J.-C.). Le Principat a ce grand mérite aux yeux de Tite-Live (comme de nombreux de ses contemporains, opinion relayée par la propagande augustéenne et par les écrivains et poètes du siècle d'Auguste) qu'il a mis fin aux guerres civiles qui sévissaient depuis le début du Iᵉʳ siècle (Marius/Sylla, puis Pompée/César, enfin Antoine/Octave). Tite-Live, en outre, n'a jamais été hostile au pouvoir personnel et nombre d'*imperatores* dans son œuvre font figure de chefs providentiels : on songe à Scipion, mais aussi, par exemple, à Camille dont les exploits au livre 5 sauvent Rome des Gaulois de Brennus en 390. À cet égard, on a fort justement pu souligner ce que la figure de Camille avait déjà d' « augustéen » avant l'heure et on a même pu parler de « Principat » de Camille (cf., sur ce personnage, l'étude récente de B. Mineo, « Camille, *dux fatalis* », dans *Grecs et Romains aux prises avec l'histoire, Représentations, récits et idéologie*, éd. G. Lachenaud et D. Longrée, Presses Universitaires de Rennes, 2003, p. 159-176).

On doit donc considérer que Tite-Live adhérait à l'idéologie augustéenne, avec nuance, et non sans regretter la perte d'influence du Sénat à partir du Ier siècle avant J.-C. Il servit en outre cette idéologie en mettant en évidence certaines anecdotes apparemment sans signification particulière.

C'est la cas du récit fait en 38, 24 : en 189, une prisonnière galate (c'est-à-dire une Celte d'Asie Mineure) est violée par un centurion romain qui n'a pu la séduire ; le centurion tente de lui extorquer une rançon, mais elle parvient, après l'avoir tué, à rejoindre son époux à qui elle rapporte la tête du mort. Comme l'excursus sur les Celtes, à qui il fait exactement pendant à l'intérieur des pages consacrées à l'expédition d'Asie, cet épisode n'a pas de rapport direct avec les événements militaires relatés dans le livre 38. Si l'on comprend facilement dans quelle mesure le retour en arrière sur les origines des Galates se justifie par le présent des opérations de 189, on voit moins bien la portée de cet acte courageux d'une prisonnière barbare.

Chiomara – son nom nous est connu par Plutarque – réunit des traits de Scipion (*sanctitas*) et de Caton (*grauitas*). Ce dernier symbolise la censure des mœurs, le premier la maîtrise de soi. On a pu avancer que les critiques adressées à Vulso et à son armée provenaient de l'utilisation par Tite-Live d'une source historiographique scipionienne. En accablant Vulso à travers l'épisode de Chiomara, Tite-Live ferait indirectement l'éloge de Scipion, ce qui est corroboré par les parallélismes qui existent entre 38, 24 et l'épisode de la captive celtibère : la *sanctitas* de Chiomara devant inévitablement faire penser à celle de l'Africain. L'épisode de Chiomara trouve sa force de conviction à l'unique condition qu'on le rapproche d'autres passages de Tite-Live qui attestent la permanence de ses préoccupations et interdisent définitivement de considérer ce viol comme une simple anecdote ou un trop facile effet romanesque, mais invitent à le mettre à sa place dans l'évolution des conceptions morales et des mentalités romaines.

Le texte de Tite-Live semble donc être au centre d'une évolution des mentalités qui conduit d'une morale de la *pudicitia* à une morale de la *castitas*, dominante au IVe siècle, par exemple dans l'œuvre d'Ammien Marcellin. Mais cette dernière n'est pas étrangère à la morale augustéenne du contrôle de soi. Surtout, Tite-Live paraît, en même temps qu'il appuie les projets augustéens de restauration morale et sa vision du mariage, préparer la naissance d'une nouvelle conception du couple, dont les rapports devront être gouvernés par le souci de la franchise, condition de l'entente amicale.

Tite-Live, enfin, insiste sur la haine des Romains pour les rois et le despotisme. Lui-même éprouve une véritable aversion contre les royaumes gréco-orientaux issus de l'empire d'Alexandre. De nombreuses allusions dispersées dans le texte révèlent ce refus du pouvoir solitaire. Par exemple, au livre 39, dans le célèbre récit de la mort d'Hannibal, Tite-Live laisse clairement entendre que Prusias, qui avait accueilli le proscrit, a trahi son hôte et manqué à sa parole. L'extrait ci-dessous du livre 39 montre ainsi l'admiration de Tite-Live pour le courage devant la mort de l'ennemi le plus farouche que Rome ait connu en même temps qu'il permet à Tite-Live, à travers la diatribe finale d'Hannibal contre la perte des valeurs morales, d'exprimer sa réprobation du comportement de Prusias et des rois en général (*fidei regum nihil sane fretus*) :

Ad Prusiam regem legatus T. Quinctius Flamininus uenit, quem suspectum Romanis et receptus post fugam Antiochi Hannibal et bellum aduersus Eumenem motum faciebat. Ibi seu quia a Flaminino inter cetera obiectum Prusiae erat hominem omnium qui uiuerent infestissimum populo Romano apud eum esse, qui patriae suae primum, deinde fractis eius opibus Antiocho regi auctor belli aduersus populum Romanum fuisset, seu quia ipse Prusias, <ut> gratificaretur praesenti Flaminino Romanisque, per se necandi aut tradendi eius in potestatem consilium cepit, a primo colloquio Flaminini milites extemplo ad domum custodiendam Hannibalis missi sunt.

Semper talem exitum uitae suae Hannibal prospexerat animo et Romanorum inexpiabile odium in se cernens et fidei regum nihil sane fretus ; Prusiae uero leuitatem etiam expertus erat, Flaminini quoque aduentum sibi uelut fatalem horruerat. Ad omnia undique infesta ut iter semper aliquod praeparatum fugae haberet, septem exitus e domo fecerat <et> ex iis quosdam occultos ne custodia saepirentur. Sed graue imperium regum nihil inexploratum quod uestigari uolunt efficit. Totius circuitum domus ita custodiis complexi sunt ut nemo inde elabi posset.

Hannibal postquam est nuntiatum milites regios in uestibulo esse, postico quod deuium maxime atque occultissimi exitus erat fugere conatus, ut id quoque occursu militum obsaeptum sensit et omnia circa clausa custodiis dispositis esse, uenenum quod multo ante praeparatum ad talis habebat casus poposcit : « Liberemus, inquit, diuturna cura populum Romanum, quando mortem senis expectare longum censent. Nec magnam nec memorabilem ex inermi proditoque Flamininus uictoriam feret. Mores quidem populi Romani quantum mutauerint uel hic dies argumento erit. Horum patres Pyrrho regi, hosti armato exercitum in Italia habenti, ut a ueneno caueret praedixerunt ; hi legatum consularem qui auctor esset Prusiae per scelus occidendi hospitis miserunt. » *Exsecratus deinde in caput regnumque Prusiae et hospitales deos uiolatae ab eo fidei testis inuocans, poculum exhausit. Hic uitae exitus fuit Hannibali.*

Tite-Live 39, 51, 1-12

« Titus Quinctius Flamininus arriva comme légat auprès du roi Prusias que rendaient suspect aux Romains à la fois l'accueil offert à Hannibal, qui avait fui la cour d'Antiochus, et la guerre déclenchée contre Eumène. Soit que Flamininus ait alors reproché, entre autres, à Prusias de garder auprès de lui l'ennemi le plus acharné que le Peuple romain eût sur terre, l'homme qui avait poussé à la guerre contre Rome d'abord sa propre patrie, puis, une fois ruinée la puissance de celle-ci, le roi Antiochus ; soit que Prusias en personne, pour être agréable à Flamininus, qui était présent, et aux Romains, eût pris de lui-même la résolution de le tuer ou de le livrer à la puissance romaine, à l'issue du premier entretien avec Flamininus, on envoya sur-le-champ des soldats monter la garde devant la maison d'Hannibal. Hannibal avait toujours prévu en lui-même que sa vie finirait ainsi, parce qu'il connaissait la haine inexpiable que les Romains lui portaient et qu'il n'accordait guère de confiance à la loyauté des rois ; mais de Prusias il avait même pu expérimenter la faiblesse, et il avait tremblé à l'arrivée de Flamininus, sentant qu'elle lui serait fatale. Pour faire face à tous ces dangers, d'où qu'ils viennent, et avoir toujours une voie prête pour la fuite, il avait muni sa maison de sept issues, dont quelques-unes secrètes pour éviter que des gardes ne les bloquent. Mais l'oppressant pouvoir des rois ne laisse dans l'ombre rien de ce qu'il désire savoir. Tout le pourtour de la maison fut investi par des sentinelles de façon que personne ne pût s'en échapper. Hannibal, après qu'on lui eut annoncé que les soldats du roi étaient dans le vestibule, tenta de fuir par la partie arrière de la maison qui était le plus à l'écart et munie de l'issue la plus secrète ; lorsqu'il se rendit compte que cette voie-là également était bloquée par l'arrivée des soldats, et que tout autour des gardes avaient été répartis pour barrer les ouvertures, il réclama le poison qu'il gardait prêt depuis longtemps pour une telle éventualité. "Libérons, dit-il, le Peuple romain d'une longue inquiétude, puisqu'ils trouvent trop long d'attendre la mort d'un vieillard. C'est une victoire modeste et peu glorieuse que Flamininus remportera sur un homme désarmé et trahi. À quel point les mœurs du Peuple romain ont, assurément, changé, ce jour suffira à le démontrer. Leurs ancêtres avertirent le roi Pyrrhus, ennemi en armes qui campait avec ses troupes en Italie, de prendre garde au poison. Les Romains d'aujourd'hui ont envoyé comme ambassadeur un consulaire pour inciter Prusias à tuer un hôte par traîtrise." Puis, ayant appelé la malédiction sur la personne de Prusias et son royaume, et prenant les dieux de l'hospitalité à témoins de la trahison du roi, il vida la coupe. Tels furent les derniers instants d'Hannibal. »

La lutte contre les Tarquins, longuement racontée au livre 1, a le même sens : Tite-Live exalte le combat pour la liberté et la République. Tite-Live, du moins si l'on en croit le témoignage des maigres résumés qui nous sont parvenus des livres perdus – les *periochae* – condamne Catilina et les Gracques (*Periocha* 102). Pour lui, les sécessions de la plèbe sont condamnables : la *libertas* n'est pas conciliable avec le règne de la foule. Tite-Live n'aime ni les tribuns de la plèbe ni les démagogues (3, 65). Même s'il croit à la suprématie du mérite person-nel sur la naissance (4, 3, 13), il exprime souvent sa préférence pour les consuls patriciens, plus prudents et sages que les tribuns de la plèbe, considérés comme excessivement et imprudemment fougueux, lors-que ce ne sont pas de véritables fauteurs de troubles. Tite-Live n'aime pas la foule, *turba*, à laquelle il préfère les vieux sénateurs, représen-tants des familles les plus anciennes. Le Sénat, institution respectable, conservera au long des siècles le prestige lié à l'action de Romulus, son fondateur, dont l'action est célébrée en 1, 8, 7 :

> *Centum creat senatores, siue quia is numerus satis erat, siue quia soli cen-tum erant qui creari patres possent. Patres certe ab honore patriciiique progenies eorum appellati.*

> « Il crée cent sénateurs, soit que ce nombre fût suffisant, soit qu'il n'y eût que cent citoyens capables de devenir sénateurs. En tout cas, cet honneur leur valut le titre de Pères et à leurs descendants celui de Patriciens. »

Tite-Live est l'homme de la modération et du juste milieu : c'est un républicain, certes, mais conservateur et modéré. Il croit avant tout aux vertus traditionnelles telles que les dessine le *mos maiorum* ; il condamne les excès, même ceux de la liberté. Il est au fond proche d'un idéal cicéronien par certains aspects et croit en un gouvernement sénatorial, fondé sur la concorde entre les ordres, *concordia ordinum*.

LES 142 LIVRES DE L'*AB VRBE CONDITA*

Contenu historique

Si la datation du livre 1, qui salue Octave du titre d'Auguste, peut être fixée assez sûrement peu après 27 avant J.-C., il est en revanche difficile de préciser la chronologie de publication du reste de l'œu-vre. Tite-Live devait écrire 2 à 5 livres par an. Le livre 121, si l'on en croit la *periocha* correspondante, a été publié après la mort d'Auguste. Pour parvenir au total de 142 livres, Tite-Live a donc dû achever une vingtaine de livres au cours de ses trois dernières années de vie si l'on accepte pour sa mort la date fournie par Jérôme (17 après J.-C.).

L'œuvre de Tite-Live suit un schéma que l'on appelle annalistique, ce qui ne signifie pas qu'un livre correspond à une année (ce n'est pour ainsi dire jamais le cas chez Tite-Live), mais qu'à l'intérieur de chaque livre la matière est disposée selon le déroulement chronologique d'une année (selon un plan généralement identique : élections des consuls de l'année ; affaires intérieures ; affaires extérieures).

Cette œuvre dépasse par son ampleur et son ambition tout ce qui a précédé dans le domaine historiographique. Tite-Live se plaint dans la Préface au livre 1 de l'immensité de son travail (*praef.* 4 : *immensum opus*) ; il se compare à un homme qui avance dans une mer immense : *in uastiorem me altitudinem ac uelut profundum inuehi.* Les premiers mots de cette préface expriment un doute pathétique, celui que ressent l'auteur au moment de se lancer dans la rédaction d'une histoire de Rome des origines à son temps : *Facturusne operae pretium sim si a primordio Vrbis res populi Romani perscripserim nec satis scio nec, si sciam, dicere ausim* (*praef.* 1) ; « Est-ce que je vais accomplir quelque chose qui en vaut la peine si je raconte en détail l'histoire du peuple romain depuis les origines de Rome : je n'en sais vraiment rien et, si je le savais, je n'oserais le proclamer ». Ce n'est pas là une coquetterie d'auteur, mais bien l'expression d'une angoisse réelle ressentie par l'historien face à l'immensité de la tâche. Il faut prêter attention, çà et là dans l'œuvre, à la souffrance et aux doutes de l'artisan à sa table de travail.

Dans l'Antiquité déjà, l'œuvre du Padouan faisait figure d'œuvre monumentale, longue à lire et difficile à ranger ; Martial ainsi évoque le *Liuius ingens* que sa bibliothèque ne peut pas contenir. Nous possédons aujourd'hui une petite partie seulement de l'*Ab Vrbe condita*, soit 35 livres. Tout jugement un peu rapide ou trop rapidement définitif sur Tite-Live doit être nuancé par la pensée constante que nous ne possédons environ que le quart de l'œuvre – et le premier quart ! – qui comportait 142 livres, nombre que nous connaissons grâce aux sommaires détaillés de l'ensemble des livres, les *periochae*, et qui sont précisément au nombre de 142 (manquent néanmoins les résumés des livres 136 et 137). Ces résumés, dont la longueur s'échelonne de quelques lignes sans art (les dernières *periochae*, de 28 à 9 avant J.-C. sont particulièrement maigres) à une page, ont été rédigés probablement au cours du IVe siècle après J.-C. ; ils ont été remarquablement édités en deux volumes dans la CUF par Paul Jal et on les consultera pour connaître le contenu de tel ou tel livre perdu. On gardera également en mémoire que les livres conservés de Tite-Live constituent le premier quart de l'ensemble.

L'œuvre de Tite-Live, *Ab Vrbe condita libri*, contenait l'histoire de Rome depuis l'arrivée d'Enée en Italie jusqu'à la mort de Drusus, beau-fils d'Auguste, en 9 avant J.-C. Tite-Live avait prévu un total de 150 livres, soit un récit jusqu'à la mort d'Auguste. Sa mort, en 17 après J.-C., au début du règne de Tibère, l'empêchera d'achever son œuvre.

De Tite-Live, nous possédons :
- les livres 1-10 (ce que l'on appelle la première décade) ; ils contiennent le récit des événements des origines à la troisième guerre samnite (293 avant J.-C.) ;
- les livres 21-30 (la troisième décade) ; ils contiennent le récit des événements de la deuxième guerre punique, qui débute en 237 (importante préface intermédiaire en 21, 1, 1-5) et se clôt par la victoire de Zama, en 202 ;
- les livres 31-40 (la quatrième décade) ;
- les livres 41-45 (la première moitié de la cinquième décade) ; ces 15 livres contiennent le récit de la conquête romaine en Grèce et en Orient jusqu'en 167 avant J.-C.

Nous possédons, outre les *periochae*, quelques fragments (de quelques lignes à deux pages) conservés par Tacite ou Sénèque le Rhéteur, par exemple le célèbre récit de la mort de Cicéron. Ces fragments ont été édités par Paul Jal à la fin du volume de la CUF consacré au livre 45.

LE PLAN DE TITE-LIVE

Il est de tradition de répartir les livres de Tite-Live par groupes de dix, les décades. Il semble que cette division par décades remonte au moins au Ve siècle, à l'époque des révisions du texte dans l'entourage des Symmaques et des Nicomaques. À cette époque circulait encore un Tite-Live complet, c'est du moins ce qui ressort d'une lettre de Symmaque à Valerianus datée de 401 : *Munus totius liuiani operis, quod spopondi, etiam nunc diligentia emendationis moratur* (*epist.* 9, 13) ; « Le cadeau des œuvres complètes de Tite-Live que je vous avais promis est encore aujourd'hui différé à cause du perfectionnisme de la correction » (trad. J.-P. Callu, CUF, 2002). Mais la division par groupes de dix livres est contestée et on a pu parler plutôt de pentades (groupes de 5 livres), ou de pentékaidécades (groupes de 15 livres). En réalité, l'œuvre de Tite-Live doit être considérée dans son ensemble et lue comme une *oratio continua* ; elle raconte une histoire, celle de Rome, sans la moindre interruption et la pérennité de la grandeur romaine importe plus que les soubresauts de l'histoire. On peut même aller jusqu'à dire que Tite-Live cherche assez souvent à dissimuler les divisions. C'est ainsi que le début des livres correspond très rarement au début d'une année (au contraire de qui se passe chez Polybe ou chez Appien). La présence d'importantes préfaces intermédiaires (au début des livres 2, 6, 21, 41) montre que les paliers ne correspondent pas toujours au début des décades. Les livres 21-30 (la lutte contre Hannibal et le récit de la deuxième guerre punique) offrent sans doute la plus forte unité de toute l'œuvre. Le principe organique de l'organisation livienne réside, à l'intérieur même des livres, dans la succession de temps forts et de temps faibles. Par exemple, au livre 39, le point fort, autour duquel s'organise le reste de la matière historique, est incontestablement le récit dramatisé de l'affaire des Bacchanales aux chapitres 8-19.

Plus Tite-Live avançait dans son œuvre, plus son récit devenait détaillé. C'est ainsi qu'en 31, 1, 3, Tite-Live s'étonne d'avoir consacré 15 livres aux deux premières guerres puniques (qui se sont étendues sur 63 ans, de 264 à 201), soit autant qu'aux 488 années (de 753 à 264) couvertes par les 15 premiers livres. Son effroi n'est pas feint : « Pourtant, lorsque je pense que soixante-trois années (car c'est là le temps écoulé depuis la première guerre punique jusqu'à la fin de la seconde) ont rempli autant de livres que les quatre cent quatre-vingt-huit années écoulées depuis la fondation de Rome jusqu'au consulat d'Ap. Claudius, qui commença la guerre contre les Carthaginois, mon esprit s'effraie de l'avenir : je suis comme un homme qui, des bas-fonds voisins du rivage, descendrait à pied dans la mer ; plus j'avance, plus je vois s'ouvrir devant moi de vastes profondeurs et comme un abîme sans fond ; il semble que ma tâche s'agrandisse au lieu d'avancer vers sa fin, comme je le croyais, à mesure que j'en achevais les premières parties ».

LES SOURCES DE TITE-LIVE
ET L'ART DE LA DÉFORMATION HISTORIQUE

LES SOURCES

Comme tout historien ancien, Tite-Live a repris et mis en forme un certain nombre de récits antérieurs, notamment ceux des annalistes. Il cite 34 fois Valérius Antias, 12 fois Claudius Quadrigarius, 11 fois Caelius Antipater, 6 fois Fabius Pictor. Mais la perte des œuvres de ces auteurs – en dehors d'assez maigres fragments – ne permet pas de comparer le récit livien avec celui de ses prédécesseurs. Il est très probable, en outre, qu'il ne cite pas toutes les sources qu'il utilise et que, lorsqu'il cite tel ou tel nom c'est davantage pour invoquer une « autorité » que par honnêteté intellectuelle. On sait bien que les historiens anciens ne nomment généralement pas la source principale qu'ils suivent souvent assez servilement. Dans la troisième décade, Tite-Live a largement utilisé Polybe – sans doute de manière indirecte, c'est-à-dire en reprenant chez les annalistes latins des informations qui remontaient à l'historien grec. Pour savoir précisément ce que Tite-Live doit à ses devanciers, Polybe en particulier, on se reportera aux très rigoureux et très utiles tableaux comparatifs établis par Paul Jal dans les introductions des différents volumes de la troisième décade qu'il a édités.

LA DÉFORMATION HISTORIQUE
AU SERVICE D'UN PROGRAMME NATIONAL

Mais Tite-Live oriente ses sources et les déforme afin de grandir les mérites de ses *duces* préférés, de chanter la gloire de la Rome éternelle ou encore de faire la promotion de certaines des vertus qui figuraient au cœur de la propagande augustéenne. Parmi ces valeurs, il faut retenir la *concordia*, qui unit les Romains (cf. la figure d'Auguste présenté comme celui qui restaura la paix civile après les guerres civiles de la fin du Ier siècle) ; la *moderatio* (c'est-à-dire la maîtrise de soi) ; la *prudentia*, celle de Fabius Cunctator, aux antipodes de la légèreté ; la *iustitia* (Numa) ; la *clementia*, nouveau concept inauguré par César et Auguste ; la *pudicitia*, valeur des matrones romaines Lucrèce et Virginie (et Chiomara : cf. 38, 24) ; le courage viril, *uirtus* ; la simplicité de vie, *frugalitas* ; la dignité, vertu sénatoriale, *dignitas* ; la *grauitas*, sens du sérieux qui fait de son titulaire un modèle dont le « poids » politique compte ; le *certamen*, rivalité bénéfique née du désir de servir l'État (une bataille comme Zama est *supremum certamen*, pour trancher qui donnera des lois aux peuples) ; *pietas*, respect des dieux et de la place qu'ils ont donnée à chacun sur terre ; la *fides*, la loyauté à l'égard des autres, des étrangers, du destin. Ce sont ces vertus qui ont fait Rome ; quand elles ont disparu, Rome est entrée en décadence. La vision de Tite-Live est donc « romanocentriste ». Le sujet de son épopée est la grandeur de Rome (*res populi Romani, praef.* 1).

La grandeur de Rome est en effet le sujet central de l'œuvre de Tite-Live. Il faut lire et relire la grande préface générale de l'*Ab Vrbe condita* dont voici un extrait significatif :

Ad illa mihi pro se quisque acriter intendat animum, quae uita, qui mores fuerint, per quos uiros quibusque artibus domi militiaeque et partum et auctum imperium sit ; labente deinde paulatim disciplina uelut desidentis primo mores sequatur animo, deinde ut magis magisque lapsi sint, tum ire coeperint praecipites, donec ad haec tempora quibus nec uitia nostra nec remedia pati possumus peruentum est. Hoc illud est praecipue in cognitione rerum salubre ac frugiferum, omnis te exempli documenta in inlustri posita monumento intueri ; inde tibi tuaeque rei publicae quod imitere capias, inde foedum inceptu foedum exitu quod uites. Ceterum aut me amor negotii suscepti fallit, aut nulla unquam res publica nec maior nec sanctior nec bonis exemplis ditior fuit, nec in quam ciuitatem tam serae auaritia luxuriaque immigrauerint, nec ubi tantus ac tam diu paupertati ac parsimoniae honos fuerit.

« Ce qu'il faut, selon moi, étudier avec toute l'ardeur et l'attention dont on est capable, c'est la vie et les mœurs d'autrefois, ce sont les grands hommes et la politique, intérieure et extérieure, qui ont créé et agrandi l'empire. Puis, avec le relâchement insensible de la discipline, on suivra par la pensée d'abord une sorte de fléchissement des mœurs, puis un affaissement progressif et enfin un mouvement d'effondrement rapide, jusqu'à nos jours, où la corruption et ses remèdes nous sont également intolérables. Ce que l'histoire offre surtout de salutaire et de fécond, ce sont les exemples instructifs de toute espèce qu'on découvre à la lumière de l'ouvrage : on y trouve pour son bien et celui de son pays des modèles à suivre ; on y trouve des actions honteuses tant par leurs causes que par leurs conséquences, et qu'il faut éviter. Au reste, si ma passion pour mon entreprise ne m'abuse, jamais État ne fut plus grand, plus pur, plus riche en bons exemples ; jamais peuple ne fut aussi longtemps inaccessible à la cupidité et au luxe et ne garda aussi profondément ni aussi longtemps le culte de la pauvreté et de l'économie. »

Praef. 9-11 (trad. G. Baillet, CUF)

L'histoire se doit d'être exemplaire et nationale. La décadence des mœurs dont parle ici Tite-Live est celle qui a suivi les conquêtes romaines en Orient, après la fin de la seconde guerre punique et dont l'historien rappelle les conséquences funestes dans la préface du livre 39.

On lit encore dans la préface cet aveu sans fard, *Praef.* 3 : *iuuabit tamen rerum gestarum memoriae principis terrarum populi pro uirili parte et ipsum contulisse* : « Je serai heureux cependant d'avoir, moi aussi, contribué de mon mieux à rappeler les hauts faits du premier peuple du monde ». Même Hannibal, franchissant les Alpes, exhorte ses soldats à ne pas se laisser éblouir par l'éclat du nom romain (21, 43, 12). Le long combat plèbe/patriciat aurait contribué à forger la conscience du *princeps populus* et sa longue lutte victorieuse contre Carthage est la preuve de la supériorité militaire et morale du Peuple romain que Tite-Live appelle *praeualens populus* (*praef.* 4). S'il glorifie en particulier la Rome primitive, c'est parce qu'il y trouvait résumées les raisons essentielles des succès à venir. Léon Catin, *En lisant Tite-Live*, écrivait : « L'histoire de Romulus est un microcosme de l'histoire de Rome ». Tite-Live y voyait son thème central, la croissance de Rome et la genèse graduelle de ses institutions (cf. 1, 8 en particulier). Comme Polybe, Tite-Live proclame légitime l'impérialisme romain. À la différence d'un Trogue-Pompée par exemple (*Histoires Philippiques*), il ne s'intéresse d'ailleurs aux peuples étrangers que dans la mesure où ils rencontrent l'histoire de Rome. Si Tite-Live critique certains romains, il ne critique jamais le *princeps populus* (*praef.* 3).

Mais la réalisation de ce programme national ne va pas, on l'a dit, sans déformation historique. L'éclatante carrière de Coriolan est en grande partie inventée par Tite-Live. Quand Tite-Live se rencontre avec Polybe, les écarts sont souvent plus significatifs que les points communs (voir mon étude sur le viol de Chiomara, Tite-Live 38, 24). Scipion l'Africain se trouve ainsi beaucoup plus marqué par la *pietas* que dans les sources antérieures, meilleur soldat aussi, stratège plus impitoyable. Tite-Live triche parfois sciemment sur la chronologie et modifie la date du siège de Sagonte (219 selon Valérius Antias), le place en 218 pour justifier l'incapacité des romains à secourir cette cité alliée. Hannibal est présenté comme un chef haineux (voir le serment qu'il prononce à l'âge de huit ans, au début du livre 21), impérialiste, par le moyen des discours qui lui sont prêtés. Mais c'est un grand chef qu'admire Scipion et dont la forte personnalité – la seule à avoir jamais fait douter Rome – traverse presque deux décades entières : apparu au livre 21, Hannibal ne disparaît qu'au livre 39, après avoir fait face courageusement à la mort et victime de la traîtrise de son hôte Prusias. La célébration du génie d'Hannibal ne sert au fond qu'à grossir le mérite romain, selon un principe que Jules César avait déjà brillamment mis en œuvre dans les *Commentaires* (Tite-Live avait très certainement lu l'œuvre de César). Le récit de la bataille de Zama (30, 32-35) est évidemment suspect. Il suffit de citer les nombres avancés par Tite-Live pour s'en convaincre : 20 000 morts et 20 000 prisonniers carthaginois, contre 1500 morts romains... De pareils écarts peuvent-ils avoir une autre origine que le souci de Tite-Live de prouver la supériorité romaine ? Michel Rambaud, spécialiste de César, avait appliqué ses méthodes d'enquête fort éclairantes au récit de la bataille du Tessin (voir son article cité dans la bibliographie : « Exemples de la déformation historique chez Tite-Live : le Tessin, la Trébie, Trasimène »). Ses conclusions étaient nettes : l'art de la déformation historique n'est pas moins bien manié par Tite-Live que par César. Tite-Live trouve des excuses et des motifs d'atténuation des défaites romaines, par exemple au cours de la bataille du Tessin (21, 40-46), au début de la seconde guerre punique, de la bataille de la Trébie (21, 53-57), ou encore de celle de Trasimène (22, 3-7). Tite-Live s'ingénie à proposer au lecteur des éléments qui atténuent la sévérité de la défaite : aristies de quelques groupes isolés faisant oublier la déroute (par exemple l'exploit de quelques cavaliers qui se retirent du champ de bataille en faisant de leurs corps un rempart au consul blessé : 21, 46, 9). Les fautes tactiques des Romains sont tues ; la responsabilité de Scipion, père de l'Africain, dans la défaite contre Hannibal est minimisée ; le rôle du jeune Scipion, qui sert sous son père et accomplit un exploit qui permet de sauver ce dernier, blessé, est grandi au détriment de la vérité historique telle que les autres sources permettent de l'établir. La perspective nationale prévaut et l'histoire qu'écrit Tite-Live est avant tout une histoire patriotique et édifiante. Au fond, la conception historiographique de Tite-Live est celle-là même qu'avait exposée Cicéron : *historia ornata* ou encore *opus maxime oratorium*. La vérité ou l'objectivité historique comptent en fait moins que la sincérité et la loyauté, adaptées aux nécessités du récit qui se veut moralisateur, instructif (rôle des *exempla* : cf. *supra praef.* 9-11) et séduisant.

L'ART DE L'ÉCRITURE

L'œuvre de Tite-Live est émaillée de nombreux tableaux dont la mise en œuvre littéraire est absolument exceptionnelle et qui ont fait de l'*Ab Vrbe condita* une carrière de choix pour les fabricants d'anthologie, dont faisait déjà partie Pline le Jeune au IIe siècle de notre ère. Parmi ces tableaux fameux on peut citer le duel entre les Horaces et les Curiaces (1, 24-25) ; la légende de Coriolan (2, 40) ; la prise de Rome par les Gaulois (5, 38-40) ; les Fourches Caudines (9, 1-7) ; la bataille de Trasimène (22, 3-8) ; la bataille de Cannes (22, 12-16) ; la bataille du Métaure (27, 47-49) ; la bataille de Zama (30, 32-35) ; la mort d'Hannibal (39, 50-52).

On sait bien que pour Quintilien l'histoire était le genre littéraire le plus proche de la poésie (*historia proxima poetis*). Ainsi l'œuvre de Tite-Live devient-elle parfois épopée en prose, c'est-à-dire, pour nous en tenir à une définition simplifiée mais suggestive, récit des exploits d'un héros qui sont constitutifs d'une identité nationale. Tite-Live invoque, tout en affirmant que ce n'est pas la tradition en histoire, les dieux et les déesses à la fin de sa *Préface*. Son style, la dramatisation, les ressorts psychologiques, le gigantisme de certaines batailles au cours des guerres puniques notamment, confirment le goût de Tite-Live pour une approche poétique de l'histoire. Parmi ces épisodes qui atteignent une dimension épique on peut citer l'apothéose de Romulus (1, 16), le passage des Alpes par Hannibal (21, 32-38) ou encore le départ de Scipion pour l'Afrique (29, 26-28). Ce souffle épique flotte encore sur la geste de Camille, présenté comme un nouvel Achille (livre 5) et le siège de Véies, qui dure dix ans, fait immanquablement songer au siège de Troie (5, 1-8).

Tite-Live affectionne les tableaux de foule, dans lesquels défilent de nombreux figurants, et les scènes de bataille sont des moments privilégiés pour mettre en scène héros, angoisses, pleurs et triomphes. Le commentaire de ces tableaux s'attachera toujours à mettre en évidence l'art de la dramatisation, qui, grâce aux ressources de l'*exornatio*, cherche à émouvoir et convaincre l'auditeur ou le lecteur. La leçon du texte ne réside ainsi jamais dans des commentaires personnels de l'historien, qui s'en abstient la plupart du temps, mais dans la structure du récit et l'art de la composition, au sens pictural du terme. Les ressorts psychologiques sont mis au service de cette même dramatisation : les combattants ont des doutes, des peurs, des espoirs, des euphories.

La construction des épisodes accentue les effets recherchés. Au livre 21 Tite-Live livre la clef de sa façon de faire. Le choc entre Rome et Carthage vaut d'être exemplaire parce que, d'une part, il mit aux prises les deux cités les plus puissantes du moment et parce que, d'autre part, le vainqueur final (Rome, à Zama, en 202) faillit être le perdant (à Cannes, en 216) :

> *Nam neque ualidiores opibus ullae inter se ciuitates gentesque contulerunt arma neque his ipsis tantum unquam uirium aut roboris fuit ; et haud ignotas belli artes inter sese sed expertas primo Punico conferebant bello, et adeo uaria fortuna belli ancepsque Mars fuit ut propius periculum fuerint qui uicerunt.*

« Il n'y eut pas, en effet, pour prendre les armes les unes contre les autres, de cités ou de nations que leurs ressources rendirent plus puissantes, et elles n'eurent jamais elles-mêmes autant de force ou de vigueur ; en outre, aucune n'ignorait les moyens militaires de l'autre, mais c'est après les avoir expérimentés pendant la première guerre punique qu'elles se mesuraient ; d'autre part, la fortune de la guerre fut si changeante et Mars si incertain que ce furent ceux qui virent de plus près le péril qui furent vainqueurs. »

Tite-Live 21, 1, 2 (trad. P. Jal, CUF)

Parmi les procédés formels de dramatisation, il faut encore compter les discours. Il s'en trouvait plusieurs centaines dans l'œuvre de Tite-Live. Jean-François La Harpe, à la fin du XVIIIe siècle, croyait encore à l'authenticité de ces harangues : « On peut donc croire que les grands hommes que Tite-Live et Salluste font parler dans leurs histoires ont souvent puisé dans leur âme d'aussi beaux traits que ceux que leur attribue l'historien et ont dû même produire de plus grands effets de vive voix qu'ils n'en ont produits sur le papier » (*Lycée ou Cours de Littérature Ancienne et Moderne,* Paris, 1821, vol. 4 , p. 30-31). Mais il n'en est plus de même aujourd'hui. Ces discours sont naturellement tous apocryphes et inventés par l'historien. Même s'il y a moins de discours chez Tite-Live que chez Thucydide ou chez Salluste, ils sont toujours des moments forts en raison de la qualité de la mise en forme. On a pu écrire que si deux discours, l'un au style direct, l'autre au style indirect, s'opposaient, la préférence de Tite-Live allait à celui qui parle au style direct : c'est une simplification un peu rapide, même s'il est vrai que les tribuns de la plèbe s'expriment plus souvent au style indirect, les patriciens au style direct. Les discours sont un des outils de dramatisation du récit et il ne faut jamais les en disjoindre car ils éclairent les motivations, illustrent le statut, la fonction, les sentiments des personnages. Comme au théâtre, un discours vaut un portrait psychologique et l'explication d'un tel morceau doit tenir compte de ce que Tite-Live veut révéler du personnage à travers les propos qu'il tient. Les discours ont aussi une efficacité sur les auditeurs, soldats, peuples ou assemblées. Les discours avant une mort (par exemple celle d'Hannibal au livre 39) font un bilan : l'attitude face à la mort révèle une personnalité ; le discours signifie. Ils sont plus ou moins longs. Le plus bref de l'œuvre est sans doute celui de Cicéron mourant : *moriar in patria saepe seruata* : « Je vais mourir dans la patrie que j'ai souvent sauvée ». On relèvera ici le pathétique de l'expression, la concision des propos, mais l'amplification rhétorique qui dénote la mégalomanie de Cicéron en même temps que la toute relative admiration de Tite-Live pour l'orateur dont il ne pouvait dire beaucoup de bien en raison de la haine d'Auguste pour son ancien adversaire politique. On lira avec intérêt le discours fameux de Caton (34, 2-4) ou encore celui de Paul-Émile (45, 41-42). Le discours supplée l'absence du portrait ; les personnages se constituent par touches, à travers leurs actes, leurs dires, et la fidélité, ou non, des premiers aux seconds. Le portrait d'Hannibal, commencé en 21, 4, s'achève à sa mort en 39, 50-52 : son portrait est donc dynamique ; on ne peut juger un personnage (ou un homme, pensaient les philosophes) que lorsqu'il a accompli la totalité de son parcours (cf. le portrait de Caton en 39, 40).

Il est difficile, pour finir, de caractériser le style de Tite-Live. Ce qui frappe le lecteur (les analyses les plus suggestives à cet égard sont dans L. Catin) c'est l'alternance savante des tons et des registres : souvent simplement précise et factuelle, l'écriture de Tite-Live passe du dramatique à l'épique et au lyrisme avec facilité. Le pittoresque, voire le romanesque, se mêle ailleurs au simple compte rendu. Quintilien compare son style à celui d'Hérodote et évoque une *lactea ubertas*, « un gonflement laiteux », ce qui ne signifie rien pour nous sinon que Tite-Live s'opposait absolument du point de vue du style à la brièveté d'un Salluste. Il y a chez Tite-Live de nombreuses métaphores, antithèses, allitérations (cf. par exemple *mixto mulierum ac puerorum ploratu* en 5, 21, 10). Les énumérations et les anaphores contribuent à une fréquente amplification rhétorique. Mais attention aux jugements trop rapides car Tite-Live sait être bref et a compris que la sobriété convient aux moments les plus forts (par exemple dans le récit de la mort de Lucrèce au livre 1 : *conclamat uir paterque* ; dans celui de la charge victorieuse de la cavalerie à Zama ; dans celui de la mort d'Hannibal). La phrase narrative livienne est très différente de la période cicéronienne : l'historien aligne deux ou trois groupes à fonction circonstancielle qui correspondent au cheminement de l'action, puis propose une conclusion rapide dans la principale. Tite-Live privilégie en effet les subordonnées conditionnelles, d'où une phrase souvent complexe et une réelle difficulté à traduire Tite-Live. Le Padouan évite en effet la *concinnitas* (la symétrie) cicéronienne et privilégie l'asymétrie. On relèvera la présence de *sententiae* et de clausules, souvent dans les moments les plus dramatiques. Tite-Live utilise parfois des mots rares ou poétiques (recherche d'effets épiques). Par exemple *tempestas* pour *tempus* est un archaïsme. Tite-Live introduit, sous l'influence de Virgile, des tours poétiques : *saeuio* = sévir ; *Achiui* = les Grecs ; il affectionne le singulier collectif : *miles* = *milites*, *Romanus* = *Romani*. Cette écriture, au demeurant classique, abondante, parfois redondante, s'adapte au projet de brosser une fresque digne des exploits de Rome. On sait au demeurant relativement peu de chose sur le lexique de Tite-Live et on retiendra la leçon de prudence donnée par P. Jal (Introduction au livre 27, CUF, p. LVI) qui remarque que chaque livre de l'historien apporte son lot de mots nouveaux (13 pour le seul livre 27), jamais utilisés ailleurs dans l'œuvre.

Le succès de Tite-Live a été grand de son vivant. Il a toujours été classé parmi les grands historiens de Rome par les anciens eux-mêmes et figure dans le quadrige des plus grands (Salluste, Tacite, Ammien Marcellin et Trogue-Pompée). L'œuvre de Tite-Live a servi de base à de nombreuses compilations ou *breuiaria* postérieurs : les recueils d'*exempla* de Valère-Maxime, de prodiges de Julius Obsequens et les abrégés divers (Florus ; *Periochae* ; Eutrope ; Orose) et même au *De Viris Illustribus* de Lhomond (1779), en usage dans les classes jusqu'en 1950 et encore cité dans les *Programmes et Instructions Officiels* de 1995 pour l'enseignement du français…

UN EXEMPLE DE COMPOSITION SAVANTE : LA BATAILLE DU MÉTAURE (27, 44-51)

La fin du livre 27 raconte, depuis le chapitre 43 jusqu'à sa fin au chapitre 51, la victoire romaine du Métaure, qui forme comme le dénouement de l'année 207. Quelle est la situation à la veille de cette bataille décisive de la deuxième guerre punique ? Deux nouveaux consuls ont été élus à la fin de l'année 208 pour l'année 207 : cf. 27, 34. Il s'agit de C. Claudius Néron et de M. Livius Salinator. Le premier est un patricien, le second un plébéien. Claudius Néron est un caractère vif (*promptior*) et impulsif (*acrior*).

Le second est un aigri qui refuse tout d'abord la charge qu'on lui propose (27, 34, 12) parce que, consul en 219, il avait été condamné à sa sortie de charge pour avoir partagé le butin de manière inéquitable (Frontin, *Strat.* 4, 1, 45). Il gardait de cet outrage une rancune tenace. En outre, les deux hommes ne s'aiment pas. M. Livius est à la tête d'une armée chargée de contenir Hasdrubal au nord de l'Italie avec le préteur Porcius Licinus ; Claudius Néron commande au sud une armée chargée de contenir Hannibal. L'objectif assigné aux deux consuls est d'empêcher la jonction entre les deux fils d'Hamilcar, Hasdrubal et Hannibal.

Du côté des Carthaginois, la situation est la suivante : Hasdrubal a quitté l'Espagne après la bataille de Baecula, traversé la Gaule et les Alpes et s'est installé au nord de l'Italie. Au début du chapitre 43 il vient d'abandonner le siège de Plaisance (Placentia), sur le Pô, et traverse l'Émilie pour atteindre l'Adriatique. Hannibal, quant à lui, avec une deuxième armée punique, se trouve en Italie du sud, du côté de Métaponte. C'est à ce moment qu'un courrier envoyé par Hasdrubal à Hannibal est intercepté par des fourrageurs romains (27, 43, 2). Cette lettre apprend au consul Néron les plans des deux frères et lui permet d'échafauder une stratégie audacieuse.

Il décide en effet de laisser son lieutenant Curtius occuper Hannibal et de se porter avec l'élite de ses troupes au secours de M. Livius au nord. Avec 6 000 fantassins et 1 000 cavaliers il traverse l'Italie du sud au nord à marches forcées, ne révélant son objectif que lorsqu'il se fut suffisamment éloigné. En six jours il franchit les 400 kilomètres qui le séparaient de Sena Gallica (27, 43), où se trouve l'autre consul, Livius. Claudius entre de nuit dans le camp de Livius et interdit que la moindre trace matérielle indique la présence d'un renfort (27, 46). Livius convainc son collègue de profiter alors de l'effet de surprise pour attaquer Hasdrubal qui comprend à certains indices (les deux sonneries de trompette : 27, 47, 5) que deux armées se trouvaient réunies dans le camp de Livius, mais il est bien tard pour les Carthaginois. Hasdrubal tente de fuir au-delà du Métaure, mais il est poursuivi par la cavalerie de Néron, les troupes légères de Porcius et bientôt rejoint par toute l'armée romaine. Il tente alors de se fortifier sur une colline abrupte, n'en a pas le temps et est contraint à la bataille. Voyant que ses alliés gaulois sont massacrés, il donne l'ordre aux cornacs d'abattre les éléphants (27, 49, 1), se lance à cheval au milieu des Romains et meurt courageusement (27, 49, 4).

ENTRE ANGOISSE ET ALLÉGRESSE

La vaste fresque de la bataille du Métaure obéit à une composition savante visant à la plus grande dramatisation possible du récit. En réalité, le récit de l'engagement à proprement parler est réduit à très peu de chose. La bataille ne commence pas encore lorsque le signal du combat est donné en 27, 46, 11 : *consilio dimisso signum pugnae proponitur confestimque in aciem procedunt* ; « Le conseil renvoyé, le signal du combat est arboré et on s'avance aussitôt pour se mettre en ligne ». En effet, la bataille du Métaure est sans cesse retardée : Tite-Live avait déjà pris soin d'en différer le récit à l'extrême fin du livre 27 alors que le lecteur sait bien avant que l'affrontement est inévitable puisque Hasdrubal a quitté l'Italie depuis fort longtemps (son objectif est annoncé dès le chapitre 20 du livre 27). Alors même que le signal de combattre est donné par les Romains, l'affrontement est éludé par Hasdrubal qui décide, après avoir compris le piège dans lequel il est tombé, de donner l'ordre de la retraite : *his anxius curis, exstinctis ignibus, uigilia prima dato signo ut taciti uasa conligernet, signa ferri iussit* ; « Tourmenté par ses soucis, il fit, la première veille, tous feux éteints, rassembler les bagages en silence et donna l'ordre du départ » (27, 47, 8).

L'engagement ne débute donc véritablement qu'en 27, 48, 1 et s'achève en 27, 49, 4 avec la mort d'Hasdrubal : *pugnans cecidit*, « il tomba en combattant » ; le tout occupe un peu plus de deux pages dans l'édition de la CUF, soit un total bien faible par rapport aux 13 pages du corpus analysé ici et encore aurait-on pu faire commencer le récit final de la bataille du Métaure plus haut, dès le chapitre 43. Tout cela démontre que dans la composition de Tite-Live, le récit de la bataille elle-même n'est pas l'essentiel, qui se trouve ailleurs.

Ce qui compte en effet dans la composition de notre passage, ce sont les pages qui encadrent l'engagement militaire central et qui peignent deux sentiments forts : l'angoisse et l'allégresse. La bataille du Métaure n'est rien en comparaison de l'angoisse qui étreint les Romains à l'annonce de l'arrivée d'Hasdrubal en Italie. La situation est identique à celle que Rome avait connue quelques années plus tôt, au début de la seconde guerre punique, lors de l'arrivée d'Hannibal, victorieux à Trasimène et à la Trébie, aux portes de Rome : *Romae haud minus terroris ac tumultus erat quam fuerat quadriennio ante cum castra Punica obiecta Romanis moenibus portisque fuerant* ; « À Rome, la peur et l'agitation n'étaient pas moindres que quatre ans auparavant, quand le camp carthaginois était placé en face des remparts et des portes de Rome » (27, 44, 1). Le souvenir d'Hannibal *ad portas* hante les mémoires : *curae hominum recordantium quas primus aduentus Hannibalis intulisset Italiae clades* ; « Les angoisses des gens qui se rappelaient les désastres qu'avait provoqués, au début, en Italie, l'arrivée d'Hannibal » (27, 40, 1).

Les nombreux prodiges regroupés par Tite-Live aux chapitres 9, 23 et surtout 37 (pluie de pierres ; foudre ; ruisseau de sang ; sentinelle dépecée par un loup ; naissance d'un bébé qui avait la taille d'un enfant de quatre ans et en outre de sexe indéterminé) ont alourdi l'atmosphère de malheur qui pèse à Rome avant la bataille. Tout est fait pour préparer le coup de théâtre de la victoire surprise du Métaure et accentuer le contraste avec la joie finale.

Les motifs de crainte sont exposés une première fois au style indirect : déjà au chapitre 40, ces craintes redoublent en raison du départ des deux consuls dans deux directions différentes : *consules diuersis itineribus profecti ab urbe uelut in duo pariter bella distenderant curas hominum* ; « Le départ des consuls quittant la Ville dans des directions opposées, comme pour aller faire deux guerres en même temps, avait eu pour effet de dédoubler l'inquiétude des gens » (27, 40, 1). Le chapitre 44 dans son ensemble, à l'exception de la phrase de conclusion qui appartient à Tite-Live, relève du discours indirect et aligne les motifs de crainte qu'ont les Romains. Cette dernière phrase introduit comme un correctif rationnel à la perception tout intérieure que l'opinion a de la situation : *omnia maiora etiam uero praesidia hostium, minora, metu interprete semper in deteriora inlcinato, ducebant* ; « Ils grossissaient toutes les forces de l'ennemi, minoraient les leurs, la crainte faisant toujours, quand on la prend pour interprète, pencher vers le pire » (27, 44, 10). Grâce à l'habileté avec laquelle l'historiographe utilise l'*oratio obliqua*, nous pénétrons les consciences et vivons de l'intérieur les angoisses de tout un peuple.

Le discours de Néron à ses troupes vient alors apporter des raisons d'espérer, mais la solennité des propos du consul ne dissipe pas le climat pesant installé par les chapitres précédents. Néron dramatise à sa manière la situation en soulignant l'accueil fait par la population au passage de l'armée : *in illorum armis dextrisque suam liberorumque suorum salutem ac libertatem repositam esse* ; « C'est dans leurs armes et dans leurs bras qu'avaient été placés, disaient-ils, leur salut et leur liberté à eux et à leurs enfants » (27, 45, 7). Le sort de Rome se joue au Métaure et l'invocation faite aux dieux par la foule ne dissipe par les craintes (*solliciti*, 27, 45, 9).

La bataille est encore retardée par le conseil de guerre qui se tient en 27, 46, 5-12 et par la nécessité que doit affronter Néron de convaincre l'autre consul et Porcius d'engager le combat. Tite-Live montre un Néron insistant sur l'opportunité favorable qui se présente et sur le fait que l'effet de surprise impose une action immédiate (27, 46, 9). Le lecteur éprouve alors l'angoisse que les tergiversations de Livius ne viennent tout gâcher ; ce conseil de guerre, outre qu'il joue le rôle de retard dans l'approche du dénouement, sert également à accentuer l'impatience anxieuse du lecteur.

À la lenteur de l'approche de la bataille s'oppose à présent la rapidité du dénouement qui permet l'explosion de joie de la population placée sur le chemin du consul vainqueur : *iter eius frequentia minore – nemo enim praecesserat nuntius – laetitia uero tanta uix ut compotes mentium prae gaudio essent celebratum* ; « Sur sa route, il fut accueilli par moins de monde, parce qu'aucun messager ne l'avait précédé, mais l'allégresse était si grande que les gens déliraient presque de joie » (27, 50, 2). Cette phrase sert de transition à la description de ce qui se passe à Rome, mais là l'économie des moyens est totale ; Tite-Live refuse la description et préfère développer une antithèse qui donne la clef de la composition du récit des chapitres 44-51 : la joie est à la hauteur de l'angoisse qui a précédé (27, 50, 3 : *Nam Romae neuter animi habitus satis dici enarrarique potest, nec quo incerta exspectatione euentus ciuitas fuerit nec quo uictoriae famam acceperit* ; « Quant à Rome, il est, naturellement, impossible de dire et de décrire l'état des esprits, ni quand la cité attendait dans l'incertitude le résultat, ni quand elle apprit la nouvelle de la victoire »).

Il faut encore, pour rassurer définitivement la population romaine, l'arrivée d'une lettre de L. Manlius Acidinus annonçant la bonne nouvelle (27, 50, 8) et confirmant ce que deux cavaliers de Narnia avaient déjà annoncé. Le peuple de Rome croit avec peine en son bonheur, malgré une lecture publique de la lettre (27, 50, 11) et c'est seulement au chapitre 51, qui clôt en beauté le livre 27, que la joie des Romains éclate enfin sans restriction. Il faut en effet comprendre que Rome n'est plus vainqueur depuis des années, que la Trébie, Trasimène et surtout Cannes sont dans toutes les mémoires : Rome n'ose croire en son succès et c'est cette blessure morale profonde que Tite-Live décrit indirectement en mettant admirablement en scène la lenteur de la prise de conscience d'une victoire que l'on n'attendait plus. Douze années de revers sont alors effacées par une victoire qui va changer le cours non seulement de la seconde guerre punique mais encore le destin d'un peuple : huit chapitres étaient effectivement indispensables pour bâtir dans une gradation savamment ménagée le contraste entre une Rome abîmée dans le doute et une cité qui retrouve avec l'espoir le goût de vivre.

L'ÉLOGE DE CAIUS CLAUDIUS NÉRON

Le consul Claudius Néron est présenté par Tite-Live comme le principal acteur de la victoire romaine du Métaure. À son crédit l'historien porte tout d'abord l'audace d'un plan qui déconcerte l'opinion romaine : *neque satis constabat animis tam audax iter consulis laudarent uiruperarentne* ; « Pas davantage les gens ne savaient vraiment s'ils devaient louer ou blâmer la marche si audacieuse du consul » (27, 44, 1). Tite-Live met tout en œuvre pour présenter la ruse du consul (cf. 27, 44, 2 : un faux départ en direction de la Lucanie alors qu'en réalité il remonte vers le nord en direction du Picénum) comme un pari risqué afin de grandir les mérites de celui dont il a décidé qu'il serait le héros de la seconde partie du livre 27. En réalité, les risques n'étaient pas aussi grands que Tite-Live veut bien le dire.

En effet, contrairement à ce qu'affirme Tite-Live (27, 44, 2 : *castra prope Hannibalem hostem relicta sine duce cum exercitu cui detractum foret omne quod roboris, quod floris fuerit* ; « Avoir laissé son camp près d'un ennemi comme Hannibal, sans général, avec une armée à laquelle on avait ôté tout ce qui faisait sa force, ce qui constituait ses meilleurs éléments » ; 27, 44, 3 : *castra reliquentem nulla alia re tutiora quam errore hostis qui ducem inde atque exercitus partem abisse ignoraret* ; « En abandonnant son camp avec, pour toute protection, l'erreur d'un ennemi ignorant que le général et une partie de son armée en étaient partis ! ») Néron n'avait pas dégarni son camp puisque le texte nous apprend qu'il avait laissé sur place une force importante (plus de 30 000 hommes : cf. 27, 40, 14).

Les craintes exprimées sur les chances de succès de Néron n'apparaissent donc que comme des exagérations rhétoriques destinées d'une part à accentuer le climat général d'angoisse des pages qui précèdent la bataille et d'autre part à grandir les mérites du général dans le succès à venir. Il est également faux d'affirmer que les hommes demeurés au camp en face d'Hannibal sont « sans forces, sans *imperium*, sans auspices » (27, 44, 4 : *sine uiribus, sine imperio, sine auspicio*) puisque toutes ces attributions ont nécessairement été transmises au légat de Néron resté sur place, Q. Catius.

Le naïf Néron berné par Hasdrubal Barca quatre ans plus tôt, en 211 (le récit des faits figure en Tite-Live 26, 17, 1-16), et abusé par de fausses conditions de paix (27, 44, 9), est aujourd'hui réhabilité et présenté comme un chef déterminé et efficace. C'est le sens de la harangue habile et convaincante qu'il tient à ses soldats. Ce passage est au style indirect (27, 45, 1-9) mais constitue un éloge assez explicite de Néron ; Tite-Live invite ainsi petit à petit son lecteur à reconnaître en Néron le seul et unique vainqueur du Métaure. Son triomphe (en fait une *ouatio*, ou « petit triomphe ») sera décrit en détail au livre suivant (28, 9, 12-14 : « On disait que cet homme à cheval avait parcouru en six jours l'Italie dans toute sa longueur et qu'il avait livré une bataille rangée à Hasdrubal en Gaule le jour où Hannibal avait cru son camp installé en face du sien, en Apulie. Ainsi, un seul consul, pour défendre les deux parties de l'Italie, avait fait face à deux généraux, à deux très grands commandants en chef, ici, par son stratagème, là, par sa personne. Le nom de Néron avait suffi pour contenir Hannibal dans son camp ; quant à Hasdrubal, par quoi, sinon par l'arrivée de Néron, avait-il été écrasé et tué ? », trad. P. Jal). L'histoire retiendra son seul nom pour la postérité (cf. Horace, *Carm.* 4, 4, v. 37-40 : *Quid debeas, O Roma, Neronibus / testis Metaurum flumen et Hasdrubal / deuictus et pulcher fugatis / ille dies Latio tenebris…* ; « Ta dette, Rome, envers les Néron, le Métaure en est témoin, ainsi qu'Hasdrubal vaincu et ce beau jour où, dans le Latium, les ténèbres furent dissipées… »). Plus tard, sous l'Empire, Ampélius, auteur d'un aide-mémoire scolaire (le *Liber memorialis*), ne mentionnera même pas dans le récit du Métaure le nom de l'autre consul. C'est évidemment Tite-Live qui est, en grande partie du moins, responsable de cette mise en relief du rôle de Néron.

Lucidité et sens tactique font de Néron un général hors pair. Il prend toutes les précautions nécessaires pour ne pas donner l'éveil à Hannibal au moment de sa jonction avec les troupes de Livius (27, 46, 4-5) et interdit que l'on agrandisse le camp pour y loger ses troupes (27, 47, 3). Sa force de conviction lui permet encore de ranger à son avis le conseil de guerre qui ne lui était pourtant pas *a priori* favorable (27, 46, 5-12). Il est enfin à la tête de ses troupes, le premier à être sur place au moment de l'engagement décisif (27, 48, 1 : *Nero primum cum omni equitatu aduenit* ; « Néron fut le premier à arriver avec toute la cavalerie »). Il sait les stimuler par des paroles d'encouragement bienvenues (27, 48, 12 : *Claudius « Quid ergo praecipiti cursu tam longum iter emensi sumus ?* » ; « Claudius criant à ses soldats : "À quoi bon avoir parcouru à si vive allure une si longue route ?" »), joue de l'effet de surprise (27, 48, 14 : *et non hostibus modo sed etiam suis inopinantibus in sinistrum hostium latus incurrit* ; « Et, à la surprise des ennemis, mais aussi des siens, les lance, à gauche, sur le flanc des ennemis ») et a cette qualité primordiale pour un chef de guerre : la *celeritas* (*tantaque celeritas fuit ut cum ostendissent se ab latere mox in terga iam pugnarent* ; « Sa rapidité fut telle qu'après s'être montrés sur le flanc de l'ennemi, ses hommes combattaient déjà derrière lui »), qui déconcerte l'ennemi.

Claudius Néron a, enfin, un adversaire digne de lui. Hasdrubal ne démérite pas en effet et Tite-Live prend grand soin de consacrer au courage du général punique les lignes nécessaires. Les paragraphes 2 à 4 du chapitre 49 servent indirectement la gloire de Néron en rappelant les mérites de son adversaire : *Hasdrubal, dux cum saepe alias memorabilis tum illa praecipue pugna* ; « Hasdrubal, un général souvent digne d'être cité dans d'autres circonstances, mais particulièrement dans cette bataille ». La mort du chef adverse a toute la grandeur d'une *deuotio* à la romaine : *ne superstes tanto exercitui suum nomen secuto esset concitato equo se in cohortem Romanam immisit ; ibi, ut patre Hamilcare et Hannibale fratre dignum erat, pugnans cecidit* (27, 49, 4 : « Pour ne pas survivre à une si grande armée qu'il avait entraînée par sa renommée, il éperonna son cheval et se jeta sur une cohorte romaine. Là, comme il convenait au fils d'Hamilcar et au frère d'Hannibal, il tomba en combattant »).

Les vertus d'Hasdrubal forcent le respect et le code de l'honneur punique ne déroge pas ici aux usages proprement romains : refus du déshonneur, fidélité au nom, sens du sacrifice. Polybe (11, 12) déjà avait consacré une page à l'éloge d'Hasdrubal, mais Tite-Live renchérit encore sur sa source (directe ou indirecte) en faisant du chef vaincu un symbole : sa tête servira à C. Claudius Néron de preuve irréfutable de sa victoire : *C. Claudius consul cum in castra redisset, caput Hasdrubalis quod seruatum cum cura attulerat proici ante hostium stationes (…) iussit* (27, 51, 11 : « Une fois revenu dans son camp, le consul C. Claudius ordonna de jeter la tête d'Hasdrubal, qu'il avait rapportée et conservée avec soin, devant les avant-postes ennemis »). La cruauté de Claudius (qui contraste avec la relative générosité d'Hannibal à l'égard des cadavres de Paul-Émile, Gracchus et Marcellus : cf. 27, 28, 1-2 et la note 2 de P. Jal, p. 130, CUF) et la dimension macabre de la mise en scène, que Tite-Live accentue encore par la sécheresse sans commisération de son récit, dénoncent le soulagement d'un chef (et de l'historien) devant un dénouement heureux que personne n'osait plus espérer.

La défaite et la mort d'Hasdrubal et la victoire de Néron signifient en réalité bien plus : le cours de la seconde guerre punique s'est renversé, Rome a repris l'ascendant et la lucidité d'Hannibal est là pour en témoigner : *Hannibal tanto simul publico familiarique ictus luctu, adgnoscere se fortunam Carthaginis fertur dixisse* ; « Sous le coup d'un deuil aussi terrible, à la fois public et familial, Hannibal, à ce qu'on rapporte, dit qu'il reconnaissait la fortune de Carthage » (27, 51, 12). Le repli des forces carthaginoises dans le Bruttium et l'aveu d'impuissance de leur chef soulignent, en conclusion du livre 27, la victoire personnelle de Néron.

L'ÉLOGE DE LA SOCIÉTÉ ROMAINE

À la geste personnelle de Claudius, son sens de la stratégie et sa volonté individuelle, fait pendant la personnalité collective de Rome. La population romaine est un personnage à part entière, une collectivité soudée de laquelle – en dehors du consul qui joue le rôle principal – on ne peut extraire aucune personnalité. Tite-Live focalise son attention sur cette foule en deux moments clefs de notre passage, au début (chapitre 44) et à la fin (chapitre 50). On y parle de la Ville comme s'il s'agissait d'un être organique doté d'une conscience collective de la gravité des événements et capable de ressentir crainte, angoisse et joie. En outre le parallélisme de structure est flagrant : *Romae haud minus terroris ac tumultus erat…* (27, 44, 1 : « À Rome, la peur et l'agitation n'étaient pas moindres… ») ; *Romae neuter animi habitus satis dici enarrarique potest* (27, 50, 3 : « Quant à Rome, il est, naturellement, impossible de dire et de décrire l'état des esprits »).

Tite-Live a recours à différents procédés stylistiques pour faire de la population romaine un être unique : verbes impersonnels ou sans sujet exprimé (27, 44, 1 : *constabat* ; 27, 44, 2 : *apparebat* ; 27, 44, 9 : *adiciebant* ; 27, 44, 10 : *ducebant* ; 27, 50, 3 : *non dici enarrarique potest* ; 27, 50, 6 : *accidit* ; 27, 50, 7 : *possent* ; 27, 50, 9 : *concursum est, traheretur*) ; style indirect libre introduisant dans l'état d'esprit de ce corps qui pense à l'unisson : du paragraphe 2 du chapitre 44 (à partir de *castra prope Hannibalem…*) au paragraphe 9 inclus du même chapitre (jusqu'à *elusisset*). Le lexique même exprime l'unité et la solidarité, notamment lorsque les premières rumeurs de victoire parviennent à Rome : *omnis aetas* (27, 51, 1) ; *continens agmen* (27, 51, 2). Les distinctions d'âge, mais aussi de classe, disparaissent au profit d'une unanimité patriotique : *omnis generis hominum frequentia* (27, 51, 3) et le forum symbolique sert naturellement de cadre à l'enthousiasme qui s'exprime.

Si aucun personnage ne se dégage de la collectivité (les messagers cités en 27, 51, 3 ne sont que des porte-parole), la peinture va peu à peu, au fur et à mesure que l'ordre revient à Rome et que la société retrouve un fonctionnement normal après les premiers débordements, sur le rôle particulier de trois groupes sociaux petit à petit distingués par Tite-Live : les sénateurs, le peuple, les femmes. Les sénateurs retrouvent leur fonction principale : délibérer de la paix et de la guerre, et c'est à eux que l'on donne la primeur de la lecture de la lettre de L. Manlius Acidinus (il y a d'ailleurs là un doublon dans le récit de Tite-Live entre 27, 50, 11 et 27, 51, 5), mais il a fallu pour cela séparer la foule des sénateurs, ce qui marque un retour aux groupes sociaux organisés (à la société des « ordres ») : *cum aegre in curiam peruentum esset, multo aegrius summota turba ne patribus misceretur, litterae in senatu recitatae sunt* ; « Quand on fut parvenu difficilement jusqu'à la curie et qu'on eut, beaucoup plus difficilement, écarté la foule pour l'empêcher de se mêler aux sénateurs, on lut la lettre au Sénat » (27, 51, 5).

Si le Sénat retrouve ainsi son rôle et sa primauté, le peuple, lui, réuni en assemblée (*contio*), fait entendre sa voix collective pour approuver et manifester son adhésion : *L. Veturius litteris recitatis, ipse planius omnia quae acta erant exposuit cum ingenti adsensu, postremo etiam clamore uniuersae contionis cum uix gaudium animis caperent* (27, 51, 6). Ce qui compte ici c'est, à travers l'indication du rôle joué par chacun, l'unanimité retrouvée (*ingenti adsensu ; uniuersae contionis*). La crise est passée et la coalition des frères puniques n'est pas parvenue à lézarder l'édifice solide de la cohésion sociale romaine. Les sénateurs n'ont jamais quitté leur poste ni abandonné le Sénat et le peuple n'a jamais déserté le forum : *numquam per omnes dies ex quo Claudium consulem profectum fama attulit ab orto sole ad occidentem aut senator quisquam a curia atque a magistratibus abscessit aut populus e foro* ; « Jamais, pendant tous les jours qui suivirent l'annonce du départ du consul Claudius, on ne vit, du lever au coucher du soleil, un seul sénateur s'écarter de la curie ou des magistrats, ou le peuple du forum » (27, 50, 4).

Tite-Live célèbre le patriotisme de chacun à travers une peinture de la cohésion d'une société entière. La victoire sur Hasdrubal est aussi celle d'un modèle social, celle d'une collectivité organisée selon des « ordres » ou des fonctions que chacun respecte. Si les sénateurs illustrent la *grauitas*, les femmes, enfin, incarnent la *pietas* et leur attitude exemplaire prouve que jamais Rome n'a été abandonnée des dieux : *matronae quia nihil in ipsis opis erat in preces obtestationes uersae per omnia delubra uagae suppliciis uotisque fatigauere deos* ; « Quant aux femmes, parce qu'elles ne pouvaient, pour leur part, fournir aucune aide, s'adonnant aux prières et aux adjurations, elles erraient de sanctuaire en sanctuaire et fatiguaient les dieux de supplications et de vœux » (27, 50, 5). Après l'annonce d'une victoire certaine, les rôles, un bref moment, sont brouillés entre hommes et femmes : *supplicatio (…) celebrata a uiris feminisque est* ; « la supplication fut célébrée par les hommes et les femmes » (27, 51, 8), avant que ces dernières n'assument à nouveau leur fonction dans les temples : *cum matronae amplissima ueste cum liberis perinde ac si debellatum foret omni solutae metu deis immortalibus grates agerent* ; « Les femmes, vêtues de leurs plus beaux habits, accompagnées de leurs enfants, délivrées de toute crainte, comme si la guerre était terminée, remerciaient les dieux immortels » (27, 51, 9).

CONCLUSION

La victoire scelle le retour à l'ordre ancien des choses et l'épisode du Métaure peut se lire comme une célébration de cette renaissance *in pristinum statum rerum*. Il est hautement significatif que Tite-Live achève sa peinture d'une société qui se retrouve par la mention de la reprise des activités commerciales : *statum quoque ciuitatis ea uictoria mouit, ut iam inde haud secus quam in pace res inter se contrahere uendendo, emendo, mutuum dando argentum creditumque soluendo auderent* ; « Cette victoire modifia aussi la situation dans la cité : désormais, à partir de cette date, tout comme si l'on était en paix, les gens osaient conclure des affaires en vendant, en achetant, en prêtant de l'argent et en remboursant des prêts » (27, 51, 10). Si la victoire n'est pas encore acquise, le retour de la confiance et du crédit (ce qui est la même chose) doit ébranler l'adversaire qui ne se remettra pas du coup porté. Comme lorsque, quelques années plus tôt, en 211, des Romains avaient acheté, à un prix qui n'était pas dévalué, les terrains aux portes de Rome sur lesquels Hannibal avait établi son camp, c'est par leur sens du commerce, qui trahit une confiance inébranlable en leur (bonne) fortune et en l'avenir, que les Romains sapent le moral de leur adversaire : Hannibal reconnaît que la fortune de Carthage est vaincue (27, 51, 12 : *adgnoscere se fortunam Carthaginis fertur dixisse*).

Le récit de la bataille du Métaure réunit donc ce qui fait toute la spécificité du récit livien : une mise en scène qui vise à une dramatisation exacerbée des événements au moyen d'un art savant de la composition mise au service du pathos ; une célébration du héros de la bataille, le vainqueur d'Hasdrubal et le sauveur de Rome, C. Claudius Néron ; un éloge de la fermeté d'âme et de la piété de la population de Rome. C'est grâce à ses vertus ancestrales et à l'appui des dieux que Rome a fini par vaincre. L'idéal livien du retour à l'ordre ancien des choses, teinté de ce patriotisme dont l'historien ne se départit jamais, s'illustre à merveille dans ce qui est bien plus qu'un simple récit de bataille.

PROLONGEMENT

LA ROME DES ORIGINES :
LES SECRETS D'UNE RÉUSSITE (TITE-LIVE 1, 8)

Le désir conçu par Romulus et Rémus de fonder une ville est évoqué au chapitre 6 de l'*Histoire Romaine* de Tite-Live. Selon l'historien, les motifs qui poussent les deux frères sont doubles : une raison psychologique, l'ambition, *regni cupido* (1, 6, 4) et une raison économique, ou mieux une prescience des conditions démographiques locales, dont l'historien paraît créditer les deux frères, caractérisées par l'excès de population que connaissent Albe et le Latium (1, 6, 3 : *supererat multitudo* ; « Il y avait surpopulation[1] »).

Le chapitre 7, dans les paragraphes 4 à 15, propose le récit de la légende d'Hercule et de Cacus. La signification en est religieuse, puisqu'il est destiné à justifier l'introduction d'un culte étranger à Rome, le premier et le seul du temps de Romulus (1, 6, 15). Mais le récit est aussi celui d'un coup de force réussi car la victoire d'Hercule sur Cacus est due à la violence : *quem cum uadentem ad speluncam Cacus ui prohibere conatus esset, ictus claua fidem pastorum nequiquam inuocans morte occubuit* (1, 7, 7 : « Comme Cacus avait tenté d'interdire à Hercule l'accès à la grotte par la force, il fut frappé d'un coup de masse au moment où il invoquait en vain l'aide des bergers et il succomba »). Dans une position symétrique par rapport au chapitre 8, qui nous intéresse, vient, en 1, 9, le rapt des Sabines, autre manifestation de violence : *ad uim spectare res coepit* (1, 9, 6 : « L'affaire prit un tour violent »). Ce n'est pas un hasard si l'épisode de l'*Asylum* se

---

1. J'ai pris la responsabilité de toutes les traductions qui figurent dans cette explication.

trouve ainsi encadré par deux chapitres dans lesquels triomphe la force. L'historien ne dissimule en rien les caractères guerriers des *primordia Vrbis*, mais la composition même de la progression narrative ménage des pauses et des moments de moindre tension. Ainsi, entre deux épisodes violents, en 1, 8, 1 triomphe le droit : *<Romulus> iura dedit* (« Romulus édicta des lois »), formule dont la solennité est soulignée par la clausule, trochée et spondée.

Mais voici tout d'abord le texte :

Rebus diuinis rite perpetratis uocataque ad concilium multitudine quae coalescere in populi unius corpus nulla re praeterquam legibus poterat, iura dedit ; quae ita sancta generi hominum agresti fore ratus si se ipse uenerabilem insignibus imperii fecisset, cum cetero habitu se augustiorem, tum maxime lictoribus duodecim sumptis fecit. Alii ab numero auium quae augurio regnum portenderant eum secutum numerum putant : me haud paenitet eorum sententiae esse quibus et apparitores hoc genus ab Etruscis finitimis, unde sella curulis, unde toga praetexta sumpta est, <et> numerum quoque ipsum ductum placet, et ita habuisse Etruscos quod ex duodecim populis communiter creato rege singulos singuli populi lictores dederint.
Crescebat interim urbs munitionibus alia atque alia appetendo loca, cum in spem magis futurae multitudinis quam ad id quod tum hominibus erat munirent. Deinde, ne uana urbis magnitudo esset, adiciendae multitudinis causa uetere consilio condentium urbes, qui obscuram atque humilem conciendo ad se multitudinem natam e terra sibi prolem ementiebantur, locum qui nunc saeptus escendentibus inter duos lucos est Asylum aperit. Eo ex finitimis populis turba omnis, sine discrimine liber an seruus esset, auida nouarum rerum perfugit ; idque primum ad coeptam magnitudinem roboris fuit. Cum iam uirium haud paeniteret, consilium deinde uiribus parat. Centum creat senatores, siue quia is numerus satis erat, siue quia soli centum erant qui creari patres possent. Patres certe ab honore patriciique progenies eorum appellati[2].

---

2. Tite-Live 1, 8, 1-7, texte établi par J. Bayet, Paris, CUF, 1940. Le lecteur dispose, pour comprendre ce chapitre de l'*Histoire Romaine*, d'outils commodes et qui fournissent d'utiles éclaircissements, même s'ils n'envisagent pas toutes les difficultés et, surtout, ne proposent pas de vision synthétique. On se reportera ainsi avec profit aux commentaires de J. Heurgon, *T. Liui Ab Vrbe condita, Liber primus*, Paris, PUF (coll. « Érasme »), 1963 et de R. M. Ogilvie, *A Commentary on Livy, 1-5*, Oxford, 1965.

Traduction

Après avoir accompli les cérémonies religieuses conformément aux usages, il réunit en assemblée cette foule qui n'était susceptible de grandir pour former un seul corps civique autrement que grâce à des lois et lui dit le droit. Persuadé que ce droit ne serait sacré aux yeux d'un peuple de paysans que si lui-même accroissait le respect qu'il inspirait au moyen des signes extérieurs du pouvoir, il renforça son prestige grâce à l'ensemble de son apparence mais surtout en s'entourant de douze licteurs. Les uns estiment qu'il choisit ce nombre en raison du nombre des oiseaux qui, dans un augure, lui avaient annoncé la royauté ; pour ma part, je n'ai pas de scrupule à être de l'avis de ceux qui pensent que des appariteurs de cette espèce ont été empruntés aux Étrusques voisins – à qui l'on a pris la chaise curule et la toge prétexte, de même que le nombre de ces appariteurs : je crois que les Étrusques l'avaient adopté parce que leurs douze peuples choisissaient ensemble un roi et lui donnaient chacun un licteur.

Cependant la ville s'agrandissait, ses remparts gagnant de plus en plus de terrain : ils offraient leur protection davantage à la future population que l'on espérait qu'aux habitants actuels. Alors, pour ne pas laisser vide les immensités de la cité, afin d'augmenter le nombre des habitants, à la manière archaïque des fondateurs de cités qui attirent à eux une foule obscure et de petite condition et prétendent qu'une race est née de la terre pour eux, il ouvre pour en faire un asile l'endroit qui est aujourd'hui, quand on monte entre les deux bois sacrés, un lieu protégé. C'est en cet endroit que des peuples voisins vient se réfugier toute une foule, sans distinction de statut, libre ou servile, à la recherche d'autre chose. Ce fut là le premier ferment de la grandeur à venir. Alors que la question des forces ne le travaillait plus, il offre à la force un cadre. Il crée cent sénateurs, soit que ce nombre fût suffisant, soit qu'il n'y eût que cent personnes susceptibles de devenir sénateurs. Ce qui est sûr c'est que cet honneur leur valut d'être appelés Pères et leurs descendants Patriciens.

« CEPENDANT LA VILLE S'AGRANDISSAIT... »

Les potentialités de développement de Rome sont immenses et justifient sa fondation, comme accomplie sous la pression de virtualités qui ne demandent qu'à s'actualiser : *et supererat multitudo Albanorum Latinorumque ; ad id pastores quoque accesserant* (1, 6, 3 : « Albe et le Latium étaient surpeuplés ; à quoi s'ajoutaient encore les bergers »). Rome existe, d'une certaine manière, avant d'avoir existé. Le développement à venir de la cité est contenu dans sa naissance car Rome est prédéterminée et son succès est inscrit dans son destin : *sed debebatur, ut opinor, fatis tantae origo urbis maximique secundum deorum opes imperii principium* (1, 4, 1 : « Mais la naissance, à ce que je crois, d'une ville pareille était voulue par les destins, ainsi que les origines de la plus grande puissance après le pouvoir des dieux »). L'opinion personnelle de Tite-Live est que la fondation ne saurait être pensée autrement qu'en relation avec l'avenir de celle qui allait être à la tête de l'« empire » le plus puissant, ce qui est aussi le sens du mot *imperium*, sans aucun anachronisme pour un lecteur de la fin du Ier siècle avant J.-C. Tel est l'accomplissement des *fata*[3].

La mission de Romulus consiste à maîtriser et à organiser l'excès de vitalité dont est habitée la foule des Albains et des Latins citée en 1, 6, 3 et que l'on retrouve réunie en assemblée en 1, 8, 1. Les lois données par le fondateur serviront à fournir le cadre indispensable pour canaliser des potentialités brutes. D'une foule inorganisée il faut faire un peuple soudé : *multitudine quae coalescere in populi unius corpus nulla re praeterquam legibus poterat* (1, 8, 1 : « Cette foule qui n'était susceptible de grandir pour former un seul corps civique autrement que grâce à des lois »). Le verbe qui fait sens est ici *coalescere*. Composé de *cum* et de l'inchoatif *alescere* (de *alo*, « nourrir », « développer »), il exprime parfaitement la vision que Tite-Live a de l'avenir de Rome : le développement en devenir d'un peuple soudé. L'unité interne du peuple romain doit se renforcer de la réconciliation avec les peuples voisins vaincus, telle est aussi la signification du *cum* de *coalescere*. Tite-Live se montre si attaché à la notion d'union volontaire qu'il ne craint pas d'user, dans la même phrase, du préfixe *cum* dans un verbe et un substantif. En effet, quand les Romains eurent pris la ville des Antemnates, Hersilia demande à son époux Romulus de pardonner aux vaincus au nom de la réconciliation, facteur nécessaire à l'accroissement de Rome : *ita rem coalescere concordia posse* (« Ainsi la cité pourrait-elle se développer grâce aux vertus de la réconciliation »). Romulus le lui accorde d'autant plus facilement que telle est bien sa politique : *facile impetratum* (1, 11, 2 ; « Il lui accorda sans difficulté »). Au livre 1, *coalescere* apparaît une troisième fois, en 1, 2, 5 , ce qui constitue donc en réalité la première occurrence du terme dans l'œuvre. Énée, qui a donné un nom commun aux Troyens et aux Aborigènes, celui de Latins, réalise une union qui préfigure la future

---

3. *Debebatur fatis* : il convient de traduire par « était voulue par les destins », car *fatis* est à l'ablatif. L'idée que la puissance romaine est l'œuvre de la Fortune (τύχη) remonte à Polybe 8, 2, 3-4 ; cf. aussi M. Ruch, « Le thème de la croissance organique dans le livre 1 de Tite-Live », *Studii Clasice* 10, 1968, p. 123-131, ici p. 125.

politique de Romulus : *fretusque his animis coalescentium in dies magis duorum populorum Aeneas* (...) *in aciem copias duxit* (« Fort de cet appui des deux peuples unis davantage chaque jour, Énée [...] disposa ses troupes en ordre de bataille »). La fusion des peuples est au cœur du processus de développement romain[4] et le verbe inchoatif *coalescere* en apparaît comme le parfait symbole sémantique[5].

À peine l'intention de fonder la cité a-t-elle été exprimée que le processus s'engage dans la perspective de son aboutissement le plus complet : supplanter ses voisines, Albe et Lavinium. Rome n'existe pas encore que déjà les autres cités sont enfermées dans une comparaison (*prae*) dont les termes montrent la supériorité romaine : *qui omnes facile spem facerent paruam Albam, paruum Lauinium prae ea urbe quae conderetur fore* (1, 6, 3 ; « À eux tous ils pouvaient parfaitement espérer qu'Albe, que Lavinium ne feraient pas le poids en face de la ville qui se fondait »). L'imparfait *conderetur* ne doit pas être rendu comme le propose la traduction de la CUF par « qui allait se fonder », mais bien par « qui était en train de se fonder » : le processus de fondation et d'accroissement a d'ores et déjà commencé et, d'une certaine manière, le livre 1 n'est que le récit continu de ce développement dont l'impulsion est donnée ici.

La croissance organique de Rome devient le thème central du livre 1 de Tite-Live[6] et son point de départ se trouve au cœur du chapitre 8 : *crescebat interim urbs* (« Cependant la ville grandissait... »). Ce développement continu – tel est le sens de l'imparfait renforcé de l'adverbe *interim* : « durant tout ce temps » – se marque physiquement sur le sol

---

4. Cf. également la fusion des Albains et des Romains contre la puissance étrusque, dont se félicite Tite-Live avant même d'entreprendre le récit de l'affrontement entre les deux peuples : *euentus tamen belli minus miserabilem dimicationem fecit, quod ne acie certatum est et tectis modo dirutis alterius urbis duo populi in unum confusi sunt* (1, 23, 2).

5. Outre les trois occurrences dans le livre 1, on notera encore les emplois suivants de *coalescere* dans l'*Histoire Romaine* : au livre 2, le verbe désigne l'union entre patriciens et plébéiens (2, 48, 1 : *primo quoque tempore cum patribus coalescerent animi plebis*), idée reprise en 4, 5, 5 par Canuleius, dans son discours : *parata uobis plebes est si conubiis redditis unam hanc ciuitatem tandem facitis, si coalescere, si iungi miscerique uobis priuatis necessitudinibus possunt.* Cf. aussi 26, 40, 18 : *in insula tum primum noua pace coalescente* (à propos de la paix romaine qui se développe en Sicile après la prise de l'île par les Romains), et 23, 35, 9 : *breuique tanta concordia coaluerant omnium animi* (à propos de la concorde renaissante dans l'armée du consul T. Sempronius après la bataille de Cannes) ; cf. enfin 29, 31, 4 : *uixdum coalescens fouentis regnum* (discours d'Hasdrubal parlant du royaume naissant de Masinissa).

6. Cf. *praef.* 4 : *ab exiguis profecta initiis eo creuerit ut iam magnitudine laboret sua* ; 1, 4, 9 : *crescente in dies grege iuuenum* ; 1, 9, 5 : *simul tantam in medio crescentem molem* ; cf. M. Ruch, (n. 3), p. 123-131.

dont la cité prend possession dans un processus d'appropriation ininter-
rompu : *munitionibus alia atque alia appetendo loca* (« Ses remparts
gagnant de plus en plus de terrain… »). La fondation du *pomœrium*, qui
englobait déjà le Palatin, constitue un acte de prise de possession du terrain selon une procédure militaire, décrite par le verbe *munire* ou le substantif *munitio* : *Palatium primum* (…) *muniit* (1, 7, 3 ; « Il fortifia d'abord
le Palatin ») ; *munitionibus alia atque alia appetendo loca, cum in spem
magis futurae multitudinis* (…) *munirent* (1, 8, 4), alors que Tacite ne
parlera que de « marquer » le *pomœrium* : *pomœrium Romulus posuerit*[7].
Tite-Live tient à la solennité du geste et à son caractère d'acte héroïque, souligné par une clausule qu'il affectionne, le dispondée[8] (deux fois
deux longues), lui-même précédé d'un péon premier : *tum homin(um)
erat munirent* (une longue ; trois brèves).

Rome croît, la position en tête de *crescebat* le dit assez. Cette croissance, Tite-Live en souligne la continuité en la rappelant tout au long
du livre 1 et en attachant à chaque emploi de *crescere* l'adverbe qui
souligne la prégnance du mouvement dans le temps, *interim* : *Roma
interim crescit Albae ruinis* (1, 30, 1 ; « Cependant Rome grandit grâce
à la ruine d'Albe »). La croissance est territoriale : *Caelius additur
urbi mons* (« On ajoute à la ville la colline du Caelius »), et démographique : *duplicatur ciuium numerus* ; *quo frequentius habitaretur* (1,
30, 1 ; « Le nombre de ses citoyens est doublé ; afin d'y accroître le
nombre d'habitants… »). L'espoir du fondateur (1, 8, 4 : *in spem futurae multitudinis*) ne sera pas déçu, et le chapitre 30 a pour fonction de
prouver la justesse de l'anticipation romuléenne, d'illustrer cette qualité chère aux panégyristes impériaux qui reconnaissaient aux princes
dont ils faisaient l'éloge une qualité d'essence divine, la *prouidentia*[9].

---

7. *Annales* 12, 24, 1 ; cf. aussi 12, 24, 3 : *quos tum Claudius terminos posuerit.*
Autant la vision de Tite-Live est prospective, autant celle de Tacite est rétrospective. Des
deux historiographes le premier, en ce passage précis, est davantage un visionnaire et le
second un antiquaire.

8. J. Dangel, *La Phrase oratoire chez Tite-Live*, Paris, 1982, p. 265, relève que le
dispondée apparaît dans le récit livien (hors discours) selon une fréquence de 36,5 %
contre seulement 23,7 % dans la prose amétrique.

9. Cf. St. Ratti, *Les Empereurs romains d'Auguste à Dioclétien dans le* Bréviaire
d'Eutrope, Paris, 1996, p. 240-242. Chez Tite-Live les bons consuls font preuve de
prouidentia (cf. 2, 34, 3) et cette qualité est notamment illustrée par un chef exceptionnel, Scipion l'Africain, *dux cautus et prouidens* (25, 34, 7). Au livre 1, la *prouidentia*,
aux yeux de Tarquin, est bien une manifestation divine : *moram suam hesternam uelut
deorum quadam prouidentia inlatam* (1, 51, 3).

Le récit de la fondation ne peut se lire sans référence à l'impéria-lisme à venir de Rome dont la réussite est contenue dans la naissance même de la cité. Le Peuple romain est *praeualens populus* (*praef.* 4) – le poétisme de l'expression, *praeualens* étant mis pour *praeualidus*, ne change rien à la dureté de cette réalité – et ses ennemis sont destinés à supporter de bonne grâce, *aequo animo* (*praef.* 7), sa domination. Rome étend son enceinte primitive aux lieux avoisinants le Palatin selon la même logique qui repoussera les limites de l'empire en Italie et au-delà. Le verbe *crescere* scandera l'*Histoire Romaine* de Tite-Live au rythme des conquêtes, de la croissance de l'empire et de l'adjonction de nouvelles provinces, par exemple au début du IIᵉ siècle : *sex prae-tores illo anno primum creari, crescentibus prouinciis et latius pates-cente imperio* (32, 27, 4 : « On créa cette année-là six préteurs, étant donné l'augmentation du nombre des provinces et l'extension géogra-phique de l'empire »). Les potentialités démographiques justifiaient la création d'une cité et la puissance acquise après l'accueil des premiers immigrants étrangers venus à Rome devient à son tour une arme de guerre mise au service de la poursuite du développement territorial : *iam res Romana adeo erat ualida ut cuilibet finitarum ciuitatum bello par esset* (1, 9, 1 : « Désormais la puissance romaine était suffisante pour s'opposer par la guerre à n'importe laquelle des cités voisines »). Cet effet boule de neige, la puissance acquise étant à l'échelle du règne de Romulus un moyen, finit par devenir, à l'échelle de l'histoire de Rome, une fin en soi, c'est-à-dire un impérialisme.

L'ASILE

Le souvenir du geste de Romulus créant un lieu d'asile ouvert sans discrimination à tous se conservait, à l'époque de Tite-Live, sous la forme d'un enclos, *saeptus*, d'un lieu protégé pour être plus précis, sinon accessible, du moins visible à qui faisait l'ascension de la colline du Capitole : *locum qui nunc saeptus escendentibus inter duos lucos est Asylum aperit* (1, 8, 5). Ni cette réalité, ni le mot grec qui la désigne (alpha privatif et « sulân », « piller ») n'effraient Tite-Live qui clôt sa phrase par un crétique, suivi d'un péon premier (longue + brève + longue ; une longue suivie de trois brèves). Et, pourtant, on pouvait s'attendre à quelque réticence de la part d'un écrivain aussi nationaliste que Tite-Live à rapporter que Rome a connu comme premiers habitants des individus dont l'origine n'était pas libre, *sine discrimine liber an seruus*, peut-être exilés de leur propre patrie, en ce cas « sans feu ni lieu », et dont l'ensemble ne forme qu'une masse informe, *turba omnis*, aux antipodes du peuple structuré dont rêve le fondateur. Curieusement donc, des termes qui ailleurs dans l'historiographie livienne prennent des connotations négatives – *turba*[10], ou *res nouae*[11], synonyme dans d'autres passages de « révolution » – deviennent ici des ingrédients de la grandeur romaine et, contrairement à Denys d'Halicarnasse[12] par exemple, Tite-Live ne feint pas de ne voir accourir à Rome que des citoyens libres.

D. Briquel a parfaitement montré que l'historien padouan répondait dans ce passage sur l'*Asylum* à une historiographie grecque perdue qui attaquait Rome sur ses origines douteuses. Des allusions faites par Denys d'Halicarnasse ou encore par Justin prouvent très clairement que cette tradition hostile à Rome avait été développée dans certaines sources grecques perdues[13]. Tite-Live accuse très clairement de men-

---

10. Une foule incontrôlée prend rapidement les aspects d'une assemblée populaire revendicative (cf. 2, 23, 5 et le problème des mises en esclavage pour dettes : *cum circumfusa turba esset prope in contionis modum*) et l'émeute n'est alors pas loin (2, 23, 8 : *nullo loco deest seditionis uoluntarius comes*) ; malheur aux patriciens qui viendraient à tomber au milieu d'un pareil rassemblement (2, 23, 9 : *magno cum periculo suo qui forte patrum in foro erant in eam turbam inciderunt*).

11. Cf. par exemple 26, 40, 18 : le consul Laevinus entreprend de restaurer l'économie de la Sicile dont se sont emparés les Romains et procède à une épuration de la population. Il fait évacuer une troupe de quatre mille hommes de sac et de corde, *mixti ex omni conluuione, exules, obaerati, capitalia ausi plerique (…) per latrocinia ac rapinam tolerantes uitam* (26, 40, 17). Ces exilés là, à la différence des premiers compagnons de Romulus, sont jugés dangereux pour la nouvelle paix en Sicile : *hos neque relinquere Laeuinius in insula tum primum noua pace coalescente uelut materiam nouandis rebus satis tutum ratus est* (26, 40, 18). La différence de traitement entre les deux groupes de population est d'autant plus patente que Tite-Live utilise ici le mot *latrocinia*, soigneusement évité dans le livre 1, alors que c'est le mot même dont use Eutrope, au IVᵉ siècle, pour décrire les moyens de subsistance de Romulus : *is, cum inter pastores latrocinaretur (…) urbem exiguam in Palatio monte constituit* (1, 1, 2). Cf. aussi 27, 38, 6-7 qui montre l'Étrurie prête à céder à un espoir de soulèvement entretenu par l'arrivée d'Hasdrubal : *nam et Hasdrubali occurrendum esse descendenti ab Alpibus ne Gallos Cisalpinos neue Etruriam erectam in spem rerum nouarum sollicitaret*.

12. L'historien grec, en 2, 15, 3, prétend que Romulus n'aurait admis que des fugitifs de condition libre et montre ces immigrants comme des réfugiés quittant leur cité pour fuir des gouvernements tyranniques ou oligarchiques.

13. Cf. Denys 7, 70, 1 ; Justin 38, 6, 7 : sur ce dernier passage voir D. Briquel, « *Pastores Aboriginum* (Justin 38, 6, 7) : à la recherche d'une historiographie grecque antiromaine disparue », *Revue des Études Latines* 73, 1995, p. 44-59 ; et, du même, *Le Regard des autres. Les origines de Rome vues par ses ennemis (début du IVᵉ siècle /début du Iᵉʳ siècle av. J.-C.)*, Annales Littéraires de l'Université de Franche-Comté, Paris, 1997, p. 137-141. À la suite de J.-L. Ferrary, *Philhellénisme et impérialisme, aspects idéologiques de la conquête romaine du monde hellénistique*, Rome, BEFAR 271, 1988, p. 228-

songe (1, 8, 5 : *ementiebantur*) ceux qui avançaient qu'une race était sortie de terre pour constituer la population primitive de la cité qu'ils étaient en train de fonder. On peut songer, à la suite de J. Heurgon, à la légende de la fondation de Thèbes dont les habitants sont nés des dents du dragon semées par Cadmos[14], mais si les Spartes sont des autochtones, à quoi renvoie l'allusion de Tite-Live aux individus venus d'ailleurs ?

En réalité, Tite-Live choisit délibérément la version de l'*asylum* ouvert aux étrangers pour répondre aux prétentions des Grecs à l'autochtonie. La littérature grecque est friande de ce thème car, aux yeux des Hellènes, seule l'autochtonie apporte gloire et supériorité aux peuples qui peuvent s'en réclamer. Le thème, construit à partir du cas prestigieux d'Athènes, traverse les œuvres de Lysias et d'Isocrate et se trouve aussi chez Platon[15]. Or, c'est le sens précis de *ementiebantur*, ces prétentions ne sont que des faux semblants destinés à masquer la véritable origine de la population des cités qui cherchent à faire croire en leur autochtonie. Au contraire, le chapitre 8 est un plaidoyer en faveur de l'enrichissement démographique et culturel que constitue l'ouverture de Rome à l'extérieur, source de sa grandeur encore à venir, premier élément de sa puissance en germe : *primum (…) roboris fuit* (1, 8, 6), les deux derniers mots offrant une clausule particulièrement travaillée, un trochée suivi d'un crétique (longue + brève ; longue + brève + longue).

Tite-Live défend donc une vision de Rome comme un « melting-pot » ethnique, idée que Florus, sous l'Empire, reprendra en l'accentuant encore : *statim mira uis hominum : Latini Tuscique pastores, quidam etiam transmarini, Phryges qui sub Aenea, Arcades qui sub Euandro duce influxerant* (1, 1, 9 ; « Il y eut très vite une foule étonnante : des bergers latins et étrusques, même quelques arrivants d'outre-mer, des Phrygiens qui étaient venus sous la direction d'Énée, des Arcadiens venus sous celle d'Évandre »). Plus tard, l'historiographie chrétienne, à partir de saint Jérôme, saura se souvenir de ce motif, mais il lui servira à dénoncer le cynisme des païens, prêts à recourir aux alliances les moins recommandables : *ob asyli inpunitatem magna Romulo*

229, D. Briquel avance pour l'auteur grec en question le nom de Métrodore de Scepsis, dont les tendances antiromaines étaient bien connues : cf. Pline l'Ancien, *N. H.* 34, 34.

14. J. Heurgon (n. 2), p. 47, n. 5.

15. Cf. D. Briquel, « Les Romains ne sont pas des autochtones. À propos de Tite-Live 1, 8, 5 », *Présence de Tite-Live*, *Caesarodunum* XXVII bis, Tours, 1994, p. 67-78, ici p. 68-69 où l'on trouvera les références nécessaires aux textes et à la bibliographie.

multitudo coniungitur (*Chronique*, 88 c Helm[16] : « Grâce à l'impunité
offerte par l'asile Romulus réunit une foule immense ») affirme le premier saint Jérôme (en 381-382), que reprend Orose (au début du Vᵉ
siècle), beaucoup plus critique encore : *sceleratorum manum promissa
inpunitate collegit* (2, 4, 3 ; « Il réunit une foule de voyous après leur
avoir promis l'impunité »).

Parmi les apports étrangers se distingue l'institution d'un appa-
reil imposant autour de la personne de Romulus, les douze licteurs,
la chaise curule et la toge prétexte (1, 8, 2-3). À la solennité dont
Romulus voulait entourer la représentation du pouvoir royal répond
celle du style de Tite-Live. *Duodecim sumptis fecit* constitue, en effet,
un rythme choisi : un dispondée, précédé d'un péon quatrième en un
seul mot (*duodecim*)[17]. Comme s'il ressentait là encore le besoin de se
justifier, Tite-Live affirme qu'il n'a aucune honte (*me haud paenitet*)
à accepter l'origine étrangère, étrusque en l'occurrence, de ces institutions. L'origine étrusque du corps des douze licteurs est probable et
on la trouve affirmée par des auteurs grecs, Diodore 5, 40, Strabon 5,
220, Denys d'Halicarnasse 3, 61-62, comme par Salluste, *Catilina* 51
et Pline l'Ancien, *Histoire naturelle* 8, 195. De même, la *sella curulis*,
visible sur des peintures de Caere (Cerveteri) et la toge prétexte, portée
par les enfants et les magistrats, sont probablement d'origine étrusque,
comme le prouvent les représentations de cette dernière sur des peintures des tombes de Tarquinia[18].

L'arrivée au pouvoir, à Rome, de Tarquin l'Ancien résume à elle
seule tout le bien que Tite-Live pense des apports de population étrangère. Tarquin est un étrusque du nom de Lucumon (1, 34, 6-12) qui a
quitté sa cité natale, Tarquinia, parce qu'on lui reproche son ascendance
corinthienne. Or, la réussite de Tarquin à Rome est exceptionnelle et due
à ses mérites personnels car ce peuple neuf savait reconnaître sa place à

---

16. R. Helm, *Eusebius Werke, siebenter Band, Die Chronik des Hieronymus* (*GCS*),
Berlin, 1956.

17. De même plus bas, la création du Sénat et le nom de patriciens donnés aux descendants des Pères est souligné d'un nouveau dispondée (quatre longues) : *appellati* (1,
8, 7) ; cf. aussi 1, 8, 4 et *supra* note 8. Sur le goût de Tite-Live pour les fins de phrases
oratoires constituées de longues, voir J. Dangel, *La Phrase oratoire chez Tite-Live*, Paris,
1982, p. 275-278. L'auteur, p. 278, relève notamment en Tite-Live 1, 7, 5, la succession
de quatre spondées : *caudis in speluncam traxit*. En 1, 8, 7, la phrase s'achève sur un
spondée, précédé d'un crétique (longue + brève + longue) : *creari patres possent*. Enfin,
uiribus parat (1, 8, 7) propose successivement un trochée et un crétique.

18. Cf. aussi, pour la *sella curulis*, Servius, commentaire à *Énéide* 2, 781 et J.
Gaudemet, *Institutions de l'Antiquité*, Paris, 1967, p. 258.

un homme de qualité : *ubi omnis repentina atque ex uirtute nobilitas sit* (1, 34, 6 : un peuple « où toute noblesse se gagnait vite et par le mérite »). En outre, son élection à la royauté se fait avec l'accord de tous, *ingenti consensu populus Romanus regnare iussit* (1, 35, 6 : « Le Peuple romain le plaça sur le trône à une imposante majorité »), ce qui est un gage de la réussite de son règne à venir. L'empereur Claude, qui savait son histoire romaine et était un antiquaire averti, parmi d'autres exemples cités dans son discours au Sénat de 48, prononcé pour défendre l'accès des notables gaulois à la Curie, avancera celui des rois étrangers : *aduenae in nos regnauerunt*[19] (« Des étrangers ont régné sur nous »).

Mais le passage dans lequel Tacite exprime les sentiments les plus proches de Tite-Live se lit en *Annales* 1, 24, 5 : *num paenitet Balbos ex Hispania nec minus insignis uiros e Gallia Narbonensi transiuisse ?* (« Y a-t-il quelque chose de honteux que les *Balbi* soient venus d'Espagne ou d'autres pas moins remarquables de Gaule narbonnaise ? ») Cependant, les mots *num paenitet*, très proches de l'expression *haud me paenitet* de Tite-Live, ne proviennent pas directement du Padouan. Le discours réel prononcé par Claude, conservé au musée gallo-romain de Lyon sous le nom de Tables claudiennes de Lyon[20], comportait les deux formules suivantes : *non magis sunt paenitendi senatores* (l. 63) et *ex Lugduno habere nos nostri ordinis uiros non paenitet* (l. 63). Claude n'avait peut-être pas en mémoire la formule livienne, mais l'esprit de son discours prolonge l'*Histoire Romaine* 1, 8, 3 et en tire toutes les conséquences : les étrangers ont donné des gages de leur *fides* et Rome se doit, en retour, de leur confier des responsabilités sans en rougir. De toute manière, Tacite abrège Claude, qu'il avait sans aucun doute lu, mais qu'il a aussi beaucoup déformé, et l'empereur est beaucoup plus détaillé sur les rois de Rome, Numa, Tarquin, et Servius Tullius, que ne le laisse croire la formule ramassée de Tacite, chez qui le discours de Claude compte au total 254 mots, alors que l'inscription de Lyon, mutilée et amputée d'un tiers au moins de l'ensemble originel, en compte 662[21]. La générosité des idées développées par Claude et

---

19. Tacite, *Annales* 11, 24, 9.

20. *CIL* 13, 1668 (*ILS* 212 Dessau).

21. La comparaison entre le discours des *Annales* et l'inscription de Lyon a été faite par J. Carcopino, à qui j'emprunte ces décomptes : cf. « La Table Claudienne de Lyon et l'impérialisme égalitaire », *Points de vue sur l'impérialisme romain*, Paris, 1934, p. 159-199, ici p. 184-185 ; l'article de J. Carcopino répond à Ph. Fabia, *La Table claudienne de Lyon*, Lyon, 1929 ; voir aussi A. Chastagnol, « La Table claudienne de Lyon », *Le Sénat Romain à l'époque impériale*, Paris, 1992, p. 79-96.

que l'on lit avec beaucoup plus de précision dans le texte authentique de l'inscription, s'inscrit dans la continuité des développements liviens sur l'*asylum*.

LE FONDATEUR ROMULÉEN : UNE FIGURE AUGUSTÉENNE

Les forces inorganisées de la population nouvelle de Rome demandaient un cadre législatif pour être canalisées. La raison devait endiguer l'enthousiasme. La création du Sénat répond à cet objectif : *consilium deinde uiribus parat. Centum creat senatores* (1, 8, 7 : « Il offre à la force un cadre. Il crée cent sénateurs »). *Consilium* désigne la sagesse abstraite des Pères qui doit tempérer la force, selon un schéma récurrent chez Tite-Live[22] et que reprendra Cicéron[23].

Romulus scelle également l'alliance du droit (1, 8, 1 : *iura dedit*) et de la religion. Avant de réunir le peuple, il accomplit les rites religieux : *rebus diuinis rite perpetratis* (1, 8, 1). C'est une soudure avec 1, 7, 3 et le rappel des sacrifices accomplis en l'honneur des dieux selon le rite albain : *sacra dis aliis Albano ritu facit* (« Il offre des sacrifices aux autres dieux selon le rite albain »). Mais c'est aussi, par anticipation, une manière d'opposer le premier roi de Rome à Tullus Hostilius, foudroyé par Jupiter parce qu'il n'avait pas sacrifié selon les rites[24]. Et c'est enfin une profession de foi, car la fondation de Rome, le développement de son empire et sa préservation sont dus aux dieux, ainsi que l'avait rappelé avec force Cicéron, en 56 : *quis est tam uaecors qui (…) cum deos esse intellexerit, non intellegat eorum numine hoc tantum imperium esse natum et auctum et retentum*[25] *?* (« Qui est assez fou pour ne pas voir, alors qu'il a reconnu que les dieux existent, que c'est du fait de leur volonté qu'un pareil empire est né, s'est accru et a été

---

22. Cf. le discours du consul Quinctius en 2, 56, 16 : *non uim suam illis tempus adempturum, sed consilium uiribus additurum*. Se profile ici la théorie de l'équilibre des pouvoirs dans la constitution romaine développée par Polybe dans son livre 6 : *et patres in populi et consulem in patrum fore potestate* (Tite-Live 2, 56, 16). En 3, 62, 7 cette qualité appartient aux Sabins : *consilio etiam Sabini uires adiuuere*.

23. *De Republica* 2, 4.

24. Tite-Live 1, 31, 8 : *sed non rite initum aut curatum id sacrum esse, nec solum nullam ei oblatam caelestium speciem, sed ira Iouis sollicitati praua religione fulmine ictum cum domo conflagrasse*.

25. Cicéron, *De Haruspicum responsis* 9, 19. Ce passage est à rapprocher de Tite-Live, *praef*. 9 : *per quos uiros quibusque artibus domi militiaeque et partum et auctum imperium sit*.

préservé ? »). Les lois ne seront *sanctae*, c'est-à-dire inviolables[26], qu'à la condition que le législateur inspire un respect de nature religieuse, qu'il soit *uenerabilis* (1, 8, 2).

Ce respect des rites, de la religion et des dieux définit la *pietas*. Or, le Bouclier d'Or de la *Curia Iulia*, offert par le Sénat à Auguste en janvier 27, l'a été en l'honneur notamment de la *pietas* du Prince : *uirtutis clementiae iustitiae et pietatis causa*[27]. La date de rédaction du livre 1 de Tite-Live, du moins dans la version que nous lisons, peut être fixée entre 27 et 25 avant J.-C. grâce aux indications fournies en 1, 19, 3, puisque l'historien, qui appelle l'empereur régnant Auguste (surnom décerné en janvier 27), et rappelle qu'il fut le troisième – Numa avait été le premier – à fermer le temple de Janus, ignore cependant une quatrième fermeture du temple après la victoire sur les Cantabres en 25[28]. Tite-Live pouvait donc difficilement, à cette date, ne pas connaître les thèmes clefs de la propagande augustéenne.

Une autre allusion au surnom d'Auguste pourrait se retrouver en 1, 8, 2 : *se augustiorem (…) fecit*. On sait que, se cherchant un nouveau nom capable de lui procurer un prestige digne de ses ambitions, Octave avait songé à se faire appeler Romulus[29]. Il y renoncera en raison des mauvais souvenirs qu'évoquaient la royauté à Rome et le funeste précédent de César. Et puis, Romulus n'avait-il pas été déchiqueté, selon certaines versions connues de Tite-Live (1, 16, 4), par les Pères eux-mêmes[30] ? Auguste préféra donc réaliser en partie seulement

---

26. H. Fugier, *Recherches sur l'expression du sacré dans la langue latine*, Strasbourg, 1963, p. 181.

27. Selon le témoignage de l'empereur lui-même : *Res Gestae Diui Augusti* 34 ; cf. aussi *CIL* 6, 876 (autel du Vatican) ; *CIL* 9, 5811. Le *clipeus uirtutis* est appelé à prendre, dans l'idéologie augustéenne, une place encore plus grande dans les années suivantes, puisqu'on le trouve reproduit sur l'autel du Belvédère entre 12 et 2 avant J.-C. : cf. A. Fraschetti, *Roma e il principe*, Roma / Bari, 1990 = *Rome et le Prince*, Paris, 1994, p. 307-312 ; cf. J.-P. Néraudau, *Auguste*, Paris, 1996, p. 165-166.

28. *Bis deinde post Numae regnum clausus fuit, semel T. Manlio consule post Punicum primum perfectum bellum, iterum, quod nostrae aetati di dederunt ut uideremus, post bellum Actiacum ab imperatore Caesare Augusto pace terra marique parta* (1, 19, 3).

29. Suétone, *Auguste* 7, 4 ; Florus 4, 66 ; Dion Cassius 53, 16.

30. Il semblerait que le motif des mauvaises relations entre Romulus et le Sénat ne fût pas antérieur à l'époque de Sylla : cf. P. Drossart, « Le Psychodrame des Ides de mars », *Bulletin de l'Association Guillaume Budé*, 1970, p. 388. En réalité, les conflits entre le Sénat et les rois ne surgissent pas avant Tarquin l'Ancien et s'aggravent sous ses successeurs : cf. P.-M. Martin, *L'Idée de royauté à Rome*, Clermont-Ferrand, 1982, p. 210-214.

son dessein en revêtant, en 2 avant J.-C., le titre de *pater patriae*, ce qui correspondait avec ce que Tite-Live disait de Romulus : *regem parentemque urbis Romanae saluere* (1, 16, 3 ; « Ils le saluèrent du titre de roi et de père de la ville de Rome »). Auguste cherchait à rappeler par sa personne celle du fondateur et en 1, 8, 2 Tite-Live présente Romulus sous des caractères « augustes » : Romulus se pare de l'autorité (*se augustiorem fecit*) que confère le cortège des licteurs dans un ouvrage rédigé à l'époque même où le Prince prenait le titre d'Auguste. De plus, Tite-Live insiste sur la perception d'Hercule par Évandre comme un héros dont la personnalité excède la simple humanité : *habitum formamque uiri aliquantum ampliorem augustioremque humana intuens* (1, 7, 9 : « remarquant chez ce héros un tour et une élégance passablement plus noble et plus auguste que chez un homme »). L'adjectif *augustus*, repris encore sous une autre forme à peine plus bas (1, 7, 10 : *aucturum caelestium numerum* ; « Toi qui vas grossir le nombre des dieux… »), est une nouvelle allusion au fondateur du Principat dont Horace avait comparé les mérites avec ceux d'Hercule[31]. En dehors d'Hercule et de Romulus, le terme *augustus*, dans l'œuvre de Tite-Live, ne sera plus employé pour une personne qu'à une seule reprise, à propos de Dèce (8, 9, 10). Cette singularité confirme que les références plus ou moins explicites à Auguste qui parcourent les chapitres 7 et 8 du livre 1 lui confèrent toute sa signification.

Il ne faut pas méconnaître que le mot même d' « auguste » dérive du verbe *augere* et se trouve donc en relation avec l'augurat[32]. Or, l'augure qui annonce le pouvoir à Romulus se trouve rappelé ici : *alii ab numero auium quae augurio regnum portenderant eum secutum numerum putant* (1, 8, 3 : « Les uns estiment qu'il choisit ce nombre en raison du nombre des oiseaux qui, dans un augure, lui avaient annoncé la royauté. »). Tite-Live respecte certes dans l'absolu les croyances et les rites des anciens, mais la concordance avec la politique contemporaine d'Auguste est frappante. Si le fondateur du Principat ne prend le titre de *Pontifex Maximus* qu'à la mort de Lépide, en 13 avant J.-C., il est déjà augure en 41 avant J.-C. et membre du collège des *quinde-*

31. Horace, *Odes* 3, 3, 9-12 : *Hac arte Pollux et uagus Hercules/ Enisus arces attigit igneas,/ Quos inter Augustus recumbens/ Purpureo bibet ore nectar.*
32. Cf. A. Ernout, A. Meillet, *Dictionnaire étymologique de la langue latine*, Paris, 1959, *sub. uerb. augeo* ; cf. G. Dumézil, « Remarques sur *augur, augustus* », *Revue des Études Latines* 35, 1957, p. 126-151 ; cf. J.-P. Néraudau, *op.cit.*, p. 164.

cemuiri vers 37-35[33]. Ces concordances entre la figure de Romulus et celle de l'empereur Auguste ne doivent pas surprendre dans un récit si élogieux consacré à la période de la Royauté. Tite-Live, tout pompéien qu'il ait pu être à un moment donné[34], s'était rallié au Principat dont il partageait les grandes orientations politiques. Dans l'*Histoire Romaine*, non seulement Auguste est présenté comme celui qui a rétabli la paix civile *terra marique* (1, 19, 3), mais encore comme le fondateur ou le restaurateur de nombreux sanctuaires[35] et le conquérant de l'Espagne (28, 12, 12). En outre, Tite-Live partageait avec Auguste certaines préoccupations morales sur le mariage et l'évolution des mœurs, voire certaines valeurs sociales[36].

La Rome de Romulus tente une fusion intéressée entre l'apport étranger et les ressources autochtones, cherche à bâtir un équilibre entre la force brute d'un peuple inorganisé et la direction sage d'une oligarchie, prend soin enfin d'accorder la religion et le droit. Une semblable vision appartient en propre à Tite-Live et ses caractères anachroniques renvoient clairement à la Rome augustéenne naissante, dont l'historien laissait apercevoir l'avenir brillant (1, 8, 6 : *ad coeptam magnitudinem*), et auquel, dans la mesure de ses moyens, il a voulu contribuer.

---

33. Cf. *Res Gestae Diui Augusti* 7, 3 : *Pontifex maximus, augur, quindecimuir sacris faciundis (…) fui* et le commentaire de J. Gagé, éd. des *Res Gestae Diui Augusti*, Paris, 1950, p. 84.

34. Sur cette plaisanterie faite par Auguste lui-même, mais qui n'a jamais pesé sur ses relations avec l'historien, cf. *supra*.

35. 4, 20, 7 : *Augustum Caesarem, templorum omnium conditorem aut restitutorem, ingressum aedem Feretri Iouis quam uetustate dilapsam refecit…*

36. Voir sur ce point St. Ratti, « Le viol de Chiomara : sur la signification de Tite-Live 38, 24 », *Dialogues D'Histoire Ancienne* 22 (1), 1996, p. 95-131.

BIBLIOGRAPHIE

TEXTE

Tite-Live est désormais presque entièrement accessible dans la CUF (34 tomes).

On pourra également consulter l'édition anglaise (Conway, Johnson, Mac Donald, Walters, *Titi Liui Ab Vrbe condita*, Oxford) ou le texte de l'édition allemande publiée par Teubner.

TRADUCTIONS ET ÉDITIONS COMMENTÉES

L'édition commentée (en allemand), sans traduction, de W. Weissenborn et H. J. Müller, *Titi Liui ab Vrbe condita Libri*, Berlin, Weidmann, 10 volumes, 1883-1924, est toujours utile.

Voir aussi E. Lasserre, Tite-Live, *Histoire romaine*, t. I-VI, Paris, Garnier, sans date [1948].

On pourra lire la traduction plus récente d'A. Flobert, *Tite-Live, Histoire romaine,* 7 volumes, Paris, Garnier-Flammarion, 1993-1999 (avec introduction, cartes et plans et index historiques fort utiles et une bibliographie détaillée).

OUTILS

– Les introductions aux différents volumes de Tite-Live parus dans la CUF. Pour la troisième décade voir notamment P. Jal (livres 21, 26 et 28) et P. François (livre 29).

– La concordance de D.W. Packard, *A Concordance to Livy*, Harvard, Harvard University Press, 1968, pourra rendre service de manière ponctuelle.

Commentaires

Livres 1-5 :
– R. M. Ogilvie, *A Commentary on Livy Books 1-5*, Oxford, Oxford University Press, 1965.
Livre 6 :
– C.S. Kraus, *Livy : Ab Vrbe condita 6*, Cambridge, Cambridge University Press, 1994.
Livres 6-10 :
– St. P. Oakley, *A Commentary on Livy, Books 6-10*, Oxford, 1997.
Livres 31-40 :
– J. Briscoe, *A Commentary on Livy Books 31-33*, Oxford, 1973.
– J. Briscoe, *A Commentary on Livy Books 34-37*, Oxford, 1981.
– J. Briscoe, *A Commentary on Livy Books 38-40*, Oxford, 2008.
Livres 36-40 :
– P.G. Walsh, *Livy, Book 36-Book 40*, 5 volumes, Warminster, Aris & Phillips, 1990.

ÉTUDES

– N. Alfieri, « La battaglia del Metauro (207 a. C.) », *Picus* 8, 1988, p. 7-35.
– J.-E. Bernard, *Le Portrait chez Tite-Live : essai sur l'écriture de l'histoire romaine*, Bruxelles, Latomus, 2000.
– H. Bornecque, *Tite-Live*, Paris, Boivin, 1933.
– L. Catin, *En lisant Tite-Live*, Paris, Les Belles Lettres, 1944.
– J.-P. Chausserie-Laprée, *L'Expression narrative chez les historiens latins : histoire d'un style*, Paris, Éditions de Boccard, 1969.
– J. Dangel, *La Phrase oratoire chez Tite-Live*, Paris, Les Belles Lettres, 1982.
– M. Ducos, « Les passions, les hommes et l'histoire dans l'œuvre de Tite-Live », *Revue des Études Latines* 65, 1989, p. 132-147.
– E. Dutoit, « Quelques généralisations de portée psychologique et morale dans l'*Histoire romaine* de Tite-Live », *Revue des Études Latines* 20, 1942, p. 98-105.
– E. Dutoit, « Les petites causes dans l'histoire romaine de Tite-Live », *Lettres d'Humanité* V, 1946, p. 186-205.
– E. Foulon, « Basileus Skipiôn », *Bulletin de l'Association Guillaume Budé* 1992, p. 9-30

– R. Girod, « Rhétorique et histoire chez Tite-Live », *Caesarodunum* XIV bis, 1979, p. 61-70.

– W. Kissel, « Livius 1933-1978 : Eine Gesamtbibliographie », *ANRW* 2, 30, 2, 1982, p. 899-997.

– A. Johner, *La Violence chez Tite-Live : Mythographie et historiographie*, Strasbourg, AECR, 1996.

– T. J. Luce, *Livy. The Composition of his History*, Princeton, Princeton University Press, 1977.

– P.-M. Martin, « *Imperator-Rex*, recherche sur les fondements républicains romains de cette inéquation idéologique », *Pallas* 41, 1994, p. 7-26.

– B. Mineo, *Tite-Live et l'histoire de Rome*, Paris, Klincksieck, 2006.

– M. Rambaud, « Exemples de la déformation historique chez Tite-Live : le Tessin, la Trébie, Trasimène », *Colloque Histoire et Historiographie*, éd. R . Chevallier (*Caesorodunum* XV bis), Paris, 1980, p. 109-126.

– St. Ratti, « Le viol de Chiomara : sur la signification de Tite-Live 38, 24 », *Dialogues d'Histoire Ancienne* 22 (1), 1996, p. 95-131.

– O. Riemann, *Études sur la langue et la grammaire de Tite-Live*, Paris, Thorin, 1884.

– E. de Saint-Denis, « Les énumérations de prodiges dans l'œuvre de Tite-Live », *Revue de Philologie* 16, 1942, p. 126-142.

– H. H. Scullard , Scipio Africanus, *Soldier and Politician*, Londres, Thames & Hudson, 1970.

– H. Tränkle, *Livius und Polybios*, Bâle-Stuttgart, Schwobe, 1977.

– P. G. Walsh, « The literary techniques of Livy », *Rheinisches Museum für Philologie* 97, 1954, p. 97-114.

– P. G. Walsh, *Livy, his historical Aims and Methods*, Cambridge, Cambridge University Press, 1961.

CHAPITRE IV

TACITE

L'ŒUVRE HISTORIQUE DE TACITE

LES *ANNALES* ET LES *HISTOIRES* : ARCHITECTURE ET CONTENU GÉNÉRAL

La tradition scolaire voudrait que le terme d'*annales* renvoie à une forme de récit historique qui range les faits narrés dans le cadre de l'année consulaire, sans pour autant qu'un livre corresponde exactement à une année (ce n'est par exemple presque jamais le cas chez Tite-Live), tandis que le terme d'*historiae* renverrait au récit historique d'événements contemporains de l'auteur. Mais ce distinguo – que les modernes ont en partie hérité d'une brève scholie de Servius (*ad Aen.* 1, 373) à un passage de Virgile – apparaît en réalité bien artificiel en ce qui concerne Tacite, et ce pour plusieurs raisons. La première est de simple bon sens. Si Tacite, né vers 55 de notre ère, a bien été le contemporain des événements rapportés dans les *Histoires* (les trois premiers livres sont consacrés aux événements de l'année 69), en revanche il n'y a pris aucune part active. À l'inverse, il n'était guère plus éloigné dans le temps par exemple des événements rapportés dans le dernier livre des *Annales* qui décrivait la chute de Néron en 68. La seconde est encore plus simple. L'œuvre de Tacite ne portait selon les manuscrits ni le titre d'*Histoires* ni celui d'*Annales*. Ces dernières portent seulement, dans l'un des meilleurs manuscrits, le titre suivant : *ab excessu diui Augusti*, « depuis la mort du divin Auguste », tandis que le *Mediceus* – le seul manuscrit, daté du XIᵉ siècle, à nous avoir transmis les *Histoires* et qui fut découvert par le Pogge vers 1429 – ne porte aucune suscription, débutant seulement par *Initium mihi operis…* La troisième, enfin, d'ordre lexical, repose sur le fait que si Tacite utilise au moins une fois le mot *annales*, c'est comme simple synonyme d'ouvrage annalistique et non comme titre de son œuvre : *praecipuum munus annalium reor ne uirtutes sileantur utque prauis dictis factisque ex posteritate et fama metus sit* (*Annales* 3, 65, 1). Je donne le contexte complet de cette citation car elle constitue un texte majeur pour la définition des objectifs de l'histoire selon Tacite : « Mon dessein n'est pas de rapporter toutes les opinions : je me borne à celles que signale leur noblesse ou un caractère particulier d'avilissement, persuadé que le principal objet de l'histoire est de préserver les vertus de l'oubli, et d'attacher aux paroles et aux actions perverses la crainte de la postérité et de l'infamie » (trad. H. Bornecque d'après J.-L. Burnouf). Il ne fait donc aucun doute que Tacite a voulu écrire une histoire annalistique, c'est-à-dire s'illustrer dans le genre majeur aux yeux des anciens, mais que son œuvre ne portait sans doute pas les titres qu'on leur donne aujourd'hui.

Il faut enfin considérer que, dans l'Antiquité, on ne distinguait sans doute pas les *Annales* des *Histoires*, mais que les deux récits constituaient une histoire continue de l'Empire romain depuis l'avènement de Tibère en 14 (les premiers chapitres du livre 1 des *Annales* sont un tableau récapitulatif de la situation de l'Empire à la mort d'Auguste) jusqu'à la mort du dernier des Flaviens, Domitien, en 96. C'est en tout cas ainsi que saint Jérôme, au début du Ve siècle, lisait Tacite à en croire son témoignage dans le chapitre 15 de son commentaire au prophète Zacharie : « Cornélius Tacite a retracé en trente livres les vies des Césars, après Auguste et jusqu'à la mort de Domitien ». C'est l'humaniste Juste Lipse qui le premier, dans son édition anversoise de 1574, distingua les *Annales* des *Histoires*, copiées à la suite des *Annales* dans le *Mediceus*. La répartition de la matière historique à l'intérieur de ces trente livres est encore aujourd'hui très discutée. Il semble que les *Annales* devaient comporter 16 ou 18 livres. Pour nous les *Annales* s'arrêtent brutalement au beau milieu du chapitre 35 du livre 16 (après la mort de Paetus Thraséa en 66). Du livre 5 nous ne possédons que les 5 premiers chapitres ; le livre 6 est affecté d'une lacune au début ; les livres 7 à 11 manquent. Pour le contenu, nous possédons la quasi-totalité du règne de Tibère (20 années sur un total de 23), les 7 dernières années du règne de Claude (qui régna 13 ans), les 12 premières années du Principat de Néron. Nous n'avons rien du règne de Caligula. Les quatre livres et les 26 premiers chapitres du livre 5 que nous possédons des *Histoires* retracent, quant à eux, les événements d'une quinzaine de mois, du 1er janvier 69 au début de l'année 70, soit les règnes de Galba, Othon, Vitellius et l'avènement de Vespasien.

Dans l'hypothèse où les *Annales* comptaient 16 livres, on a proposé la répartition suivante : deux groupes de huit livres, dont le premier aurait compris les règnes de Tibère et de Caligula (23 + 4 ans = 27) et le second les règnes de Claude et de Néron (13 + 14 ans = 27). Dans ce cas de figure, les *Histoires* devaient compter 14 livres seulement. Les quatre et demi qui subsistent étant consacrés à 15 mois, il faut bien supposer que les neuf et demi restant devaient narrer les règnes de Vespasien, Titus et Domitien, soit un total de 27 ans, ce qui est considérable pour un si faible volume. La comparaison avec d'autres auteurs (Tite-Live, ou, plus tard, Ammien Marcellin) montre qu'un historiographe développe d'autant plus son récit qu'il approche des événements les plus récents. D'autres constructions sont également possibles et certains accordent 12 livres aux *Histoires* et 18 aux *Annales*. Il faut donc bien admettre que la répartition de la matière entre les 30 livres des *Annales* et des *Histoires* constitue une *quaestio uexata* et sans doute insoluble.

Les *Annales* et les *Histoires* : chronologie

Les *Histoires* ont été écrites avant les *Annales*. Pour les premières, un point de repère sûr est fourni par les lettres 16 et 20 (datées de 106) du livre 6 de Pline le Jeune. Pline répond à une demande de renseignement de Tacite sur l'éruption du Vésuve qui eut lieu en 79 : en 106 Tacite était donc en train de rédiger la partie des *Histoires* qui traitait du règne de Titus. En 109, Tacite interrogeait encore Pline sur les exactions de Domitien en 93-96. Pline lui répond par sa lettre 33 du livre 7. En 110-111, enfin, les *Histoires* devaient être achevées (publiées ou récitées, on ne sait exactement) car Pline mentionne alors (*epist.* 9, 27, 1) un ouvrage récemment paru qui ne saurait être que les *Histoires*, achevées donc sous le règne de Trajan. Tacite se propose alors de mettre en chantier une suite aux *Histoires* qui contiendrait les règnes de Nerva et de Trajan : *quodsi uita suppediter, principatum diui Neruae et imperium Traiani, uberiorem securioremque materiam, senectuti seposui, rara temporum felicitate ubi sentire quae uelis et quae sentias dicere licet* (*Histoires* 1, 1, 4) ; « S'il me reste assez de vie, j'ai réservé pour ma vieillesse le Principat du divin Nerva et le règne de Trajan, sujets plus riches et moins dangereux, grâce au rare bonheur d'une époque où l'on peut penser ce que l'on veut et dire ce que l'on pense ». Ce projet ne sera jamais mis à exécution, soit qu'il ait été interrompu par la mort de Tacite (survenue après 117, sans doute vers 120), soit que les termes de cette promesse aient dissimulé une simple flatterie et non une intention sincère d'écrire le règne de Trajan, ce qui de toute manière était interdit par la règle absolue qui voulait qu'on n'écrive jamais l'histoire d'un Prince vivant, la seule possibilité de parler de l'empereur régnant étant d'en faire le panégyrique. En tout cas, les *Histoires* ne font pas la moindre allusion au projet d'écrire les *Annales*. La chronologie de ces dernières est plus difficile à établir. Une allusion aux conquêtes romaines en *Annales* 2, 61, 2 (« Les barrières de l'Empire romain reculées maintenant jusqu'à la mer Rouge ») peut faire penser, selon que l'on identifie le *Mare Rubrum* avec le *sinus Arabicus* ou le *sinus Persicus* aux conquêtes de Trajan de 105-106 ou de la fin du règne, en 117 selon la majorité des historiens ; Tacite aurait ainsi écrit le livre 2 en 116-117. Le livre 6, dont le chapitre 34 fait une allusion au phénix qui figure sur une monnaie d'Hadrien en l'honneur de Trajan, a sans doute été rédigé sous Hadrien, après 117. Tacite paraît donc avoir mis la dernière main aux *Annales* vers 120.

LES *HISTOIRES* : CONTENU DÉTAILLÉ ET COMPOSITION

Les cinq livres des *Histoires* ont un contenu clairement annoncé dans le chapitre 2 du livre 1 qui constitue une façon de seconde préface, programmatique celle-ci, après une première préface (le chapitre 1), méthodologique et idéologique celle-là (« Comment écrire l'histoire ? » ou « Histoire et vérité ») – à noter que ces deux chapitres constituent de vrais morceaux d'anthologie. L'historien y annonce « quatre princes succombant sous le fer, trois guerres civiles, beaucoup d'étrangères et très souvent les unes et les autres à la fois ». Reprenons ce programme. Les quatre princes en question sont Galba, Othon et Vitellius, assassiné en 69 et Domitien, assassiné en 96. Le livre 1 pourrait s'intituler « Galba et Othon », et il rapporte le triomphe d'Othon ; le livre 2 pourrait s'intituler « Othon et Vitellius », et il narre le triomphe de Vitellius ; le livre 3 pourrait s'intituler « Vitellius et Vespasien », et il retrace le succès de Vespasien. Les trois guerres civiles (*trina* est un distributif et cet emploi un poétisme) sont celles qui ont opposé Othon à Vitellius (livre 1 et 2 des *Histoires*), Vitellius à Vespasien (livre 2 et 3) et Domitien à L. Antonius Saturninus (livres perdus), légat de Germanie supérieure, en 89. Les guerres étrangères sont l'invasion des Sarmates (*Histoires* 1, 74), les désordres en Germanie et les menaces des Daces (3, 46), la révolte des Bataves conduite par Civilis (4, 12-17 et deuxième moitié du livre 4 ; 5, 14-26) et l'expédition de Judée (5, 1-13) qui sont concomitantes des guerres civiles.

La composition des livres subsistants des *Histoires* offre un curieux parallèle. Ils débutent tous par un coup de théâtre. Alors que Galba inaugure son consulat, au début de l'année 69, il apprend brutalement que les légions de Germanie se révoltent et ne reconnaissent pas le nouvel empereur. Pour Tacite, cette révolte, qui annonce la mort de Galba, préfigure également la fin de l'Empire : *Seruius Galba iterum Titus Vinius consules inchoauere annum sibi ultimum, rei publicae prope supremum* (*Histoires* 1, 11, 6 ; « Servius Galba pour la seconde fois et Titius Vinius consuls ouvrirent l'année qui fut la dernière pour eux et qui faillit l'être pour la République [pour l'État romain, dit P. Grimal] »). Ce trait est empreint d'une lourde dramatisation. Le poids excessif joué par les armées dans la politique de l'Empire est aux yeux de Tacite la cause principale d'une décadence du régime. Au-delà de l'annonce tragique de la mort du Prince, c'est la menace de la fin d'un État qui donne à ce passage toute sa portée dramatique. Plus que le destin individuel de Galba, c'est la destinée du régime qui préoccupe l'historien. Mais, comme souvent chez Tacite, destins individuels et devenir collectif sont liés, comme si pour l'historiographe l'histoire ne pouvait être que le récit des défaites des individus face aux forces collectives (les armées, les barbares) mal maîtrisées ou insuffisamment contrôlées. Du point de vue de la composition, il faut retenir ce procédé tacitéen de l'annonce anticipée des malheurs à venir (c'est souvent le cas dans l'utilisation dramatique des prodiges) mis au service de l'élaboration d'une ambiance tragique.

Le livre 2 des *Histoires* débute lui aussi par un coup de théâtre. Alors que Titus, sur ordre de son père Vespasien, se rend à Rome pour y saluer l'avènement de Galba – Tacite saisit l'occasion pour faire l'éloge de Titus, « capable d'occuper toute situation, si haute qu'elle fût » (2, 1, 4) –, il apprend de manière inopinée, à Corinthe, la mort de Galba, l'élévation d'Othon à l'Empire et la décision de Vitellius de prendre les armes. Il est contraint de rebrousser chemin. Ainsi l'accalmie fut de courte durée et la dynastie flavienne n'a pas encore vu son moment arriver, malgré les premiers germes de succès en Orient (*Histoires* 2, 1, 1 : *struebat iam fortuna in diuersa parte terrarum initia causasque imperio, quod uaria sorte laetum rei publicae aut atrox, ipsis principibus prosperum uel exitio fuit* ; « Déjà s'amassaient à l'autre bout du monde et grâce à la fortune les causes propres à amener l'avènement d'une dynastie, qui, par suite des variations du destin, apporta tantôt la joie, tantôt l'horreur à l'État »). Le destin (*sors* ici) règne donc en maître, empêchant les choses de se stabiliser et retardant encore la prise du pouvoir de Vespasien.

Le livre 3 connaît une entame comparable dans la dramatisation (3, 1, 1-3), mais le destin et la loyauté du parti flavien sont meilleurs que ceux de leurs adversaires (3, 1, 1 : *meliore fato fideque*). Les généraux flaviens sont réunis à Pettau en conseil de guerre pour délibérer sur la meilleure manière de mener le combat contre Vitellius et mettre Vespasien à sa place sur le trône. Parmi eux, c'est Antonius Primus qui a le plus d'influence : c'est un belliqueux dont Tacite nous livre le discours de guerre.

Les conclusions de ces trois premiers livres offrent elles aussi de curieuses similitudes de composition. Le livre 1 s'achève par le départ d'Othon qui quitte Rome le 14 mars 69 pour rejoindre l'armée et aller au-devant de sa mort. Même si quelques notations laissent penser que le comportement d'Othon est empreint de noblesse, de respect des institutions (il recommande l'État au Sénat ; 1, 90, 1 : *commendata patribus re publica* ; il célèbre le consensus entre le peuple et le Sénat ; 1, 90, 2 : *consensum populi ac senatus pro se attollens*), de respect pour l'adversaire (il n'accable pas personnellement Vitellius ; 1, 90, 2 : *aduersum Vitellianas partis modeste disseruit* ; il n'incrimine pas les légions de ce dernier ; *ibid.* : *inscitiam potius legionum quam audaciam increpans*), que la foule est pleine d'enthousiasme envers le Prince, Tacite ne laisse pas de souligner tout ce que ce tableau d'apparence idyllique a de trompeur. Comme toujours, l'historiographe cherche à percer les apparences et à aller au-delà des interprétations fallacieuses ou complaisantes. En réalité Othon ne fait que réciter un discours écrit par un dénommé Galerius Trachalus qui n'accable pas Vitellius par souci de se ménager une porte de sortie en cas de victoire de ce dernier (1, 90, 2 : *scriptor orationis sibi metuens*) ; en réalité les acclamations bruyantes de la foule ne sont que l'expression de sa passion honteuse pour la servilité (1, 90, 3 : *ex libidine seruitii*). Tacite remet les choses à leur juste place et invite son lecteur à prendre une juste mesure de la situation : Othon n'est ni Jules César ni l'empereur Auguste (1, 90, 3 : *quasi dictatorem Caesarem aut imperatorem Augustum prosequerentur*) ; sa médiocrité et son petit destin ne peuvent le placer sur un pied d'égalité avec les grands dirigeants du passé. L'écriture de l'histoire par Tacite ressortit à la dénonciation des apparences (1, 90, 3 : *uocesque uulgi ex more adulandi nimiae et falsae*) et à une dramatique exposition d'une vérité difficilement soutenable. Décidément, l'année 69, *annus horribilis*, ne pourra marquer les esprits que par les désastres qu'elle connut ; le moment de l'espoir n'est pas venu.

Le livre 2 s'achève par une autre accusation. Caius Cécina et Lucilius Bassus n'ont pas rejoint le camp de Vitellius par souci de la paix et par amour du bien public, mais bien par jalousie et bassesse d'âme. Là encore, comme à la fin du livre 1, Tacite tient à rétablir une vérité sinon dissimulée, du moins dénaturée, selon lui, par la propagande flavienne (cf. *Histoires* 2, 101, 1 : *scriptores temporum, qui potiente rerum Flauia domo monimenta belli huiusce composuerunt, curam pacis et amorem rei publicae, corruptas in adulationem causas, tradidere* ; « Les historiens du temps, qui pendant la puissance de la maison flavienne ont composé le récit de cette guerre, ont donné comme motifs de cette défection, en les dénaturant pour faire leur cour, le souci de la paix et l'amour du bien public »).

Le livre 3, enfin, s'achève par un tableau sinistre de l'assassinat de Vitellius, poussé aux Gémonies (3, 85, 1) et par un portrait bilan de l'éphémère empereur. Mais cette mort n'est pas une victoire pour Rome, même s'il « importait à l'État que Vitellius fût vaincu » (3, 86, 6 : *rei publicae haud dubie intererat Vitellium uinci*). Ce tableau final est en parfait contraste avec la fin du livre 1. Alors qu'Othon avait recommandé l'Empire aux sénateurs, ces derniers sont à présent contraints de fuir ou de se réfugier chez leurs clients (3, 86, 7). Il n'y a même plus, cette fois, de Sénat : *uocari senatus non potuit* (3, 86, 7). L'abaissement de Rome est total. En *Histoires* 1, 11, 6 (cf. *supra*), Tacite annonçait à l'Empire son dernier jour ; la prédiction est réalisée et la fin du jour est une fin de règne, peut-être une fin de régime : *praecipiti in occasum die* (3, 86, 7). La composition savante et dramatique de ces trois livres oscille donc entre parallélismes et gradations. Comme l'écrit Ph. Fabia dans *Les Sources de Tacite dans les Histoires et les Annales* (p. 285), à propos des deux premiers livres, « dans leur première moitié, un empereur en renverse un autre ; au centre se place la mort du vaincu ; dans leur deuxième moitié, le vainqueur est obligé de faire ses préparatifs pour la lutte où il succombera à son tour ». En outre, à la fin de chacun entre en scène l'armée qui doit être battue. Comme le laissent entendre les derniers mots du livre 3, la figure politique qui se dessine peu à peu et qui finira par prendre toute son ampleur et toute sa lumière aux livres 4 et 5 est celle de Vespasien. Le retour de Domitien dans la demeure de son père, escorté par les soldats en armes, annonce ainsi l'émergence de Vespasien, l'homme qui saura résoudre de manière durable la grande crise de l'année 69 et imposer une nouvelle dynastie, les Flaviens, appelée à régner, avec Titus et Domitien, jusqu'en 96.

LES *ANNALES* : CONTENU DÉTAILLÉ ET COMPOSITION

Elles contiennent un récit des règnes de Tibère à Néron. On partage d'ordinaire l'œuvre en hexades, ou groupes de six livres. Les six premiers sont consacrés au Principat de Tibère, les livres 7 à 12 relatent le règne de Claude et les livres 13 à 18 celui de Néron. C'est oublier plusieurs éléments d'importance qui rendent cette description sujette à caution. Tout d'abord le regroupement des livres des historiographes antiques par triades (groupes de trois livres), par pentades (cinq livres), par hexades ou par décades (dix livres) ne repose sur aucune base solide et rien dans les sources anciennes ne vient l'appuyer. On débat encore sur la validité du concept de décades liviennes ou – plus vivement encore – de l'existence effective des triades ou pentékaidécades ammiannéennes. La prudence s'impose donc.

On n'est pas certain ensuite, je l'ai rappelé plus haut, du nombre total des livres que comptaient les *Annales* ni même que ces dernières se distinguaient des *Histoires*. Enfin, on oublie trop souvent au moins trois éléments. Tout d'abord l'importance des cinq premiers chapitres des *Annales* qui constituent un bref mais extraordinairement dense tableau de la tyrannie politique instaurée avec succès et hypocrisie par Auguste. C'est le sens de la formule qui ouvre le chapitre 4 : « Le statut de l'état ayant été renversé » (*Annales* 1, 4, 1 : *uerso ciuitatis statu*). Le verdict est sans appel : Auguste a réformé, sans jamais l'avouer, les institutions du vieil État romain et l'a fait passer du statut de République (*libera res publica*) au statut de Principat régi par la volonté d'un seul : « Tous, oubliant l'égalité, attendaient les ordres du Prince » (*Annales* 1, 4, 1 : *omnes, exuta aequalitate, iussa principis aspectare*). Le projet politique de Tacite consiste donc, dans les *Annales*, à décrire les conséquences de cette révolution qui ne dit pas son nom.

Le second point qu'il faut rappeler est l'importance que donne Tacite dans ses chroniques impériales aux grandes figures politiques qui précisément ne sont pas des empereurs : celle de Séjan par exemple, personnalité noire et âme damnée de Tibère qui hante les livres 4 à 6 des *Annales* ; mais surtout celles de résistants, politiques, philosophes ou intellectuels au sens large : Sénèque bien sûr, condamné par Néron à subir une mort volontaire, mais aussi Cremutius Cordus, condamné à mort par Tibère (*Annales* 4, 34-35) ou encore Thraséa qui n'en finit plus de mourir en raison d'une lacune qui, de manière spectaculaire et tragique, fait que le manuscrit des *Annales* s'interrompt pour nous au beau milieu des souffrances endurées par le philosophe (*Annales* 16, 35, 2). Peut-être Tacite cherchait-il, conformément à ce que dit explicitement le chapitre 2 du livre 1 des *Histoires* (« Pourtant ce siècle ne fut pas si stérile en mérites qu'il ne donnât aussi des exemples de vertus »), à compenser l'horreur des temps présents par l'exaltation de ceux qui avaient su les sublimer. Sans doute le livre 2 des *Annales*, à ce titre, fait-il aussi l'histoire de celui qui n'a pas été Prince mais qui l'aurait amplement mérité : Germanicus dont les mérites militaires et la personnalité hors du commun sont amplement détaillés dans les chapitres 1 à 26, puis 42 à 81. On le voit, les *Annales* ne sont pas une simple chronique des trois premiers successeurs officiels d'Auguste.

Le troisième point sur lequel il faut s'attarder un instant est l'importance en nombre et en qualité des digressions. Là encore Ammien, grand amateur d'excursus ethnographiques, historiques ou pittoresques, saura se souvenir de Tacite. Dans les *Annales* on ne recense pas moins de cinq digressions d'une réelle signification. Dans l'ordre du texte, on lit en *Annales* 3, 52-55 un excursus sur les lois somptuaires (limitant les dépenses privées) ; en *Annales* 4, 32-33 un récit des luttes séculaires entre les patriciens et les plébéiens ; en *Annales* 6, 17 une description de la vieille magistrature de la préfecture de la Ville ; en *Annales* 12, 23-24 un relevé historique de l'évolution des frontières de Rome, le *pomœrium* ; en *Annales* 13, 3 un portrait à charge de Néron, brocardé par la foule le jour où il lut l'éloge funèbre de Claude et jugé piètre orateur par rapport aux empereurs lettrés du passé. Ces cinq passages ont en commun le fait de se pencher sur le passé de Rome, jugé, à l'aune d'une actualité peu enthousiasmante, particulièrement glorieux. Tout se passe comme si Tacite, à l'étroit dans son sujet, peu à l'aise dans son époque, cherchait dans un passé digne de la véritable histoire, une consolation momentanée au spectacle de la tyrannie : « Personne ne saurait comparer nos annales aux ouvrages des auteurs qui ont écrit l'histoire ancienne du peuple romain. Eux avaient de grandes guerres, des villes prises d'assaut, la défaite et la capture de rois ou, lorsqu'ils se tournaient vers les affaires intérieures, le désaccord entre les consuls et leurs adversaires les tribuns, les lois frumentaires ou agraires, les luttes entre la plèbe et l'aristocratie, autant d'objets sur lesquels ils pouvaient s'étendre librement. Pour nous, nos efforts sont à l'étroit, et sans gloire : une paix immuable ou médiocrement troublée, les affaires de la Ville sans joie, un Prince alors peu soucieux d'étendre l'Empire » (*Annales* 4, 33, 1-2 ; trad. P. Grimal). On le constate une fois encore, on ne saurait réduire les *Annales* à une chronique des règnes de Tibère,

Claude et Néron. Au-delà de cette médiocre matière, c'est l'histoire des *ueteres populi Romani res* (*Annales* 4, 32, 1), des exploits passés du peuple romain, que retient Tacite. L'histoire ancienne se lit en filigrane des règnes des princes abhorrés.

LES SOURCES DE TACITE

On aura une idée de la complexité de cette question lorsque l'on saura qu'une monographie spécialisée récente, parue en 2003 et due à O. Devillers, a été consacrée entièrement aux seules sources des *Annales*. Dans cet ouvrage l'auteur consacre environ soixante-dix pages à la seule énumération des sources possibles. Il ne saurait donc ici être question de faire autre chose que de citer des noms et de proposer une mise en garde. L'énumération des sources de Tacite doit distinguer les auteurs majeurs des documents de nature archivistique. Parmi les auteurs lus par Tacite il faut très probablement citer Servilius Nonianus et Cluvius Rufus et assurément Pline l'Ancien. Les deux premiers paraissent avoir eu une influence plus grande qu'Aufidius Bassus, longtemps considéré comme un inspirateur de Tacite. Ce dernier a d'autre part sinon dépouillé systématiquement du moins eu un accès facilité aux archives de l'État romain : *Acta* divers, du Sénat ou peuple romain, éphémérides ou Journaux Officiels. Quant aux mémoires rédigés par les princes ou leur entourage, si leur existence ne fait aucun doute (Domitien par exemple lisait les mémoires de Tibère aux dires de Suétone, *Dom.* 20 ; les *Mémoires* d'Agrippine la Jeune, la mère de Néron, sont cités en *Annales* 4, 53, 2 et Tacite dit explicitement y avoir puisé), on débat pour savoir si Tacite a pu les consulter librement. Les princes veillaient en effet précautionneusement sur ces documents qui pouvaient être explosifs : on lit ainsi en *Annales* 4, 40, 9-10 que Domitien refusa à Junius Mauricus l'autorisation de consulter les archives de Vespasien.

La mise en garde qu'il convient de prononcer est double.

Il semble, d'une part, que la critique hésite en ce qui concerne les sources de Tacite entre deux positions : soit on fait de l'historien un fouilleur d'archives – à la manière de ce que sera Ammien Marcellin si l'on suit la description de sa méthode historique telle que l'a exposée Guy Sabbah dans sa thèse en 1978 – soit l'on considère que la pente naturelle à presque tous les historiens de l'Antiquité faisait qu'ils ne suivaient qu'une seule source qu'ils ne citaient jamais, camouflant une pratique générale que ne frappait aucun soupçon de

plagiat dans la mentalité ancienne sous les apparences déontologi-
ques qui consistaient à citer uniquement les références ou *auctores*
qu'ils n'utilisaient pas. La première position était jadis adoptée par
les épigones du grand philologue H. Nissen qui prétendait (sa thèse
date de 1863) que les *Annales* de Tacite (comme l'œuvre de Tite-Live
d'ailleurs) reposaient sur une seule source ; la seconde position est
celle des chercheurs contemporains qui ont multiplié les identifica-
tions de détail dans les influences subies par Tacite, par exemple les
ouvrages de divers antiquaires mal connus, des recueils de biographies consacrés aux *Viri illustres*, des inscriptions diverses (figurant
par exemple sur les bases des statues élevées à Rome en l'honneur
des *Viri illustres* en question ou encore sur divers monuments), sans
oublier les monnaies.

Il paraît salutaire, d'autre part, de conserver à l'esprit un principe
méthodologique essentiel : la lecture des sources antiques, celle des historiens et de Tacite ou Tite-Live par exemple, ne doit jamais se départir
d'un esprit critique dont le fondement est la *Quellenforschung*. Je veux
dire (j'ai développé cette question dans mon étude « L'historiographie
latine tardive, IIIᵉ-IVᵉ siècle. État des recherches 1987-2002 », *Pallas*
63, 2003, p. 209-232) qu'il ne saurait y avoir d'approche féconde des
textes sans comparaison rigoureuse entre la version lue et les sources
utilisées par l'auteur. Les différences feront le sens : ajouts ou suppres-
sions sont significatifs. Il semble bien que les écarts que l'on observe
entre Tacite et ses prédécesseurs et les déformations qu'il leur fait subir
permettent au mieux de cerner les intentions idéologiques de Tacite :
vision pro-sénatorienne de l'histoire, célébration de la dynastie anto-
nine, dramatisation du récit à des fins édifiantes. Quand Tacite n'ajoute
ni ne retranche à ses sources, il reconstruit les éléments empruntés à
la tradition faisant appel à la liberté laissée à l'historien de composer à
sa guise : c'est l'art de la *dispositio* dont les pages qui suivent donnent
plusieurs exemples.

LES PRINCIPES HISTORIOGRAPHIQUES DE TACITE

UNE HISTOIRE RHÉTORIQUE

Trop d'historiens ont pris au pied de la lettre l'affirmation de
Quintilien selon laquelle « on écrit l'histoire pour raconter et non
pour prouver » (*Institution oratoire* 10, 1, 31 : *historia scribitur ad*

narrandum, non ad probandum). Tout montre au contraire que l'historiographie latine, et même grecque avec Fabius Pictor, depuis les origines, depuis les annalistes de l'époque républicaine jusqu'aux abréviateurs contemporains d'Ammien, en passant par les plus grands, Tite-Live notamment, cherche à démontrer une thèse, à savoir, la plupart du temps, à justifier le passé et à glorifier les actions héroïques du peuple romain. À cet égard, la trop fameuse formule cicéronienne du *De legibus* n'a pas toujours été prise dans toute sa vraie dimension. Lorsque Cicéron affirme *historia... opus unum hoc oratorium maxime* (*De leg.* 1, 5), il ne veut pas simplement dire que « l'histoire est une tâche qui revient à l'orateur » mais qu'il s'agit là de la plus noble des tâches de l'orateur et que ce dernier mettra au service de l'écriture de l'histoire tous ses talents oratoires, c'est-à-dire littéraires, car l'orateur est avant toute chose un écrivain.

Le talent littéraire est le premier dont doit faire preuve l'historien, qui est un écrivain avant tout, un historiographe. Les mots latins pour désigner ce talent sont *eloquentia* et *ingenium*. Le but avoué de Tacite est de rivaliser avec ses devanciers, ces *eloquentissimi auctores* dont parle *La Vie d'Agricola* 10, 1 et dont il exalte (*ibid.* 1, 2) le talent individuel (*celeberrimus quisque ingenio*). Le propre de la grande histoire, par opposition au genre moins noble de la biographie, illustrée par Suétone, est de se hisser au-dessus de la sécheresse des premiers annalistes pour faire œuvre éloquente. Pareille exigence explique une constante de l'historiographie antique que les modernes, notamment parmi les historiens, ont beaucoup de difficultés à accepter : l'historien a toute latitude pour présenter les faits à sa manière afin de mieux séduire et convaincre son lecteur. Tacite a bien récrit (sans en modifier la teneur de fond) le discours de Claude (*Annales* 11, 23) prononcé en 48 au Sénat devant les notables gaulois venus demander une extension de leurs droits politiques, comme le prouve de manière indubitable la comparaison avec le discours authentique de Claude, conservé par la célèbre inscription des tables de bronze de Lyon (voir notamment l'article de J. Carcopino, « La table claudienne de Lyon et l'impérialisme égalitaire », *Journal des Savants*, 1930, p. 79-81, article repris dans *Les Étapes de l'impérialisme romain*, Paris, 1961, p. 174-208). Cette licence était de fait reconnue aux historiens, ainsi que l'affirme sans détour Cicéron, par la bouche d'Atticus, en *Brutus* 11, 42 : *concessum est rhetoribus ementiri in historiis, ut aliquid dicere possent argutius*. Le verbe *ementiri* ne doit en aucun cas être traduit par « mentir », terme qui implique une notion de faute morale absente du mot latin ici, mais plutôt par « affabuler », « embellir », « améliorer » ou encore « colorer ».

Les moyens de l'historien ne ressortissent pas simplement à la mission d'information, ou à la raison, *docere*, mais aussi au sentiment, *mouere, delectare*. Ainsi s'expliquent les libertés prises par l'historien à des fins de dramatisation ou d'édification. L'un des exemples les plus flagrants a été récemment mis au jour grâce à la découverte d'une inscription. Il s'agit du sénatus-consulte de *Pisone patre* qui jette une lumière nouvelle sur le procès du prétendu assassin de Germanicus (mort le 10 octobre 19), connu jusque-là essentiellement grâce à Tacite (*Annales* 2, 69-70 et 3, 13-18). Alors que Tacite place le procès au début de l'année 20, on sait désormais, grâce à l'inscription, qu'il eut lieu en réalité le 10 décembre 20. Pour quelle raison Tacite a-t-il sciemment modifié la chronologie ? Est-ce, comme l'avancent des travaux récents, afin de pas introduire de solution de continuité entre la mort de Germanicus et la date du procès et donc une inévitable chute de tension dramatique ? Le débat est ouvert, mais l'exemple doit nous rappeler que l'historien a une certaine liberté, notamment dans le choix des faits, leur agencement ou leur éclairage, et nous faire souvenir qu'en exerçant ce droit il use des prérogatives du rhéteur.

INSTRUIRE LES HOMMES

On sait que le grand et premier théoricien de l'historiographie latine fut Cicéron. Pour lui, l'histoire est *uita memoriae* et *magistra uitae* (*De orat.* 2, 9, 36). Salluste déjà, puis Tite-Live (voir l'importante préface du livre 1 de son *Ab Vrbe condita*) avaient fait leur cette conception moralisatrice et édifiante de l'écriture historique. Au service de cette mission d'éducation doivent être mis les grands exemples de comportements héroïques des hommes du passé. Les *exempla* sont les précédents dont les lecteurs doivent s'inspirer dans leurs propres actes. Ces témoignages sont empruntés par Tite-Live aux grandes heures de la République triomphante (les Horatius Coclès, Manlius Torquatus et autres Mucius Scaevola) et ils serviront encore, dans les dernières années du IVe siècle, les projets moralisants d'un Ammien Marcellin qui inscrit son héros Julien dans la lignée de ces gloires mythiques. Chez Tacite, au contraire, les grands exemples sont des personnages historiques et c'est l'histoire contemporaine (ou presque) qui est appelée à devenir exemplaire. L'une des figures les plus fameuses des *Annales* est ainsi l'historien Crémutius Cordus, condamné à mort sous Tibère pour avoir écrit des *Annales* dans lesquelles il louait Brutus, l'assassin de César, et avait appelé Cassius, autre tyrannicide, « le dernier des Romains » (*Annales* 4, 34, 1). Dans un discours testamentaire, prononcé devant le Sénat, Cordus fait l'éloge de la liberté et propose son propre comportement en exemple, au même titre que ceux de Brutus et de Cassius. « La postérité, explique-t-il, rend à chacun l'honneur qui lui est dû » (4, 35, 3). Il appartient dès lors à l'histoire de conserver le souvenir des actes honnêtes et bons accomplis par les esprits libres afin de permettre qu'on leur rende justice et honneur. Écrire l'histoire, c'est rassembler les pièces nécessaires au dossier afin de ne rien laisser dans l'ombre de grand ou de méritant.

À cet égard la proclamation la plus claire est celle du livre 3 des *Annales* : « Mon dessein n'est pas de rapporter toutes les opinions : je me borne à celles que signale leur noblesse ou un caractère particulier d'avilissement, persuadé que le principal objet de l'histoire est de préserver les vertus de l'oubli, et d'attacher aux paroles et aux actions perverses la crainte de la postérité et de l'infamie » (3, 65, 1 : ... *praecipuum munus annalium reor ne uirtutes sileantur utque prauis dictis factisque ex posteritate infamia et metus sit*). Une autre grande figure de la grandeur d'âme, le philosophe Thraséa, lui aussi condamné à mort, par Néron, doit être inscrit dans la galerie des exemples à suivre, comme il en a lui-même pleinement conscience, du moins si l'on en croit les propos – qui sont aussi les derniers mots sur lesquels s'achève pour nous le manuscrit des *Annales* – qu'il tint à Helvidius et Demetrius au cours de son agonie, et plus précisément au questeur qui se trouve là : « Tu es né pour vivre en des temps où il convient de fortifier son âme par des exemples de fermeté » (*Annales* 16, 35, 1 : *in ea tempora natus es quibus firmare animum expediat constantibus exemplis*).

Sans doute les événements de l'année 69 avaient-ils atteint un degré inouï dans l'horreur. Le propre des guerres civiles est de déchirer les familles, de mettre les fils aux prises avec les pères, les gendres avec les beaux-pères. Mais pour Tacite, les guerres civiles du Ier siècle avant J.-C. n'avaient pas eu le même caractère de gravité. Tout du moins, l'état d'esprit des combattants n'était pas alors aussi dépravé qu'en son temps. Pour preuve, l'historien allègue une anecdote morbide. Au cours de la guerre entre partisans de Vitellius et de Vespasien un cavalier avait tué son frère et était venu réclamer à ses chefs sa récompense. Horrifié par son attitude, Tacite reproduit une anecdote jadis rapportée par Sisenna (auteur, dans la première moitié du Iᵉʳ siècle avant J.-C., d'une histoire de la période 90-82). Un soldat, au cours de la guerre contre Cinna, avait tué son propre frère et, après avoir pris conscience de son crime, s'était donné la mort : « Tant chez nos aïeux le sentiment était plus vif et de la gloire qui s'attache aux vertus et du remords qui suit les crimes » (*Histoires* 3, 51, 5 : *tanto acrior apud maiores, sicut uirtutibus gloria, ita flagitiis paenitentia fuit*). La mission de l'historien est d'opérer ces parallèles afin d'édifier le lecteur et de souligner la décadence des comportements que seul l'historien, qui est aussi un juge, peut stigmatiser : « Ces traits et d'autres semblables puisés dans l'histoire ancienne, il ne sera pas mal à propos que nous les rappelions, toutes les fois que l'occasion d'un événement réclamera que nous les donnions comme exemples du bien ou consolation du mal » (*Histoires* 3, 51, 6 : *sed haec aliaque ex uetere memoria petita, quotiens res locusque exempla recti aut solacia mali poscet, haud absurde memorabimus*).

JUGER LES HOMMES

Le projet de Tacite n'est pas fondamentalement différent de celui de l'historiographie latine avant lui, comme le confirme la première phrase de *La Vie d'Agricola* : « Transmettre à la postérité les actions et le portrait des hommes illustres est un usage ancien » (*Agr.* 1, 1 : *clarorum uirorum facta moresque posteris tradere antiquitus usitatum*). Mais cette médaille a son revers : exalter les mérites ne va pas sans stigmatiser les vices et les dépravations. E. Paratore, dans son livre sur Tacite, indique ainsi que l'historien siégeait au « tribunal de l'histoire ». Tous les personnages des *Histoires* ne sont pas condamnés, car dans les pires situations il arrive que des vertus se révèlent (on songe ici à l'éloge funèbre de Turia écrit par son mari : au cœur même des guerres civiles du Iᵉʳ siècle Turia fit preuve d'un dévouement exemplaire à son mari dont elle sauva la vie) : « Ce siècle cependant ne fut pas à ce point stérile en vertus qu'il n'ait produit aussi de beaux exemples : des mères accompagnèrent la fuite de leurs enfants, des épouses suivirent leurs maris en exil ; il y eut des parents hardis, des gendres constants, des esclaves d'une fidélité opiniâtre même en face des tortures ; des hommes illustres soumis à la dernière de toutes les épreuves sans montrer de faiblesse, des morts comparables à celles que l'antiquité a célébrées » (*Histoires* 1, 3, 1-2). Ce passage est particulièrement intéressant en ce que – outre qu'il fournit la preuve que le prétendu pessimisme de Tacite n'est pas aussi manichéen que le cliché ne le laisse penser – il livre les catégories morales au nom desquelles Tacite prononce ses jugements : *audacia, constantia, contumacia, fortitudo*. Ces termes clefs fournissent un point de départ lexical à toute approche du type « Les valeurs de Tacite » ou « Tacite moraliste ».

Chateaubriand a parfaitement décrit dans un passage fameux (*Le Mercure* du 4 juillet 1807, article repris dans les *Mélanges Littéraires*) cette posture de justicier adoptée par Tacite : « Lorsque tout tremble devant le tyran et qu'il est aussi dangereux d'encourir sa faveur que de mériter sa disgrâce, l'historien paraît, chargé de la vengeance des peuples. C'est en vain que Néron prospère : Tacite est déjà né dans l'Empire ». Si Tacite ne renonce jamais à donner une liste exhaustive de crimes ou de trahisons (plus complète que celles de ses prédécesseurs en historiographie), en revanche il affirme avoir rencontré davantage d'actions héroïques ou exemplaires que ses devanciers : « Je n'ignore pas que la plupart des historiens ont omis beaucoup d'accusations et de supplices, rebutés par le nombre, ou, les trouvant trop nombreux et affligeants, ont voulu épargner aux lecteurs le même dégoût. Pour moi, j'ai rencontré beaucoup de faits dignes d'être connus, bien que laissés par d'autres dans le silence (*nobis pleraque digna cognitu obuenere, quamquam ab aliis incelebrata*) » (*Annales* 6, 7, 6). La pensée de Tacite n'a rien de manichéen, on l'a dit, mais elle se propose d'être utile, au service de la distinction du mal et du bien : « Aujourd'hui que tout est changé, que le gouvernement de Rome n'est pas très différent d'une monarchie, la recherche et le récit des faits que je rapporte peuvent avoir leur utilité, car peu d'hommes distinguent par leur propre intelligence ce qui est honorable ou avilissant, utile ou nuisible ; la plupart s'instruisent par ce qui est arrivé aux autres » (*Annales* 4, 33, 2 : *sic conuerso statu neque alia re Romana quam si unus imperitet, haec conquiri tradique in rem fuerit, qui pauci prudentia honesta ab deterioribus, utilia ab noxiis discernunt, plures aliorum euentis docentur*).

Sans doute est-ce cet aspect de la pensée de Tacite qui a le plus contribué à son succès à travers les siècles dont l'historien Arnaldo Momigliano a retracé l'histoire dans un grand livre, *Les Fondations du savoir historique* (Paris, Les Belles Lettres, coll. « Histoire », 1991). Dans le chapitre V de cet ouvrage (p. 127-153), « Tacite et la tradition tacitéenne », A. Momigliano tente « une évaluation équilibrée de l'originalité » (p. 134) de l'historien : son interprétation, par exemple, de la crise de 69 dans l'armée romaine comme un effondrement de la discipline militaire, provoqué lui-même par la démoralisation de l'aristocratie, donc comme un fait de société, ne se retrouve ni chez Plutarque ni chez Dion Cassius. L'*adulatio* est le maître mot des *Annales*, celui qui permet la tyrannie, un régime dont la caractéristique est d'imposer un choix pénible entre la flatterie et la protestation stérile : *inter abruptam contumaciam et deforme obsequium* (*Annales* 4, 20, 3), « entre l'obstination rigide et la servilité honteuse ».

Mais l'enseignement de Tacite sur le despotisme demeure ambivalent : sans doute ouvrait-il les yeux sur les effets de la tyrannie, mais il donnait en même temps des leçons de réalisme à qui se souciait de gouverner. A. Momiglinao passe en revue les interprétations successives que l'on a pu faire de l'œuvre de Tacite. Ainsi, au XVᵉ siècle, en Italie, il a été sollicité pour démontrer la supériorité de la République de Scipion sur la monarchie de César ; au XVIᵉ siècle, Tacite servait de guide dans les ténèbres de l'âme humaine : Montaigne l'admira (cf. *Essais*, Livre III, chapitre 8, « De l'art de conférer », « Bibliothèque de la Pléiade », p. 1053-1055) et, plus tard, La Rochefoucauld lui devra quelque chose dans l'analyse de l'hypocrisie ; au XVIIᵉ siècle, en Angleterre, Tacite sera pris pour un ennemi de la monarchie absolue, tandis qu'en Italie, à la même époque, les milieux catholiques verront en lui un historien païen auquel on préférera Tite-Live ; le XVIIIᵉ siècle, Rousseau et D'Alembert en particulier, fit de Tacite, au même titre que de Machiavel, un opposant éclairé aux princes obscurantistes ; plus tard encore, Tacite progressera et se muera en républicain révolutionnaire (« Et son nom prononcé fait pâlir les tyrans », M.-J. Chénier, *Épître à Voltaire*, 1806) ; enfin, Tacite se verra mêlé, au XIXᵉ siècle, à la lutte contre le césarisme français. Pour prolonger l'étude d'A. Momigliano, il faudrait ajouter à la liste des lecteurs de Tacite au moins six noms : Th. Mommsen qui fit de Tacite un monarchiste par désespoir comme il était lui-même un partisan pessimiste de l'Empire allemand, E. Paratore (son *Tacite* est de 1962), A. Michel (*Tacite et le Destin de l'Empire*, 1966), E. Cizek (*Tacite*, 1974), P. Grimal (*Tacite*, 1990) et X. Darcos (*Tacite, ses vérités sont les nôtres*, 2007)

L'EXIGENCE DE VÉRITÉ

Le thème de l'impartialité historique est un lieu commun de l'historiographie antique, largement développé dans les préfaces depuis Thucydide et Polybe et, dans le domaine latin, depuis Salluste et Tite-Live. Ce sera encore le cas chez Ammien Marcellin. Deux passages d'Ammien – dont le second est capital puisqu'il clôt l'ultime livre des

Res Gestae – semblent faire assez clairement allusion à la préface générale perdue de l'ouvrage. En 18, 8, 2 et en 31, 16, 9 Ammien Marcellin rappelle qu'il s'est engagé à écrire « une œuvre qui fait profession de vérité », *opus ueritatem professum*.

L'historien s'interdit donc le mensonge, qu'il soit délibéré (*mendacium*) ou le fruit de l'omission (*silentium*). Cette profession de ne jamais taire la vérité s'exprime le plus clairement dans la préface des *Histoires* (1, 1) et s'oppose aux pratiques antérieures des historiens (sont sans doute visés : Aufidius Bassus, Servilius Nonianus, Cluvius Rufus, Fabius Rusticus et Pline l'Ancien) muselés par un pouvoir autocratique dont Tacite situe l'avènement après la victoire d'Octave à Actium en 31 avant notre ère : *postquam bellatum apud Actium atque omnem potentiam ad unum conferri pacis interfuit, magna illa ingenia cessere ; simul ueritas pluribus modis infracta* (« Mais après qu'on eut livré la bataille d'Actium et que dans l'intérêt de la paix on dut confier la toute-puissance à un seul homme, ces grands génies disparurent ; en même temps la vérité fut violée de bien des manières », *Annales* 1, 1, 2). La domination (cf. *dominantes* en *Histoires* 1, 1, 2) d'un seul n'est donc pas compatible avec la recherche de la vérité.

Le refus du mensonge s'apparente également chez lui au rejet de la flagornerie et Tacite revendique pour l'historien la liberté de parole. Il considère que « la passion de l'adulation » (*libido adsentandi*) ou au contraire la « haine de la tyrannie » (*odium aduersus dominantes*) constituent des « infractions » à l'exigence de « vérité » (*ueritas infracta*) (*Histoires* 1, 1, 2). La filiation est clairement cicéronienne. Dans le *De oratore* 2, 62, le premier théoricien romain du genre historiographique affirmait que l'historien ne devait pas avoir l'audace de rien dire de faux mais au contraire avoir l'audace de ne rien dissimuler de vrai (*ne quid dicere falsi audeat, … ne quid ueri non audeat*) ; selon lui encore, la première loi de l'histoire est d'éviter le moindre soupçon de faveur ou haine (*De orat.* 2, 15, 62 : *ne qua suspicio gratiae sit in scribendo, ne qua simultatis* ; *Pro Marcello* 28 : *sine amore… et rursus sine odio*). On retrouve ces mêmes termes dans la préface des *Histoires* : *sed incorruptam fidem professis neque amore quisquam et sine odio dicendus est* (*Histoires* 1, 1, 5) ; « Mais qui a fait profession de loyauté incorruptible doit parler de chacun sans amour et sans haine ».

Il faut en fait nuancer cette façon de voir. Plus que de vérité, c'est de véracité que l'historien veut faire preuve. *Veritas* est un mot moins important pour comprendre Tacite que *fides*. C'est ce mot qu'utilise

Tacite pour faire l'éloge de Tite-Live, *eloquentiae ac fidei praecla-rus in primis* (*Annales* 4, 34, 6) ou des deux biographes Rutilius et Scaurus (*Agr.* 1, 3 : *non citra fidem*). L'historien doit fonder son récit sur des sources ou des preuves sûres. Le document joue ainsi le rôle de garantie dans l'échange entre l'historien et son public et atteste, auprès du second, de la bonne foi (c'est le sens premier de *fides*) du premier. Le recours par Tacite aux témoignages de ses contemporains ne fait pas de doute et les lettres de Pline le Jeune à l'historien l'at-testent. L'avocat a fourni à Tacite sa matière pour les récits perdus de l'éruption du Vésuve et aussi des détails sur le procès du concussion-naire Baebius Massa, ancien proconsul d'Afrique, procès qui eut lieu sous Domitien et dans lequel Pline le Jeune avait siégé comme juge (il était alors sénateur), mais auquel Tacite, absent de Rome, n'avait pu assister. Tacite, en outre, a très probablement utilisé des archives, les procès-verbaux des séances du Sénat (*acta senatus*), la collection du Journal de Rome (*acta diurni populi romani*), les archives impériales (*commentarii principum*).

La recherche des causes constitue une autre garantie de *fides*, la preuve que le récit, en remontant jusqu'aux principes, s'éloigne des apparences. La véracité paraît ainsi une vertu supérieure à la pure vérité et l'historien, en composant son ouvrage, peut être amené à recomposer l'histoire : *ceterum antequam destinata componam...*, dit-il en *Histoires* 1, 4, 1, « Mais avant d'exposer avec ordre ce que je me suis proposé... » Le verbe *componere* implique ici remise en ordre par l'écriture, le résultat visé s'approchant davantage de la recherche du vrai (*diligentia ueri* : cf. *Histoires* 4, 49, 6 ; cf. *Annales* 15, 73, 2 à propos de certains contemporains de Néron, *quibus uerum cura nos-cendi est*) que de la pure et fidèle description de la réalité. Une telle manière de faire aurait certes toutes les chances de paraître objectif. Mais, comme l'explique Tacite en *Histoires* 1, 4, 1, décrire les péri-péties et le dénouement des choses (*casus euentusque rerum*) fait la part trop belle à ce qui est conjoncturel ou factuel, c'est-à-dire soumis au hasard (*qui plerumque fortuiti sunt*). L'historien, dans la lignée des principes suivis par Thucydide le premier, puis théorisés par Cicéron (cf. *e. g. De orat.* 2, 15, 63), se doit d'aller au fond des choses et de découvrir, derrière les apparences, au prix d'une recherche personnelle (*repetendum*) une vérité plus profonde, celle de la logique (*ratio*) et des causes (*causae*) : *ceterum antequam destinata componam, repetendum uidetur qualis status urbis, quae mens exercituum, quis habitus prouin-ciarum, quid in toto orbe ualidum, quid aegrum fuerit, ut non modo casus euentusque rerum, qui plerumque fortuiti sunt, sed ratio etiam causae noscantur* (*Histoires* 1, 4, 1 : « Mais avant d'exposer avec ordre ce que je me suis proposé, il me paraît bon de rappeler quelle était la situation de Rome, l'esprit des armées, l'attitude des provinces, ce qu'il y avait de sain, ce qu'il y avait de malade dans le monde. Ainsi, l'on connaîtra dans chaque affaire non seulement les péripéties et le dénouement, où d'ordinaire le hasard fait tout, mais encore la logique et les causes »).

La priorité donnée aux comportements individuels sur les causes structurelles, économiques ou sociales, explique certaines hésitations de Tacite, les versions alternatives données des mêmes événements ou les traditions contradictoires rapportées. L'épaisseur de l'humain, la part importante faite à la psychologie et au côté sombre des passions permet de comprendre pourquoi l'historien paraît parfois balancer, ce que dans le texte marquent les *siue... siue* ou encore le tour *incertum an...* Napoléon, qui était un esprit cartésien, reprochait à Tacite son excès de complication, qui le rendait obscur à ses yeux. « N'est-il pas vrai, Monsieur, demandait-il le 30 janvier 1806 à Suard, qui était Secrétaire perpétuel de l'Institut, que Tacite, qui est un grand esprit, n'est pas du tout le modèle de l'histoire et des historiens ? Parce qu'il est profond, lui, il prête des desseins profonds à tout ce qu'on fait et à tout ce qu'on dit. Mais il n'y a rien de plus rare que ces desseins (...) Et son style, le croyez-vous sans reproche ? Après l'avoir lu, on cherche ce qu'il pense. Moi, je veux qu'on soit clair » (M. Garat, *Mémoires historiques sur la vie de M. Suard, sur ses écrits et sur le XVIIIe siècle*, 1820).

TACITE HISTORIEN DE LA GUERRE CIVILE DANS LES *HISTOIRES*

L'année 69 après J.-C. ravive les douloureux souvenirs des guerres civiles du Ier siècle avant J.-C. et de leurs cortèges d'horreurs. La guerre civile est d'abord une crise de succession. On se déchire à Rome parce qu'on n'a pas le même empereur. La ligne de partage est d'abord entre les partisans de Galba, d'Othon et de Vitellius. Mais pour Tacite, le conflit a une autre portée. Au-delà de la personne des princes, c'est tout un édifice social qui se lézarde : la concorde entre les ordres, entre les dieux et les hommes, cette valeur suprême tant vantée naguère par Tite-Live dans son Histoire *Ab Vrbe Condita*, n'est plus. La cause en est l'affaiblissement des cadres politiques hérités de la *libera Res publica*, le Sénat en tête. Bafoué, ce dernier ne mérite plus que les sarcasmes discrets mais cruels de l'historiographe. À la tête de l'Empire, le Prince légitime n'est plus que le jouet des factions. Le détenteur de l'*imperium* sur les armées est devenu un fantoche aux mains des armées. La guerre civile est ainsi, au sens étymologique du mot grec, une « catastrophe », un renversement des valeurs. La société romaine et ses institutions sont en crise et Tacite rend compte de cette situation inédite depuis Auguste avec des sentiments partagés. À la fois scandalisé et ému, révolté et frappé de pitié, il écrit l'histoire de cette année terrible, « pleine de bruit et de fureur », dans un registre souvent pathétique et parfois ironique.

LA PEINTURE D'UNE SOCIÉTÉ EN CRISE

La discorde

Galba pensait avoir été appelé à l'Empire par les dieux et les hommes unanimes (*Histoires* 1, 15, 2 : *me deorum hominumque consensu ad imperium uocatum* ; Pison avait la même illusion : cf. *Histoires* 1, 30, 5 : *me Galba consentientibus uobis Caesarem dixit*), ce qui, croyait-il, le différenciait de ses ancêtres et de ceux de Pison qui s'étaient disputé le pouvoir les armes à la main (*ibid.* : *principatum de quo maiores nostri armis certabant*). Ce rappel en forme d'allusion à la lutte du père de Galba dans le camp de César contre Pompée, ancêtre de Pison, montre la prégnance dans les esprits du traumatisme des conflits civils du Iᵉʳ siècle (lutte entre César et Pompée en 49-48 avant J.-C. ; cf. *Histoires* 1, 50, 3 : *nec iam recentia saeuae pacis exempla sed repetita bellorum ciuilium memoria captam totiens suis exercitibus urbem, uastitatem Italiae, direptiones prouinciarum, Pharsaliam, Philippos et Perusiam ac Mutinam, nota publicarum cladium nomina, loquebantur* ; « On ne parlait plus des faits récents qui avaient signalé une paix cruelle, mais comme on se remémorait l'histoire des guerres civiles, on n'avait à la bouche que Rome tant de fois prise par ses propres armées, la mise au pillage des provinces, Pharsale, Philippes, Pérouse et Modène, tous noms illustrés par des désastres publics »). L'unanimité et le consensus dont rêve Galba est loin d'être une réalité et les *Histoires* racontent non pas l'établissement d'une nouvelle *concordia* d'inspiration augustéenne entre les différents ordres de la société romaine mais au contraire le développement des rivalités et des luttes de clan (*Histoires* 1, 83, 3 : *discordia*). Tel est bien le programme annoncé au début du chapitre 2 du livre 1 : *opus adgredior* (…) *discors seditionibus*. On notera ici la hardiesse de l'expression, « j'aborde un ouvrage (…) déchiré de révoltes », comme si l'œuvre de Tacite elle-même était cette déchirure entre les factions.

La désignation d'un Prince cristallise toutes les oppositions. Le premier choix qui doit être fait est celui du successeur de Galba (*Histoires* 1, 12, 2). La nouvelle de la révolte des légions de Haute-Germanie ne fait que rendre plus urgent le choix d'un successeur et sa désignation publique afin d'assurer la paix. Tacite insiste sur l'esprit de clan qui prévaut alors au détriment de l'intérêt de l'État : *paucis iudicium au reipublicae amor : multi stulta spe, prout quis amicus uel cliens, hunc uel illum ambitiosis rumoribus destinabant* (*Histoires* 1, 12, 4) ; « Peu de gens jugeaient impartialement ou bien étaient guidés par l'amour du bien public ; beaucoup entraînés par un fol espoir, selon qu'ils étaient l'ami ou le client de tel ou tel, le désignaient au choix du Prince dans les bruits intéressés qu'ils faisaient courir ». La phrase de Tacite contient en sa présentation rhétorique le germe de la discorde qui opposera dès l'adoption de Pison les partisans de ce dernier et ceux d'Othon. *Multi* désigne les *mali* qui font passer leur intérêt propre avant celui du bien public ; *pauci* dissimule les rares gens de bien. L'antithèse entre les deux termes symbolise le conflit à venir entre othoniens et partisans de Galba : cette phrase porte en elle toute l'amertume de Tacite et dramatise le récit en laissant deviner les affrontements qui se préparent.

Tacite éprouve une réelle sympathie pour Galba dont les principes politiques (sauver la *concordia* ; rétablissement d'une *libera res publica* : cf. *Histoires* 1, 16) sont aussi les siens. Mais la réalité de la lutte entre les factions s'opposera à ce rêve. Le paragraphe 13 du livre 1 est une description détaillée et précise des rivalités d'influence entre le consul Titius Vinius (partisan d'Othon) et le Préfet du Prétoire Cornelius Laco (hostile à Othon sans être favorable à Galba). En opposition aux nobles objectifs de l'empereur, sincèrement préoccupé du bien public (1, 13, 5 : *credo et rei publicae curam subisse frustra a Nerone translatae si apud Othonem relinqueretur* ; « Je pense aussi que Galba se dit que l'on avait ôté pour rien la gestion de l'État à Néron si on l'abandonnait à Othon. », trad. P. Grimal), il faut relever les désaccords de ses adversaires. Noter ici le lexique de la division : *potentia principatus diuisa* (*Histoires* 1, 13, 1) ; *hi discordes* (…) *in duas factiones scindebantur* (1, 13, 2) ; *consensu non tam unum aliquem fouebant quam alium* (1, 13, 2). Signe d'une société en crise, la division est partout présente (cf. 1, 4 : à l'annonce de la mort de Néron, les réactions du Sénat, des chevaliers et de la plèbe sont très différentes ; 1, 32, 1 : le même jour la populace exprime deux avis différents sur Othon ; le Prince ne sait plus qui écouter, 1, 32, 2 : *Galbam duae sententiae distinebant* ; cf. encore *Histoires* 1, 77, 1 : *sic distractis exercitibus ac prouinciis* et 1, 84, 1, parole prononcée par Othon : *in discursu ac tenebris et rerum omnium confusione*) et Tacite ne cesse d'opposer de manière binaire des groupes sociaux dont les choix moraux divergent : *sapientibus quietis et rei publicae cura ; leuissimus quisque et futuri improuidus spe uana tumens* (*Histoires* 1, 88, 6) ; « Les gens raisonnables songeaient à la paix et à l'État ; les esprits légers et imprévoyants se gonflaient de vaines espérances. » Une société ainsi partagée se voit livrée, inévitablement, au désordre.

Le désordre

Il gagne toutes les couches sociales et tous les corps. L'armée, en principe attachée par serment à son Prince (*Histoires* 1, 5, 1 : *longo Caesarum sacramento imbutus*), a perdu le sens de la discipline et se détermine désormais en fonction de basses motivations pécuniaires. Les soldats de la garde prétorienne (basés à Rome) sont prêts à soutenir l'usurpateur potentiel Nymphidius Sabinus, leur Préfet, parce qu'ils n'ont pas perçu le *donatiuum* promis par Galba (*Histoires* 1, 5, 2). Galba lui-même a compris son erreur et tente *in extremis* de la réparer en confirmant la distribution promise (*Histoires* 1, 41, 4). La présence de nombreuses troupes à Rome (cf. *Histoires* 1, 6, 4 : la légion Hispana, des détachements de Germanie, de Bretagne et d'Illyricum), en plus des prétoriens, est un facteur de désordre en puissance. Tacite y voit *ingens nouis rebus materia*, soit « abondamment de quoi alimenter une révolution » (trad. P. Grimal) ou « pour une révolution de puissants éléments » (trad. H. Gœlzer). Les *nouae res*, en effet, désignent toujours, en latin, des désordres qu'il faut craindre. À cela s'ajoute l'instabilité en Afrique, consécutive au meurtre de Clodius Macer (*Histoires* 1, 7, 2), et celle qui règne en Germanie (*ibid.*), consécutive à l'exécution de Capito. Dans le tableau des forces militaires de l'Empire que brosse Tacite entre les chapitres 8 et 11 du livre 1, l'historien insiste sur les facteurs latents de sédition et sur le mécontentement diffus, les motifs de colère sourds des troupes. Seules les légions de Bretagne et d'Illyricum paraissent échapper aux menaces d'insubordination militaire (*Histoires* 1, 9, 3-4). C'est au point que les légions refusent de prêter serment à l'empereur ou le font à contrecœur (cf. *Histoires* 1, 55) et que les esprits entièrement tournés vers la guerre civile négligent les guerres extérieures (cf. *Histoires* 1, 79, 1).

Les causes du désordre (*tumultus*) lié aux guerres civiles sont les haines et la cupidité, naturelles à l'homme mais exacerbées en ces temps troublés. *Licentia* est le maître mot qui désigne ce laisser-aller général ; aux antipodes la *grauitas* impériale ou celle des sénateurs, l'autorité, le poids politique, seul susceptible d'encadrer les passions déchaînées. Othon, dans son discours du chapitre 83, va tenter de mettre ce programme en application : restauration de l'*auctoritas ducum*, de l'autorité des chefs (*Histoires* 1, 83, 6) et de la force de la discipline (*ibid.* : *rigor disciplinae*). L'attitude courageuse d'Othon apparaît ainsi comme une tentative de restauration morale demandée par quelques-uns (*Histoires* 1, 83, 1 : *cum optimus quisque remedium praesentis licentiae posceret*) afin de maîtriser les appétits de la majorité, décuplés par le contexte de guerre civile (*ibid.* : *uolgus et plures seditionibus et ambitioso imperio laeti per turbas et raptus facilius ad ciuile bellum impellerentur*) et de contrer les projets de Vitellius, présenté comme le diviseur et le fauteur de troubles (*Histoires* 1, 84, 2 : *quid aliud quam seditionem et discordiam optabunt ?*).

Le désordre des armées et des corps de la société tourne au désordre des esprits. La peur omniprésente fausse les jugements et les menaces de mort conduisent à la dissimulation, au mensonge. Le propre de la guerre civile est de ne s'éteindre jamais, de perdurer au-delà de batailles ponctuelles, d'envahir les esprits désorientés. Ainsi, le discours volontaire d'Othon n'éteint pas les flammes de la guerre : *non tamen quies urbi redierat : strepitus telorum et facies belli* (*Histoires* 1, 85, 2) ; « Pourtant, le calme n'était pas revenu dans la Ville : c'était le fracas des armes et le visage de la guerre » (trad. P. Grimal). Pire qu'une guerre qui s'avoue comme telle, la guerre civile est une guerre de dissimulation. Les protagonistes se cachent sous des déguisements (*Histoires* 1, 85, 2 : *occulto habitu*) et masquent leurs intentions sous le mensonge et la dissimulation morale, honnie par Tacite : *ut quemque nuntium fama attulisset, animum uoltumque conuersis, ne diffidere dubiis* (i. e. les événements défavorables à Othon) *ac parum gaudere prosperis* (i. e. les événements favorables à Vitellius) *uiderentur* (*Histoires* 1, 85, 3) ; « À chaque nouvelle apportée par la renommée, chacun se composait un esprit ou un visage pour ne pas avoir l'air défiant, si l'événement était fâcheux, ni trop peu joyeux, s'il était heureux ».

Le désordre politique engendre le désarroi moral. Les Romains ne savent à quel Prince se fier ; à peine informés de la prise du pouvoir par un nouvel empereur ou de la nomination d'un successeur au trône, ils apprennent la révolte d'une partie des légions ou l'assassinat de l'héritier désigné. La dissimulation constitue ainsi la seule attitude possible pour faire face aux dangers (en l'occurrence, en *Histoires* 1, 85, après la nomination d'Othon, la violence des prétoriens et la présence des espions au service de Vitellius) et elle s'accompagne d'une autre attitude condamnée par Tacite : l'adulation (*Histoires* 1, 85, 4). À aucun moment, dans le livre 1 des *Histoires*, le climat ne s'apaise ni la tension ne retombe. La guerre continue à couver et Tacite use de plusieurs moyens pour la montrer sans cesse renaissante et se rallumant. L'avènement d'Othon et ses promesses rassurantes ne parviennent pas, dans ces conditions, à compenser les sourdes menaces inscrites dans le récit des prodiges auquel se livre Tacite dans le paragraphe 86 : fantôme à la taille surhumaine, statue qui bouge sur son socle et surtout crue du Tibre annoncent les calamités encore à venir et les dangers dont Vitellius menace Rome. Les prodiges ont toujours une fonction de prédiction. S'il est vrai que Tacite connaît l'existence de prodiges heureux (cf. *Histoires* 1, 3, 3 : *futurorum praesagia, laeta, tristia, ambigua, manifesta*), en revanche il admet que les signes prouvent que les dieux se soucient davantage de punir que de sauver (*ibid.* : *iustis indiciis adprobatum est non esse curae deis securitatem nostram, esse ultionem*). Les prodiges annoncent systématiquement des événements funestes et Tacite en les relatant se conforme à une tradition historiographique constante depuis au moins Tite-Live. Dans le livre 1 des *Histoires* ces prodiges contribuent à la dramatisation du récit (cf. *Histoires* 1, 3, 2 ; 1, 18, 1 ; cf. aussi *Histoires* 4, 26, 2) et alourdissent un climat lourd des peurs et des angoisses liées aux conflits entre les factions qu'aucune autorité ne vient plus contrôler.

LE SÉNAT : UNE INSTITUTION BAFOUÉE

L'éloge du rôle du Sénat par Othon

Les paragraphes 83 et 84 du livre 1 des *Histoires* transcrivent un important discours d'Othon dont les idées clefs sont sans doute celles du consulaire Tacite lui-même. Deux parties le composent : la première (83, 2 à 84, 4) encourage l'armée à une obéissance absolue envers ses chefs ; la seconde (84, 5-11), qui nous intéresse ici, est un éloge du Sénat romain, pierre angulaire des institutions et symbole de la grandeur et de l'éternité de l'Empire. Il s'agit là de la facette la plus séduisante, aux yeux de Tacite, de la personnalité d'Othon. On a pu relever, dans ce long discours, l'influence de Tite-Live (pour la première partie influence du discours de Paul-Émile prononcé au moment de son départ pour la guerre contre Persée : cf. Tite-Live 44, 22 ; pour la seconde partie, influence du discours de Camille aux Romains afin de les détourner de leur projet de déplacer à Véies le siège de l'empire : cf. Tite-Live 5, 54). Cet éloge du Sénat, *caput imperii et decora omnium prouinciarum* (*Histoires* 1, 84, 6), n'est pas sans lien avec les conflits civils. En accueillant les personnages les plus distingués de l'Empire, disposition encore renforcée par l'empereur Claude, le Sénat pouvait jouer un rôle d'intégration sociale des élites provinciales. Le Sénat, en outre, était une institution civile (la toge des sénateurs s'opposant aux lauriers des soldats) : les prétoriens qui pouvaient prétendre entrer au Sénat (cf. *Histoires* 1, 84, 11) ne le pouvaient effectivement qu'après avoir géré les magistratures civiles ou sur choix de l'empereur, mais en aucun cas en tant que soldats. Enfin, le Sénat avait un rôle essentiel à jouer, en principe, dans le choix de l'empereur. Il faut donc considérer que cet éloge du Sénat prononcé par Othon est un moyen choisi par Tacite pour signifier que si les prérogatives traditionnelles de l'assemblée étaient respectées, les causes des guerres civiles (insurrection des provinces, influence exagérée des armées, lutte pour une succession impériale mal définie) seraient par là même supprimées.

La lâcheté des Pères

Or, la réalité politique est loin d'être en conformité avec les paroles d'Othon. L'un des motifs les plus fréquents des *Histoires*, et ce dès le livre 1, est la dénonciation par Tacite de la faiblesse des sénateurs, de leur peu de courage politique, de leur absence de constance dans leurs choix et, en fin de compte, de leur lâcheté. L'historien consulaire dénonce ainsi l'avilissement du Sénat, dont l'autorité et les prérogatives sont bafouées par les armées, mais dont les membres ne se sont jamais comportés avec une force morale digne de leur rang. Tacite use alors d'une ironie féroce pour souligner la complaisance des Pères à l'égard de leurs nouveaux maîtres et stigmatiser la servilité avec laquelle ils se rallient au vainqueur. L'un des exemples les plus frappants est l'attitude des sénateurs lorsqu'ils apprennent la fausse nouvelle de la mort d'Othon : *occisum in castris Othonem uagus primum et incertus rumor ; mox, ut in magnis mendaciis, interfuisse se quidam et uidisse adfirmabant* (*Histoires* 1, 34, 3) ; « Le bruit du meurtre d'Othon dans le camp se répand, bruit d'abord vague et incertain ; puis, comme c'est le cas dans les grandes impostures, il se trouva des gens pour affirmer qu'ils y étaient et qu'ils avaient vu ». Les sénateurs (et les chevaliers) se précipitent alors au Palais pour « se faire voir à Galba » (1, 35, 1) et lui manifester leur soutien joyeux.

On soulignera, dans ce chapitre 35, la vigueur avec laquelle Tacite peint l'enthousiasme et le zèle des Pères : *plerique ac senatorum, posito metu incauti, refractis Palatii foribus ruere intus ac se Galbae ostentare, praereptam sibi ultionem querentes, ignauissimus quisque et, ut res docuit, in periculo non ausurus, nimii uerbis, linguae feroces* (1, 35, 1) ; « Presque tous les sénateurs, passant de la peur à l'imprudence, forçaient les portes du Palatin, se précipitaient au dedans pour se faire voir à Galba, déplorant qu'on leur eût ravi la gloire de le venger ; les plus lâches et, comme l'événement le prouva, les moins capables de montrer du cœur dans le danger, étaient pleins de jactance et fougueux en paroles ». Or, toute l'ironie de Tacite se dévoile lorsque, à peine quelques chapitres plus loin (*Histoires* 1, 45), peu après l'assassinat de Galba (1, 40), on voit les mêmes sénateurs se précipiter dans le camp d'Othon pour lui embrasser la main et lui manifester leur ralliement : *alium crederes senatum, alium populum : ruere cuncti in castra, anteire proximos, certare cum praecurrentibus, increpare Galbam, laudare militum iudicium, exosculari Othonis manum* (1, 45, 1) ; « On aurait cru voir un autre Sénat, un autre peuple : ils se précipitaient tous ensemble au camp, devançaient les plus rapprochés, cherchaient à lutter de vitesse avec ceux qui les précédaient, s'en prenaient à Galba, louaient le choix judicieux des soldats, couvraient de baisers la main d'Othon ». Tacite dénonce ici la servilité des sénateurs et la force de sa démonstration réside dans la proximité des deux épisodes des chapitres 35 et 45 : proximité textuelle (quelques pages seulement séparent le revirement des Pères de leur premier enthousiasme), mais aussi proximité stylistique. En effet, la structure des deux phrases citées offre de nombreux points communs : accumulation d'infinitifs de narration (quatre dans la phrase du § 35, six dans celle du § 45) qui donnent au tableau du lâche zèle des sénateurs sa rapidité et soulignent le brouhaha désordonné du mouvement de foule (tableau peint par une série d'asyndètes). Il n'est pas jusqu'à l'utilisation dans les deux cas du verbe *ruere* (§ 35 : *ruere intus* ; § 45 : *ruere cuncti in castra*) qui ne souligne ce que la palinodie des sénateurs a de lâchement grotesque (cf. un autre emploi du même verbe en *Annales* 1, 7, 1 : *at Romae ruere in seruitium consules, patres, eques*). Le Sénat n'est pas à la hauteur de ses missions et le contraste entre cet épisode en forme de diptyque (§ 35 et 45) et l'éloge théorique de l'assemblée au § 84 sert à dénoncer l'avilissement consenti de l'institution sénatoriale, cause et conséquence à la fois de l'éclatement du conflit civil.

L'avilissement du Sénat

Le Sénat louvoie entre les factions, entre le parti du Prince en place et celui qui tente d'usurper son trône. La dissimulation demeure alors le dernier artifice dont disposent les sénateurs pour ne pas prendre parti. Alors qu'Othon cherche à obtenir des Pères un soutien proclamé officiellement et une condamnation de Vitellius, ils recourent à de petites manœuvres pour ne pas prendre parti. Les astuces rhétoriques dont usent les sénateurs, outre qu'elles les déshonorent, ont quelque chose de pitoyable : *igitur uersare sententias et huc atque illuc torquere, hostem et parricidam Vitellium uocantes, prouidentissimus quisque uulgaribus conuiciis, quidam uera probra iacere, in clamore tamen et ubi plurimae uoces, aut tumultu uerborum sibi ipsi obstrepentes* (*Histoires* 1, 85, 5) ; « On retournait donc et l'on tourmentait de son mieux les votes qu'on avait à émettre pour traiter Vitellius d'ennemi public et de traître à la patrie ; mais les plus prudents se contentaient d'injures banales, quelques-uns lançaient d'outrageantes vérités, mais au milieu du bruit et quand le vacarme était intense ; ils cherchaient même à couvrir leur propre voix du tumulte de leurs paroles ». Nulle intervention personnelle ici du narrateur : Tacite prend un parti d'objectivité affichée pour décrire les basses manœuvres des sénateurs qui ont peur de leurs propres voix et redoutent les effets de leurs propres prises de position. L'ironie de l'historiographe est d'autant plus forte à l'encontre de la pusillanimité des représentants des grandes familles de Rome qu'elle ne s'accompagne d'aucun jugement explicite : la condamnation, latente, se dégage d'elle-même du récit des faits.

La guerre civile a avili le Sénat. La force morale, la *grauitas* antique, a abandonné les Pères ; le courage et la force physique également. C'est un tableau pitoyable que donne Tacite des sénateurs partant en guerre pour Othon : *primores senatus aetate inualidi et longa pace desides, segnis et oblita bellorum nobilitas, ignarus militiae eques, quanto magis occultare et abdere pauorem nitebantur, manifestius pauidi* (*Histoires* 1, 88, 4) ; « Les principaux membres du Sénat que l'âge rendait impotents et une longue paix indolents, la noblesse sans énergie et qui avait désappris la guerre, les chevaliers qui ne savaient pas la faire, tous essayaient de dissimuler complètement leur peur, mais par cela même la rendaient plus manifeste ». Peur (*pauor*), dissimulation (*occultare, abdere*) et perte de toute noblesse (*oblita nobilitas*) :

voilà le triste bilan de quelques mois d'une guerre civile qui aura flétri l'institution sénatoriale, dont le prestige moral dans les mémoires et dans les programmes (discours d'Othon, § 84) contraste cruellement avec la réalité dépeinte sans concession dans ce départ pitoyable d'une armée d'impotents. Comment le lecteur de Tacite ne serait-il pas, devant pareil tableau, saisi de pitié pour le sort de Rome ?

LE PATHÉTIQUE FUNÈBRE

La mort du Prince

Roland Barthes, dans un article suggestif, « Tacite et le baroque funèbre » (*Essais critiques*, Paris, Le Seuil, 1964, p. 108), remarquait : « Le nombre des meurtres est relativement faible dans les *Annales* (une trentaine pour trois principats) mais l'effet est apocalyptique : de l'élément à la masse, une qualité nouvelle apparaît, le monde est converti (cf. *Annales* 4, 1, 1 : la Fortune bascule brusquement vers le féroce). Le baroque est peut-être cela : une contradiction progressive entre l'unité et la totalité, un art dans lequel l'étendue n'est pas sommative, mais multiplicative, bref l'épaisseur d'une accélération ». En effet si l'on regarde de près le contenu du livre 1 des *Histoires*, le nombre de morts individuelles y est relativement peu élevé. Un seul Prince en tout cas y succombe, Galba. Mais la mort de l'empereur n'occupe pas que le chapitre 41 au cours duquel elle se produit effectivement. Elle se trouve dupliquée, annoncée et reprise.

Le contexte de la guerre civile modifie les repères et pervertit les valeurs. Othon, une fois porté à l'Empire par les 7 000 auxiliaires de la marine qui, appelés à Rome par Néron, refusèrent d'obéir à Galba (cf. *Histoires* 1, 6, 2 et 1, 36, 5 : *postquam uniuersa classicorum legio sacramentum eius accepit*), il ne poursuit plus d'autre objectif que la mort de Galba. Il prend une première fois symboliquement sa place en *Histoires* 1, 36, 1 lorsque ses partisans le hissent sur l'estrade où peu de temps auparavant se dressait la statue en or de Galba : *haud dubiae iam in castris omnium mentes tantusque ardor ut non contenti agmine et corporibus in suggestu, in quo paulo ante aurea Galbae statua fuerat, medium inter signa Othonem uexillis circumdarent* (« Dans le camp, les sentiments de tous les soldats n'étaient plus douteux ; l'ardeur était telle que, non contents de se presser autour de lui et de lui prêter leurs épaules, ils placèrent Othon sur le tribunal où peu auparavant était la statue d'or de Galba et l'environnèrent de leurs étendards »). La grandeur impériale souffre ici d'un double amoindrissement : un empereur, d'une part, prend la place d'un autre sans autre forme de procès, poussé par un mouvement de foule et de soldats ; Galba, d'autre part, ne sait rien de ce qui se passe. Pire même : il croit à la mort d'Othon, qu'on lui a annoncée quelques lignes plus haut (*Histoires* 1, 35, 2 : *obuius in Palatio Iulius Atticus speculator, cruentum gladium ostentans, occisum a se Othonem exlamauit ; et Galba « Commilito » inquit « quis iussit ?* » ; « Il rencontra dans le palais le garde du corps Julius Atticus qui, lui montrant son épée teinte de sang, lui cria qu'il avait tué Othon. Alors Galba : "Camarade, dit-il, qui t'a donné cet ordre ?" »). Le pathétique de la scène réside dans la naïveté de Galba, lequel se croit débarrassé d'un rival qui prend sa place, au moins symboliquement, au même instant en un autre lieu, qui appelle à sa mort et qui prendra effectivement sa place sur le trône quelques paragraphes plus loin.

La mort de Galba inspire de la pitié à Tacite et à ses lecteurs, en raison de la naïveté du Prince, de son aveuglement politique et tactique et aussi du traitement infamant dont il est victime. Le sang de Galba coule en effect longuement et sa mort s'éternise. Othon donne tout d'abord pour instruction d'assassiner son rival et, pour ce faire, d'ouvrir l'arsenal (cf. le discours d'Othon en *Histoires* 1, 37-38 et l'ordre mentionné en 1, 38, 6 : *aperire deinde armamentarium iussit*). Galba est ensuite malmené, ballotté par les mutins (*Histoires* 1, 40) et abandonné des siens (1, 41). Il est enfin torturé, tué et décapité (1, 41, 6-7). La mort du Prince est alors redoublée (triplée même) par le récit de la mort de ses plus fidèles soutiens, Titus Vinius, le consul de l'année 69 (1, 42), de la fin de Sempronius Densus, un prétorien qui se sacrifie pour tenter de sauver Pison (1, 43, 1-2), puis de la mort tragique de Pison lui-même qui s'était réfugié dans le temple de Vesta (1, 43, 3 ; ce qui trahit l'absence totale de *pietas* des assassins). La guerre civile a ceci de particulièrement funèbre qu'elle crée les conditions irrémédiables d'une chaîne de meurtres ininterrompue. Elle souligne aussi tout ce que la résistance isolée de fidèles a d'inutilement pathétique.

Par contraste avec la pitié ressentie par le lecteur s'affiche l'arrogance d'Othon, sa joie à contempler la tête de sa victime (*Histoires* 1, 44, 1 : *nullam caedem Otho maiore laetitia excepisse, nullum caput tam insatiabilibus oculis perlustrasse dicitur* ; « Nulle mort ne fut accueillie par Othon avec plus de joie, nulle tête, dit-on, ne fut contemplée par lui d'un regard plus insatiable »). Mais l'infamie ne s'arrête pas là et Galba n'en a pas fini de mourir (cf. encore les outrages mentionnés en *Histoires* 1, 49, 1 et qui furent infligés au corps de Galba la nuit suivant le meurtre). Il reste au spectateur romain contemporain comme à celui qui contemple les tableaux peints par Tacite à assister à la funèbre procession des têtes des victimes fichées sur des pieux : *praefixa contis capita gestabantur inter signa cohortium iuxta aquilam legionis, certatim ostentantibus cruentas manus qui occiderant, qui interfuerant, qui uere qui falso ut pulchrum et memorabile facinus iactabant* (*Histoires* 1, 44, 2) ; « Fixées au bout de crocs, leurs têtes étaient portées au milieu des étendards des cohortes à côté de l'aigle de la légion, pendant que les meurtriers montraient à l'envi leurs mains sanglantes, que se pressaient ceux qui s'étaient trouvés présents aux meurtres et ceux qui se faisaient mensongèrement gloire de leur forfait comme d'un acte d'une beauté mémorable ». Cette phrase concentre en elle toutes les horreurs de la guerre civile. En effet, la tête du Prince et celle de son successeur officiellement désigné sont portées par les armes romaines. Tacite prend soin d'insister sur ce point : ce sont les enseignes des légions romaines (*signa cohortium*) et l'aigle de la légion (*aquila legionis*) qui ont renversé l'empereur romain. Galba est une victime, abattue par ses propres armes et ses propres hommes : la guerre civile est impitoyable en ce qu'elle s'attaque à qui la commande ; elle inspire la pitié en ce qu'elle rend le détenteur de l'*imperium* impuissant, désarmé. Enfin, la guerre civile conduit des citoyens romains à se vanter d'avoir commis l'innommable comme s'il s'agissait d'un exploit (*memorabile facinus*). Perversion des valeurs et spectacle affligeant définissent la catastrophe en cours, celle d'un conflit qui répand un sang si honteux qu'il y a une impudeur condamnable à le montrer comme un titre de gloire (*certatim ostentantibus cruentas manus*). Le *certamen* (façon de rivaliser dans l'accomplissement du bien) cher à Tite-Live, l'historien des temps glorieux de la République, n'est plus qu'une surenchère dans l'infamie.

Le châtiment des dieux

Au fond, la guerre civile révèle une vérité pénible sur les êtres humains. Il ne s'agit pas de leur méchanceté foncière ni de la cruauté qui les habiterait de façon permanente. L'homme, selon Tacite, n'est pas mauvais. Il ne faut pas oublier que le célèbre chapitre 2 du livre 1 (*opus adgredior opimum casibus…*) a son pendant dans le chapitre 3 (*Histoires* 1, 3, 1 : *non tamen adeo uirtutum sterile saeculum ut non et bona exempla prodiderit* ; « Ce siècle cependant ne fut pas à ce point stérile en vertus qu'il n'ait produit aussi de beaux exemples »). Ce diptyque ne manifeste pas seulement le souci de Tacite de maintenir la balance égale entre une interprétation noire et une autre plus optimiste des événements. Il faut lire ces deux paragraphes à la lumière de la fin du chapitre 3. Si forte que soit l'envie de Tacite de provoquer chez son lecteur une impression d'horreur, de pitié et de désespoir, il se doit d'avouer les qualités de certains. En fait, la majorité paie pour les crimes de quelques-uns. Dans la conception tacitéenne des choses, les horreurs des guerres civiles constituent le châtiment des vices des hommes : *nec enim umquam atrocioribus populi Romani cladibus magisue iustis indiciis adprobatum est non esse curae deis securitatem nostram, esse ultionem* (*Histoires* 1, 3, 3) ; « Jamais en effet, plus affreuses calamités du peuple romain, jamais signes plus concluants ne montrèrent au monde que si les dieux n'ont pas de souci de nous sauver, ils prennent soin de nous punir ».

Cette dernière phrase est peut-être une réminiscence de Lucain (cf. *Pharsale* 4, 807-809 : *Felix Roma quidem ciuisque habitura beatos / Si libertatis Superis tam cura placeret / Quam uindicta placet !* ; « Heureuse Rome, heureux citoyens, si les dieux avaient voulu prendre autant de soin de la liberté qu'ils ont voulu la vengeance ! »). Mais surtout, elle exprime une conception religieuse du cours de l'histoire. Cette conception a quelque chose de pathétique puisqu'elle laisse l'homme bon ou méritant sans récompense ni gratification ; en revanche, les coupables ou les vicieux attirent sur eux et leurs concitoyens le châtiment divin. Dans ce contexte, les guerres civiles s'enchaînent les unes aux autres en raison de la colère des dieux : *non discessere ab armis in Pharsalia ac Philippis ciuium legiones, nedum Othonis ac Vitellii exercitus sponte posituri bellum fuerint : eadem illos deum ira, eadem hominum rabies, eaedem scelerum causae in discordiam egere* (*Histoires* 2, 38, 5) ; « Ni Pharsale ni Philippes ne virent les légions de citoyens renoncer à se battre ; à plus forte raison, les armées d'Othon et de Vitellius n'auraient-elles pas volontairement cessé les hostilités : c'était encore la colère des dieux, encore la rage des hommes, encore des causes scélérates qui les poussaient à la discorde » (cf. sur ce même thème *Annales* 4, 1, 3 et 16, 16, 3).

En faisant des Romains les propres responsables de la situation difficile dans laquelle les a plongés la guerre civile, Tacite fait œuvre de moraliste. Il appartient en effet à tout Romain de tenir compte des avertissements divins qui se manifestent par l'entremise des prodiges. Si Galba a chuté, la responsabilité lui revient en partie. En effet, il a certes commis une erreur en refusant à ses hommes le *donatiuum* promis et en se montrant trop peu libéral : *Histoires* 1, 18, 7 : *constat potuisse conciliari animos quantulacumque parci senis liberalitate ;*

nocuit antiquus rigor et nimia seueritas, cui iam non pares non sumus ;
« Il est constant que n'importe quelle libéralité venant de ce vieillard
parcimonieux aurait pu lui concilier les cœurs ; il fut victime d'une
rigidité et d'un excès de sévérité, dignes des anciens âges, mais trop
lourds à notre faiblesse »). Mais il aurait pu éviter cette erreur de comportement s'il avait écouté les avertissements divins et s'il n'avait pas
dédaigné les prodiges (énumérés en *Histoires* 1, 18, 1 : orages, coups
de tonnerre et éclairs) comme s'il s'était agi de simples phénomènes
naturels : *obseruatum id antiquitus comitiis dirimendis non terruit
Galbam quo minus in castra pergeret, contemptorem talium ut fortui-
torum* (*Histoires* 1, 18, 2) ; « Ce fait, auquel on avait anciennement
égard pour dissoudre les comices, ne détourna pas Galba de se rendre à
la caserne : il dédaignait ces phénomènes comme étant dus au hasard ».
L'empereur est donc puni pour son incrédulité et son absence de foi
(*contemptor*). Il a eu tort d'agir ainsi car un prodige, s'il est observé
dans des conditions formelles conformes à la tradition, doit être pris en
compte, d'où, dans le passage cité, le rappel du fait qu'un prodige était
jadis un motif de renvoi des comices.

La guerre civile et l'ambition aveugle des protagonistes rendent
sourd aux avertissements divins. L'avènement de Vespasien avait été
ainsi annoncé par des prodiges qui, s'ils avaient été pris en compte
et correctement interprétés, auraient pu éviter bien des massacres (cf.
Histoires 1, 10, 7 : *occulta fati et ostentis ac responsis destinatum
Vespasiano liberisque eius imperium post fortunam credimus* ; « Les
secrets du destin, manifestés par des prodiges et par des oracles, révélaient que l'Empire était destiné à Vespasien et à ses enfants, mais
c'est après son élévation au trône que nous y avons ajouté foi » ; cf.
aussi les prodiges mentionnés en *Histoires* 1, 86, 1). Il n'est pas certain du tout que cette dernière phrase traduise le scepticisme de Tacite
à l'égard des prodiges, comme on l'a parfois prétendu. Au contraire,
il se pourrait plutôt qu'elle contienne une forme de réprobation de la
part de l'historien : un esprit religieux et lucide aurait dû conclure de
ces observations que le sort de la guerre civile était scellé d'avance
en faveur de la future dynastie flavienne. Combien de morts auraient
pu ainsi être évités ?

CONCLUSION

Le Tibre en crue qui emporte tout sur son passage et inonde une partie de la Ville, provoquant une famine (*Histoires* 1, 86) et le Capitole que plus personne ne regarde avec le respect dû aux dieux de Rome (*Histoires* 1, 40, 5) sont les symboles des ravages de la guerre civile en même temps qu'ils annoncent encore d'autres maux à venir. Car la guerre civile, funeste en elle-même, a des conséquences dramatiques. Elle sape les fondements du régime, la *concordia* entre les ordres de la société et avilie les institutions, le Sénat au premier chef. Le Prince lui-même, soumis aux forces armées et ballotté entre les factions, n'a plus d'autorité propre. Les dieux ne sont plus écoutés et éprouvent la tentation de la vengeance. La situation, depuis la fondation du Principat par Auguste, est inouïe, car « sous Tibère et sous Gaius, l'État ne ressentit que les malheurs de la paix » (*Histoires* 1, 89, 2 : *sub Tiberio et Gaio tantum pacis aduersa ad rem publicam pertinuere*). Afin de rendre compte de cet état de fait, Tacite inaugure une écriture de la terreur et de la pitié. Devant l'enchaînement des catastrophes et le redoublement des déceptions, il éprouve une réelle commisération pour Rome en proie au désarroi et à la terreur (cf. *Histoires* 1, 50, 1 : *trepidam urbem ac simul atrocitatem recentis sceleris, simul ueteres Othonis mores pauentem nouus insuper de Vitellio nuntius exterruit* ; « La Ville était en détresse et toute tremblante à la vue du crime qui venait d'être commis comme à la pensée des anciennes mœurs d'Othon, quand ses terreurs s'accrurent encore à la nouvelle des intentions de Vitellius ») et, dans le même mouvement, tente de faire partager à son lecteur ce qu'a pu être l'angoisse d'un peuple en guerre contre lui-même.

PROLONGEMENT

HISTOIRES 1, 16. DISCOURS DE GALBA À PISON

Si immensum imperii corpus stare ac librari sine rectore posset, dignus eram a quo res publica inciperet : nunc eo necessitatis iam pridem uentum est ut nec mea senectus conferre plus populo Romano possit quam bonum successorem, nec tua plus iuuenta quam bonum principem. Sub Tiberio et Gaio et Claudio unius familiae quasi hereditas fuimus : loco libertatis erit quod eligi coepimus ; et finita Iuliorum Claudiorumque domo optimum quemque adoptio inueniet. Nam generari et nasci a principibus fortuitum, nec ultra aestimatur : adoptandi iudicium integrum et, si uelis eligere, consensu monstratur. Sit ante oculos Nero quem longa Caesarum serie tumentem non Vindex cum inermi prouincia aut ego cum una legione, sed sua immanitas, sua luxuria ceruicibus publicis depulerunt ; neque erat adhuc damnati principis exemplum. Nos bello et ab aestimantibus adsciti cum inuidia quamuis egregii erimus. Ne tamen territus fueris si duae legiones in hoc concussi orbis motu nondum quiescunt : ne ipse quidem ad securas res accessi, et audita adoptione desinam uideri senex, quod nunc mihi unum obicitur. Nero a pessimo quoque semper desiderabitur : mihi ac tibi prouidendum est ne etiam a bonis desideretur. monere diutius neque temporis huius, et impletum est omne consilium si te bene elegi. Vtilissimus idem ac breuissimus bonarum malarumque rerum dilectus est, cogitare quid aut uolueris sub alio principe aut nolueris ; neque enim hic, ut gentibus quae regnantur, certa dominorum domus et ceteri serui, sed imperaturus es hominibus qui, nec totam seruitutem pati possunt nec totam libertatem. » Et Galba quidem haec ac talia, tamquam principem faceret, ceteri tamquam cum facto loquebantur.

TRADUCTION

Si le corps immense de l'Empire pouvait se tenir et se maintenir en équilibre sans dirigeant, j'étais digne[1] d'être à l'origine de la

---

1. Le parti adopté ici est de fournir une traduction fidèle, proche du texte, ce qui n'a pu se faire qu'au détriment d'une certaine élégance. – Comme en *Histoires* 1, 15, 2 (*et mihi egregium erat*), l'indicatif *erat*, après une protase au subjonctif imparfait (*posset* ; irréel du présent), indique que, si la condition avait été remplie, la conséquence aurait été effective, dans tous les cas. « La substitution de l'indicatif au subjonctif rendait l'expres-

République[2] ; mais en réalité on en est venu désormais à cette nécessité que ni ma vieillesse ne peut apporter davantage au peuple romain qu'un bon successeur ni ta jeunesse[3] davantage qu'un bon Prince. Sous Tibère, sous Gaius (Caligula) et sous Claude nous avons été pour ainsi dire les héritiers d'une seule famille : ce qui tiendra lieu de liberté, c'est le fait que nous, les premiers, nous soyons choisis ; et à présent qu'est éteinte la maison des Jules et des Claudes, l'adoption trouvera[4] à chaque fois le meilleur. En effet, être issu et naître de princes est le fait du hasard et ne donne pas lieu à un autre examen[5] : mais dans la décision de l'adoption[6], le jugement est libre et, quand on veut choisir, le choix est guidé par le consensus. Ayons Néron devant les yeux : alors qu'il était gonflé de l'orgueil que lui inspirait la longue suite des Césars, ce n'est ni Vindex avec une province sans armée[7] ni moi avec une seule légion qui en ont débarrassé le cou des Romains[8], mais sa propre cruauté, sa propre débauche ; et il n'y avait pas encore d'exemple de Prince condamné. Quant à nous qui avons été appelés <à l'Empire> par la guerre et par de bons juges, nous serons exposés à l'envie[9], quels que soient nos mérites. Néanmoins ne sois pas effrayé si deux légions[10], dans ce séisme qui a frappé l'univers, ne sont pas encore en paix[11] : pas même moi je ne suis arrivé <au pouvoir> dans le calme, mais après que sera connue ton adoption je cesserai de paraître un vieillard[12], ce qui est aujourd'hui le seul reproche que l'on me fasse. Néron sera toujours

sion plus vive et plus forte » (A. Ernout et F. Thomas, *Syntaxe Latine*, § 263, p. 246-247). Les auteurs citent en exemple Tacite, *Annales* 1, 63, 2 : *trudebanturque in paludem...*, *ni Caesar... legiones instruxisset*, « ils étaient (en train d'être) poussés sur un marais (et cela serait arrivé), si César n'avait rangé ses légions en bataille ».

2. *Res publica* = ici *libera res publica*, c'est-à-dire le régime républicain, comme en *Histoires* 1, 50, 3 et 1, 57, 1.

3. Pison était fils de M. Licinius Crassus Frugi, descendant de Crassus par son père et de Pompée par sa mère Scribonia ; il avait alors 31 ans.

4. Personnification de l'adoption = *optimus per adoptionem inuenietur*.

5. L'hérédité étant le fait du hasard, il n'y a pas à épiloguer.

6. Il faut, pour comprendre la construction et la pensée de Tacite, rétablir les mots entre crochets obliques.

7. La Lyonnaise.

8. Image délicate à rendre en français : Néron était un poids pour l'État romain et pesait sur les épaules de ses concitoyens à la manière d'un joug.

9. Usage non classique de la préposition *cum* = *in*.

10. Les deux légions de Germanie supérieure cantonnées à Mayence.

11. Forme d'ironie tragique de la part de Tacite, car, à cette date, Galba ne connaissait pas encore les événements à venir, même s'il avait appris la révolte de deux légions en Germanie supérieure : cf. *Histoires* 1, 12, 1 et 1, 18, 2.

12. Galba a 73 ans.

regretté par les plus pervers : c'est à moi et à toi de veiller qu'il ne soit pas regretté aussi par les hommes de bien. Donner de plus longs avertissements n'est pas de mise aujourd'hui, et mon dessein est entièrement accompli si j'ai fait en toi le bon choix. Le moyen le plus utile et le plus rapide pour distinguer une bonne d'une mauvaise décision, c'est de songer à ce qu'on aurait décidé sous un autre Prince ou à ce qu'on aurait refusé ; et il n'est pas vrai qu'ici les choses se passent comme dans les nations[13] qui sont gouvernées par des rois[14], où il y a une famille de maîtres et les autres sont esclaves, mais tu vas gouverner des hommes qui ne peuvent supporter ni une entière servitude ni une entière liberté. » Et Galba quant à lui prononçait de semblables paroles, en homme qui faisait un Prince, tandis que tous les autres s'adressaient à lui[15] comme s'il était empereur.

COMMENTAIRE

Le 10 janvier 69, Galba, qui vient d'apprendre la révolte des légions de Germanie (*Histoires* 1, 14, 1), adopte officiellement L. Calpurnius Piso et le désigne par le fait comme son successeur à l'Empire. Il le fait en public, en prononçant un discours que Tacite transcrit en *Histoires* 1, 15-16. Les conditions de cette prise de parole sont curieuses. Galba, à en croire *Histoires* 1, 14, 1, aurait réuni « les comices de l'Empire » (*comitia imperii transigit*). On peut songer aux comices curiates, chargés de conférer les pouvoirs constitutionnels. Or, les comices, sous l'Empire, n'ont plus qu'une existence formelle et ne sont réunis que pour entendre les nominations des magistrats, prononcées par le Sénat sur proposition autoritaire de l'empereur. On a donc jugé « ironique » la formule de Tacite qui semble désigner, avec quelque amertume, d'un terme républicain une réalité monarchique, à savoir « le conseil intime » du Prince. La comparaison avec le récit des autres historiens de Galba est, en l'occurrence, impossible puisque ni Suétone ni Plutarque ne rapportent le discours de l'empereur ni ne font la moindre allusion à ces « comices de l'Empire ». Si la source commune à ces trois historiens (Pline l'Ancien ?) ne connaissait pas le discours de

---

13. Il faut comprendre *in gentibus*.
14. L'emploi passif de ce verbe est un poétisme. La haine des Romains pour la royauté est partagée par Tacite.
15. Remarquer l'asyndète. Alors que Galba présente à Pison un programme de gouvernement, les courtisans (*ceteri*) le considèrent d'ores et déjà comme un Prince et lui adressent des flatteries.

Galba, Tacite l'a-t-il inventé ? On a ainsi pu suggérer que Tacite justi-
fiait par anticipation la politique que mènera plus tard Nerva (96-98)
en adoptant Trajan (98-117). Mais le consul désigné Marius Celsus,
témoin de la scène, aurait pu être (thèse de Ronald Syme) une source
(orale ? écrite ?) de Plutarque et de Tacite. Quoi qu'il en soit, si Tacite a
eu toute liberté de récrire le discours de Galba (sur les arrangements de
Tacite avec la vérité historique, cf. *supra*), il n'a sans doute pas inventé
de toutes pièces un épisode aussi important et aussi vérifiable par les
lecteurs du début du IIe siècle.

Le discours de Galba est l'occasion pour Tacite d'exprimer un certain nombre d'idées personnelles sur le gouvernement de l'Empire et
sur ce qui en constitue la pierre angulaire, le mode de désignation du
Prince. Les convictions de l'historiographe rejoignent la thèse défendue par Galba : l'adoption du meilleur est la plus sûre façon d'éviter
le despotisme, de porter au pouvoir un Prince capable et vertueux, et
d'étouffer tout conflit civil. Cette profession de foi tacitéenne repose
néanmoins sur des bases fragiles : elle est exprimée par la bouche d'un
vaincu et d'un Prince ballotté par les destins. Elle baigne dès lors dans
un contexte pesant de tragédie latente.

UNE DÉNONCIATION DU DESPOTISME

Dans la première partie de son discours (15, 1-8), Galba semble justifier la procédure d'adoption par le précédent d'Auguste. Le prestige
d'un Prince divinisé et fondateur d'un nouveau régime – le Principat –
devait justifier la décision de Galba. En effet, Auguste adopta successivement, afin d'en faire un successeur : Marcellus, fils d'Octavie, son
neveu et en outre son gendre puisqu'il lui donna en mariage sa fille
Julie (Marcellus meurt prématurément en 23 mais fut immortalisé
par Virgile, *Énéide* 6, 680 *sq.*) ; ses petits-fils ensuite, Caius et Lucius
César, les enfants d'Agrippa et de Julie, morts jeunes en 2 et 4 après
J.-C. ; son beau-fils Tibère enfin, le fils d'un premier mariage de Livie,
qui deviendra empereur à la mort d'Auguste en 14 après J.-C.

On pourrait donc penser que l'adoption, même si elle avait été pratiquée par Auguste avec une réserve d'importance (tous les fils adoptifs
d'Auguste sont issus de la *gens Iulia* et se rattachent à la même famille
par Julie l'Aînée), constitue un système de désignation au pouvoir que
Galba et Tacite approuvent. Mais il faut relever un silence éloquent
de la part de Galba : il ne dit rien de l'adoption de Néron par Claude.
Or ce choix s'était avéré désastreux puisque Néron, par sa conduite

dépravée, avait avili l'Empire. Tout se passe donc comme si Galba et Tacite voulaient indiquer que l'adoption au sein d'une même famille (Néron était un Julio-Claudien) n'était plus une garantie suffisante si elle était pratiquée par un Prince dont la qualité était inférieure à celle d'Auguste. Galba présente donc son arrivée au pouvoir avec d'autres arguments : il a été choisi unanimement par les hommes et les dieux (*Histoires* 1, 15, 2 : *me deorum hominumque consensu ad imperium uocatum*).

Dès lors le système de la succession héréditaire, même corrigé par une dose d'adoption à l'intérieur d'une *gens* unique, apparaît comme une forme de despotisme, l'Empire étant livré à l'arbitraire d'un seul. L'extinction de la famille des Julio-Claudiens (1, 16, 2 : *et finita Iuliorum Claudiorumque domo*) coïncide avec une ère nouvelle, la fin du despotisme et l'avènement de la *libera respublica*. Même si Tacite n'a jamais sans doute réellement pensé – contrairement à un Cicéron qui, à la mort de César, avait cru réunies les conditions nécessaires à ce rétablissement – que la République ancienne pouvait renaître de ses cendres, il semble ici rendre un hommage appuyé au régime mis en place par Nerva qui, si l'on en croit le chapitre 3, 1 de *La Vie d'Agricola*, avait tenté de concilier « deux principes jadis incompatibles, le Principat et la liberté » (*Nerua Caesar res olim dissociabilis miscuerit, principatum ac libertatem*).

L'incarnation du despotisme, c'est la figure de Néron, introduite par un procédé quasi théâtral : *sit ante oculos Nero* (1, 16, 4). On le voit « bouffi d'orgueil », vaincu non pas par une réalité militaire ni par la force armée (Galba cherche à nier sa propre responsabilité dans la chute de son prédécesseur) : *non Vindex cum inermi prouincia aut ego cum una legione...* mais par des abstractions morales : *sed sua immanitas, sua luxuria ceruicibus publicis depulerunt* (1, 16, 4). « Cruauté » et « dépravation » sont des tares rédhibitoires pour un gouvernant. Aux yeux de Tacite, les notions morales ont plus de poids dans le mouvement de l'histoire que les armes. La place en fin de phrase de ces deux termes fait des défauts du tyran (dans l'idéologie romaine, ainsi que le développe à satiété le *Panégyrique de Trajan* par Pline le Jeune, les vertus sont consubstantielles au bon Prince et les défauts au tyran) la cause même de sa chute. Elles sont pour ainsi dire personnifiées puisque ce sont l'*immanitas* et la *luxuria* qui sont sujets du verbe *depulerunt*. La sédition n'a pas été menée par des hommes, mais le despote a été victime des ses propres errements moraux. La tyrannie néronienne pesait tel un joug sur les épaules des Romains et l'État connaissait une véritable oppression, rendue par l'image physique des « épaules » (*ceruicibus publicis*).

Néron a été condamné, et c'est un fait inouï : *neque erat adhuc damnati principis exemplum* (1, 16, 4). Galba ne précise pas les auteurs de cette condamnation : par le Sénat, seul habilité à prononcer la très officielle *damnatio memoriae* (effacement du souvenir d'un Prince déchu) ? Par les provinces révoltées, l'Espagne et la Gaule ? La force de la démonstration de Galba et de Tacite réside précisément dans le flou de cette phrase sans sujet ; la condamnation du despote est ainsi absolue, universelle et sans appel. Les seuls qui pourront regretter Néron seront autant de dépravés (1, 16, 7 : *Nero a pessimo quoque semper desiderabitur*). On sait en effet par Suétone (*Néron* 57) que la tombe de Néron demeurera longtemps fleurie après sa mort et que la survenue de faux Nérons sera accueillie avec bienveillance par certains nostalgiques. Mais ces regrets émanent de la frange de la plèbe que Tacite n'apprécie guère ; les *boni*, quant à eux, ne sauraient regretter le temps de la soumission. Le choix d'un successeur n'est en fin de compte rien d'autre que l'alternative entre le bien et le mal. Galba achève son discours par ce constat manichéen : *bonarum malarumque rerum dilectus est* (1, 16, 9). Sans illusions sur leurs concitoyens, Galba et Tacite affichent leur réalisme politique fait d'une claire condamnation du despotisme (confiscation du pouvoir par une seule famille : *certa dominorum domus* ; gouvernement autocratique : *neque enim hic ut gentibus quae regnantur*, 1, 16, 9) et d'un éloge d'une liberté surveillée au sein des cadres traditionnels d'une Rome dans laquelle le Sénat aura retrouvé une partie de son lustre (*imperaturus es hominibus qui nec totam seruitutem pati possunt nec totam libertatem*).

UN PLAIDOYER POUR L'ADOPTION DU MEILLEUR

Un point de départ détermine la réflexion de Galba : l'État ne peut se gouverner seul, un guide (1, 16, 1 : *rector*) s'impose – si cela n'avait pas été le cas, Galba aurait supprimé l'Empire pour rétablir la République, tel est le sens de la première phrase du chapitre 16. Seule l'adoption (1, 16, 2) permet le choix du meilleur. Les interventions de l'armée dans le choix du Prince figurent parmi les causes fondamentales de la crise de l'année 69. Tacite rejoint ici Plutarque qui au début de la *Vie de Galba* rappelle l'action d'un Paul-Émile et, avec Platon, condamne les débordements séditieux de la troupe : « Et mêmement les misères et calamités qui advinrent aux Romains après la mort de Néron montrent assez qu'il n'y a rien qui soit plus à redouter et à craindre en un empire qu'une puissance militaire qui licencieusement suit ses appétits forcenés et désordonnés » (trad. J. Amyot, « Bibliothèque de la Pléiade »). Galba se montre parfaitement conscient de l'espèce de péché originel qui a marqué son tout frais avènement : « Pour nous, que la guerre et l'opinion ont appelés à l'Empire, nous aurons l'envie pour compagne, quel que soit notre mérite » (1, 16, 5). C'est de ce risque même qu'il veut délivrer Pison en le mettant à l'abri des chantages de la soldatesque. La procédure de l'adoption amorce une ère nouvelle dont Galba, s'il en est l'initiateur, n'a pas lui-même réellement bénéficié. Il fonde un nouveau régime et le « nous » qu'il emploie s'applique à cette invention politique qui est en fait une restauration de ce que le Principat augustéen avait de meilleur : *loco libertatis erit quod eligi coepimus* (1, 16, 2).

On peut même encore remonter le temps, jusqu'à l'époque républicaine. Alors, les comices désignaient les magistrats et leur président procédait à la nomination effective du candidat en procédant à une *renuntiatio* : sa parole faisait de fait un magistrat, le créait par les mots et dans le discours. C'est cet usage antique que rétablit Galba devant les « comices de l'Empire » et ainsi s'éclaire sa profession de foi initiale de rebâtir la République. Comme aux premiers siècles de Rome, et comme sous Auguste, ce sont les vertus du candidat qui légitiment son élection au sens étymologique. Pison réunit ces qualités, comme Auguste, qui les avait fait graver sur le Bouclier d'Or que le Sénat lui avait offert en 27 avant J.-C. : *uirtus*, *clementia*, *iustitia*, *pietas* et dont une copie en marbre a été conservée à Arles (visible au musée archéologique de cette ville).

Dans notre extrait, si les qualités politiques et humaines de Pison ne sont pas explicitement mentionnées, on en trouve néanmoins la synthèse dans une formule décisive : *utilissimus idem ac breuissimus bonarum malarumque rerum dilectus est cogitare quid aut uolueris sub alio principe aut nolueris* (1, 16, 9). Le modèle idéologique proposé ici est clairement celui que Pline le Jeune avait développé, en l'année 100, à l'occasion de son accession au consulat, dans son discours de remerciement (*gratiarum actio*) au Prince, ce que nous appelons le *Panégyrique de Trajan*. Les concordances entre les deux textes sont nombreuses (cf. *e. g.* le chapitre 7) et ont été relevées par exemple par M. Durry dans son commentaire à ce texte (Paris, 1938, p. 62). On sait également par Eutrope, qui est un abréviateur de la fin du ive siècle et un témoin assez fidèle de l'histoire du Haut-Empire, que Trajan avait un jour défini ainsi sa conception du Principat : *inter alia dicta hoc ipsius fertur egregium. Amicis enim culpantibus quod nimium circa omnes communis esset, respondit talem se imperatorem esse priuatis quales esse sibi imperatores priuatus optasset* (Eutrope 8, 5, 1) ; « On rapporte de lui, entre autres, ce mot remarquable : à ses amis qui lui reprochaient d'être d'un abord trop facile pour tous, il répondit qu'il se montrait aux particuliers, lui empereur, tel qu'il aurait souhaité que les empereurs fussent pour lui quand il était un particulier ». Cette conception du pouvoir repose sur la notion de *ciuilitas*, l'empereur n'étant qu'un magistrat parmi les autres, un *primus inter pares*.

Pline rappelle encore (*Panégyrique* 63) que Trajan était sorti de son palais pour se mêler, au Champ de Mars, aux comices où le peuple désignait ses magistrats. Même si ces comices ne jouaient plus sous l'Empire de rôle réel, le geste de Trajan révèle les axes de sa propagande : faire mine de respecter les institutions républicaines traditionnelles (Sénat et comices) ; respecter la liberté du peuple. Nous sommes donc là aux antipodes du comportement tyrannique. Telles sont les vertus de l'adoption qui permettent de hisser sur le trône un membre d'une ces grandes familles liées au Sénat et dont chacun savait l'honnêteté et la droiture (cf. note 3 *supra* à la traduction et *Histoires* 1, 14, 2 : *Piso M. Crasso et Scribonia genitus, nobilis utrimque, uoltu habituque moris antiqui et aestimatione recta seuerus* ; « Pison, né de M. Crassus et de Scribonia, était noble par son père et par sa mère ; son air et sa tenue étaient ceux du vieux temps ; à le bien juger son caractère était sérieux »). *Fides, libertas* et *amicitia* sont les qualités de Pison (*Histoires* 1, 15, 7) qui, aux yeux de Tacite, préfigure peut-être la politique de Nerva et dont l'adoption annonce ceux qui fonderont la dynastie des Antonins.

UNE ATMOSPHÈRE TRAGIQUE

Il faut néanmoins se garder de parallèles hasardeux, car Pison n'a pas les qualités d'un Trajan, n'est pas, au contraire de ce dernier, un homme de guerre. Il avait en outre, sous Néron, connu la disgrâce et l'exil, ce qui ne le prédisposait pas de la meilleure manière qui fût à gouverner. Enfin, son adoption sera marquée par des présages du plus funeste effet : orages, coups de tonnerre, éclairs (cf. *Histoires* 1, 18, 1). Au contraire, l'adoption de Trajan par Nerva, en 97, avait été accompagnée par un présage favorable : la foule, au moment où Trajan avait fait son entrée dans le temple de Jupiter, avait poussé un cri qui exprimait son approbation (cf. Pline le Jeune, *Panégyrique de Trajan* 5, 3). Galba, de son côté, néglige les manifestations naturelles hostiles et leur dénie toute valeur de présage, ce qui n'est jamais la preuve d'un gouvernant lucide ni habile. De surcroît, le discours de Galba devant les soldats rassemblés dans le camp des prétoriens est accueilli très fraîchement : « Dans les rangs c'était un sombre silence » (*Histoires* 1, 18, 6 : *per ceteros maestitia ac silentium*).

Les chapitres qui suivent immédiatement le discours de Galba en *Histoires* 1, 16 jettent donc une lumière nouvelle sur l'apparent enthousiasme de Tacite en faveur de Galba. Certes ce dernier a d'indéniables qualités, mais il souffre d'un double handicap : une rigidité morale excessive et un contexte politique hostile. Galba manque sa chance et Tacite non seulement le sait mais commente, à la manière du chœur tragique antique, les erreurs de son protagoniste : *constat potuisse conciliari animos quantulacumque parci senis liberalitate* (1, 18, 7 : « Il est constant que n'importe quelle libéralité venant de ce vieillard parcimonieux aurait pu lui concilier les cœurs »). L'évidence est là (*constat*), Galba aurait pu réussir (*potuisse*) : l'irréel du passé souligne toute l'amertume et la déception de l'historien qui assiste impuissant aux erreurs du Prince. L'explication réside dans l'évolution des mentalités. Rome n'a plus au Ier siècle la force morale qui était la sienne dans l'Antiquité, sous l'ancienne République : *nocuit antiquus rigor et nimia seueritas, cui iam pares non sumus* (1, 18, 7 : « Il fut victime d'une rigidité et d'un excès de sévérité, dignes des anciens âges, mais trop lourds à notre faiblesse »).

Le second motif de l'échec de Galba est la situation politique rendue instable et même menaçante en raison des révoltes des troupes dans les provinces. La subtilité littéraire de Tacite a consisté ici à mettre dans la bouche même de Galba les raisons de son échec : *ne tamen territus fueris si duae legiones in hoc concussi orbis motu nondum quiescunt* (1, 16, 6). Ce conseil qui vise à rassurer Pison fonctionne en réalité comme un avertissement tragique adressé de manière assez transparente au lecteur. Comme au théâtre, ce dernier comprend l'avertissement dont seul le protagoniste ne perçoit pas la signification. En effet, Galba ne survivra pas plus de quatre jours à l'adoption de Pison et il sera assassiné le 15 janvier par les prétoriens soulevés par Othon. À deux reprises Galba mentionne la révolte de deux légions de Germanie supérieure (la *IV Macedonica* et la *XXII Primigenia* ; cf. 1, 16, 6 et 1, 18, 4) pour en minimiser l'importance et rassurer.

Tacite a pris soin d'encadrer les trois discours de Galba (le premier en 1, 15-16 devant les « comices » ; le second devant les prétoriens, non rapporté par Tacite : cf. 1, 18 ; le troisième devant le Sénat, résumé par Tacite : cf. 1, 19) en faveur de Pison par deux mentions de la révolte des légions de Germanie. Ces deux mentions accroissent l'angoisse du Prince et dramatisent le contexte : *sed Galba post nuntios Germanicae seditionis, quamquam nihil adhuc de Vitellio certum, anxius quonam exercituum uis erumperet* (1, 14, 1 : « Quoi qu'il en soit, Galba avait reçu des nouvelles de la révolte de Germanie et bien qu'il n'en pût rien tirer encore d'assuré touchant Vitellius, il se demandait avec anxiété dans quelle direction se ferait jour la violence des armées »). Le discours d'adoption perd donc de sa force du fait de l'incertitude des destins et aussi en raison d'une forme de naïveté de la part d'un empereur qui ne prend pas conscience des dangers. De la même façon, le discours de Galba au Sénat est suivi immédiatement par la confirmation des menaces extérieures ; les messagers arrivent pour ainsi dire en même temps que Galba achève son discours : *crebrioribus in dies Germanicae defectionis nuntiis* (1, 19, 4 : « De nouveaux messages arrivaient à tout instant sur la défection de la Germanie »). À la manière dont Eschyle avait construit les *Perses* (les messages de la victoire de Xerxès envoyés à la cour se télescopent avec les messages de la défaite), Tacite indique implicitement que le programme politique de Galba n'a aucun avenir en raison de sa défaite imminente. L'avenir que Galba promet à Pison (1, 16, 9 : *imperaturus es*) n'existe en fait pas.

Les conditions de la mort de Galba (1, 41-42) confirment ce que Tacite laissait entendre : ce Prince est un homme qui se trompe. À l'abri dans son palais, Galba accepte d'en sortir à la nouvelle, qui se révélera fausse, de la mort d'Othon (1, 34). Croyant aller au-devant du peuple qui l'attend sur le forum pour l'acclamer, il va à la rencontre de ses assassins : c'est cette fois le modèle tragique d'*Œdipe roi* ! Le consensus des hommes et des dieux qui avait porté Galba à l'Empire (1, 15, 2 : *deorum hominumque consensu*) se révèle un consensus de dupes, de gens dans l'erreur : *consensu errantium* (1, 35, 1). Le renversement de situation est total et Tacite l'a concentré, pour en accroître l'effet dramatique, en quelques pages. Cette année 69 a ceci de tragique que les événements s'enchaînent sans que les protagonistes ne les maîtrisent ni ne les dominent. Jouets de l'histoire, ils courent à l'échec croyant voler vers la victoire. La leçon de l'épisode est claire. Tacite délivre un message lucide : la dernière tentative de restauration d'un Principat fondé sur le consensus, sur la collaboration entre le Prince et le Sénat se solde par un échec. Nul ne pourra désormais se passer de l'appui des armées, non seulement les prétoriens, mais surtout les légions des provinces. Nul ne pourra les négliger au nom de vertus supérieures mais dépassées. Galba avait choisi Pison, Pison est assassiné ; Galba avait choisi le Sénat, le Sénat est impuissant face à la démagogie d'Othon ; Galba avait choisi de mépriser les armées, les armées optent pour le camp d'un autre.

La force du discours de Galba tel que l'a écrit Tacite repose sur ses contradictions. Le Prince exprime un certain nombre d'idées chères à l'historiographe : préférence pour le choix du meilleur, refus de céder à la force, désir de rétablir un gouvernement s'appuyant sur le Sénat. Mais ce programme est celui d'un vaincu qui s'ignore. La dimension dramatique et tragique des chapitres 15 et 16 naît ainsi de ce paradoxe. La force de l'analyse de Tacite réside dans sa lucidité et dans la mise en forme littéraire de l'amertume dépitée de l'historien. Sévère pour Galba, Tacite se montre indulgent pour sa tentative. En analyste averti des mécanismes historiques, l'auteur des *Histoires* explique que l'homme a été dépassé par les circonstances, que les qualités individuelles cèdent trop souvent à des forces supérieures. Pareil tableau ne va pas sans susciter chez le lecteur pitié pour les vaincus (la naïveté de Galba croyant faire un Prince déconcerte : cf. 1, 16, 10, *tamquam principem faceret*) et terreur au spectacle des forces qui s'affrontent, en dépit des tentatives de Galba pour rassurer (1, 16, 6 : *ne tamen territus fueris*). Les ressorts de la tragédie sont en place.

BIBLIOGRAPHIE

TEXTE

On trouvera le texte et la traduction des *Histoires* dans la « Collection des Universités de France », éd. P. Wuilleumier et H. Le Bonniec, annotée par J. Hellegouarc'h, Paris, 1987-1992. Pour les *Annales* on se reportera, dans la même collection, à l'édition de P. Wuilleumier, revue et corrigée par J. Hellegouarc'h et H. Le Bonniec, Paris, 1990-1996.

Mentionnons aussi l'édition allemande des *Annales* et des *Histoires* publiée par Teubner (H. Heubner, Leipzig, 1978 et 1983 ; K. Wellesley, Leipzig, 1986 ; S. Borzak, 1992).

TRADUCTIONS

Citons en priorité la traduction des *Histoires* et des *Annales* par P. Grimal, « Bibliothèque de la Pléiade », 1990. Tout en avouant son admiration pour la traduction de J.-L. Burnouf (p. LIX), P. Grimal a réussi à donner une traduction personnelle, souvent originale, plus moderne et plus proche du latin que celle de H. Gœlzer.

On trouvera en bibliothèque ou chez les bouquinistes deux livres fort utiles : une traduction (sans le texte) des *Annales* par H. Bornecque, éditée par Garnier en poche (« GF », 1965), qui est en réalité une adaptation légère de la célèbre traduction de J.-L. Burnouf qui date de 1833 (Paris, Hachette, 1858). Sans doute surannée, cette traduction ne laisse pas de séduire le lecteur soucieux de dépasser le stade d'une lecture fragmentaire ; le second est une édition par le même dans la collection des « Classiques Garnier » (les Garnier jaunes) de l'intégralité des *Histoires*, avec texte et traduction. Ce volume particulièrement précieux ne se trouve malheureusement plus dans le commerce.

ÉTUDES

Éditions commentées
– P. Wuilleumier, Tacite, *Histoires*, Livre 1, Paris, PUF, « Érasme », 1973.
– H. Heubner, *Tacitus. Die Historien*. Commentaire allemand en 4 vol. des *Histoires*, Heidelberg, Carl Winter, 1963-1976.

Études sur Tacite
Ouvrages :
– E. Aubrion, *Rhétorique et histoire chez Tacite*, Metz, Diffusion Université de Metz, 1985.
– M. Casevitz et F. Hartog, *L'Histoire d'Homère à Augustin, Préfaces des historiens et textes sur l'histoire*, Paris, Le Seuil, « Points Essais », 1999, p. 209-219.
– I. Cogitore, *La Légitimité dynastique d'Auguste à Néron à l'épreuve des conspirations,* « Bibliothèque des Écoles françaises d'Athènes et de Rome », 313, Rome, 2002.
– X. Darcos, *Tacite, ses vérités sont les nôtres*, Plon, 2007.
– O. Devillers, *Tacite et les sources des Annales. Enquêtes sur la méthode historique* « Bibliothèque d'études classiques », 36, Louvain, 2003.
– Ph. Fabia, *Les Sources de Tacite dans les Histoires et les Annales*, Paris, Boivin, 1893.
– P. Fabia et P. Wuilleumier, *Tacite, l'homme et l'œuvre*, Paris, 1949.
– P. Grimal, *Tacite*, Paris, Fayard, 1990.
– A. Michel, *Tacite et le destin de l'Empire*, Paris, Arthaud, 1966.
– E. Paratore, *Tacito*, Milan-Varese, Istituto Editoriale Cisaplino, 1951.
– R. Syme, *Tacitus*, 2 vol., Oxford, Oxford University Press, 1970.
– *Aufstieg und Niedergang der Römischen Welt* (*ANRW*) II, 33, 3 et 4, Berlin-New York, 1990 et 1991.
Articles :
– E. Auerbach, *Mimésis. La représentation de la réalité dans la littérature occidentale*, Paris, Gallimard, « Bibliothèque des idées », 1968, p. 47-51.

– R. Barthes, « Tacite et le baroque funèbre » (1959), *Essais critiques*, Paris, Le Seuil, 1964.

– J. Beaujeu, « La religion de Pline et de Tacite », *L'Information littéraire* 8, 1956, p. 149-155.

– J. Béranger, « L'expression du pouvoir suprême chez Tacite », *Cahiers du Centre Gustave Glotz* 1, 1990, p. 181-205.

– J. Christies, « Das persönliche Vorwort des Tacitus zu den *Historien* », *Philologus* 139, 1995, p. 133-146.

– M. Chassignet, « L'historiographie latine : IIIe siècle av. J.-C. – IIe siècle ap. J.-C. État des recherches 1990-2002 », *Pallas* 63, 2003, p. 189-207.

– E. Cizek, « La poétique de l'histoire chez Tacite », *Revue des Études latines* 69, 1991, p. 136-146.

– I. Cogitore, « La *potentia* chez Tacite : accusation indirecte du Principat », *Bulletin de l'Association Guillaume Budé* 1991, p. 158-171.

– E. Courbaud, *Les Procédés d'art de Tacite dans les Histoires*, Paris, Hachette, 1918.

– J. Cousin, « Rhétorique et psychologie chez Tacite. Un aspect de la deinôsis », *Revue des Études latines* 29, 1951, p. 228-247.

– P. Jal, « Les dieux et les guerres civiles à Rome, de Sylla à Vespasien », *Revue des Études Latines* 40, 1962, p. 170-200.

– A. D. Leeman, « Tacite, *Histoires* 1, 1 : *ueritas* », Actes de la XXIIe Conférence d'études classiques, *Eirene*, Bucarest-Amsterdam, 1975, p. 377-380.

– A. Michel, « Le style de Tacite et la tradition esthétique européenne », *Colloque Histoire et Historiographie*, éd. R . Chevallier (*Caesorodunum* XV bis), Paris, 1980, p. 157-163.

– M. G. Morgan, « Two Omens in Tacitus' *Histories* (2, 50, 2 and 1, 62, 2-3) », *Rheinisches Museum für Philologie* 136, 1993, p. 321-329.

– K. Nawotka, « Imperial Virtues of Galba in the *Histories* of Tacitus », *Philologus* 137, 1993, p. 258-264.

– J.-M. Pailler et R. Sablayrolles, « *Damnatio memoriae* : une vraie perpétuité », *Pallas* 40, 1994, *Les Années Domitien*, p. 11-55.

– C. Perkins, « Tacitus on Otho », *Latomus* 52, 1993, p. 848-855.

CHAPITRE V

SUÉTONE

Suétone a longtemps été dans une position paradoxale. Alors que les *Vies des douze Césars* – désormais abrégées en *VDC* – étaient abondamment lues, on leur déniait jusqu'à récemment toute valeur historique et artistique. On reprochait à l'auteur de ne voir que le petit côté des choses, de collectionner avec une complaisance immorale les ragots scabreux, de mettre les anecdotes futiles sur le même plan que les faits historiques importants, de se fonder naïvement sur des sources parfois peu fiables, et de manquer de perspective d'ensemble. Quant à son style, il aurait la froideur indigente d'un néo-classicisme parsemé de négligences. Bref, Suétone était un modeste biographe sans nul talent littéraire. Et bien sûr, chaque fois que Tacite et Suétone rapportaient différemment un même fait, on donnait raison au premier. Depuis 1950 cependant, comme l'a montré Perrine Galand-Hallyn, Suétone fait l'objet d'une réhabilitation progressive, ce qui ne l'empêche pas d'être encore fréquemment considéré comme un journaliste de presse de caniveau (dont les articles pourtant, deux mille ans plus tard, continuent à intéresser !). Et l'on découvre de plus en plus sa fiabilité historique, face aux autres sources pour l'histoire du Ier siècle que sont principalement Tacite et Dion Cassius (160-235).

VIE ET ŒUVRE

VIE DE SUÉTONE

La vie de Suétone est mal connue. Son père s'appelait Suetonius Laetus (*VDC*, *Othon* 10, 1) et fut officier (tribun angusticlave) de la XIIIe légion, titre qui implique l'appartenance à l'ordre équestre ; les chevaliers, depuis le temps de Claude, formaient l'armature administrative de l'Empire. Il participa en avril 69 à la bataille de Bédriac, du côté d'Othon, et resta fidèle à la mémoire du Prince après la mort de celui-ci (*VDC, Othon* 10, 2-5). Suétone mentionne également une fois son grand-père (*VDC, Caligula* 19, 4), dont on apprend seulement qu'il était en relation avec des habitués de la cour. Le père de Suétone et une partie de sa famille avaient donc vécu à Rome, dans des milieux assez proches du pouvoir.

Suétone lui-même se trouve à Rome, « à peine adulte » (*adulescentulus*), sous le règne de Domitien, puisqu'il y vit un agent du fisc, chargé de recouvrer la taxe sur les Juifs, faire déshabiller un vieillard pour voir s'il était circoncis (*VDC, Domitien* 12, 6). Dans la mesure où Suétone se dit « jeune homme » (*adulescens*) en 88 (*VDC, Néron* 57, 4), la scène doit se situer peu avant cette date. À partir de ces éléments, on fixe la naissance de Suétone vers 70 ; il a donc une quinzaine d'années de moins que Tacite (qu'il ne mentionne jamais mais qu'il rencontra certainement dans le cercle de Pline le Jeune).

Suétone est muet sur l'éducation qu'il reçut. On est mieux renseigné sur la première partie de son âge mûr par les lettres que lui adresse Pline le Jeune, de quelque dix ans son aîné (*epist.* 1, 18 ; 3, 8 ; 5, 10 ; 9, 34), ou dans lesquelles il intervient pour lui (*epist.* 1, 24 ; 10, 94). Le ton employé par Pline dans la lettre 1, 24, datée de 97, montre qu'à cette date leur amitié est déjà un peu ancienne : Pline qualifie notamment Suétone de « proche compagnon » (*contubernalis meus*). Pline, dont la situation sociale était plus élevée (il était sénateur), et qui, on le sait, protégeait les jeunes gens pleins d'avenir, favorisa l'ascension de Suétone. Grâce à lui (*epist.* 3, 8, datée de 101), Suétone fut apparemment exempté de la charge militaire qui était le prélude obligé de toute carrière équestre ; par l'intermédiaire de Pline encore (*epist.* 10, 94, datée de 112), il obtint de Trajan les avantages associés à la qualité de père de trois enfants (*ius trium liberorum*), quoique son mariage fût resté stérile. Pline mourut peu après, mais il rendit encore indirectement service à Suétone. Ce dernier avait en effet rencontré dans le cercle de Pline le chevalier Septicius Clarus, auquel l'épistolier avait dédié le recueil de ses *Lettres*. Septicius Clarus devint le second protecteur de Suétone. C'est grâce à ce personnage, devenu Préfet du Prétoire en 119, que Suétone fut nommé, dans un ordre et à des dates discutés, *a studiis* (l'*a studiis* préparait les dossiers et la documentation de l'empereur), *a bibliothecis* (responsable des bibliothèques de Rome ; il décidait donc si tel ouvrage rentrerait ou non dans les collections officielles), *ab epistulis* (chargé de la correspondance de l'empereur ; à ce titre, Suétone faisait partie du « conseil du Prince », le *concilium principis*) : ces charges sont mentionnées, avec quelques autres, par une inscription malheureusement fragmentaire découverte en 1951 sur le forum d'Hippo Regius (Hippone, actuellement Annaba, en Algérie) ; il s'agit d'une dédicace à la base d'une statue élevée en l'honneur de Suétone, et qui retrace les principales étapes de sa carrière (il faut supposer, soit qu'il était originaire d'Afrique, soit qu'il eut l'occasion d'y aller, peut-être pour accompagner Hadrien lors d'un de ses nombreux voyages, soit qu'il entretint à quelque titre des relations avec la ville d'Hippone). Suétone fut donc un temps proche de l'empereur : il nous raconte qu'ayant découvert une statuette d'Auguste enfant, il la lui offrit, et qu'Hadrien la plaça dans son laraire (*VDC, Auguste* 7, 2). Cependant la brillante carrière de Suétone fut brusquement brisée : il fut en effet entraîné dans la disgrâce de Septicius Clarus. L'un et l'autre, comme nous le dit trop peu clairement l'*Histoire Auguste* (*Hadr.* 11, 3), auraient manqué de respect à l'impératrice Sabine, femme d'Hadrien ; cette raison officielle, difficile à croire, doit en cacher une autre, plus politique, et sans rapport avec la publication des *VDC*. Suétone ne reparut plus à la cour, et on ignore ce qu'il devint. La date de sa mort est inconnue.

Suétone ne s'est pas contenté d'une carrière administrative dans les services centraux de l'Empire. Une lettre de Pline (*epist.* 1, 18, datée de 97) nous apprend qu'il s'essaya auparavant au barreau. Par ailleurs, Pline le range parmi les hommes d'étude (*scholasticis… dominis, epist.* 1, 24, 4), déclare à Trajan qu'il est très savant (*eruditissimus, epist.* 10, 94, 1), et, dans une lettre datable de 106 environ (*epist.* 5, 10), l'invite à ne pas différer davantage la publication d'un ouvrage que lui juge déjà parfait (on ignore totalement de quel ouvrage de Suétone il s'agit). Suétone, de fait, écrivait abondamment.

ŒUVRES DE SUÉTONE

Quand nous considérons Suétone comme un historien, nous sommes victimes d'une erreur de perspective. La tradition manuscrite ne nous a presque transmis que ses biographies impériales, mais il fut en fait un polygraphe, comparable à plusieurs égards à Varron. Il avait écrit de nombreux traités, dont certains en grec, sur les sujets les plus divers. Le seul qui, en dehors des *VDC*, nous soit conservé, est le *De grammaticis et rhetoribus* (*Grammairiens et rhéteurs*), découvert en Allemagne dans la première moitié du XVᵉ siècle. Encore faisait-il sans doute partie d'un ensemble plus grand, le *De uiris illustribus*, consacré aux hommes qui s'étaient illustrés dans la littérature latine, dont il reste fort peu de chose mais qui eut une grande influence dans l'Antiquité.

L'inventaire des titres des œuvres perdues de Suétone montre en tout cas, d'une part, le caractère encyclopédique de ses connaissances et sa curiosité en de nombreux domaines, d'autre part, son goût pour le genre de la biographie.

LES *VIES DES DOUZE CÉSARS*, DES BIOGRAPHIES STRUCTURÉES

LES *VIES DES DOUZE CÉSARS*

C'est certainement en raison de l'importance du sujet qu'on a conservé les *VDC*, alors que la plupart des œuvres de Suétone sont perdues. Il nous manque cependant le premier cahier (ce qu'on appelle un « quaternion ») de la *Vie de César*, qui s'est perdu avant le IXᵉ siècle (date du plus ancien manuscrit). Cette lacune nous prive du titre original, de la dédicace et de la préface. Le titre devait être quelque chose comme *De uita Caesarum libri VIII* : on le reconstitue à partir de la manière dont le désigne en grec l'érudit du VIᵉ siècle Jean Lydus (*Sur les magistratures du Peuple romain* 2, 6). Celui-ci nous apprend également que l'ouvrage fut dédié à Septicius Clarus, alors que ce dernier était Préfet du Prétoire ; mais on ignore la date précise de sa disgrâce, et donc celle de l'œuvre (entre 119 et 128, en tout cas). La perte de la préface, certainement programmatique, est regrettable quand on sait l'importance des textes liminaires dans l'Antiquité : Suétone s'y expliquait peut-être sur sa conception de l'histoire.

L'ouvrage, qui couvre plus d'un siècle et demi (le règne de César commence en 49 avant notre ère, Domitien est assassiné en 96), se présentait en huit livres (cette indication nous est donnée par la *Souda*, dictionnaire encyclopédique byzantin du Xᵉ siècle). Jules César, Auguste, Tibère, Caligula, Claude et Néron donnent lieu, chacun, à un livre. Puis les biographies se font plus courtes : les trois empereurs de l'année 68-69, Galba, Othon et Vitellius, se partagent le livre 7, tandis que les vies des trois Flaviens, Vespasien, Titus et Domitien, beaucoup moins détaillées que celles des Julio-Claudiens, forment le livre 8. Nous reviendrons plus loin sur ce déséquilibre, qui ne semble pas dû à une contrainte extérieure. La division en chapitres en revanche est moderne, remontant aux philologues du XVᵉ siècle.

HISTOIRE ET BIOGRAPHIE

L'historiographie romaine fut longtemps tributaire du principe annalistique, fondé sur la succession annuelle des magistrats. L'œuvre de Tacite est encore largement inscrite dans ce cadre marqué de l'empreinte républicaine et sénatoriale. Suétone, qui n'a guère, on l'a dit, qu'une quinzaine d'années de moins que Tacite, inaugure – sur la même période chronologique que son illustre devancier, qui s'était arrêté lui aussi à la mort de Domitien – une forme nouvelle de l'histoire, où la structure de base est désormais constituée par les règnes des empereurs. Ce choix, qui suppose l'acceptation de la réalité du Principat (Suétone, contrairement à Tacite, n'a même pas la nostalgie du régime républicain), est en lui-même signifiant : l'histoire de l'Empire se ramène à celle d'un seul homme, l'empereur ; c'est l'empereur, et non plus le peuple romain, qui symbolise l'histoire romaine. Et si Suétone commence ses biographies impériales avec César, c'est – outre que le chiffre douze est plus satisfaisant pour un ensemble – que celui-ci inaugure le pouvoir de nature monarchique, donnant son nom aux empereurs proprement dits.

Considérée généralement comme un domaine distinct de l'histoire (Cornelius Nepos, le créateur du genre en latin au Iᵉʳ siècle avant notre ère, affirme dans *Des grands généraux des nations étrangères* 16, 1, ne pas faire œuvre d'historien), la biographie à Rome repose à l'origine sur la pratique de l'éloge – éloge politique, éloge d'apparat (panégyrique), éloge funèbre (*laudatio funebris* ; qu'on pense à *La Vie d'Agricola* de Tacite), genre dont Cicéron dans le *De oratore* (2, 341-349) et Quintilien dans l'*Institution oratoire* (3, 7, 10-18) détaillent les lois. Ainsi les biographies de Cornelius Nepos sont-elles plus proches de l'éloge que de l'appréciation objective, tout en témoignant de l'intérêt des Romains pour la vie des grands hommes. Si Suétone ne se sent pas obligé de louer ses personnages, loin s'en faut, il est bien tributaire de la tradition romaine de l'éloge, et ne doit pas grand-chose à la biographie hellénistique, contrairement à ce qu'on a longtemps prétendu.

Les biographies de Suétone n'ont rien à voir avec celles de Plutarque, qu'il avait lues sans doute. Plutarque choisit souvent ses personnages dans le passé lointain (certains sont totalement mythiques), renonce à rapporter toutes les actions quand le sujet est trop vaste (ainsi pour Alexandre et César), adopte une perspective essentiellement morale (il ne présente à une ou deux exceptions près que des hommes vertueux, et n'hésite pas à atténuer les défauts de ses héros). Suétone au contraire ne traite pas des grands hommes idéalisés du passé, et ne s'occupe pas de philosophie ou de morale.

LA STRUCTURE DE CHAQUE *VIE* ET LE PLAN PAR RUBRIQUE (*PER SPECIES*)

Il faut citer le passage essentiel de la *Vie d'Auguste* (9, 1) où Suétone s'explique sur ce point : « Ayant présenté en quelque sorte le sommaire de sa vie, je vais en examiner une à une les différentes parties, et cela non point selon l'ordre chronologique, mais par rubriques » (*Proposita uitae eius uelut summa, partes singillatim neque per tempora sed per species exsequar* ; on traduit *species* par « rubrique, catégorie, point de vue »). Ce schéma que Suétone déclare adopter pour la *Vie d'Auguste* se trouve en fait plus ou moins dans toutes les Vies. Est-ce une création propre de Suétone ou l'a-t-il emprunté ? S'est-il inspiré du plan des éloges funèbres, qui juxtaposaient sans doute les différents aspects de la vie du défunt ? Dans la mesure où l'on ne connaît pas d'antécédent avéré à une telle disposition, on conclura que Suétone en est l'inventeur, sans qu'il soit besoin, surtout, de remonter à des modèles grecs imaginaires, comme on le fait parfois, selon l'a priori que les Romains dans le domaine intellectuel doivent tout aux Grecs. Cette organisation par rubriques correspond d'ailleurs parfaitement au tempérament précis et classificateur de Suétone, en même temps qu'elle est propre à appréhender au mieux la personne de l'empereur.

Le schéma type comprend quatre rubriques essentielles : origine et naissance, carrière publique, vie privée, mort. À l'intérieur de ces rubriques on trouve des catégories constantes, mais qui n'apparaissent pas dans un ordre immuable : ainsi dans la première rubrique, Suétone insiste-t-il sur le nom de l'empereur ; dans la deuxième, sur son action dans Rome ; dans la troisième, sur sa vie conjugale et sexuelle, son portrait physique, sa culture, ses habitudes alimentaires, ses superstitions ; dans la quatrième, sur les présages de sa mort. La distinction entre vie publique et vie privée est essentielle dans la mesure où il y a précisément chez le Prince des interférences entre les deux.

Prenons l'exemple de la *Vie d'Auguste* : les quatre rubriques occupent respectivement les chapitres 1-8 (origine et naissance), 9-60 (vie publique), 61-93 (vie privée), 94-101 (mort).

1-8 origine et naissance		1-4 origine
		5-8 naissance, noms et enfance
9-60 vie publique	9-25 guerres menées par Auguste	9-19 guerres civiles
		20-23 guerres extérieures
		24-25 comportement d'Auguste vis-à-vis de l'armée
	25-60 administration	26-28, 3 énoncé des magistratures d'Auguste
		28, 4-45 activité publique d'Auguste à Rome (constructions, réformes administratives, justice, avec, en 35-42, son attitude envers les trois ordres)
		46-50 activité publique envers l'Italie et les provinces
		51-60 portrait d'Auguste en tant que Prince (ce qui fait transition avec le portrait privé)
61-93 vie privée		61-65 vie familiale (jeunesse, mariage, descendance)
		66-83 portrait d'Auguste sur le plan privé
		84-89 activité littéraire, portrait intellectuel
		90-93 comportement à l'égard de la religion et de la superstition (le thème des présages introduit la dernière rubrique, cf. 94, 1)
94-101 mort		Présages annonciateurs de sa mort, mort, sépulture, apothéose, testament et autres textes laissés par Auguste

Comme on le voit, la synchronie ne se substitue pas entièrement à la diachronie, puisque l'ordre chronologique est suivi, d'une part entre certaines catégories (ainsi les guerres civiles précèdent-elles dans le temps comme dans le texte les guerres étrangères), d'autre part à l'intérieur de chaque rubrique et catégorie. Mais il serait absurde d'en faire le reproche à Suétone. Au contraire, celui-ci a su remarquablement combiner ou superposer récit événementiel et rubriques au sein de chaque Vie.

Une formule de transition indique souvent le passage d'un développement à un autre, ainsi dans *VDC, César* 44, 8 (« Avant de raconter sa fin, il ne sera pas hors de propos d'exposer succinctement ce qui concerne son physique, sa tenue, son mode de vie et ses mœurs, aussi bien que ses talents civils et militaires »), *Auguste* 9, 1 (texte donné plus haut) 46, 1 (« Une fois la ville de Rome et les affaires urbaines réglées de la sorte, Auguste peupla l'Italie… ») et 61, 1 (« Puisque j'ai exposé ce que fut Auguste dans ses commandements militaires, ses magistratures […], je vais maintenant rapporter sa vie intime et familiale »), *Tibère* 7, 1 (« Après qu'il eut revêtu la toge virile, voici à peu près comment il passa toute son adolescence et la période suivante de sa vie jusqu'au début de son Principat ») et 42, 1 (« Cependant, s'étant assuré toute licence par la solitude, et après avoir en quelque sorte éloigné les regards de la cité, il laissa enfin déborder à la fois tous les vices qu'il avait longtemps mal dissimulés : je vais les expliquer un à un, dès l'origine »), *Caligula* 22, 1 (« Jusqu'ici nous avons parlé du Prince ; il nous reste à parler du monstre »), *Néron* 19, 5 (« Tous ces actes, qui les uns ne méritent aucun blâme et les autres sont même dignes de grands éloges, je les ai groupés en un seul développement, pour les séparer des infamies et des crimes dont je vais maintenant parler »). La transition peut se faire de manière plus subtile : ainsi dans *VDC, Claude* 25, 5, l'affirmation que Claude est gouverné par ses affranchis et ses femmes permet de passer à sa vie conjugale ; dans *Claude* 40, 6, les tics de langage de l'empereur, jugés indigne d'un Prince qui s'est appliqué aux études libérales, amènent aux deux chapitres où il est question de sa vaste culture ; dans *Othon* 12, 1, la phrase « Le physique et les manières d'Othon ne répondaient nullement à un pareil courage » renvoie au paragraphe précédent, qui traitait de sa bravoure. Par ailleurs, une rubrique ou une catégorie peut être annoncé par un mot titre qui figure dans la première phrase (ainsi *eloquentia*, « éloquence », *VDC, César* 55, 1 ; *uestitus*, « vêtement », *Caligula* 52, 1). Mais Suétone n'annonce jamais le plan d'ensemble de la Vie.

L'ordre des rubriques et des catégories, on l'a dit, n'est pas absolument fixe : ainsi le portrait physique, accompagné éventuellement d'autres développements (culture, habitudes alimentaires, mariage et vie sexuelle, etc.), est-il rejeté après la mort dans les Vies de Néron (51-56), Galba (21-22), Othon (12) et Domitien (18-22) ; dans la *Vie de Vitellius* (17), il est habilement fondu dans le récit de la mort. La *Vie de Titus*, la plus courte de la collection, a une forme spéciale : le portrait d'ensemble se trouve placé au début, puis, après une rapide transition sur la mauvaise réputation de Titus avant son accession au pouvoir, le récit de son règne vient contredire les craintes qu'il suscitait. Les rubriques constituent donc un schéma directeur, non un carcan : Suétone en modifie l'agencement et l'importance selon l'empereur étudié.

Le plan par rubriques est adapté au propos de Suétone, qui veut cerner objectivement les empereurs par un faisceau de données précises.

Il a cependant l'inconvénient de contraindre parfois l'auteur à revenir plusieurs fois sur le même fait, si celui-ci rentre dans des catégories différentes (ainsi *VDC, Caligula* 19 et 32, 3 ; *Néron* 19 et 22, 5), au risque de le présenter sous des angles différents voire opposés. Ainsi, après nous avoir dit (*VDC, Caligula* 14, 3) que Caligula dans ses débuts était tellement aimé que, lorsqu'il tomba malade, des gens offrirent leur vie ou promirent de combattre comme gladiateurs pour son rétablissement, il rapporte plus loin (27, 3) parmi ses traits de férocité que, un homme ayant fait vœu de combattre comme gladiateur s'il se rétablissait et un autre ayant offert sa vie pour lui, il les força à s'exécuter ; or il semble s'agir dans les deux cas de la même maladie de l'automne 37. Caligula, dans son initial désir de plaire, livra au feu les dossiers concernant les procès de sa mère et de ses frères (*VDC, Caligula* 15, 6) ; en fait, apprenons-nous ultérieurement (30, 4), il fit semblant de les brûler. Ou bien Suétone loue Néron de déclamer et de lire des poèmes en public (*VDC, Néron* 10, 5), puis critique ses efforts incessants pour se produire aux yeux du public (20-25) ; il présente comme un trait d'affection filiale les promenades en litière de l'empereur avec Agrippine (*VDC, Néron* 9, 5), puis rapporte la rumeur selon laquelle il s'y livrait avec elle à des relations incestueuses (28, 6) ; il mentionne les honneurs que Néron rendit à Claude (*VDC, Néron* 9, 1), mais plus loin indique qu'il fut complice de son assassinat et ne cessa d'outrager sa mémoire (33, 1-2).

Le matériau se trouve donc dispersé, et il faut parfois recomposer un événement mentionné à plusieurs endroits (ainsi les renseignements relatifs au rôle et à la disgrâce de Séjan sont-ils répartis dans cinq chapitres différents, *VDC, Tibère* 48, 4 ; 55, 2 ; 61, 1-2 ; 62, 2 ; 65). Or cette reconstitution est souvent difficile, parce que Suétone omet presque tout élément de datation (sauf pour la naissance, la mort et l'avènement des empereurs), se contentant de marquer la succession des faits par des adverbes ou des formules vagues. Le plan par rubriques aboutit donc à une composition fragmentaire et morcelée qui gêne l'intelligence de certaines affaires complexes. À cela cependant on objectera que Suétone s'est proposé de faire le portrait des douze premiers empereurs, non d'écrire l'histoire de la période, et que c'est le personnage de l'empereur qui constitue l'unité de chaque Vie ; et si chaque Vie est divisée en tableaux, l'ensemble de ces tableaux produit une image globale. Le principe annalistique, par ailleurs, n'entraîne pas la moindre discontinuité, dès lors qu'une affaire s'étend sur plusieurs années.

En ce qui concerne la structure d'ensemble de l'ouvrage, elle repose sur le principe du contraste d'une Vie à la suivante. La cohérence générale est assurée par le plan constant, qui permet un système d'échos et facilite la comparaison entre les empereurs (ainsi César était-il très courageux, Tibère hanté par la peur et Auguste partagé entre les deux attitudes), en même temps qu'une certaine variation dans l'ordre des catégories nuance la caractérisation et empêche la monotonie.

LE TRAITEMENT DE L'INFORMATION

LES SOURCES DE SUÉTONE

La conception même de la biographie qu'a Suétone l'affranchit de la tendance oratoire de l'histoire antique, à laquelle cède au contraire Tacite : on ne trouvera pas chez lui de discours reconstitué (on peut comparer par exemple *VDC, Othon* 6, 7, avec Tacite, *Histoires* 1, 37-38 ; la vraisemblance est du côté de Suétone). Alors que l'historien ancien se contente généralement de mettre en forme littéraire une documentation fournie par ses prédécesseurs, lui n'est pas soucieux de l'effet à produire et s'efforce seulement de transmettre le plus grand nombre possible de renseignements positifs. Il s'est livré pour cela à une immense recherche documentaire. La question de ses sources d'information est donc essentielle.

S'il a puisé dans des ouvrages historiques (notamment ceux, perdus, de Pline l'Ancien, voir *VDC, Caligula* 8), il préfère remonter aux sources premières (par exemple l'*Index rerum gestarum* d'Auguste, gravé devant le tombeau de l'empereur, à Rome, et dont il cite fidèlement – ce texte a été conservé – un passage, *VDC, Auguste* 43, 1), aux documents officiels (*Acta Vrbis*, appelés aussi *Acta diurna* ou *Acta populi Romani*, sorte de Journal officiel, et *Acta senatus*, comptes rendus des séances du Sénat), aux archives impériales (auxquelles sa situation d'*a studiis* et d'*ab epistulis* lui offrait un accès privilégié ; ainsi utilise-t-il à plusieurs reprises les lettres d'Auguste, par exemple *VDC, Tibère* 21, 6) et à celles des grandes familles. Il étudie en archiviste-paléographe les manuscrits d'Auguste (*VDC, Auguste* 87-88, sur sa manière d'écrire et son orthographe) et de Néron (*VDC, Néron* 52, 3, sur des brouillons de poèmes composés par lui). Il recherche les écrits des empereurs : il cite un poème de Néron (*VDC, Néron* 24, 4) et un opuscule de Domitien sur l'entretien de la chevelure (*VDC, Domitien* 18, 3). C'est sans doute dans une bibliothèque qu'il a déniché un opuscule dédié par un certain Elogius à un Vitellius questeur d'Auguste (*VDC, Vitellius* 1, 2). Il consulte les recueils de prodiges, ainsi les *Theologumenon libri* d'Asclépiade de Mendès (*VDC, Auguste* 94, 4). Son témoignage personnel intervient lorsqu'il dit qu' « on montre encore » (*ostenditur adhuc*) la maison où Auguste fut élevée (*VDC, Auguste* 6, 1 ; voir également *Auguste* 73, 1 ; *Tibère* 6, 3 et 14, 4 ; *Galba* 4, 1 ; *Titus* 1, 1 ; *Vespasien* 1, 6). Il découvre lui-même on ne sait où une vieille statuette représentant Auguste enfant (*VDC, Auguste* 7, 2). Il exploite aussi les pamphlets de toute sorte (*VDC, César* 49, 4 ; *Auguste* 4, 4) et les graffiti, parfois en grec (par exemple *VDC, Domitien* 13, 7). Son intérêt pour les textes écrits se manifeste par l'abondance des citations au style direct. C'est, en outre, un aspect de son goût pour le mot vrai.

Sa préférence pour les sources écrites n'empêche pas Suétone de pratiquer aussi l'information orale directe (*VDC, Claude* 15, 11 : des vieillards lui ont appris [*illud quoque a maioribus natu audiebam*] que les avocats abusaient de la patience de Claude ; *Néron* 29, 2 : il tient de quelques personnes [*ex nonnullis comperi*] que Néron était absolument persuadé que nul homme ne respectait la pudeur ; *Titus* 3, 3 : il tient de plusieurs personnes [*e pluribus comperi*] que Titus notait en sténographie avec une extrême vitesse), et de rapporter les rumeurs : d'où les fréquentes formules impersonnelles ou vagues comme « on dit que », « on rapporte que », « certains disent que » (*traditur, ferunt, multi prodiderunt, opinio est, alii dicunt, quidam dicunt*, etc., voir par exemple *VDC, César* 44-50 et 86).

Alors qu'on le taxe de naïveté, parce qu'il juxtapose parfois des sources de grande valeur et d'autres de qualité douteuse, il sait se livrer avec une rigueur toute scientifique à une critique des sources. Le chapitre qu'il consacre au lieu de naissance de Caligula est exemplaire à cet égard (*VDC, Caligula* 8 ; voir aussi *Tibère* 5) : contre plusieurs historiens et contre une opinion répandue, il prouve, en s'appuyant sur un document brut irréfutable, que cet empereur n'a pu naître qu'à Antium. Certes, c'est surtout à propos des questions généalogiques qu'il fait des recherches minutieuses, selon sa propre expression (*satis curiose, VDC, Vespasien* 1, 8), ce qui correspond à un intérêt très romain pour le sujet (importance de la *gens*). Mais il sait faire preuve de sens critique dans d'autres circonstances : ainsi lorsqu'il explique l'erreur des soldats croyant que César leur promettait à tous l'anneau d'or (*VDC, César* 33, 2-3).

Quand il existe des versions différentes d'un même événement, et qu'il n'est pas possible de savoir quelle est la plus digne de foi, Suétone ne choisit pas. Des relations divergentes avaient cours sur la mort de Claude. Il distingue soigneusement les diverses traditions (*VDC, Claude* 44), tandis que Tacite les fusionne (*Annales* XII, 66-67), d'une manière plus esthétique peut-être, mais moins conforme à l'exactitude et à la clarté.

S'il est scrupuleux, Suétone pourrait avoir été parfois victime de sources partisanes ; manipulé, il manipulerait à son tour le lecteur sans le savoir. Auguste avançant en âge aimait-il à déflorer des jeunes filles que sa femme lui faisait venir de partout (*VDC, Auguste* 71, 2) ? Peut-être, mais il y a là en tout cas trace d'une propagande hostile à Livie. Comment Suétone connaît-il de manière si précise les turpitudes de Tibère à Capri ? Les rochers ne parlent pas : c'est en somme le discours qui tient lieu de preuve à lui-même. Or une propagande hostile à Tibère s'était développée avec l'avènement au pouvoir de Caligula, Claude et Néron, parents de Germanicus que Tibère avait naguère persécuté.

Une anecdote sur la jeunesse de Tibère montre comment Suétone a pu être induit en erreur par les détracteurs de ce Prince. La nature cruelle de Tibère, nous dit-il (*VDC, Tibère* 57, 1), se révéla dès son enfance ; son maître de rhétorique, Théodore de Gadara, paraît l'avoir pénétrée le premier, et l'avoir définie très exactement par une image lorsque, en le grondant, il le qualifiait (en grec) de « boue mêlée de sang ». Le mot de Théodore de Gadara semble une condamnation du caractère sanguinaire perceptible chez Tibère. Pourtant, l'expression est empruntée à une définition philosophique de l'homme en soi, être fait de terre et de sang, et Théodore de Gadara aurait simplement rappelé à Tibère sa condition d'homme, dans ce qu'elle a de plus humble. Mais ses paroles, plus tard, furent à dessein mal interprétées pour noircir Tibère.

LA SUBJECTIVITÉ DE SUÉTONE ET SES MODES D'INTERVENTION DANS LE RÉCIT

Suétone ne se contente cependant pas de transmettre impartialement et naïvement des informations soigneusement recherchées, comme on l'a cru longtemps (cela a, du reste, assuré son succès). Il a une opinion, et, s'il lui arrive de donner clairement son avis (*VDC, Auguste* 21, 5 ; 42, 1 ; 51, 1 ; *Néron* 40, 1), parfois dès le début de la *Vie* (*VDC, Néron* 6, 2-3 ; *Domitien* 1, 5), en général c'est discrètement qu'il oriente son lecteur vers une appréciation plus ou moins favorable de chaque César. Différents procédés concourent à ce but. Il y a, d'abord, la sélection des faits. Suétone reconnaît pratiquer parfois un choix, ainsi entre les nombreux traits révélant tel ou tel vice : *VDC, Tibère* 61, 3 : « Il serait trop long de rapporter une à une ses cruautés » (*Singillatim crudeliter facta eius exsequi longum est*) ; *Caligula* 37, 6 : « Et, pour ne pas tout énumérer (…) » (*Ac, ne singula enumerem*) ; *Claude* 29, 2 : « Et, pour ne pas énumérer en détail ses actions les moins importantes (…) » (*Ac, ne singillatim minima quaeque enumerem*) ; *Néron* 37, 2 : « Mais, pour m'en tenir à quelques exemples (…) » (*Sed, ne de pluribus referam*) ; *Domitien* 1, 6 : « Pour ne pas tout rapporter... » (*Ne exsequar singula*).

Le choix de l'information peut s'apparenter à de l'omission tendancieuse. L'attirance de Suétone pour César l'amène ainsi à écarter tout ce qui contredirait l'image de sa clémence (voir *VDC, César* 72-75). À propos du père de Tibère, Tiberius Nero, dont Auguste épousa la femme, Suétone dit sans plus d'explication qu'il la lui céda, quoiqu'elle fût alors enceinte et lui eût déjà donné un fils (*VDC, Tibère* 4, 6). Autre forme de choix partial, dicté ici par l'hostilité de Suétone envers Caligula : la version de la mort de Tibère donnée dans la *Vie de Caligula* (*VDC, Caligula* 12, 4-5) incrimine celui-ci bien plus que ne le font les versions de l'épisode dans la *Vie de Tibère* (*VDC, Tibère* 73).

Outre la sélection de l'information, la présentation des faits peut être tendancieuse. Ainsi les méfaits de Néron sont dévoilés par degrés, en un crescendo qui culmine avec les plus affreux, sans souci de la chronologie. Ses crimes, d'abord explicables sinon excusables par la raison d'État (meurtres de Claude, Britannicus, Agrippine), puis par l'intérêt personnel (sa tante Domitia, sa première femme Octavie), revêtent un aspect de gratuité croissante et deviennent des buts en soi. L'incendie de Rome constitue dans cet ordre l'épisode suprême (*VDC, Néron* 38), mais il est antérieur au voyage que Néron fit en Grèce et au triomphe artistique de l'empereur à Rome (*VDC, Néron* 22-25). Par ailleurs, n'est retenue que la tradition de l'incendie intentionnel, alors que Tacite, peu soupçonnable de sympathie envers Néron, réserve son jugement sur ce point (*Annales* 15, 38, 1 ; voir aussi 39, 3).

Dans le détail, tendancieux aussi est le mode de présentation où un fait est donné sans les explications qui l'éclaireraient. Le cas le plus net se trouve dans la *Vie de Caligula* (*VDC, Caligula* 32, 6) : un jour, Caligula survient lors d'un sacrifice, et immole le sacrificateur, au lieu de la victime. Cet acte apparemment absurde et gratuit doit avoir une justification symbolique, que Suétone ne nous livre pas, soit qu'il l'ignore, soit qu'il choisisse de la taire. Il semble bien en effet que parfois son silence soit volontaire, comme Michel Dubuisson l'a montré pour l'épisode du pont de bateaux que parcourt le même Caligula (*VDC, Caligula* 19).

Suétone peut aller jusqu'à faire preuve d'une réelle malignité. C'est le cas lorsqu'il rapporte une intention supposée d'un empereur. On prétend, nous dit-il, que Caligula projeta de nommer son cheval consul (*VDC, Caligula* 55, 8). Suétone reconnaît que ce n'est qu'un bruit, mais il le rapporte, et le mal est fait (comme dit Beaumarchais dans la tirade célèbre du *Barbier de Séville* 2, 8) : la chose, de projet hypothétique et invérifiable, a pris la consistance d'un fait bien établi. Ou bien, au début de l'insurrection contre Néron, il met sur le même plan des faits attestés et les projets présumés, particulièrement abominables, de l'empereur (*VDC, Néron* 43) ; ceux-ci s'en trouvent crédibilisés. Un autre procédé consiste à exposer les rumeurs défavorables et les calomnies courant sur tel empereur, pour indiquer ensuite que celui-ci les réfuta (*VDC, Auguste* 68-71) : le lecteur risque fort de retenir les griefs plus que la justification (voir cependant la précision de Suétone, *VDC, Claude* 1, 9-10). Souvent aussi un trait de gentillesse ou de générosité est suivi d'un reproche plus grave. César a-t-il feint par délicatesse de ne pas remarquer qu'un hôte lui servait de l'huile rance ? Suétone ajoute aussitôt (*VDC, César* 53, 3) qu'il ne montra de désintéressement ni dans ses commandements ni dans ses magistratures. Mentionnons encore la généralisation abusive. À propos des actes de cruauté de Tibère, on lit (*VDC, Tibère* 61, 14) que, l'usage interdisant d'étrangler des jeunes filles vierges, de toutes jeunes filles furent violées par le bourreau avant d'être étranglées. Or, Tacite, pourtant peu tendre avec Tibère, ne rapporte le fait que pour la fille de Séjan (*Annales* 5, 9, 2). Ce chapitre de Suétone semble d'ailleurs comporter d'autres généralisations, fruits d'une amplification à partir d'un cas exceptionnel. Plus largement, la pratique suétonienne du petit fait vrai pose le problème du rapport à la vérité ; on le retient, on le croit, car il fait vrai ; mais l'est-il ?

La structure même de la biographie n'est pas neutre. En effet les portraits des empereurs ne sont pas statiques, mais en évolution. Ainsi Auguste commence par la cruauté et finit par la clémence : d'abord ennemi de la liberté, il devient le modèle du *princeps* ; l'impression qui demeure sur le lecteur est positive. Il en va plus ou moins de même pour Titus, qui démentit alors empereur sa mauvaise réputation. À l'inverse, lorsqu'il s'agit des mauvais empereurs, les chapitres réservés aux aspects négatifs de la personnalité suivent ceux qui sont consacrés aux traits louables, et en effacent l'effet favorable (parfois selon le principe de l'éclairage rétrospectif : ainsi les mesures de limitation des dépenses que prend Tibère apparaissent ensuite comme le résultat d'une avarice qui éclate au grand jour, *VDC, Tibère* 34 et 46-49). Cette disposition antithétique est justifiée par la chronologie dans les cas de Tibère et de Domitien, dont Suétone affirme qu'ils sont devenus mauvais avec le temps. En revanche elle n'a pas d'assise chronologique pour Néron ; regrouper ses actions louables revient alors à suggérer qu'elles sont concomitantes, et masque le fait qu'elles ne sont pas cantonnées aux premières années de son règne. Suétone peut aussi jouer sur le rythme du récit : dans la *Vie de Tibère*, le temps à Capri paraît suspendu, et le récit se fige, en privilégiant la peinture d'actions qui se répètent et s'appesantissant sur les vices du personnage.

Bref, et ce n'est pas là surinterprétation des modernes, on ne peut plus accepter la vieille thèse de l'impassibilité de Suétone, qui nous livrerait un document brut. Il suggère, amplifie ou escamote, et les critiques doivent tâcher, en le comparant notamment avec d'autres témoignages, de mesurer les déformations qu'il impose à la réalité.

SUÉTONE HISTORIEN

Le sens du détail

Suétone cherche, non à brosser un vaste tableau de l'histoire du peuple romain ni à philosopher sur les événements, mais à présenter les vies des empereurs. L'histoire de l'Empire se confondant désormais avec celle d'un seul homme, l'empereur, tout ce qui le concerne devient essentiel. Suétone est ainsi amené, à la fois par la réalité du temps et par la nature du genre biographique, à entrer dans le détail de la vie de l'empereur. Il s'attache en effet à décrire le caractère, les mœurs et les pensées d'un empereur non pas par l'analyse psychologique, mais en notant soigneusement ses faits et gestes. L'intérêt accordé aux moindres détails, aux bons mots, se justifie pleinement dans une telle optique, car ce sont eux qui sont les plus authentiques et les plus révélateurs. Suétone analyse donc avec minutie les habitudes, le costume, les détails physiologiques, il énumère toutes les turpitudes de ses modèles. C'est toujours au plan personnel de l'empereur qu'il se place, qu'il s'agisse de guerres, de réformes, ou d'administration intérieure. Les hauts fonctionnaires, les courtisans, bref les acteurs secondaires s'effacent derrière l'empereur qui occupe toute la scène.

Il est possible, aussi, que Suétone ait cherché par son goût du détail à se concilier un public que le brillant et le style élevé de l'histoire ne satisfaisaient pas, et qui voulait le plaisir concret de l'anecdote, du bon mot, du petit trait curieux ou pittoresque. Mais la nécessité du sujet constitue en soi une explication suffisante : il s'agit pour Suétone d'observer les empereurs sous tous leurs aspects.

Suétone assume pleinement cet intérêt pour le détail, comme il l'indique en abordant les habitudes alimentaires d'Auguste (*VDC, Auguste* 76, 1) ; mais il s'excuse, à propos de la sexualité de Tibère, de devoir exposer des choses si scabreuses (*VDC, Tibère* 44, 1). Si certains détails qu'il rapporte nous paraissent futiles, c'est souvent le résultat d'une mauvaise connaissance de la mentalité antique. Ainsi il souligne qu'Auguste mourut sous le consulat de deux Sextus (*VDC, Auguste* 100, 1), parce que les anciens sont très sensibles à ce genre de coïncidences (voir aussi *VDC, Néron* 57, 1, etc.). Quant à sa tendance, qu'on lui a tant reprochée, à mettre sur le même plan détails accessoires et faits essentiels, elle pourrait être réfléchie et correspondre à un désir de minimiser ou relativiser certains faits et d'amplifier certains autres.

LA QUALITÉ DE L'INFORMATION

Suétone a un intérêt très vif pour les réalités administratives et juridiques, un domaine négligé par l'annalistique. Sur les institutions, la carrière sénatoriale et équestre, l'activité législative d'Auguste ou de Claude, les questions de citoyenneté, il est une de nos meilleures sources. Il est très précis également sur l'évergétisme impérial, c'est-à-dire sur les spectacles, les distributions au peuple, les constructions publiques. Mais l'originalité la plus remarquable de Suétone est sans doute l'importance qu'il attache à la relation des Césars avec la culture : la description de leurs goûts intellectuels, de leurs aptitudes littéraires, fait partie à ses yeux des éléments qui caractérisent leur personnalité. Les renseignements qu'il donne à ce sujet constituent une véritable histoire des empereurs et des lettres latines, pour reprendre le titre du livre d'Henry Bardon. Suétone accorde aussi une large place au portrait physique, ce qui n'était pas le cas avant lui ; cependant, en réaction peut-être contre les portraits officiels toujours flatteurs, il caricature les Césars qu'il n'aime pas (ainsi Caligula devient une chèvre).

Contrairement à une opinion répandue, sa croyance en la physiogno-monie – fausse science qui prétendait déterminer le caractère d'une personne à partir de ses traits physiques – n'est pas avérée.

PAS DE PHILOSOPHIE DE L'HISTOIRE, MAIS UNE THÉORIE DE LA NATURE HUMAINE

Il n'y a pas de philosophie de l'histoire chez Suétone. Il n'est d'ailleurs pas philosophe, et ne témoigne aucune sympathie particu-lière aux philosophes victimes de persécution comme Thrasea Paetus ou Helvidius Priscus. On ne trouve pas non plus chez lui de théorie de la causalité historique. Sans doute croit-il au destin.

En revanche, il s'est interrogé sur la nature humaine. Cette interro-gation semble avoir pour origine le problème du mal. Le mal est omni-présent dans son œuvre, mais il prend surtout la forme de la cruauté. Les cas de cruauté abondent, au point qu'on s'est demandé s'il s'agissait d'un fait d'époque ou d'une obsession de Suétone. La chose est difficile à trancher ; tout au plus peut-on rappeler la place que tient la cruauté quelque cinquante ans plus tard dans les *Métamorphoses* d'Apulée. Quoi qu'il en soit, la cruauté que manifestent de nombreux empereurs a appa-remment amené Suétone à réfléchir sur la nature humaine.

Ce qui constitue un homme, c'est sa nature, à savoir un ensemble de traits caractéristiques présents à l'état latent dès le plus jeune âge. Cette nature doit beaucoup à l'hérédité. Le récit de la généalogie des Césars, qui figure au début de chaque Vie, est déjà une explication de leur caractère et de leurs mœurs. L'insistance de Suétone sur ce sujet s'enracine dans la croyance que les vertus et les vices se transmettent par le sang. Il illustre l'idée jusqu'à l'absurde par le portrait qu'il fait de Julia Drusilla, la fille de Caligula (*VDC, Caligula* 25, 8) : « Le plus sûr indice auquel il [Caligula] la reconnaissait comme sa fille était sa cruauté, qui était déjà si grande qu'elle cherchait à blesser de ses doigts le visage et les yeux des enfants qui jouaient avec elle ». Un exem-ple plus mesuré nous est fourni par le tableau de la gens Claudia qui occupe les deux premiers chapitres de la *Vie de Tibère*. Suétone y déve-loppe l'idée que les *Claudii* ont été grands dans la vertu comme dans le crime ; leur hauteur aristocratique a pu les pousser aux actions d'éclat ou aux plus odieux abus. L'ambiguïté de Tibère se retrouve dans ce jeu de contrastes. Quant à Vitellius, empereur détesté de Suétone (pour la raison notamment que son père était partisan d'Othon), il est le fils d'un flatteur particulièrement vil.

Cependant il y a une limite à ce déterminisme héréditaire. La *Vie de Caligula* et la *Vie de Claude* s'ouvrent ainsi sur le portrait des pères respectifs des deux Césars, Germanicus et Drusus, héros positifs, personnalités brillantes, dont l'auréole accusera par contraste les tares de leur progéniture ; le portrait de Germanicus sur sept chapitres s'apparente presque une biographie à l'intérieur de la biographie. C'est au sujet de Néron et de son appartenance à la lignée des *Domitii Ahenobarbi* que Suétone va trouver l'occasion d'expliciter sa théorie de l'hérédité, d'un pessimisme absolu (*VDC, Néron* 1, 6) : « Je pense qu'il importe de faire connaître plusieurs membres de cette famille, afin de montrer plus facilement que si Néron dégénéra des vertus de ses ancêtres, il reproduisit en revanche les vices de chacun d'eux, comme s'ils lui avaient été transmis par l'hérédité ». Ainsi Néron est-il pire encore que son père, individu lui-même détestable (*VDC, Néron* 5, 1).

L'hérédité joue donc un rôle prépondérant dans la constitution de la personnalité. Nous, modernes, serions tentés d'attribuer de l'importance à des facteurs comme l'éducation du futur empereur et le milieu moral dans lequel il a vécu, sur lesquels au reste Suétone fournit des éléments. Ainsi, il prend soin de préciser que l'enfance de Tibère fut malheureuse et agitée (*VDC, Tibère* 6, 1). Claude subit d'innombrables brimades jusqu'à son accession à l'Empire (*VDC, Claude* 2 et 8-9) : il a été victime de la cruauté d'autrui avant d'exercer la sienne. Domitien fut écrasé par la renommée de Titus (*VDC, Domitien* 2, 1-2). Cependant Suétone ne fait jamais explicitement le lien avec le caractère ultérieur de l'empereur.

Suétone considère-t-il la nature de l'individu abouti comme une donnée fixe et immuable, ou voit-il dans les modifications de comportement le signe d'une évolution de celle-ci ? La question est délicate. Certains passages laissent l'impression que les caractères des empereurs changent avec le temps. Cependant ce changement n'est peut-être qu'apparent. Car ce sont les circonstances qui révèlent ou dissimulent la vérité d'un homme : la nature trouve plus ou moins des occasions pour s'exprimer. Le fait d'être ou non empereur est ici essentiel. Car, empereur, aucun obstacle ne s'oppose à la réalisation de vos désirs ; en revanche tout le monde vous observe, et votre rang agit comme une loupe. Il n'y a pas d'hiatus entre la nature du particulier et celle de l'empereur, mais l'exercice du pouvoir sert de révélateur. Ainsi, s'agissant d'Auguste, on a le sentiment d'un changement du mal au bien entre le triumvir assoiffé de vengeance et le Prince paternel et clément ; cependant le premier aspect, inquiétant, du futur Prince, serait le fruit des circonstances (les guerres civiles, la lutte pour le pouvoir), qui ont masqué sa nature véritable ; Auguste, en fait, devient progressivement conforme à son essence. *A contrario*, l'exercice du pouvoir peut mettre en lumière les vices qui ne s'étaient manifestés, chez le simple particulier, que sur le mode mineur. C'est le cas de presque tous les mauvais empereurs qui, lorsque le pouvoir leur échoit, tentent d'abord de faire illusion, puis se laissent submerger par leur naturel, que des signes menaçants avaient révélé bien à l'avance ; ainsi en est-il pour Tibère (*VDC, Tibère* 57), Caligula (*VDC, Caligula* 11), Néron (*VDC, Néron* 7, 3-5 ; 26-27, 1). Pour Domitien, la cruauté qu'il tient de nature finit par réapparaître après un début de règne positif (*VDC, Domitien* 1, 5 ; 9-10, 1), mais Suétone concède que les circonstances ont pu accuser les traits de caractère de l'empereur plus que ne le prévoyait la nature (3, 3).

Cependant, que l'empereur soit devenu mauvais (ou bon) avec le temps ou que sa nature essentiellement mauvaise (ou bonne) ne se soit révélée qu'avec le temps, cela fait finalement, dans la pratique, une différence assez mince, l'essentiel étant le sens de l'évolution, que Suétone, on l'a vu, souligne par la composition. Mais, même si la personnalité des empereurs peut parfois se ramener à une caractéristique principale (pour Tibère la dissimulation, pour Claude l'inconséquence), en aucun cas le biographe ne simplifie leur nature ni ne voile leurs contradictions, et ceci grâce, notamment, au regard morcelé qu'il pose sur eux. Auguste réglemente les mariages mais force Livie puis Tibère à divorcer, c'est à la fois un mari dont les derniers mots sont adressés à sa femme et un débauché qui aime sur le tard à déflorer les jeunes filles.

Les mauvais empereurs ont à craindre la justice immanente. Les récits de mort de Suétone ont toujours une portée morale, chaque César ayant la fin qu'il mérite. L'assassinat de Jules César, venant après le récit des actes autocratiques des derniers temps, est le châtiment de l'orgueil (voir *VDC, César* 76, 1). La déposition et le suicide de Néron apparaissent comme la conséquence de la lassitude de l'univers devant ses crimes (*VDC, Néron* 40, 1). La mort de Domitien est présentée comme méritée (*VDC, Vespasien* 1, 1). La laideur morale de certaines morts est soulignée par la multiplication des détails atroces : le cas le plus net est celui de Vitellius, à qui aucune humiliation n'est épargnée (*VDC, Vitellius* 17) ; les dégradations opérées sur le cadavre de Galba vont dans le même sens (*VDC, Galba* 20, 5-6). Quant aux présages, ils créent pour la mort une atmosphère solennelle. Mais ceux qui annoncent les meurtres de Caligula et Domitien sont sous le signe du sang, tandis que pour Auguste ou Vespasien ils sont empreints de sérénité.

LES INTENTIONS DE SUÉTONE

UN LIVRE ÉCRIT SOUS LES ANTONINS

On ne souligne pas assez l'importance de la phrase finale du livre. La *Vie de Domitien* se termine par la mention d'un rêve de l'empereur présageant qu'après sa mort l'Empire serait plus heureux ; et Suétone ajoute (*VDC, Domitien* 23, 4) : « Ce qui arriva en effet peu après, grâce au désintéressement (*abstinentia*) et à la modération (*moderatio*) des princes qui suivirent ». Ces princes sont les Antonins ; les *VDC* ont été publiées sous le troisième d'entre eux, Hadrien. Suétone se joint ainsi aux louanges que leur décernent Tacite et surtout Pline le Jeune. Il n'avait sans doute pas la possibilité de faire autrement ; on ne saurait, en effet, confondre le libéralisme des Antonins avec la liberté. Mais c'est le seul trait de flatterie qu'on trouve dans les *VDC*. Suétone, comme Tacite, s'est refusé à parler des empereurs sous lesquels il vivait. Néanmoins, en traitant des empereurs des deux dynasties précédentes, il a à l'esprit ceux de la dynastie présente, même s'il ne fait jamais allusion à eux (seule exception *VDC, Titus* 7, 4). Son livre, à défaut d'être courtisan ou de faire de la propagande, doit se lire dans cette optique.

Les *VDC* exposent le phénomène du Principat : les deux premières Vies, particulièrement longues et soignées, montrent sa préparation (César) et son établissement (Auguste) ; puis on passe à ses diverses dégénérescences ou dérives (Tibère, Caligula, Claude, Néron). Le schéma se répète, en plus court et sur un mode bourgeois, avec les Flaviens. Cette vision cyclique de l'histoire était très répandue ; elle expliquerait que les monographies consacrées aux Flaviens soient beaucoup moins fouillées. L'image globale des empereurs du Ier siècle est désastreuse (sauf Auguste et Titus et, pour la période antérieure, César), mais le Principat, présenté comme une nécessité (*VDC, Auguste* 28), n'est pas en cause : simplement les princes n'ont pas tous été dignes de leur tâche. Dans l'entourage de Pline, auteur, rappelons-le, du *Panégyrique de Trajan*, Suétone avait dû être amené à réfléchir sur la politique. Analysant avec cohérence et nuances la notion de

Principat, son livre apparaît comme une contribution à la réflexion sur l'institution monarchique, dans le sens de la politique des Antonins : le Prince doit exercer le pouvoir avec modération et pour le bien commun ; les règnes de certains Julio-Claudiens et de Domitien, par exemple, donnent raison aux Antonins de refuser la succession par le sang. En aucun cas donc les Antonins ne sont critiqués ; dans une telle hypothèse d'ailleurs, l'ouvrage n'aurait alors pas survécu. Au contraire Hadrien approche de la figure du Prince idéal, de l'*optimus princeps*, telle qu'elle se dégage indirectement des *VDC*, Jacques Gascou l'a bien montré. Son respect des hiérarchies sociales, ses bonnes relations avec les ordres privilégiés, son activité d'administrateur, sa maîtrise financière, sa politique étrangère défensive, son contrôle de l'armée, son souci de l'ordre moral correspondent à peu près à ce que souhaitait le biographe des Césars. Mais bien sûr, comme Pline le faisait avec Trajan, Suétone invite implicitement Hadrien à se maintenir au niveau de cet idéal.

UNE DÉMYSTIFICATION DE L'EMPEREUR

Certes les Césars n'appartiennent pas à l'humanité ordinaire, leur vie est entourée de prodiges et ils deviennent à leur mort des dieux. Mais la chose est due à leur fonction plutôt qu'à leur personne. Car en les regardant de près, on découvre qu'ils ont toutes les faiblesses humaines. Suétone, qui les observe par le petit bout de la lorgnette, procède à une véritable démystification : les empereurs sont ravalés au rang d'hommes comme les autres. Il n'y a pas de grand homme pour son valet de chambre. Les petits détails contribuent à cette déconstruction. Ainsi, après avoir énoncé les talents de Caligula (éloquence, aptitude aux combats de gladiateurs et à la conduite de chars, au chant et à la danse), Suétone précise que cet homme qui avait tant de facilité à apprendre ne savait pas nager (*VDC*, *Caligula* 54, 5). Vespasien, dans son gouvernement de la province d'Afrique, se fait aimer mais, lors d'une émeute, on lui jette des raves (*VDC*, *Vespasien* 4, 5). Prenons le portrait d'Auguste (*VDC*, *Auguste* 79-80) : Suétone commence par les yeux, qui étaient vifs et brillants, mais dont le gauche faiblit avec l'âge ; puis il descend : on s'aperçoit qu'Auguste boitait, et recourait à des attelles pour cacher cette invalidité ; sa santé était fragile. Le grand homme des statues monumentales est soumis à la trivialité du quotidien ; c'est le contraire de l'idéalisation des portraits officiels. Ainsi, sans parler de la déconsidération jetée définitivement sur Tibère (les débauches de Capri), ou Néron (l'incendie de Rome), même les princes auxquels Suétone est favorable, comme Auguste ou Titus, sont maltraités, égratignés.

Qu'il est homme, l'empereur ne saurait l'oublier. Autrement dit, il convient qu'il se comporte avec simplicité, en citoyen, au lieu de s'imaginer qu'il est le maître de sujets ou qu'il est un dieu comme le firent Caligula et Domitien (*VDC, Caligula* 22 ; *Domitien* 13, à comparer avec Auguste 53, 1-3). Car la modération de l'empereur tempère l'absolutisme inhérent au Principat.

LES IDÉES POLITIQUES DE SUÉTONE

Suétone ne nous fait pas connaître directement ses idées par le biais de digressions, mais on parvient à les reconstituer. Il accepte le Principat, on l'a dit, mais estime que l'empereur doit respecter les formes, c'est-à-dire maintenir une façade républicaine et une apparence de dyarchie. Il importe qu'il ait des égards pour le Sénat et reconnaisse sa place éminente dans la société. L'ordre équestre est le deuxième ordre de l'État (Suétone, quoiqu'il soit lui-même chevalier et dédie son ouvrage à un chevalier, ne remet pas en question cette hiérarchie) ; il faut respecter ses droits. À l'égard des affranchis enfin, Suétone éprouve la plus vive hostilité (il est proche ici de Juvénal). Les empereurs qui leur ont confié des responsabilités excessives ou accordé un pouvoir indu (Claude au premier chef ; voir *VDC, Claude* 25, 15 ; 28-29, 1) sont à ce titre sévèrement critiqués. Au contraire, Auguste est loué pour les avoir maintenus dans leur condition (*VDC, Auguste* 40, 5-7). En ce qui concerne la société dans son ensemble, Suétone est partisan de l'ordre moral. La réglementation morale d'Auguste suscite sa chaude approbation (*VDC, Auguste* 34, 44, 45, 7). Suétone n'a guère de sympathie pour les militaires. Contre la volonté du Sénat, ils ont fait de l'incapable Claude un empereur ; et celui-ci, le premier, a acheté par une gratification la fidélité des prétoriens (*VDC, Claude* 10). Pourtant, l'armée est l'appui indispensable du régime. Le Prince composera donc avec elle, mais sans renoncer jamais à la fermeté : ainsi firent César, Auguste et Vespasien (*VDC, César* 65-70 ; *Auguste* 24-25, 2 ; *Vespasien* 8). Et, loin de chercher à étendre l'Empire si sa sécurité ne l'impose pas, il se contentera de le maintenir dans ses limites ; César est blâmé sur ce chapitre (*VDC, César* 24, 3, à comparer avec *Auguste* 21).

Le souverain a un rôle capital à jouer. Les princes qui se désintéressent des affaires publiques, comme Tibère, retiré à Capri, ou Néron, uniquement préoccupé de ses succès d'artiste, sont indignes du pouvoir. L'activité impériale touche notamment la justice et l'administration. Il appartient également à l'empereur de se montrer généreux : ses libéralités sont une des formes de sa puissance et de sa majesté (reproches à Tibère sur ce point, *VDC, Tibère* 46-48). Cependant cette générosité se distingue de la folle prodigalité d'un Caligula ou d'un Néron, qui conduit à la ruine de l'État.

Bref, Suétone a une conception hiérarchique et traditionnelle de la société et du rôle de chacun (aussi est-il scandalisé qu'on envisage de bouleverser l'ordre social, *VDC, Caligula* 49, 2 ; *Néron* 37, 5). Au sommet se trouve l'empereur, au service de la loi et de la morale, et leur garant.

LE STYLE DE SUÉTONE
DANS LES *VIES DES DOUZE CÉSARS*

UN STYLE PERSONNEL

On parle souvent d'absence de style pour Suétone. Est-il concevable qu'un homme soucieux de grammaire et de rhétorique, qui avait écrit les biographies des écrivains latins illustres, que Pline nous montre attaché à perfectionner ses ouvrages (*epist.* 5, 10), et qui traite en détail de la culture littéraire des empereurs et de leur manière d'écrire, ait pu faire peu de cas de la langue dans son œuvre historique ? Et cela, en outre, alors que le début du IIᵉ siècle est marqué par une importante floraison littéraire ? La réponse est évidemment non. Certes, la sobriété stylistique de la biographie s'oppose à l'élaboration de l'*historia ornata* ; Suétone refuse l'amplification épique d'un Tacite. Mais sobriété n'est pas pauvreté ou sécheresse.

Suétone fréquentait un cercle d'obédience classique, celui de Pline, où l'on était partisan, entre la rigueur atticiste archaïsante et l'affectation asianiste, d'un néo-classicisme cicéronien, qu'il a adopté. Il dénonce indirectement les excès de l'asianisme en rappelant le jugement sévère de Caligula à l'égard de Sénèque (*VDC, Caligula* 53, 3 ; voir aussi *Néron* 52, 1). D'autre part, il approuve la critique qu'Auguste faisait du vocabulaire désuet de Tibère (*VDC, Auguste* 86, 4). On considère généralement que les conceptions en matière de littérature qu'il attribue à Auguste (*VDC, Auguste* 86) sont les siennes : un style clair éloigné des excès à la fois de l'asianisme et de l'atticisme archaïsant. Son écriture, dépouillée mais précise, est dépourvue d'effets rhétoriques, les figures y sont rares. Il adopte le ton le plus factuel et neutre possible, pour donner l'impression de l'objectivité. Mais son réalisme méticuleux est parfois atroce, et la foule des petits faits insignifiants crée la force de l'évocation. Suétone semble avoir recherché une distorsion entre une froideur de surface et l'intensité des images outrancières, voire baroques qu'il transmet, un contraste entre l'horreur de certaines descriptions et le ton paisible sur lequel elles sont relatées. L'émotion et l'intensité ne sont cependant pas absentes de certains tableaux de Suétone, notamment les récits de mort, dramatisés par les détails et les rebondissements (mort de Néron).

Le propos prend des formes très variées : énumération de faits en une série de phrases construites de la même manière (*VDC, César* 46, 2-48, 1 ; *Auguste* 20-21, 5), ou au contraire marqueterie discontinue d'épisodes frappants et de bons mots (les bons mots se substituant aux discours de l'histoire), conformément à la tendance de Suétone de montrer des images plutôt que d'exprimer des idées. Les techniques variées dans l'énonciation nuancent la présentation des faits : par exemple une ou des citations peuvent servir à ponctuer les temps forts ou les moments clés d'une biographie (franchissement du Rubicon par César, *VDC, César* 30-32).

Le vocabulaire de Suétone est minutieux. On le voit par la fréquence des verbes composés et des fréquentatifs ; les termes techniques sont également nombreux pour les réalités administratives. En revanche on trouve assez peu d'archaïsmes ou de néologismes. Ils ont en général une valeur stylistique sensible ; ainsi, dans *VDC, Caligula* 52, 2, le néologisme calqué du grec *cycladatus* intervient précisément dans un passage où Suétone indique que la tenue de Caligula ne fut jamais digne d'un Romain ; dans *VDC, Néron* 35, 8, le néologisme *molitrix* souligne le ridicule du prétexte invoqué pour faire périr Antonia la fille de Claude ; ou dans *VDC, Vitellius* 2, 1, le néologisme *ueteramentarius* accentue l'ignominie des ascendants de l'empereur. Suétone fait parfois appel à un lexique poétique, notamment dans les chapitres récapitulant des présages, pour accentuer le climat de merveilleux. Il n'hésite pas à insérer du grec : il s'agit en général de paroles ou de citations des empereurs ; mais parfois Suétone utilise le grec de sa propre initiative, ainsi dans *VDC, Claude* 39, 1, où le latin se trouvant impropre à qualifier le comportement déroutant de l'empereur, Suétone recourt au grec.

La syntaxe présente certains traits de langue impériale, ainsi les formes surcomposées (*usus fuerat*, *VDC*, *Néron* 50, 1) ou les ablatifs absolus librement construits (*C. et L.* [...] *amisit ambo, Gaio in Lycia, Lucio Massiliae defunctis*, *VDC*, *Auguste* 65, 2 ; *quanquam conscriptis paratisque iam tabulis*, *Auguste* 97, 2).

La phrase de Suétone vise à une concision qui est densité, non pauvreté d'expression. Pour l'atteindre, Suétone use de l'ellipse du verbe (essentiellement *esse*), plus rarement de celle du pronom ou du nom (*Absentibus secundum praesentes facillime dabat*, « Quand une partie [dans un procès] était absente, il donnait très volontiers raison aux présents », *VDC*, *Claude* 15, 4). Il recourt aussi à l'asyndète (absence de liaison entre les mots ou les groupes de mots, par exemple *VDC*, *Caligula* 31) et à la juxtaposition (absence de liaison entre les propositions ou les phrases, par exemple *VDC*, *Auguste* 8, 1-2 ; *Vespasien* 17). Les ablatifs absolus et les participes, les uns et les autres nombreux (voir par exemple *VDC*, *Néron* 47, 4-49, 1), contribuent également à la brièveté de la formulation, en faisant l'économie d'une conjonction. La rareté des figures est compensée par une attention d'ordre rythmique à la colométrie (équilibre dans la longueur des groupes de mots).

En ce qui concerne la structure des phrases, domine chez Suétone la structure descendante : la principale ouvre la phrase et est suivie des subordonnées. La phrase peut également être à rallonge, pour reprendre la terminologie de J.-P. Chausserie-Laprée dans son étude de l'expression narrative chez les historiens latins : la phrase à rallonge consiste à rejeter après un énoncé qui ne laisserait *a priori* plus attendre un développement ultérieur, un membre circonstanciel prenant la forme d'un ablatif absolu ou d'un participe conjoint. Voici un exemple de rallonge par ablatif absolu (*VDC*, *Tibère* 20, 1) :
A Germania in urbem post biennium regressus,
triumphum, quem distulerat, egit,
prosequentibus etiam legatis, quibus triumphalia ornamenta impetrarat.

« Revenu de Germanie à Rome au bout de deux ans, il célébra le triomphe qu'il avait différé, se faisant même accompagner par ses lieutenants, pour lesquels il avait obtenu les insignes du triomphe ». L'énoncé, qui se présente au départ comme une phrase narrative-type, aurait pu s'arrêter après le verbe *egit*. La rallonge remet en question l'équilibre de la phrase et fait porter l'attention non plus sur la principale, mais sur le prolongement dont le contenu acquiert un intérêt renforcé.

Voici maintenant un exemple de rallonge par participe conjoint (*VDC, Tibère* 11, 4) :
Perculsus ergo inopinata re diuque quod ageret incertus,
tandem singulos circuit,
excusans factum etiam tenuissomi cuique et ignoto.

« Stupéfait donc de cette chose inattendue et longtemps incertain sur ce qu'il devait faire, il s'approcha finalement de chacun, en s'excusant de cette méprise, même auprès des plus humbles et des plus inconnus ». L'action exprimée par le participe présent, concomitante de celle de la principale, est mise en relief par le procédé de la rallonge.

On a dit sévèrement que la rallonge permettait d'éviter de penser la phrase avant de l'écrire, et que les membres terminaux ressemblaient à des post-scriptum. En fait il s'agit d'une évolution de l'écriture historique, que l'on constate aussi chez Tacite. L'époque républicaine avait tendance à étoffer les membres circonstanciels précédant la principale, les périodes suivantes firent au contraire porter leurs efforts sur la partie située après la principale. En tout cas, la rallonge crée une grande souplesse d'écriture, qu'il s'agisse d'ajouter une idée ou de focaliser l'attention sur un élément particulier.

La prose de Suétone est métrique. Le *numerus*, la cadence métrique, ne s'appliquait pas à l'ensemble de l'énoncé, mais seulement aux fins de phrases ou de membres de phrases. Suétone préfère dans ses clausules le système crético-trochaïque, en l'occurrence le dichorée et le système crétique – trochée.

Bref Suétone, tout en se rattachant par de nombreux points au style historique, montre sa personnalité en faisant souvent un usage moindre des techniques d'expressivité habituelles aux historiens (il refuse par exemple, sauf rares exceptions, l'infinitif historique et le présent de narration, et fait peu usage du *cum* historique).

ANALYSE D'UN EXEMPLE

Analysons un passage précis, le portrait d'Auguste (*VDC, Auguste* 79-80). Suétone commence à affirmer la permanence de la beauté d'Auguste tout au long de sa vie (c'était la vérité de l'art officiel), quoiqu'il ne la soigne guère (la négligence d'Auguste sur ce point vient corriger ce que sa beauté pourrait avoir d'un peu efféminé ; elle doit se comprendre aussi par opposition à César, trop soucieux de sa personne,

VDC, César 45, 3). Son visage possédait une sérénité remarquable : la chose est illustrée par une anecdote, où un Gaulois qui voulait l'assassiner est saisi à sa vue de la stupeur qui s'empare des humains en présence d'une divinité (ce que les Grecs appellent le *thambos* ; soulignons dans la phrase le verbe rare *remollire*). On en vient ensuite au portrait lui-même. Il est descendant, conformément aux règles de l'esthétique classique, et va donc du visage au corps, du plus noble au moins noble. Il procède par la technique impressionniste de la petite touche. Les différentes parties du visage, énumérées en une longue phrase, dépendent toutes d'un même verbe principal, *habuit* (79, 3). En un style de fiche de signalement, la partie décrite est en tête de phrase ou de proposition (sauf *aures*). Auguste avait des yeux vifs et brillants, où il voulait faire croire qu'il existait une force divine (*existimari uolebat inesse quiddam diuini uigoris*) ; aussi aimait-il que ceux qu'il regardait baissent la tête (une version moins glorieuse est donnée par Pline l'Ancien, *Histoire naturelle* 11, 54, 143 : Auguste aurait eu des yeux glauques, dont le blanc était anormalement grand : aussi se fâchait-il quand on le regardait trop attentivement). Auguste veut donc avoir un regard d'aigle, l'oiseau-roi, l'oiseau de Jupiter, l'oiseau qui vous annonce l'Empire (voir les deux présages en 94, 11 et 96, 1). Il y a déjà une réserve dans la formulation de Suétone, qui juge infondée cette prétention d'Auguste ; mais il précise en outre que son œil gauche faiblit dans sa vieillesse (on notera l'emploi de *senecta*, mot archaïque et poétique au lieu de l'habituel *senectus*). La suite de la description n'est pas élogieuse sans restriction : ses dents sont irrégulières ou gâtées (l'adjectif *scaber* a les deux sens) ; ses cheveux tirent sur le blond (*subflauus* et non *flauus*, l'adjectif composé permet la nuance), bref ce n'est pas la vraie blondeur apollinienne ; de son nez, décrit par une expression compliquée (*nasum et a summo eminentiorem et ab imo deductiorem*), on ne nous dit pas vraiment qu'il est aquilin ; son teint est qualifié, de manière peu précise, d'intermédiaire entre le brun (*aquilus*, mot rare, dont la présence se justifie sans doute par la paronomase avec *aquila*, « l'aigle ») et le blanc, alors qu'était valorisé le teint clair. Il en va de même pour le corps. Sa taille est petite (mais il portait des chaussures un peu hautes pour dissimuler la chose, 73, 2) ; certaines des taches qu'il avait sur le corps (notons l'emploi ambigu de l'adjectif *maculosus*, qui signifie « taché » ou « souillé ») reproduisaient la Grande Ourse, mais d'autres ne pouvaient prétendre à cette symbolique astrale ; il boitait (le verbe composé *inclaudicare* est un néologisme) et remédiait à la chose par des attelles ; l'index de sa main droite était faible ; il souffrait de calculs de la vessie.

Suétone – dont on peut accessoirement se demander comment il connaît des détails si intimes – met en valeur l'autorité naturelle et la prestance physique d'Auguste, qui possède l'attitude et le genre de beauté inspirant le respect (c'est la majesté impériale). Mais en même temps il procède à une déconstruction de cette grandeur en montrant qu'elle est mêlée d'une misère parfois cachée (les taches corporelles, la claudication que pallient les attelles). Il donne ainsi l'impression qu'il n'estime pas Auguste. Pourtant, on ne peut douter qu'il ressente une grande admiration pour cet empereur ; mais elle est teintée d'ironie. Ou bien peut-être veut-il suggérer qu'Auguste a su par une volonté stoïque surmonter ses handicaps physiques.

Les tendances stylistiques de Suétone que nous avons dégagées se reflètent dans ce passage. On constate une certaine monotonie dans les structures. La principale ouvre régulièrement les phrases, et elle est suivie des éventuelles subordonnées qui, ici, sont presque toutes des consécutives. Le passage central (79, 3-5) prend la forme d'une énumération. La phrase 79, 2 est un bon exemple de période descendante suétonienne : principale + consécutive + infinitive + complétive avec comparative enclavée. Quant à la phrase 80, 1, elle illustre le goût de l'auteur pour les longs ablatifs absolus postposés. Le vocabulaire est, on l'a vu, choisi : adjectifs composés et mots rares, nouveaux, poétiques ou ambigus infléchissent le propos. Le rythme dominant du passage est binaire, peut-être parce qu'Auguste est dans un entre-deux, glorieux et misérable à la fois. On relève de nombreuses clausules métriques, qui n'interviennent pas seulement en fin de phrase mais aussi en fin de groupe de mots : ainsi, dans 79, 1-2, *(gra)dus uenustissima* est un dicrétique, *(in)curiosus* un dichorée, *(tranquil)lo serenoque* un crétique + trochée, *(confes)sus sit inter suos* un dicrétique, *(inhibi)tum ac remollitum* un crétique + trochée, *(praecipiti)um propelleret* (79, 2) un spondée + crétique.

RÉCEPTION, SURVIE
ET INFLUENCE DES *VIES DES DOUZE CÉSARS*

Les *VDC*, avec leur forme innovante, ont grandement influencé les biographies impériales de l'époque postérieure, en particulier l'*Histoire Auguste* à la fin du IVᵉ siècle, et cela aussi bien sur le plan du contenu que sur celui de la structure ; quelques années plus tôt, en 379-381, saint Jérôme, traduisant et complétant la *Chronique* d'Eusèbe, déclarait dans sa préface s'être servi de Suétone. Hors du champ historique, le poète Ausone, au IVe siècle également, puise chez Suétone pour écrire son poème sur les Douze Césars (éd. Peiper, p. 183-190). À l'époque carolingienne, le chroniqueur Éginhard démarque la *Vie d'Auguste* dans sa *Vie de Charlemagne* (*Vita Caroli Magni*). On trouve ensuite des traces de Suétone chez divers auteurs tout au long du Moyen Âge. À partir du XIVe siècle, son œuvre historique est bien connue : Pétrarque (1304-1374) en possédait au moins trois manuscrits et en cite souvent des passages ; Ange Politien (1454-1494) la prend pour sujet de conférences en 1482-1483 et 1490-1491. R.C. Lounsbury a bien souligné la réception très positive de Suétone à la Renaissance. L'édition princeps des *VDC* date de 1470 ; ensuite, on en compte plus de deux cents éditions jusqu'en 1829. Les *VDC* sont depuis le XVIIe siècle à la base de nombreuses pièces de théâtre, de *Bérénice* de Racine à *Caligula* de Camus. Mais en même temps, les jugements portés sur Suétone ont souvent été sévères ; on lui reprochait, notamment, son goût pour l'anecdote futile et sa complaisance à peindre les vices. Aujourd'hui, la tendance est à la réhabilitation de Suétone, qui a trop pâti du statut de norme absolue conféré à Tacite ; en fait, la comparaison entre eux n'a pas grand sens, puisqu'ils pratiquent des genres différents. Et si parfois Suétone semble prendre le contre-pied de Tacite, notamment à propos de Claude et Néron, cette rivalité littéraire et historique est loin d'être certaine ; au reste, on a même mis en doute que les *Annales* fussent antérieures aux *VDC*. Quoi qu'il en soit, avec le recul, on ne saurait trop souligner le mérite de Suétone. Le premier, il a compris que la personnalisation du pouvoir qu'entraînait le régime impérial imposait une nouvelle forme historiographique qui, délaissant le cadre désormais vide de l'année consulaire, mette l'accent sur l'acteur principal de l'histoire, le Prince. Moins positivement, sans doute, Suétone, par son insistance sur le sexe et le sang, est en grande partie à l'origine des mythes qui encore aujourd'hui entourent les Césars, et qu'un cinéma médiocre a abondamment exploités.

PROLONGEMENT

VIES DES DOUZE CÉSARS, AUGUSTE 53-54

53. 1. Domini appellationem ut maledictum et obprobrium semper exhorruit. 2. Cum spectante eo ludos pronuntiatum esset in mimo : « O dominum aequum et bonum ! » et uniuersi quasi de ipso dictum exsultantes comprobassent, et statim manu uultuque indecoras adulationes repressit et insequenti die grauissimo corripuit edicto ; dominumque se posthac appellari ne a Liberis quidem aut nepotibus suis uel serio uel ioco passus est atque eius modi blanditias etiam inter ipsos prohibuit. 3. Non temere urbe oppidoue ullo egressus aut quoquam ingressus est nisi uespera aut noctu, ne quem officii causa inquietaret. 4. In consulatu pedibus fere, extra consulatum saepe adoperta sella per publicum incessit. 5. Promiscuis salutationibus admittebat et plebem, tanta comitate adeuntium desideria excipiens, ut quendam ioco corripuerit, quod sic sibi libellum porrigere dubitaret, « quasi elephanto stipem. » 6. Die senatus numquam patres nisi in curia salutauit et quidem sedentis ac nominatim singulos nullo submonente ; etiam discedens eodem modo sedentibus ualere dicebat. 7. Officia cum multis mutuo exercuit, nec prius dies cuiusque sollemnes frequentare desiit, quam grandior iam natu et in turba quondam sponsaliorum die uexatus. 8. Gallum Cerrinium senatorem minus sibi familiarem, sed captum repente oculis et ob id inedia mori destinantem praesens consolando reuocauit ad uitam. 54. 1. In senatu uerba facienti dictum est : « Non intellexi » et ab alio : « Contra dicerem tibi, si locum haberem. » Interdum ob immodicas disceptantium altercationes e curia per iram se proripienti quidam ingesserunt licere oportere senatoribus de re p. loqui. 2. Antistius Labeo senatus lectione, cum uir uirum legeret, M. Lepidum hostem olim eius et tunc exsulantem legit interrogatusque ab eo an essent alii digniores, suum quemque iudicium habere respondit. Nec ideo libertas aut contumacia fraudi cuiquam fuit.

TRADUCTION

53. 1. Il eut toujours en horreur le titre de « maître », le jugeant injurieux et déshonorant. 2. Comme à des jeux auxquels il assistait, on avait dit dans un mime : « Ah ! le maître juste et bon ! », et que tous

les spectateurs, se levant avec enthousiasme, avaient manifesté leur approbation comme si le mot s'adressait à lui, il arrêta aussitôt de la main et du regard ces marques d'adulation indécentes, et le lendemain les réprouva dans un édit très sévère ; par la suite, il ne laissa même pas ses enfants ou ses petits-enfants l'appeler maître, ni sérieusement ni pour plaisanter, et leur interdit même entre eux les flatteries de ce genre. 3. Rarement il sortit de Rome ou d'aucune ville ni n'y entra à un autre moment que le soir ou la nuit, pour n'imposer à personne le dérangement de lui présenter ses devoirs. 4. Durant ses consulats c'est généralement à pied et en dehors de ses consulats en chaise couverte qu'il sortait en public. 5. Quand il recevait les salutations, il admettait aussi, indifféremment, les plébéiens, en accueillant avec tant d'affabilité les requêtes de ses visiteurs, qu'il reprocha par plaisanterie à l'un d'eux d'hésiter à lui tendre son placet, comme s'il tendait une pièce à un éléphant. 6. Les jours de réunion du Sénat, il ne salua jamais les sénateurs que dans la curie, et même après les avoir fait asseoir, en désignant chacun par son nom, sans que personne le lui soufflât ; puis, quand il s'en allait, il prenait congé de la même manière, sans qu'ils se lèvent. 7. Il entretint des relations de politesse avec de nombreux sénateurs, et ne cessa d'assister aux cérémonies familiales de chacun d'eux que parvenu à la vieillesse, et parce qu'un jour il avait été bousculé dans la foule, à des fiançailles. 8. Le sénateur Gallus Terrinius n'était pas de ses intimes ; pourtant, lorsqu'il devint subitement aveugle et décida pour ce motif de se laisser mourir de faim, il alla en personne le consoler et le ramena à la vie.

54.1. Pendant qu'il parlait au Sénat, quelqu'un lui dit : « Je n'ai pas compris », et un autre : « Je te contredirais, si tu m'en laissais l'occasion. » Comme parfois, irrité par les disputes excessives entre sénateurs, il se précipitait hors de la curie, certains lui crièrent qu'il fallait permettre aux sénateurs de parler des affaires de l'État. 2. Lors du recrutement du Sénat, quand chaque sénateur devait en choisir un autre, Antistius Labeo choisit Marcus Lépide, autrefois l'ennemi d'Auguste et alors en exil ; puis comme celui-ci lui demandait s'il n'y en avait pas de plus dignes, il répondit que chacun avait son avis. Et cependant personne n'eut à pâtir de son franc-parler ou de son obstination.

Ce texte a une véritable signification politique, et il est à ce titre souvent cité. Il se compose de trois parties :
- refus d'Auguste d'être appelé « maître » (*dominus*) ;
- simplicité d'Auguste ;
- comportement d'Auguste à l'égard du Sénat.

C'est le thème de la modération qui assure le lien avec le paragraphe précédent (52), où Auguste refusait qu'on lui élève des temples et des statues, et déclinait la dictature.

Le paragraphe 53 commence par une phrase générale : Auguste repousse avec horreur le titre de *dominus*. On sait que c'est le mot par lequel les esclaves désignent leur maître. L'adopter comme le fera plus tard Domitien (*VDC, Domitien* 13), c'est substituer une relation privée (maître – esclaves) à une relation publique (Prince – administrés) et considérer les citoyens comme des sujets, bref avoir un comportement de tyran ou de monarque hellénistique. Or Auguste maintient la fiction de la liberté. L'opposition entre *principatus* et *dominatio* sera, plus tard, un des axes du *Panégyrique de Trajan* de Pline le Jeune. La construction transitive du verbe *exhorreo* est inconnue de la prose classique ; *semper exhorruit* est une clausule métrique (dicrétique).

Une anecdote (53, 2) vient illustrer l'affirmation initiale. Elle se déroule lors de jeux ; il a été dit auparavant qu'Auguste assistait volontiers aux spectacles (45, 3). Toute représentation publique, dans la mesure où le Prince y est présent, devient un événement politique. C'est pour lui le moyen de garder le contact avec le peuple et l'occasion de tester sa popularité ; souvent il s'y produit de petits incidents (34, 3 ; 43, 13 ; 56, 4). Si le spectacle comporte un texte, le public est volontiers prêt à y voir des allusions à l'actualité (*VDC, Auguste* 68, 2 ; *Tibère* 45, 2 ; c'était déjà le cas sous la République, cf. Cicéron, *Pro Sestio* 115-122). Dans un mime donc, les mots « Ô maître juste et bon ! » lui sont appliqués par les spectateurs ; on sait que le mime n'était pas muet. Le verbe *exsultare* suggère que l'assistance se lève ; *comprobassent* est métrique (dichorée).

Suivent les conséquences de la scène : immédiatement un geste de la main pour réprimer ces marques d'adulation, puis le lendemain un sévère édit, et l'interdiction aux membres mêmes de sa famille de l'appeler ainsi. Les mobiles d'Auguste sont bien sûr politiques, mais il agit en Romain. On notera la reprise de *domini appellationem* par *dominum appellari*, les structures binaires (*et statim* [...] *et insequenti die* ; *ne a liberis quidem aut nepotibus suis* ; *uel serio uel ioco*), et la formule litotique d'interdiction par le verbe *patior* ; l'emploi de *posthac* dans un contexte au passé n'est pas classique. Les fins de phrase *corripuit edicto* et *ipsos prohibuit* sont des clausules métriques (respectivement péon premier + spondée et spondée + péon quatrième).

Il est ensuite question (53, 3-4) de la simplicité d'Auguste dans ses voyages, d'ailleurs nombreux (47, 3). Il se déplace discrètement, pour ne pas forcer les corps constitués à venir lui rendre hommage, souvent en litière fermée, ce qui est normal pour un homme riche. Comme consul, il circule en public à pied, par volonté de se comporter comme un consul normal. Les fins de phrase *inquietaret* et *publicum incessit* sont des clausules métriques (crétique + trochée).

Le texte passe à la salutation à l'empereur (53, 5). Auguste y admet indistinctement les trois ordres, et accueille avec bienveillance les requêtes. La mention de sa *comitas*, « affabilité, bienveillance », amène la plaisanterie qui suit. C'est un bon mot qu'on retient. Au Vᵉ siècle, Macrobe, dans les *Saturnales*, nous rapporte d'autres bons mots d'Auguste. Au contraire des tyrans dominés par la peur, Auguste ne refuse pas le contact de la foule ; on voit un peu plus loin qu'il est même un jour pris dans une bousculade.

Le troisième mouvement du texte (53, 6-54) concerne les rapports avec le Sénat, déjà étudiés en 35-36 et 41, 3. Les jours de séance du Sénat, Auguste ne laisse pas les sénateurs venir le saluer chez lui, il se rend lui-même à la curie et les salue individuellement, après les avoir fait asseoir, et sans avoir besoin d'un esclave qui lui souffle leurs noms (autrement dit d'un *nomenclator*). Sa conduite s'oppose ici clairement à celle de César, plein de mépris envers le Sénat (*VDC*, *César* 78). La fin de phrase *(ua) lere dicebat* est une clausule métrique (crétique + trochée).

Après avoir évoqué les rapports protocolaires d'Auguste avec le Sénat, Suétone aborde ses rapports privés avec les sénateurs, par le biais d'une phrase générale, puis d'un exemple précis (53, 7-8). Les rapports privés avec les sénateurs sont des rapports d'égalité : Auguste participe aux événements heureux ou malheureux de la vie de beaucoup d'entre eux, comme l'exigeait la vie sociale romaine (ce sont les *officia*). Et il ramène à la vie par ses exhortations, quoiqu'il ne soit pas de ses intimes, le sénateur Gallus Terrinius qui, devenu aveugle, avait décidé de se laisser mourir de faim (ce type de suicide était relativement fréquent, comme le montre l'exemple du poète Silius Italicus ; sous l'influence de la philosophie notamment, beaucoup de gens atteints d'une maladie incurable mettaient fin à leurs jours). Les fins de phrase *(di)e uexatus* et *(reuo)cauit ad uitam* sont des clausules métriques (respectivement dispondée et crétique + spondée).

Le chapitre 54 donne, sous la forme de cas précis, des témoignages de résistance au Sénat à Auguste, que celui-ci ne châtie pas. En juxtaposant à la bonté désintéressée d'Auguste l'opposition des sénateurs, Suétone les accuse indirectement. De plus, il réduit les discussions du Sénat à des querelles stériles et prolongées (*ob immodicas disceptantium altercationes*) ; quand les débats ou les disputes s'éternisent, Auguste quitte la curie et prive les sénateurs de son *auctoritas*. Comme il arrive chez Suétone, les exemples anonymes sont suivis d'une anecdote dont le protagoniste est mentionné par son nom. Lors d'une des épurations du Sénat (le texte emploie le terme de *lectio*, « désignation, recrutement » du Sénat, mais le chapitre 35 nous a appris de quoi il s'agissait réellement ; on est ici dans le registre administratif, et c'est pourquoi Suétone ne varie pas le vocabulaire [*lectione-legeret-legit*]), sans doute en 18 avant notre ère, un sénateur, Antistius Labeo, jurisconsulte animé de l'esprit républicain, se choisit pour collègue Lépide, l'ancien triumvir, alors relégué (voir 16, 9). La fin de phrase *(frau)di cuiquam fuit* est une clausule métrique (spondée + crétique).

Le texte a pour thème central le comportement d'Auguste dans la vie publique, caractérisé par le désir de se faire aimer ; car c'est là le plus ferme soutien du pouvoir. La simplicité et la bienveillance d'Auguste lui valent l'affection populaire, mais il refuse qu'elle tourne à l'adulation. Avec le Sénat, la bonté d'Auguste ne paraît pas payée de retour. Mais les épurations qu'il y fit provoquèrent de graves tensions avec l'ordre : on nous a indiqué plus haut (35, 1-2) qu'en ces circonstances, c'est armé qu'il présidait les séances. Cependant Auguste ne punit pas, ce que Suétone interprète comme de la clémence. En fait le Prince ne se soucie pas de ces manifestations purement orales de liberté ; comme il l'explique à Tibère (51, 4), qui ne retiendra pas la leçon, l'assurance qu'on ne peut lui faire du mal lui suffit. D'autre part, il s'agit de cas isolés, qui ne représentent pas l'opinion de la majorité du Sénat. La force permet d'être indulgent.

Le passage est composé de phrases généralement assez courtes, avec verbe à la fin ; les participes y sont nombreux, comme toujours chez Suétone. La présence de clausules métriques est presque systématique.

BIBLIOGRAPHIE

TEXTE ET TRADUCTION

On trouvera le texte des *Vies des douze Césars*, établi et traduit par H. Ailloud en trois volumes, dans la « Collection des Universités de France », Paris, 1931-1932 (plusieurs rééditions) ; toutes nos références renvoient à cette édition, et c'est à cette traduction, souvent corrigée à la lumière de celle de P. Grimal, que nous empruntons nos citations en français. La traduction de H. Ailloud a été publiée seule, notamment dans la collection « Folio », Paris, Gallimard, 1975 (plusieurs retirages). Comme autres traductions françaises, citons *Vies des douze Césars*, introduction, traduction et notes de P. Grimal, Paris, « Le Livre de Poche », 1973 ; *Vies des douze Césars*, traduction de Th. Baudement, révisée par J. Gascou, Paris, 1990 ; *Vies des douze Césars*, traduction et commentaire par P. Klossowski, 1959, préface et notes par P. Galand-Hallyn, Paris (« Le Livre de Poche classique »), 1990. Ces trois traductions sont chacune précédées d'une très bonne introduction, dont nous nous sommes plus d'une fois inspiré. Mentionnons aussi les extraits de Suétone, *Les douze Césars*, commentés par l'écrivain Roger Vailland, Paris, 1962 (rééd. 2002).

La seule autre œuvre de Suétone qui nous soit parvenue, *Grammairiens et rhéteurs* (*De grammaticis et rhetoribus*), est éditée et traduite, par M.-C. Vacher, dans la « Collection des Universités de France », Paris, 1993.

ÉTUDES

– B. Baldwin, *Suetonius*, Amsterdam, A. M. Hakkert, 1983.
– H. Bardon, *Les Empereurs et les lettres latines d'Auguste à Hadrien*, Paris, Les Belles Lettres, 1940, 2ᵉ tirage revu et corrigé 1968.
– G. Brugnoli, *Studi suetoniani*, Milella, Lecce, 1968.

– P.-A. Chiffre, *Le Style historique dans les biographies de Suétone*, thèse inédite, Paris IV-Sorbonne, 2000.

– E. Cizek, *Structures et idéologie dans « Les Vies des douze Césars » de Suétone*, Bucuresti, Editura academiei, Paris, Les Belles Lettres, 1977.

– J. Couissin, « Suétone physiognomoniste dans les *Vies des douze Césars* », *Revue des Études latines* 31, 1953, p. 234-256.

– G. D'Anna, *Le idee letterarie di Suetonio*, Firenze, La Nuova Italia, 1954.

– F. Della Corte, *Suetonio eques Romanus*, Milano, Istituto Editoriale Cisalpino, 1958, 2ᵉ éd. Firenze, 1967.

– M. Dubuisson, « Suétone et la fausse impartialité de l'érudit », dans *Grecs et Romains aux prises avec l'histoire. Représentations, récits et idéologie*, Rennes, PUR, 2003, 2 tomes, t. I, p. 249-261.

– P. Galand-Hallyn, « Bibliographie suétonienne (Les *Vies des douze Césars*) 1950-1988. Vers une réhabilitation », dans *Aufstieg und Niedergang der römischen Welt* II, 33.5, 1991, p. 3576-3622.

– J. Gascou, *Suétone historien*, Paris, 1984.

– J. Geiger, *Cornelius Nepos and the Ancient Political Biography*, Stuttgart, Franz Steiner, 1985.

– H. Gugel, *Studien zur biographischen Technik Suetons*, Wien, Böhlan, 1977.

– R.C. Lounsbury, *The Arts of Suetonius : an Introduction*, New York, P. Lang, 1987.

– A. Macé, *Essai sur Suétone*, Paris, Fontemoing, 1900.

– R. F. Martin, *Les douze Césars : du mythe à la réalité*, Paris, Les Belles Lettres, 1991.

– B. Mouchova, *Studie zu Kaiserbiographien Suetons*, Praha, Universita Karlova, 1968.

– P. Sage, « L'expression narrative dans les *XII Césars* de Suétone : analyse d'une structure de phrase », *Latomus* 38, 1979, p. 499-524.

– P. Sage, « Quelques aspects de l'expression narrative dans les *XII Césars* de Suétone », *Revue belge de philologie et d'histoire* 57, 1979, p. 18-50.

– W. Steidle, *Sueton und die antike Biographie*, München, Beck, 1951 (rééd. 1963).

– A. Wallace-Hadrill, *Suetonius : the Scholar and his Caesars*, London, Duckworth, 1983 (rééd. 1995).

CHAPITRE VI

LES HISTORIENS MINEURS
DE LA SECONDE MOITIÉ
DU IVe SIÈCLE

UNE RENAISSANCE OU UNE RÉACTION ?

On peut porter sur la littérature historique en langue latine de la seconde moitié du IVe siècle deux appréciations assez divergentes. La première voit en elle la meilleure part d'une floraison littéraire nouvelle, entamée sous Constantin et parachevée sous Théodose. Elle ne serait alors que la conséquence du rétablissement politique et militaire de l'Empire qui avait connu, au IIIe siècle, sous le règne de Gallien (260-268) en particulier, une crise profonde à la suite des incursions barbares et des usurpations de pouvoir qui les accompagnaient. Ammien Marcellin serait ainsi placé au cœur de ce que Jean Bayet a appelé la « renaissance constantino-théodosienne ». La seconde consiste, comme le fait par exemple le grand spécialiste italien Arnaldo Momigliano, à considérer que la concentration d'œuvres historiques en langue latine entre 360 et 410 est le produit de la réaction païenne aux progrès de plus en sensibles du christianisme depuis le règne de Constantin et la tolérance accordée au culte chrétien par l'édit de Milan de 313. Dans cette perspective, la littérature latine historique et païenne qui fleurit alors ne serait que l'illustration de la position défensive adoptée par les païens.

On ne peut qu'être frappé par le nombre relativement important – surtout si on le rapporte au désert littéraire du IIIe siècle – d'œuvres historiques de la seconde moitié du IVe siècle. Les abréviateurs Eutrope et Festus (leurs *Résumés* respectifs de l'*Histoire Romaine* paraissent en 370 et 371), les historiens Aurélius Victor (son *De Caesaribus* est daté de 360) et Ammien Marcellin, le biographe anonyme enfin auteur de l'*Histoire Auguste* (rédigée avant 394), écrivent tous dans un laps de temps relativement réduit et ils sont tous païens. Dans le domaine grec, les *Vies des Sophistes* d'Eunape de Sardes, qui sont d'inspiration païenne et font l'apologie des grandes figures intellectuelles du néo-platonisme, ont été publiées vers 395 et l'*Histoire nouvelle* du même auteur, qui narrait les événements de 270 à 404, a été publiée après 414, tandis qu'une première édition de l'œuvre s'arrêtait à la mort de Théodose en 395. C'est, aux dires du patriarche de Constantinople Photios (ixe siècle), le caractère violemment antichrétien de l'œuvre qui rendit nécessaire cette seconde édition, moins virulente.

Force est donc de constater que les grandes œuvres dans le champ de l'historiographie chrétienne sont largement antérieures aux textes que l'on vient de citer. En effet, du côté des latins, Lactance rédige son *De mortibus persecutorum*, qui est un pamphlet destiné à prouver que les empereurs persécuteurs ont tous, depuis Néron, connus une fin ignominieuse voulue par un Dieu vengeur, sans doute entre 313 et 316. Du côté des Grecs, Eusèbe a probablement publié une première version de son *Histoire Ecclésiastique* vers 312 et sa *Vie de Constantin* est de peu postérieure à la mort de l'empereur en 337. La *Vie de saint Antoine*, écrite par Athanase, le célèbre évêque d'Alexandrie, doit être placée aux environs de 360. La vision qui consiste à présenter l'historiographie latine païenne comme une réaction des idéaux sénatoriaux traditionnels face à la christianisation des esprits et de la société n'est donc pas dénuée de tout fondement.

LE *DE VIRIS ILLVSTRIBVS*

Ajoutons ainsi à la liste précédente le *De Viris illustribus*. Ce texte anonyme fait partie d'un ensemble tripartite attribué dans sa totalité par certains manuscrits, mais à tort, à Aurélius Victor. Ce corpus se compose du *De Caesaribus*, déjà cité, et qui seul est réellement d'Aurélius Victor, de l'*Origo gentis Romanae*, œuvre anonyme qui traite des origines de Rome, de l'arrivée de Saturne en Italie jusqu'au règne de Romulus, et du *De Viris*. Ce dernier n'a donc aucun rapport avec les deux autres œuvres citées. Son contenu, qui portait sur la Royauté et la République, le destinait à être regroupé avec l'*Origo* et le *De Caesaribus*, qui abordaient les origines et l'Empire, de manière à constituer un abrégé de toute l'histoire de Rome, des Troyens jusqu'au ive siècle après J.-C. Il est vraisemblable que ce regroupement de trois textes au départ indépendants a été opéré à l'extrême fin du ive siècle ou au tout début du ve siècle pour l'édition augmentée de quelques biographies et qui prolonge le recueil jusqu'à Cléopâtre et Auguste.

Le *De Viris illustribus* est constitué d'une suite de 86 notices biographiques, dont la longueur varie d'une dizaine de lignes à deux pages. Ces biographies couvrent la période royale et républicaine. Le recueil s'ouvre sur l'histoire de Rhéa Silvia et la naissance de Romulus et Rémus et s'achève par les biographies d'Antoine et de Cléopâtre. On y trouve une notice sur tous les personnages importants de l'histoire romaine. Y figurent, en outre, trois femmes, Clélie, Claudia et Cléopâtre, ainsi que six étrangers, Pyrrhus, Hannibal, Hasdrubal, Antiochus, Viriathe et Mithridate (mais non Jugurtha). La pauvreté littéraire du recueil, qui ressemble à des notes succinctes de cours, est compensée par l'apport, çà et là, d'informations inconnues des autres sources.

Un grand débat agite les historiens spécialistes, celui des rapports du *De Viris illustribus* avec Tite-Live. De nombreux rapprochements peuvent être faits entre notre texte et l'œuvre du Padouan. Pour certains, l'auteur du *De Viris illustribus* aurait utilisé un abrégé de Tite-Live, un *Epitome* des 142 livres de son *Histoire Romaine*, mais l'existence même de cet *Epitome* a été mise en doute, par exemple par Paul Jal, et ce de manière très convaincante. Une autre hypothèse avance que la source du *De Viris illustribus* pourrait être constituée par les *elogia* qui figuraient sur les socles des statues disposées sur le forum d'Auguste et qui évoquaient, de manière concise, la carrière des grands personnages. Mais on ne voit pas, dans ce cas, ce que des étrangers auraient fait sur le forum impérial ! La confusion qui règne sur ce point délicat des sources est telle que l'on a même été, sans l'ombre d'une preuve, et, il faut l'avouer, de manière peu vraisemblable, jusqu'à attribuer la rédaction du *De Viris illustribus* à Pline l'Ancien ou encore à Pline le Jeune, sur la foi d'une lettre dans laquelle ce dernier indique qu'il rassemblait des extraits de Tite-Live, pour se distraire et constituer une anthologie : « Je prends un livre de Tite-Live et, pour ainsi dire par désœuvrement, je le lis et même, comme j'ai commencé à le faire, j'en extrais des passages » (*posco librum T. Liui et quasi per otium lego atque etiam, ut coeperam, excerpo* ; *epist.* 6, 20, 5).

Le *De Viris illustribus* du Pseudo-Aurélius Victor, confiné dans les bibliothèques universitaires, n'a pas connu le succès pédagogique de l'œuvre à laquelle il a donné naissance, et dont le titre identique est familier à tout lecteur qui a bénéficié d'une formation classique, le *De Viris Illustribus Vrbis Romae* de l'abbé Charles François Lhomond. Ce dernier, Régent de sixième au collège du Cardinal-Lemoine, est l'auteur, entre autres ouvrages, d'une grammaire française, d'une grammaire latine, d'un *Epitome historiae sacrae*, d'une *Histoire abrégée de l'Église* et même d'une *Méthode pour confesser les enfants*. C. Lhomond doit en effet beaucoup au Pseudo-Aurélius Victor, comme on s'en convaincra en lisant la traduction française qu'en a donnée récemment Jacques Gaillard. Mais C. Lhomond, sans doute par coquetterie d'auteur, a préféré, dans sa préface, avouer des sources plus nobles et plus vastes : Tite-Live, Florus, Valère-Maxime. Il est indéniablement plus gratifiant de se présenter comme l'abréviateur du grand Tite-Live que de l'obscur auteur d'un travail de seconde main ! Mais, comme toujours en matière de *Quellenforschung*, il convient de se montrer prudent. En effet, un certain nombre des informations données par Lhomond, par exemple dans son récit de la mort de Cicéron, ne se retrouvent pas dans notre Anonyme et pourraient effectivement remonter à Tite-Live. Le *De Viris* de C. Lhomond donne les biographies des grands hommes de l'histoire romaine de Romulus à Auguste. Publié pour la première en 1779, il a connu depuis cette date, si l'on en croit le *Catalogue Général des Ouvrages Imprimés de la Bibliothèque Nationale*, 278 éditions.

L'EPITOME DE CAESARIBVS

L'énumération qui précède ne serait pas complète sans l'évocation de l'*Epitome de Caesaribus*, présenté à tort comme un résumé – c'est le sens du mot grec *épitomé* – des *Caesares* d'Aurélius Victor et qui, en réalité, est une œuvre originale contenant la biographie des empereurs romains d'Auguste à Théodose. Ce recueil biographique possède la caractéristique d'être le dernier représentant de cette littérature historique païenne. L'auteur se livre à l'éloge des princes cultivés et de ceux qui se sont illustrés par leurs qualités militaires ; il critique les abus de toutes sortes (ivresse, sévérité excessive, goût trop prononcé pour la gloire). À ses yeux les empereurs modèles sont Auguste et Trajan, et aussi Vespasien, Titus, Antonin le Pieux, Marc Aurèle et Théodose, sur l'éloge duquel s'achève le recueil. Le dernier éditeur de ce texte dans la Collection des Universités de France en 1999 avance l'idée que la publication de l'*Epitome de Caesaribus* cherchait à « entretenir la mémoire de Nicomaque Flavien et de ses *Annales* ». Représentant d'une illustre famille de l'aristocratie sénatoriale, ce *Quaestor Sacri Palati* de Théodose, puis Préfet du Prétoire à deux reprises, fait figure de chef du parti païen sous l'empereur qui lui avait pourtant confié de hautes responsabilités. Nommé consul pour l'année 394, il choisit de se suicider après la défaite, la même année, à la bataille du Frigidus, de l'usurpateur Eugène dont il avait embrassé le parti par un choix lié à ses convictions païennes. Il apparaît aux côtés de Prétextat et de l'orateur Symmaque dans les *Saturnales* de Macrobe. On sait par une inscription datée de 431 (*CIL* 6, 1783) qu'il avait rédigé des *Annales*, dédiées, à sa demande, à l'empereur Théodose. Mais il semble qu'il faille aujourd'hui renoncer à cette interprétation étant donné ce que la recherche récente a apporté comme éléments nouveaux sur les *Annales* de Nicomaque Flavien, comme on le verra en détail dans le chapitre sur l'*Histoire Auguste* qui suit. Il apparaît plus vraisemblable que l'*Epitome* a été composé dans l'entourage de Nicomaque Flavien junior, le gendre de Symmaque. Ce dernier étant mort en 402, l'*Epitome de Caesaribus* pourrait avoir été rédigé entre cette date et 408 (mort d'Arcadius). L'ouvrage s'adresse à l'empereur Honorius, mais aussi au régent Stilicon, dont les qualités militaires sont indirectement louées à travers les portraits flatteurs des empereurs-généraux.

AURÉLIUS VICTOR

SA CARRIÈRE

La carrière d'Aurélius Victor se déduit de son propre témoignage dans les *Caesares*, d'un passage d'Ammien Marcellin et d'une inscription. Dans la biographie de Septime Sévère, l'empereur africain (193-211), Aurélius Victor se présente comme son compatriote (20, 6) et certains manuscrits de l'*Origo Gentis Romanae* l'appellent *Victor Afer*, l'« Africain ». Il était né autour de 320-330 et affirme avoir vu le jour « à la campagne, d'un père inculte et de petite condition » (20, 5). En fait, la province d'Afrique jouissait alors d'une prospérité réelle (qui perdurera jusqu'à l'époque des Vandales), une loi ayant accordé, sous l'empereur Hadrien, la quasi-propriété des terres à ceux qui les avaient défrichées (*Lex Hadriana de rudibus agris*). Le père d'Aurélius Victor était ainsi peut-être un colon du domaine impérial ou un curiale, ce qui implique qu'il possédait un bien-fonds d'au moins vingt-cinq jugères, soit six hectares et demi.

Les paysans étaient à cette époque soumis à un impôt que l'on appelle l'annone militaire (*annona militaris*). Il s'agit d'une contribution en nature destinée aux troupes et qui était prélevée par des fonctionnaires, les *actuarii*. Aurélius Victor proteste violemment contre les excès de ces officiers d'intendance, qu'il accuse de cupidité, de vénalité et d'hostilité aux paysans qu'ils ruinent à leur profit en détournant tout ou partie des denrées prélevées (33, 13). Cette diatribe contre les spoliations dont étaient victimes les paysans paraît inspirée par une expérience vécue. Il se peut également qu'Aurélius Victor ait cherché à fuir la dure condition de curiale pour devenir fonctionnaire et jouir ainsi d'immunités fiscales.

Ce sont ses études libérales qui lui ont permis de sortir de sa classe et d'accéder au rang d'*honestior*. Sous le Haut-Empire, la compétence littéraire mène aux responsabilités. Comme l'explique H.-I. Marrou dans son *Histoire de l'éducation dans le monde romain*, le prestige de la culture classique, à l'époque de l'Empire tardif, demeure entier. Les rhéteurs constituent ainsi le vivier naturel dans lequel l'administration impériale vient choisir ses juges, ses chefs de bureau, ses gouverneurs de province : « L'éloquence conduit aux plus hautes charges de l'État », explique justement H.-I. Marrou. Les ascensions sociales individuelles liées aux études littéraires sont en effet assez fréquentes pour permettre à un astrologue du IVe siècle, Firmicus Maternus, de prédire les plus grands honneurs à un client doté par sa naissance de la *scientia litterarum* : « La Lune, pleine, installée dans le neuvième lieu, dans sa propre maison, lui a décerné les plus grands honneurs : d'autant que, s'agissant d'une géniture nocturne, elle appliquait un pouvoir de droit et avait la priorité pour décider des honneurs ; en outre, Saturne et Mercure, après avoir échangé leurs maisons, lui ont accordé une si grande science et une si grande connaissance des lettres que son éloquence et son style peuvent se comparer à ceux des auteurs anciens » (*Mathesis* 2, 29, 19, trad. P. Monat, Paris, CUF, 1992). Aurélius Victor a peut-être été avocat, ce qui ne l'empêche pas de commettre une grave erreur en attribuant la Constitution Antoninienne, c'est-à-dire l'édit de Caracalla qui octroyait, en 212, la citoyenneté romaine à l'ensemble des habitants de l'Empire, à Marc Aurèle (161-180). Au témoignage d'Ammien Marcellin (20, 10, 6), c'est à Sirmium, sur le Danube, que Julien rencontra Aurélius Victor. Peut-être ce dernier faisait-il partie des fonctionnaires qui accompagnèrent Constance de Rome à Sirmium après 357 (dans l'état-major du Préfet Anatolius ? mais Aurélius Victor n'a jamais été soldat et méprise les militaires). Quoi qu'il en soit, Julien, qui a pu être séduit par les critiques formulées, dans les *Caesares*, à l'encontre de Constance II et de son entourage par l'historien, le nomme gouverneur de la Pannonie seconde avec le rang de consulaire et l'honore d'une statue de bronze. Ammien, dans le passage cité, vante la *sobrietas* d'Aurélius Victor : cette vertu – qui est l'apanage des philosophes – était aussi celle qu'Ammien reconnaît à Julien lui-même et à son modèle Marc Aurèle. Le Prince avait ainsi pu être séduit par les qualités humaines d'Aurélius Victor, qui était, comme lui, de conviction païenne et qui plus est de la même génération. Il existait indéniablement une communauté de point de vue intellectuel entre les deux hommes. On a même été jusqu'à supposer, sans que la preuve existe, que l'historiographe avait dédié ses biographies à Julien.

Le titre de *consularis* constitue une promotion éclatante pour l'ancien fils de paysan car il le fait entrer *de facto* dans l'ordre des clarissimes, c'est-à-dire l'ordre sénatorial, les gouverneurs avec rang de proconsul se trouvant juste après les proconsuls et les vicaires, mais avant les *praesides* et les *correctores*. La carrière d'Aurélius Victor dut connaître une éclipse consécutive au changement de règne, sinon dès l'avènement de Jovien en 364, mais plus sûrement avec l'arrivée au pouvoir des frères pannoniens Valentinien et Valens. On perd ainsi sa trace pendant plus de vingt-cinq ans, jusqu'en 388-389, date à laquelle il est Préfet de la Ville de Rome (*Praefectus Vrbi*). C'est Ammien Marcellin qui l'écrit, ce que confirme une inscription retrouvée sur le socle d'une statue de l'empereur Théodose (379-395), placée sur le forum de Trajan, et qui avait été consacrée pendant le séjour de ce dernier à Rome en 389. Il faut donc supposer qu'Aurélius Victor s'était réconcilié avec le pouvoir chrétien, ce qui n'a rien d'impossible étant donné la neutralité religieuse, comparable à celle d'Eutrope, affichée par les *Caesares* dans lesquels les chrétiens ne pouvaient rien trouver de blessant pour leurs convictions et le silence de l'historiographe sur les persécutions. La fonction de Préfet de la Ville était une des plus hautes de l'époque, avec la préfecture du prétoire, et réservée en principe aux membres des grandes familles aristocratiques. Elle constituait un honneur exceptionnel pour un homme issu d'une famille modeste.

Lorsqu'il évoque le règne de Constantin, Aurélius Victor désigne l'époque par les mots *memoria mea* : il est donc né avant 337, peut-être vers 327. Il fut gouverneur de Pannonie seconde vers l'âge de trente-quatre ans et Préfet de la Ville à plus de soixante ans. En somme, il appartient à la même génération que Julien (né en 331) et qu'Ammien Marcellin (né vers 330). De ce dernier le rapprochait également une possible commune appartenance au milieu des curiales. Plus profondément, Aurélius Victor possédait en commun avec Ammien Marcellin une admiration prononcée pour les lettres et le métier d'écrivain (cf. 20, 2 : « Le prestige de la culture est si grand que même une conduite inhumaine ne saurait nuire à la mémoire des écrivains »), un goût pour les mêmes modèles littéraires, Salluste et Tacite notamment, et un attachement réel, mais sans militantisme exacerbé, au paganisme. Comme

Ammien, Victor regrettait l'affaiblissement de l'Empire et était à la recherche de solutions qu'il trouvait dans les exemples offerts par les comportements glorieux des grandes figures de l'histoire romaine, y compris de l'époque républicaine, proposés comme des modèles à imiter. Aux yeux de tous deux, Julien devait être l'incarnation des vertus du passé mises au service du rétablissement de l'Empire. On se plaît à imaginer que deux hommes aussi semblables se soient rencontrés. Les sources n'en disent rien, mais la chronologie ne s'oppose pas à une rencontre à Rome puisque à cette date tous deux se trouvaient dans la capitale occidentale de l'Empire.

LES *CAESARES*

Il ne faut pas placer exactement sur le même plan l'œuvre d'Aurélius Victor, publiée en 360, et celle de ses contemporains Eutrope (370) et Festus (371). En effet, si ces deux derniers assument leur statut d'« épitomateurs », c'est-à-dire d'abréviateurs, d'auteurs de résumés à visées pédagogiques, en revanche Aurélius Victor a des ambitions beaucoup plus hautes. Il se veut un émule de Tacite, dont il imite le style et auquel il doit son pessimisme foncier sur l'évolution de l'Empire. Il n'est pas jusqu'aux digressions moralisantes qui expriment son indignation par exemple sur le rôle croissant de l'influence de l'armée dans la désignation des princes qui ne rappellent, par leur ton désabusé, certaines pages de Tacite. On a même supposé que lorsque Aurélius Victor raconte les événements de 253 – année qui connut quatre empereurs : Gallus, Aemilianus, Valérien et son fils Gallien – il s'inspire du récit par Tacite des troubles qui suivirent la mort de Néron en 68 et des luttes de 69, l'année des quatre empereurs, Galba, Othon, Vitellius et Vespasien. La difficulté même du latin d'Aurélius Victor, surtout quand on le compare à la limpidité de la langue d'Eutrope, toujours simple et clair, dénote ses ambitions littéraires. D'ailleurs Ammien Marcellin l'appelle *scriptor historicus* (21, 10, 6) et saint Jérôme ne s'y était pas trompé, puisque dans une lettre à Paul de Concordia (*epist.* 10, 3, 2), à qui il demande de lui faire parvenir le livre d'Aurélius Victor afin d'y trouver des matériaux pour la rédaction de sa *Chronique*, il donne à son œuvre le nom plutôt flatteur d'*historia* et non celui, qui serait plus réducteur, de *breuiarium*.

Les *Caesares* donnent la biographie des empereurs d'Auguste à Constance II, mort en 361. L'empereur préféré d'Aurélius Victor est sans conteste Septime Sévère à qui il consacre une biographie plus longue qu'aux autres princes et qu'il place à peu près au centre du volume : « Personne, à la tête de l'État, ne surpassa <sa> remarquable valeur » (20, 6). L'historien loue sa *felicitas*, c'est-à-dire sa capacité à attirer la prospérité sur ses administrés, sa *prudentia* (son refus des expéditions militaires aventureuses), la sévérité dont il fait preuve à bon escient, sa grande maîtrise des études libérales, et, enfin, ses grandes qualités de législateur. À l'inverse, Victor abomine Gallien (260-268), dont le règne fut marqué par une vague d'invasion, celles des Goths en particulier, par de multiples pertes territoriales (la première fut la Dacie) dont l'Empire ne se relèvera pas, et par une multiplication des usurpations, en Gaule notamment (Postumus) et en Orient (Zénobie et Odénat). Gallien eut en outre, aux yeux d'Aurélius Victor, le grand tort d'interdire désormais aux sénateurs d'entrer dans la carrière militaire, ce qui les privait *de facto* des gouvernements des grandes provinces (33, 34). Le règne de Gallien, un Prince débauché et pervers, constitue une espèce d'antithèse de celui de Septime Sévère et préfigure, au cœur de la crise du IIIe siècle, l'évolution vers la décadence d'un Empire qui se prive volontairement des forces vives issues des milieux sénatoriaux. Ce que l'auteur décrit en termes dignes de Tacite : « Ainsi, comme si la tempête se déchaînait de toutes parts, le plus grand se mêlait au plus petit, le plus bas au plus élevé dans le monde entier » (33, 4).

Comme Eutrope, Aurélius Victor regrette la perte d'influence du Sénat dans la désignation des princes et doit donc être rangé parmi les écrivains pro-sénatoriaux. Ce qui le chagrine avant toute chose, l'offusque même, c'est le rôle désormais prépondérant de l'armée, dont les soldats sont souvent présentés comme des soudards. Aurélius Victor n'accepte pas que la troupe choisisse les empereurs et, pour lui, l'abomination débuta avec le règne de Maximin, le premier Prince, en 235, à accéder au pouvoir grâce aux suffrages des soldats (25, 1). L'historien croit à un rétablissement de l'influence du Sénat sous Tacite (275-276), un consulaire porté au pouvoir par les sénateurs, mais cette illusion fut de courte durée et l'assassinat de Probus, en 282, marque pour Victor la fin d'une époque : « À partir de ce moment-là, l'influence des soldats devint prépondérante, le Sénat perdit le pouvoir et le droit de nommer le Prince » (37, 5). Pour Victor, un pouvoir dont l'absolu n'est plus corrigé par l'influence du Sénat n'est qu'une tyrannie (37, 7).

EUTROPE

Dix ans après la publication des *Caesares* d'Aurélius Victor, en 370, Eutrope rédige un résumé d'histoire romaine : ainsi doit être traduit son titre, *Breuiarium ab Vrbe condita*, *breuiarium* dérivant de l'adjectif *breuis*, « bref ». En quelque soixante-dix pages, l'auteur réussit le tour de force de brosser un tableau de toute l'histoire de Rome, de Romulus à l'an 364 de notre ère, soit plus de dix siècles, et trois régimes : la Royauté, la République et l'Empire, d'Auguste à Jovien, soit plusieurs dynasties et, au total, plus de cinquante empereurs.

LA CARRIÈRE D'EUTROPE

On a pu reconstituer la carrière d'Eutrope grâce aux témoignages d'auteurs contemporains de l'abréviateur avec lesquels il correspondit, Symmaque ct Libanios notamment. Eutrope lui-même ne fournit que deux informations, les deux seules qui soient sûres parmi celles dont nous disposons, à savoir la dédicace du *Bréviaire*, qui atteste qu'Eutrope était *Magister memoriae* de l'empereur Valens, et l'affirmation qu'il avait participé en 363 à l'expédition de l'empereur Julien contre les Perses. Pour le reste, la biographie d'Eutrope, telle que nous la résumons à présent, n'est qu'une reconstitution.

Le lieu de naissance d'Eutrope n'est pas établi avec certitude : il serait Italien d'après la *Souda* ; l'affirmation de certains auteurs selon lesquels Eutrope serait né à Bordeaux provient d'une interprétation abusive de Marcellus Empiricus. Cependant, Eutrope écrit le *Bréviaire* en latin, non parce que c'est sa langue natale, mais parce que le latin est la langue habituelle des fonctionnaires de l'époque, et surtout parce que Valens, le dédicataire du *Bréviaire*, ignorait le grec. Eutrope aurait pu se rendre en Italie au cours de sa vie, et même à Rome. Cependant, l'essentiel de sa carrière le conduira à séjourner dans la partie orientale de l'Empire.

La carrière d'Eutrope se déroule selon les étapes suivantes :
– éducation à Césarée de Palestine, sous les dernières années du règne de Constance II
– rencontre, à Antioche, en Syrie, de Libanios : rencontre avec l'empereur Julien en 362
– participation à l'expédition contre les Perses en 363

- présence à la cour de Constantinople en 364
- sans doute *Praeses Ciliciae* (gouverneur de Cilicie) entre 367 et 369
- *Magister scrinii memoriae* (responsable des archives impériales) de Valens en 369-370 et publication du *Bréviaire*, résumé de l'histoire romaine de Romulus à l'empereur Jovien
- *Proconsul Asiae* (gouverneur de la province d'Asie) en 370-371, implication dans la conjuration de Théodore et abandon de la vie politique
- *Praefectus praetorio* (Préfet du Prétoire) en 380-381, en Orient, Dacie et Macédoine ; traduction du *Bréviaire* en grec
- *Consul* en 387 ; participation à la vie de la cour et à la vie culturelle sous Théodose.

LE *BRÉVIAIRE*, ŒUVRE UNIQUE D'EUTROPE

Nous ne possédons rien d'Eutrope en dehors du *Bréviaire*, et il faudrait, à ce propos, rectifier ici une erreur commune à la majorité des traducteurs du *Bréviaire*. Eutrope n'a sans doute jamais eu l'intention d'écrire lui-même une suite au *Bréviaire*. Cette idée, que l'on trouve déjà dans la *Souda* qui prétendait qu'Eutrope avait écrit d'« autres choses », provient d'une interprétation erronée des deux dernières phrases du *Bréviaire* : *reliqua stilo maiore dicenda sunt. Quae nunc non tam praetermittimus quam ad maiorem scribendi diligentiam reseruamus.*

Ce passage ne signifie pas qu'Eutrope a l'intention d'écrire lui-même la suite des événements, ce que comprennent à tort encore ses derniers traducteurs français, ni même qu'il se repose sur les historiens à venir et qu'il compte sur eux pour donner l'histoire des règnes qui suivent. En réalité, Eutrope veut dire que les règnes des empereurs Valens et Valentinien, *inclitos principes uenerandosque*, appartiennent non à l'histoire, mais au panégyrique. C'est à d'autres de célébrer leurs mérites, et ce en adoptant un style différent, plus élevé que le style d'un abrégé, un style plus noble, plus rhétorique, celui des *Panégyriques*, celui d'un Thémistios par exemple. La tradition était, en effet, de ne pas inclure le règne de l'empereur vivant dans un ouvrage historique. Ammien Marcellin, quelques années après Eutrope, s'y prête scrupuleusement, l'expliquant en termes très proches de ceux avec lesquels Eutrope conclut son *Bréviaire* : *Scribant reliqua potiores, aetate doctrinisque florentes. Quod id (si libuerit) adgressuros, procudere linguas ad maiores moneo stilos.* Ainsi *procudere linguas ad maiores stilos* signifierait « élever son discours jusqu'au style plus élevé du panégyrique », et non « élever leur style à hauteur de l'histoire », comme le croit l'un des derniers traducteurs du livre 31 d'Ammien. Cette fin du *Bréviaire* doit donc être traduite ainsi : « La suite doit être rédigée dans un style plus élevé ; nous ne la passons, aujourd'hui, sous silence que pour la réserver à un genre littéraire plus noble ». En aucun cas, donc, cette conclusion ne nous contraint à supposer qu'Eutrope a écrit une suite du *Bréviaire* qui ne nous serait pas parvenue, ni même qu'il en ait jamais eu l'intention. Plus qu'un aveu d'impuissance, un *topos* de la conclusion, celui que Ernst Curtius appelait « la modestie affectée », le fait de laisser le règne de l'empereur vivant en dehors de l'œuvre indique une claire conscience de la différence profonde de nature entre le panégyrique et l'histoire.

LE PAGANISME D'EUTROPE

L'auteur du *Bréviaire* n'est sans doute pas chrétien et son abrégé n'a rien du ton polémique des ouvrages d'inspiration chrétienne, même lorsqu'ils font profession d'être historiques, comme, par exemple, l'*Historia aduersum Paganos* du prêtre espagnol Orose, rédigée au début du Ve siècle à l'instigation de saint Augustin ; le *Bréviaire* ne ressemble en rien non plus aux *Histoires Ecclésiastiques*, celle d'Eusèbe de Césarée en grec ou sa continuation latine par Rufin d'Aquilée dans les toutes premières années du Ve siècle. On est encore plus loin, avec le *Bréviaire*, d'ouvrages apologétiques tels que le *De Mortibus Persecutorum* de Lactance.

Eutrope écrit le *Bréviaire* à une époque de transition, pleine d'incertitudes dans le domaine religieux. L'abréviateur avait servi Julien, le champion de la restauration du paganisme, mais il dédicace le *Bréviaire* à Valens, qui, lui, était baptisé (il était arien). Il achèvera sa carrière sous Théodose, un empereur chrétien, mais aura été apprécié par Symmaque, un païen convaincu. Le *Bréviaire*, en réalité, ne contient pas d'allusions au christianisme, en dehors du reproche fait à Julien d'avoir été trop sévère dans sa persécution des chrétiens en les écartant des postes de l'enseignement. La biographie de Constantin, elle, est toute en subtilité et conserve un équilibre très élaboré entre critiques et louanges. Aussi le *Bréviaire* d'Eutrope n'a-t-il jamais été écarté par les chrétiens, comme le prouvent ses deux traductions en grec, par Péanios dès 380-381, puis au VIe siècle par Capiton, de Lycie, et leur succès à la cour de Constantinople. Mieux, Eutrope a été lu, cité, mais aussi largement déformé par les auteurs chrétiens, Orose et saint

Jérôme notamment qui le met largement à contribution dans les notices de sa *Chronique* (381-382).

Aussi a-t-on, par commodité, à la suite d'Arnaldo Momigliano, parlé de la neutralité religieuse du *Bréviaire* d'Eutrope. Il semblerait, en fait, qu'il s'agisse davantage de prudence réfléchie et pesée que de neutralité ou d'absence de conviction. Eutrope participe à sa manière, par son silence, ses réticences, parfois ses réprobations, à ce qu'on a pu appeler la réaction païenne du IVe siècle.

LA SURVIE DU *BRÉVIAIRE* D'EUTROPE

En 370-371 Festus, à la demande de Valens, qui devait trouver le *Bréviaire* d'Eutrope trop long, rédige un abrégé d'Eutrope, un *Breuiarium de breuiario*, dans lequel les victoires du Peuple romain et l'Orient tiennent une grande place, mais qui n'en est pas moins partiellement tributaire d'Eutrope. L'*Histoire Auguste*, à la fin du IVe siècle, a également utilisé le *Bréviaire*, et de troublants rapprochements existent encore entre l'*Epitome de Caesaribus* et Eutrope.

Saint Augustin aurait eu connaissance du *Bréviaire* dont il a peut-être tiré quelques brefs passages du *De Ciuitate Dei*. Citons également, parmi les lecteurs d'Eutrope, Polémius Silvius, au Ve siècle, Cassiodore, au VIe siècle, qui aurait tiré profit du *Bréviaire* pour la rédaction de sa *Chronique* et Jordanès, pour son *De summa temporum uel de origine actibusque gentis Romanae*. Des parallèles peuvent être notés entre certains passages de la *Chronique* d'Isidore, qui court jusqu'en 615, et Eutrope, de même qu'entre l'*Historia ecclesiastica gentis Anglorum* de Bède, qui connaissait le texte d'Orose, et Eutrope. Paul Diacre, enfin, auteur au VIIIe siècle d'une *Historia romana*, est à placer parmi les utilisateurs d'Eutrope.

Au XVIIe siècle, Eutrope figure parmi les vingt-deux auteurs publiés entre 1674 et 1691 par Pierre-Daniel Huet pour l'instruction du dauphin, dans une édition *ad usum Delphini*. Cette bibliothèque de classiques contenait les auteurs les plus célèbres, et aussi des historiens de moindre envergure, dont on ne considérait pas à l'époque qu'ils fussent sans intérêt pour la formation du Prince, tels que Florus, Quinte-Curce, et Aurélius Victor. L'édition d'Eutrope dans cette bibliothèque *ad usum Delphini* a été donnée, en 1683, par Anna Tanaquilli Fabri filia, autrement dit Madame Dacier. Son père, Le Fèvre de Saumur, avait d'ailleurs fait apprendre par cœur le *Bréviaire* à son fils.

LA SIGNIFICATION POLITIQUE ET IDÉOLOGIQUE DU *BRÉVIAIRE* D'EUTROPE

Le résumé d'Eutrope, en dépit de sa brièveté et de son apparence neutre et scolaire, a bel et bien un sens politique que l'on peut cerner à travers l'étude de deux notions clefs : l'idéologie du *priuatus* et la *ciuilitas*. Pour Eutrope, en effet, le bon Prince ne saurait oublier qu'il était, avant d'accéder à l'Empire, un simple particulier et qu'il pourrait un jour le redevenir, comme l'a démontré l'abdication du fondateur du système tétrarchique, Dioclétien, en 305, largement et positivement soulignée par l'abréviateur. Ce souvenir doit dicter à l'empereur sa conduite à l'égard de ses administrés qui sont avant tout des concitoyens (ainsi que le signifie l'étymologie de *ciuilis*) et lui interdire tout comportement tyrannique précisément aux antipodes de la *ciuilitas*. Cette dernière notion, abondamment citée et illustrée dans le *Bréviaire*, ne saurait être interprétée uniquement dans un sens humaniste, comme l'ont fait jusqu'ici trop de commentateurs, mais constitue bien un concept, mis par Eutrope au centre de sa vision politique du Prince idéal, dénué de toute *insolentia*, mais respectueux de ses concitoyens. Être *ciuilis*, c'est la garantie de ne pas sombrer dans la tyrannie ; le Prince *ciuilis* – Auguste, Titus, Nerva, ou Trajan – est à l'opposé du despote, ne recourt pas à la force aveugle et respecte, au moins dans les formes, les institutions traditionnelles de l'État, en particulier le Sénat romain.

Le *Bréviaire* tend donc à son impérial commanditaire, Valens, une image du Prince idéal, et ce notamment à travers les biographies d'Auguste, de Trajan et de Marc Aurèle, les plus élogieuses et parmi les plus développées du *Bréviaire*. Le témoignage d'Ammien Marcellin sur Valens autorise à penser que certains passages d'Eutrope peuvent être compris comme des allusions aux qualités de l'empereur régnant (loyauté à l'égard de ses amis : *fides erga amicos* ; libéralité : *liberalitas*), exaltées indirectement par l'abréviateur, et à ses défauts (absence de maîtrise de soi, de *moderatio* ; cupidité : *auaritia*), indirectement fustigés. On s'aperçoit qu'Eutrope privilégie les qualités énoncées pour mieux condamner l'attitude traditionnelle du tyran faite notamment d'*auaritia* et de *crudelitas* (cruauté). Mais la grande originalité d'Eutrope par rapport aux historiographes et aux autres abréviateurs est l'importance qu'il accorde, à la suite des panégyristes gaulois du IIIe siècle, à la notion de *felicitas*, cette capacité à attirer de manière presque magique la prospérité sur ses administrés, qui est une vertu charismatique. Eutrope a emprunté l'idée de faire de cette notion une qualité essentielle du bon empereur à l'arsenal traditionnel de la propagande impériale.

Eutrope, qui était de rang sénatorial, est enfin particulièrement attentif à l'attitude que les différents empereurs ont adoptée à l'égard de la vénérable institution sénatoriale. L'abréviateur rappelle ainsi les exactions dont ont été victimes les membres du Sénat sous certains empereurs (Néron, Domitien, Aurélien, etc.) et n'est pas avare de compliments indirects aux Princes qui ont ménagé ses prérogatives. Le *Bréviaire* a une incontestable couleur pro-sénatoriale. Ainsi s'explique qu'Eutrope mentionne systématiquement le fait que le Sénat, dont c'était une des ultimes prérogatives, a accordé ou non l'apothéose à tel ou tel empereur défunt. Ainsi s'éclaire également une des constantes du *Bréviaire*, à savoir la préférence affichée par Eutrope pour les empereurs (Claude II, Quintillus, Tacite, Probus) dont l'accession au pouvoir s'est faite dans l'accord conjoint du Sénat et des soldats, *consensu senatus militumque*. C'était pour l'abréviateur un moyen d'atténuer une vérité cruelle, la progressive perte d'influence du Sénat, déjà regrettée par Aurélius Victor, sensible au moins depuis l'accession à l'Empire de Maximin, mais que l'abréviateur ne reconnaîtra jamais, lui qui n'avait pas même mentionné, par exemple, les mesures de Gallien si défavorables aux membres de l'ordre sénatorial. Les biographies impériales d'Eutrope ne sont pas de simples résumés scolaires d'œuvres antérieures. Par les choix personnels qu'il opère dans les informations fournies par ses sources, par l'importance qu'il accorde à certaines notions qu'il faut comprendre dans un sens politique, par la hiérarchisation personnelle qu'il propose des vertus et des vices impériaux, par la défense constante du rôle du Sénat dont il souligne les choix heureux dans la désignation des princes, Eutrope se révèle bien plus profond que ne l'ont cru trop souvent ses lecteurs pressés.

BIBLIOGRAPHIE

TEXTES

– M.-P. Arnaud-Lindet, *Festus, Abrégé des hauts faits du Peuple romain*, Paris, CUF, 1994.
– P. Dufraigne, *Aurélius Victor, De Caesaribus*, Paris, CUF, 1975.
– M. Festy, *Pseudo-Aurélius Victor, Abrégé des Césars*, Paris, CUF, 1999.
– J. Hellegouarc'h, *Eutrope, Abrégé d'histoire romaine*, Paris, CUF, 1999.

ÉTUDES

– B. Baldwin, « Festus the Historian », dans *Studies on the Late Roman and Byzantine History, Literature and Language*, Amsterdam, J. C. Gieben, 1984, p. 79-99.
– H. W. Bird, *Sextus Aurelius Victor. A Historical Study*, Windsor, David Brown Book Co, 1984.
– H. W. Bird, *Eutropius : Breuiarium, Translated with an Introduction and Commentary*, Liverpool, Liverpool University Press, 1993.
– W. Den Boer, *Some Minor Roman Historians*, Leyde, Brill, 1972.
– G. Bonamente, *Giulano l'Apostata e il Breviario di Eutropio*, Rome, Giorgio Bretschneider, 1986.
– M. Festy, compte rendu de J. Hellegouarc'h, 1999, *Antiquité Tardive* 9, 2001, p. 448-451.
– F. L. Müller, *Eutropii breuiarium ab Vrbe condita*, Stuttgart, Franz Steiner, 1995.
– St. Ratti, *Les Empereurs romains d'Auguste à Dioclétien dans le Bréviaire d'Eutrope. Les livres 7 à 9 du* Bréviaire *: introduction, traduction et commentaire*, Besançon-Paris, Les Belles Lettres, 1996.

– St. Ratti, « La *ciuilitas* et la *iustitia* dans le *Bréviaire* d'Eutrope : des qualités de famille ? », *Revue des Études Anciennes* 98, (1-2), 1996, p. 197-205.

– St. Ratti, « À propos d'une édition récente de l'*Epitome de Caesaribus. Pseudo-Aurélius Victor, Abrégé des Césars* », *Antiquité Tardive* 7, 1999, p. 444-451.

– St. Ratti, « La culture du Prince entre historiographie et idéologie », dans *Que reste-t-il de l'éducation classique ? Relire le Marrou. Histoire de l'éducation dans l'Antiquité,* éd. J.-M. Pailler et P. Payen, Toulouse, Presses Universitaires du Mirail, 2004, p. 297-306.

– St. Ratti, « Eutrope archiviste ? », dans *Grecs et Romains aux prises avec l'histoire. Représentations, récits et idéologie*, éd. G. Lachenaud et D. Longrée, Rennes, Presses Universitaires de Rennes, 2003, p. 263-268.

– St. Ratti, « Le *Breuiarium ab Vrbe condita* d'Eutrope : deux mises au point », dans *Autour de Lactance*, Hommages à Pierre Monat, éd. J.-Y. Guillaumin et St. Ratti, Presses Universitaires de Franche-Comté, Besançon-Paris, 2003, p. 323-330.

– St. Ratti, *Antiquus error. Les ultimes feux de la résistance païenne* (« Bibliothèque de l'Antiquité Tardive »), Turnhout, Brepols, 2009.

CHAPITRE VII

L'*HISTOIRE AUGUSTE*

LE RECUEIL

L'œuvre se présente comme un recueil de trente biographies d'empereurs romains. Il débute par la vie d'Hadrien (117-138) et s'achève par les vies de Carus, Carin et Numérien, qui précèdent l'avènement de Dioclétien en 284. Une lacune dans la collection pour les années 244-260 devait apparemment contenir les vies des Dèces et des Philippes notamment. Le recueil prend manifestement la suite des *Vies des douze Césars* de Suétone qui s'achevaient à la mort de Domitien en 96. On a donc supposé, sans pouvoir le démontrer, que l'œuvre devait débuter par une vie de Nerva (96-98) et une vie de Trajan (98-117) que nous ne possédons pas, pas plus que la moindre trace d'une hypothétique préface. Si l'on en croit les manuscrits conservés de l'œuvre (le plus ancien, le *Palatinus*, remonte au IXᵉ siècle), elle a été rédigée par six auteurs différents qui se sont réparti les différentes vies : Aelius Spartianus, Aelius Lampridius, Vulcacius Gallicanus, Julius Capitolinus, Trébellius Pollion et Flavius Vopiscus. Les premières vies, jusqu'à celle de Pescennius Niger incluse, sont dédicacées à l'empereur Dioclétien (284-305) et les suivantes, sauf la *Vie de Macrin*, à Constantin (305-337) ; à partir de la *Vie de Maxime et Balbin* les dédicaces manquent. On est ainsi invité par les témoignages des auteurs eux-mêmes à placer la rédaction de la collection dans les premières années du IVᵉ siècle.

Le titre de l'œuvre, *Histoire Auguste*, a été tiré du texte lui-même. Dans la vie de l'empereur Tacite, en effet, le biographe emploie, en rapportant la décision de l'empereur de faire recopier les œuvres de l'historien Tacite, son homonyme et ancêtre supposé, afin qu'elles figurent dans chaque bibliothèque publique, en parlant de la réunion des *Annales* et des *Histoires* l'expression *historia augusta*, ce qui signifie « histoire impériale ». C'est le grand humaniste et bibliothécaire du roi Henri IV, Isaac Casaubon, qui, en 1603, donnera le premier ce titre à la collection en l'éditant à Paris : *Historiae Augustae Scriptores Sex*. L'une des originalités du recueil est qu'il contient – c'est une nouveauté dans le genre biographique – les vies des princes coadjuteurs (Aelius sous Hadrien ; Vérus sous Marc Aurèle) ainsi que celles des usurpateurs, c'est-à-dire des princes qui ont investi l'Empire sans parvenir à s'y maintenir. On peut ainsi lire les Vies d'Avidius Cassius qui usurpa en 175, sous Marc Aurèle, de Pescennius Niger, qui tenta de prendre la pourpre sous Septime Sévère, ou encore des trente usurpateurs, appelés « tyrans » par le biographe, qui prirent le pouvoir en Gaule, en Égypte ou en Orient pendant le règne de Gallien (260-268). Parmi eux la reine de Palmyre Zénobie, mais aussi son époux Odénat, le fondateur de l'Empire des Gaules Postumus et ses successeurs Victorinus et Marius, ou encore les généraux Auréolus ou Quiétus. Quatre autres tyrans d'envergure plus modeste sont regroupés par l'auteur sous la rubrique du « Quadrige des tyrans » (Firmus, Saturninus, Proculus et Bonosus).

LA THÈSE DE HERMANN DESSAU : UN COUP DE TONNERRE DANS UN CIEL PHILOLOGIQUE SEREIN

Au XIXe siècle on avait déjà beaucoup critiqué « les auteurs » de l'*Histoire Auguste*. On regrettait leurs négligences, on soulignait leurs contradictions, on brocardait leur mauvais goût, mais on leur faisait confiance. Un bon exemple de cette attitude est fourni par Victor Duruy, qui fut ministre de l'Instruction publique de Napoléon III, et qui, dans son *Histoire des Romains*, en 1885, accorde encore un crédit quasiment sans limite aux documents cités par l'*Histoire Auguste*. Dans la *Vie d'Hadrien* on trouve ainsi une lettre de l'empereur à Servien, que Victor Duruy commente de la manière suivante : « Vopiscus déclare avoir pris cette lettre dans les livres de Phlégon, affranchi d'Hadrien, et je ne vois aucune raison de la considérer comme apocryphe ». De la même manière, Carl Müller, en 1928, avait recueilli cette lettre d'Hadrien sous le nom de Phlégon de Tralles dans le troisième volume de sa magistrale édition des *Fragments des Historiens grecs* (*Fragmenta Historicorum Graecorum*) sans avoir de soupçon sur son authenticité. Or, on a pu montrer depuis que cette lettre contenait de discrètes mais réelles allusions à Juvénal, et, ce qui est bien plus probant, à un commentaire savant des *Satires* de Juvénal publié dans la seconde moitié du IVe siècle, ce qu'on appelle des scholies. Ce type d'indice suffit à remettre en cause la datation affichée par l'œuvre elle-même.

Mais c'est Hermann Dessau qui le premier, à trente-trois ans, en 1889, émettra le premier la thèse d'une vaste mystification historique et littéraire et osera voir derrière les six auteurs supposés de la collection un responsable unique, un faussaire de talent. Les noms des auteurs sont inventés, fabriqués avec humour et esprit à partir de réminiscences littéraires ou de jeux de mots parfois douteux. Ils dissimulent un rédacteur unique, inconnu, mais que Hermann Dessau plaçait dans les dernières années du IVe siècle. C'est l'expérience de la recherche prosopographique et sa connaissance intime des patronymes dans l'Antiquité tardive qui a permis au jeune savant allemand de déceler un certain nombre d'anachronismes et d'influences littéraires dans le choix des noms de quelques personnages par l'auteur de la collection. Ainsi le nom de Toxotius, le mari supposé de Junia Fadilla, une descendante de l'empereur Marc Aurèle, aurait été choisi sous l'influence du nom d'un personnage bien réel celui-là, Julius Toxotius, le mari de Paula, une veuve chrétienne qui faisait partie du cercle des correspondantes de saint Jérôme. Le choix du nom de cet homme, mort en 380, intrigue et laisse supposer que l'auteur de l'*Histoire Auguste* vivait à la fin du IVe siècle.

De nombreux autres anachronismes ont été décelés par Hermann Dessau, parmi lesquels le plus frappant est peut-être le thème de l'ascendance claudienne de Constantin. L'empereur chrétien n'avait en réalité aucun lien de famille avec Claude II, empereur de 268 à 270. C'est un discours officiel, prononcé en 310, le *Panégyrique* qui porte le numéro 7 dans la collection, qui le premier avait émis cette idée (reprise plus tard par la propagande constantinienne et par certains historiens comme Eutrope) : l'*Histoire Auguste* lui est donc logiquement postérieure et se trahit, assez maladroitement, par cet emprunt.

De nombreuses invraisemblances vont toutes dans le même sens. À la fin de la *Vie d'Héliogabale* (35, 6) le rédacteur annonce son intention de rédiger une biographie de Maxence et une autre de Licinius. Or ces deux usurpateurs ont été vaincus et écartés du pouvoir par Constantin. Il apparaît ainsi hautement invraisemblable que l'auteur de la *Vie d'Héliogabale*, qui dédicace cette biographie à Constantin, ait réellement pu envisager d'écrire du vivant de l'empereur une vie de ses deux rivaux défaits. Le fait aurait constitué une provocation inacceptable par le pouvoir et contrevient à toutes les règles de l'historiographie impériale. Il s'agit donc d'un indice supplémentaire du caractère factice des dédicaces et donc de l'ensemble de la chronologie affichée dans l'*Histoire Auguste*. La collection apparaissait dès lors clairement comme une forgerie littéraire, une vaste entreprise de mystification, sans doute l'une des plus extraordinaires de toute l'histoire de la littérature occidentale.

L'*HISTOIRE AUGUSTE* AUJOURD'HUI : UN FAUSSAIRE DÉMASQUÉ ?

La thèse de Hermann Dessau ne s'est pas imposée sans difficulté ; elle a rencontré pendant longtemps de nombreux détracteurs qui remettaient en cause l'ensemble de la démonstration du savant allemand ou tentaient d'en amoindrir les effets dévastateurs sur leurs propres travaux antérieurs en l'aménageant et en proposant toutes sortes de moyens termes ou de théories intermédiaires. Ce fut le cas, par exemple, du célèbre philologue berlinois, prix Nobel de littérature (1902), Théodor Mommsen. Ce dernier, tout en envisageant la constitution du corpus en strates chronologiques successives, posa une question à laquelle personne n'avait encore apporté réellement de réponse, celle du *cui bono* ? Autrement dit, « à qui profite le crime ? » Quels étaient les motifs secrets qui avaient poussé un auteur anonyme et unique à travestir son identité et à se dissimuler sous six pseudonymes ?

La question n'a pas de réponse unique. Tout au plus peut-on replacer la rédaction de l'œuvre dans son contexte. En septembre 394, l'usurpateur Eugène est vaincu par Théodose lors de la bataille de la Rivière Froide. Cette défaite est aussi celle du camp païen – celui de Nicomaque Flavien, qui se suicide à l'issue de la bataille, et celui de l'orateur Symmaque – définitivement vaincu par les chrétiens. Il devenait dès lors délicat pour un auteur païen comme le biographe de l'*Histoire Auguste* d'exprimer ouvertement ses convictions païennes. L'historiographie païenne de tradition sénatoriale est un genre en perte de vitesse et sera remplacée bientôt par un genre relativement neuf, celui de l'*Histoire Ecclésiastique*, inauguré sous Constantin par Eusèbe de Césarée, et qui trouvera un successeur en 402 en la personne de Rufin d'Aquilée, auteur d'une *Histoire Ecclésiastique* qui prend la suite de celle d'Eusèbe. Le contexte politico-religieux, la victoire du christianisme et le Principat de Théodose rendaient donc délicate l'expression d'un certain nombre des idées chères à l'auteur de l'*Histoire*

Auguste : le travestissement rendait possible ce que la simple prudence interdisait.

Une autre explication à la mystification peut être avancée, qui s'ajoute à la première sans l'exclure : le goût de l'auteur pour la plaisanterie, sa propension au canular et au clin d'œil, bref son humour. Plus personne, aujourd'hui, ne prête crédit à l'existence de Turdulus Gallicanus, « la petite grive gauloise », bien que le biographe – je devrais écrire : surtout étant donné que le biographe – atteste « l'honorabilité parfaite et la franchise absolue » de cet homme (*uir honestissimus ac sincerissimus*) auteur d'une éphéméride (un « Journal historique »), consultée par l'auteur de la *Vita Probi* au même titre que les ouvrages trouvés dans la bibliothèque Ulpienne (*Prob.* 2, 1-2). La plaisanterie est en l'occurrence dénoncée par la substitution de la grive (*turdulus*) à l'alouette (*alauda*), l'oiseau par tradition associé à la Gaule.

Dans la *Vie d'Alexandre Sévère* (48, 6), le biographe, à propos de Trajan, renvoie son lecteur pour plus d'information aux biographies de ce Prince écrites par Marius Maximus, Statius Valens, Fabius Marcellinus (cité à nouveau en *Prob.* 2, 7) et Aurélius Vérus. Or, nous ne possédons pas la moindre ligne d'aucun de ces quatre auteurs et pour cause ! Marius Maximus fut un haut personnage sous les Sévères et consul en 223. On lui prête la rédaction d'une suite des *Vies des douze Césars* de Suétone, de Nerva à Héliogabale (96-222). Mais il faut souligner la pauvreté des témoignages antiques sur cette œuvre. En effet, en dehors de l'*Histoire Auguste*, aucune source antique ne dit que Marius Maximus fut historien, son œuvre n'étant connue que par les seuls « fragments » tirés de l'*Histoire Auguste*. Ammien Marcellin lui-même (28, 4, 14) cite son nom en même temps que celui de Juvénal, qui n'était évidemment pas historien. Il apparaît ainsi que l'œuvre historique de Marius Maximus (il n'est pas question de remettre en cause l'existence du consul de 223, bien attestée, celle-là) n'a peut-être pas la réalité qu'on lui prête assez généralement. Quant aux trois auteurs suivants, ce sont des fantômes imaginés par le biographe à partir du nom d'historiens bien connus dont les œuvres contenaient toutes une biographie de Trajan. Statius Valens dissimule Eutrope dont le *Résumé d'Histoire Romaine* était dédicacé à l'empereur Valens ; Fabius Marcellinus n'est qu'une réincarnation d'Ammianus Marcellinus et Aurélius Vérus le double d'Aurélius Victor. Ainsi fonctionne l'imagination créative de l'auteur de l'*Histoire Auguste* : par association d'idées et jeu de mots. Le cas n'est pas isolé. Dans la *Vie de Gallien* on voit surgir un Palfurius Sura, censé être historien, mais dont on ne connaît le nom que par une scholie à Juvénal qui le dit orateur et poète. Le procédé s'étend d'ailleurs, au-delà des écrivains, à des personnages de la vie politique. Dans la biographie de Pison (*Trente tyrans* 21, 3), on cite un Arellius Fuscus, *princeps senatus* (le premier des sénateurs à donner son avis), alors que la dignité était, sous l'Empire, réservée au Prince. Ce même nom est porté par un historien à peine plus loin (*Trente tyrans* 25, 2). Ni l'un ni l'autre n'ont jamais existé, mais leur nom a été fabriqué à partir de réminiscences de Sénèque le Rhéteur. Le goût de l'auteur pour la mystification se révèle clairement dans ces fabrications de fausses autorités dont seul le nom évoque quelques bribes de réalité.

La volonté de donner du crédit à ses inventions pousse l'auteur de l'*Histoire Auguste* à fournir toutes sortes de documents à l'appui de ses dires. Dans une thèse de 1926, Léon Homo avait calculé que la collection offrait 164 documents : discours impériaux, lettres diverses, sénatus-consultes... Le tort de certains historiens imprudents a été, dans le passé, de se servir de la documentation proposée par l'*Histoire Auguste* sans toujours prendre les précautions nécessaires pour s'assurer de leur validité. Il est aujourd'hui établi avec une relative certitude qu'un pourcentage très élevé de ces documents, surtout dans la seconde partie de la collection (à partir de la *Vie des deux Maximins*), sont des faux forgés pour le bien de la cause. Le procédé n'est absolument pas comparable à la manière dont Tacite avait, au livre 11 des *Annales*, récrit le discours réellement prononcé par Claude devant les notables gaulois à Lyon en 48. Le biographe, lui, invente de toutes pièces alors que Tacite se contentait, si l'on peut dire, de récrire un document original.

On a même été jusqu'à supposer que la lacune dans la collection avait volontairement cherché à escamoter les règnes des Philippes et des Dèces (244-251) afin de passer sous silence une période délicate étant donné les décisions graves qui ont marqué ces années dans le domaine religieux (christianisme supposé de l'empereur Philippe et persécution de Dèce). Il se pourrait, en outre, que le biographe ait voulu passer sous silence la fin lamentable de Valérien, un empereur pour lequel il avait beaucoup d'estime mais dont la capture par les Perses interdisait de faire un modèle idéal de gouvernement. En imaginant de faire tomber la fin du règne de Valérien dans la lacune où avaient également disparu ses prédécesseurs immédiats, le biographe inventait une solution littéraire, bien dans son goût pour le canular, à une aporie politique.

La *Vie de Valérien*, en effet, débute pour nous par les lettres de rois barbares à Sapor, le roi des Perses. Velsolus, Velenus, rois des *Cadusii*, et Artabasdes, roi des Arméniens, réclament tous trois la libération de l'empereur Valérien fait prisonnier par Sapor près d'Édesse en 260. Non seulement ces lettres sont toutes apocryphes, mais encore elles paraissent inspirées de lettres de Sapor II écrites en 358 à l'empereur Constance II telles qu'on les lit chez Ammien Marcellin (17, 5, 14). La mystification historique et l'émulation littéraire se doublent ici d'une réponse amusée et ironique à l'apologétique chrétienne. En effet, Lactance avait dans son pamphlet contre les empereurs persécuteurs écrit sous Constantin, le *De mortibus persecutorum* (5), évoqué longuement le cas de Valérien et fait de sa capture le signe du châtiment divin à la suite des persécutions menées par ce Prince. À l'ignominie de la capture et du mauvais traitement infligé par Sapor à Valérien – le roi se servait de l'échine de Valérien comme d'un marchepied pour monter à cheval ; l'empereur aurait été, en outre, écorché vif – s'ajoutait l'humiliation que personne à Rome ne s'était avisé de demander la libération de l'empereur, pas même son propre fils Gallien monté sur le trône impérial à la suite de la défaite de son père. Lactance se voit clairement contredit par la version de la *Vie de Valérien* dans l'*Histoire Auguste* : les barbares unanimes souhaitent la libération du Prince ! La plaisanterie et l'invention de documents viennent ici en appui à un autre aspect central de la collection, la polémique antichrétienne.

LA POLÉMIQUE ANTICHRÉTIENNE

L'opposition du biographe au christianisme n'est jamais exprimée de manière explicite. Le propre des œuvres païennes du IVe réside dans leur apparente neutralité religieuse, leur silence sur les persécutions ou les mesures religieuses des empereurs chrétiens. En réalité, on tient là un critère certain pour les identifier comme païenne. Il n'y a pas, dans l'*Histoire Auguste*, de lutte frontale contre les idées religieuses nouvelles, mais plutôt des allusions, des pastiches et des clins d'œil ironiques. Je n'en donnerai qu'un exemple.

Dans un bref passage de la *Vie de Diadumène*, le biographe rassemble un certain nombre de prodiges liés à la naissance du futur Prince. Parmi eux ce fait très curieux :

Diad. 4, 5 : *in agro patris eius oues purpureas duodecim ferunt natas, quarum una tantum uaria fuerit.*

« On rapporte que dans une propriété de son père naquirent douze brebis pourpres, dont une seule était tachée ».

On explique en général ce prodige en le mettant en relation avec l'haruspicine étrusque qui voyait dans une brebis tachée de pourpre un présage de félicité et d'une descendance illustre. Deux témoignages, celui de Macrobe (*Saturnales* 3, 7, 2) et celui de Servius, le commentateur de Virgile (*Servius auctus*, *ecl.* 4, 43, p. 50, ligne 25 Thilo), sont cités à l'appui et tous deux glosent le célèbre passage de la quatrième *Bucolique* (4, 42-45) célébrant la naissance de l'enfant qui ramènera l'âge d'or sur terre et rendra donc inutile la teinture de la laine. Mais aucun de ces textes, ni même Virgile lui-même, n'offre de parallèles lexicaux avec la *Vie de Diadumène*. En effet, ce qui compte dans le prodige en question c'est la coloration sans défaut des brebis, entièrement rouges puisqu'une seule est *uaria*, c'est-à-dire simplement tachée de pourpre, ce qui correspond au sens du verbe utilisé par Macrobe, *aspergetur*. La naissance d'un agneau doté d'une touffe de laine pourpre est, en effet, beaucoup plus commune et se produisit le jour de la venue au monde de Géta (*Histoire Auguste*, *Geta* 3, 5).

En réalité l'insistance du biographe sur le nombre de brebis et leur couleur uniforme constitue une réponse à une affirmation de Tertullien, en fait une véritable réplique amusée et polémique. L'apologiste explique en effet, dans un sermon d'une violence rare contre le goût des femmes pour la futilité vestimentaire, que teindre un vêtement par coquetterie constitue une infraction au plan divin : le créateur n'a jamais voulu concevoir de brebis colorées. Aller à l'encontre des volontés divines ne peut être que l'œuvre du diable, la femme est donc une créature diabolique. Bref, dit l'évêque de Carthage, « Dieu n'approuve pas ce qu'il n'a pas créé lui-même ; à moins qu'il n'ait pas été capable de faire naître des brebis pourpres ou de la couleur du ciel » :

De cultu fem. 1, 8, 2 : *Non placet Deo quod non ipse produxit ; nisi si non potuit purpureas et aerinas oues nasci iubere.*

La réponse de l'*Histoire Auguste* est claire : le créateur a relevé le défi et s'est montré à la hauteur en faisant naître les brebis pourprées dont Tertullien n'osait imaginer l'existence ! La plaisanterie du biographe est une pointe antichrétienne et, en fin de compte, le prodige n'a pas pour fonction de prédire le destin impérial de Diadumène : suffisent à cela les vêtements de pourpre transportés dans la pièce où naîtra précisément l'enfant deux heures plus tard (*Diad.* 4, 1), le diadème porté par le bébé (*Diad.* 4, 3), l'aigle qui lui apporte une palombe au berceau ou encore les bécasses qui font leur nid chez son père (*Diad.* 4, 6). Les brebis pourpres, au milieu de cette volière, ne fournissent pas un prodige de plus, mais témoignent de l'inventivité de l'auteur, de sa créativité au sens propre et font de lui un démiurge capable de rivaliser avec le dieu chrétien puisque ce dernier, aux dires de Tertullien, est incapable de donner vie à des créatures que le lecteur païen voit naître en nombre dans la propriété d'un Prince. L'univers littéraire est plus riche que la Création divine et les divinités païennes plus imaginatives que le dieu de Tertullien. L'*Histoire Auguste*, parmi d'autres ambitions, a entrepris de le démontrer.

L'auteur de l'*Histoire Auguste* possédait donc une connaissance intime de la littérature chrétienne. Outre Tertullien, il avait lu Lactance, le *De mortibus persecutorum* et aussi les *Institutions divines*, saint Jérôme (quelques-unes de ses lettres ainsi que certains textes exégétiques) et peut-être même la vie de saint Antoine par Évagre. L'identification d'échos scripturaires, notamment dans la *Vie d'Alexandre Sévère* (il y est fait mention très clairement de l'étoile de la Nativité et aussi allusion à un verset de la deuxième épître de Paul aux Thessaloniciens), ou encore dans la *Vie de Claude* (on y évoque « les Livres des Juifs » et l'âge avancé auquel était parvenu Moïse : *Claud.* 2, 4-5), donne la preuve que le biographe connaissait l'Écriture sainte et sans doute aussi les débats théologiques qui s'y attachaient. On a donc été très récemment amené à supposer que l'auteur de l'*Histoire Auguste*, s'il était bien païen, avait pu bénéficier d'une très complète éducation religieuse et que sa culture biblique pouvait bien révéler en lui – très exactement comme Lactance, au livre 5 des *Institutions divines*, soupçonnait le persécuteur Hiéroclès d'avoir été chrétien – un ancien adepte du christianisme qui aurait rejeté ses premières convictions, bref un apostat.

LA SOLUTION DE L'ÉNIGME

Le débat sur l'auteur de l'*Histoire Auguste* a connu, au printemps 2005, un rebondissement spectaculaire dont je suis responsable. Les lignes qui suivent, jusqu'à la fin de ce chapitre, exposent, de manière résumée et simplifiée, la démonstration que j'ai présentée lors du colloque *Histoire Auguste* de Bamberg (mai 2005). L'identification de l'auteur que je propose met un terme à l'énigme de l'*Histoire Auguste*. Mon point de départ est une évidence oubliée : le genre biographique et le genre annalistique, artificiellement distingués par une très vieille tradition scolaire, ne font en réalité qu'un. D'ailleurs les auteurs anciens ne distinguaient pas les *Histoires* et les *Annales* de Tacite, ce sont les éditeurs modernes qui opèrent ce distinguo qui n'a pas lieu d'être. Saint Jérôme, en outre, parle à propos de l'œuvre de Tacite, de biographies d'empereurs (*uitae Caesarum*) : « Cornélius Tacite, lui aussi, qui, depuis la mort d'Auguste jusqu'à la mort de Domitien a rédigé les Vies des Césars en trente livres » (*Cornelius quoque Tacitus, qui post mortem Augusti usque ad mortem Domitiani uitas Caesarum triginta uoluminibus exarauit* [*Comment. In Zachariam* 3, 14]). Jérôme ne fait, en l'état, qu'exprimer la perception que les anciens avaient de ces œuvres : ils y voyaient bien un recueil de *Vitae*. Le titre que donne à l'*Histoire Auguste* le plus ancien manuscrit connu, le *Codex Palatinus Latinus* 899, daté du IXe siècle et conservé à la Vaticane, titre diversement mais assez fidèlement reproduit par d'autres manuscrits postérieurs, *Vitae diuersorum principum et tyrannorum a diuo Hadriano usque ad Numerianum*, « Vies des divers princes et tyrans du divin Hadrien à Numérien », n'annonce donc en rien un contenu fondamentalement différent de ce que l'on lisait chez Tacite.

Ce point établi, on doit relire de près un passage jusque-là négligé de la *Vie d'Aurélien* dans lequel l'auteur de l'*Histoire Auguste* se présente comme l'auteur d'annales. Il figure dans la *Vita Aureliani*. Le biographe veut prouver que le futur empereur avait acquis sous le règne de Claude une réelle réputation qui le destinait un jour à assumer l'Empire (*Aurelian.* 16, 1). Claude aurait ainsi confié à Aurélien l'ensemble des opérations contre les Méotides (*Aurelian.* 16, 4). Pour prouver la véracité de ses dires, le biographe s'apprête à citer une lettre de Claude à Aurélien. C'est la formule introductive qui m'intéresse ici : « Il subsiste une lettre que, pour ma part, selon mon habitude, par souci d'authenticité, ou plutôt selon la pratique que, je le vois, ont suivie les autres auteurs d'annales, j'ai jugé nécessaire de citer » (*Exstat epistula quam ego, ut soleo, fidei causa, immo ut alios annalium scriptores fecisse uideo, inserendam putaui* [*Aurelian.* 17, 1]). Il est donc clair que l'*Histoire Auguste* n'appartient pas aux yeux de son propre auteur au genre biographique mais qu'elle relève du genre des annales. Cette précision constitue ma deuxième conclusion et elle ouvre de grandes perspectives.

Nous connaissons, en effet, grâce à une inscription datée de 431, rédigée sur la base d'une statue à son effigie, l'existence d'une œuvre historique d'importance rédigée par Nicomaque Flavien senior. L'inscription appelle cette œuvre des *Annales* et nous apprend que Théodose avait souhaité qu'elle lui fût dédicacée. Nous ne possédons malheureusement aucun fragment de cet ouvrage dont l'existence ne fait néanmoins aucun doute. Nicomaque Flavien senior n'est pas un inconnu. C'était un lettré. Il était le Préfet du Prétoire de l'empereur Théodose. Son rôle fut considérable dans la lutte entre païens et chrétiens à la fin du IVᵉ siècle. Nicomaque Flavien fait même figure de chef du camp païen qui, rangé sous la bannière de l'usurpateur Eugène, un chrétien modéré, s'opposa aux troupes de Théodose lors de la fameuse bataille de la Rivière Froide en 394. Voyant son camp vaincu, Nicomaque Flavien préfère le suicide à la défaite.

La solution est très simple – comme l'est toujours la vérité : Nicomaque Flavien senior, auteur d'*Annales*, est en réalité l'auteur de l'*Histoire Auguste*, un ouvrage qui, on l'a vu, est considéré par son auteur lui-même comme des annales. J'en trouve la preuve définitive dans le catalogue médiéval de l'abbaye de Murbach, en Alsace. Ce catalogue contient en effet une notice oubliée qui fournit un indice sûr pour considérer que l'*Histoire Auguste* avait été rédigée en sept livres. Or un autre témoignage – un texte important de Cassiodore, appelé *Ordo generis Cassiodororum* ou encore *Anecdoton Holderi* du nom de son inventeur au milieu du XIXᵉ siècle – nous apprend que Symmaque le Jeune, qui n'était autre que l'arrière-petit-fils de Nicomaque Flavien senior par sa grand-mère paternelle, avait rédigé, sur le modèle de son ancêtre précise le texte, une histoire en sept livres. Il faut donc identifier l'*Histoire Auguste* et les *Annales* de Nicomaque Flavien senior – qui est en fin de compte l'auteur désormais démasqué du premier ouvrage.

UNE RECONSTITUTION DE LA CHRONOLOGIE DE L'*HISTOIRE AUGUSTE*

Mais quelle peut être la chronologie de la rédaction de l'*Histoire Auguste* ? Nicomaque Flavien s'est suicidé à soixante ans, le soir de la défaite de son camp au Frigidus, le 5 septembre 394. Il avait choisi le parti de la rébellion en 392, au moment de l'usurpation d'Eugène qu'il soutenait. On sait de manière sûre que ses *Annales* avaient été dédicacées à Théodose. On peut en déduire que ces *Annales* (= l'*Histoire Auguste*) ont été rédigées au moins en partie avant 392. La carrière de Nicomaque Flavien est l'objet de nombreuses controverses, mais on sait qu'il revêt la charge de questeur du palais sacré en 389. Il est en outre probable que cette distinction venait récompenser un homme dont les talents littéraires étaient déjà avérés. Il n'y a rien d'illogique à ce que l'empereur ait souhaité se faire dédicacer une œuvre déjà diffusée par un grand personnage, doté d'un réel renom littéraire à cette date. Mais quelles biographies étaient alors déjà rédigées ? Il est très difficile de le savoir. Mais le bon sens indique que la collection ne pouvait pas à cette date contenir les piques antithéodosiennes que la critique a relevées et surtout qu'elle ne pouvait en aucun cas faire l'apologie des usurpateurs à un moment où son auteur servait loyalement le Prince. Il faut donc convenir que l'*Histoire Auguste* avant l'usurpation d'Eugène et la trahison de Nicomaque Flavien ne contenait aucune allusion flatteuse aux tyrans ni sans doute, très vraisemblablement même, aucune vie de tyran.

Il est en effet hautement invraisemblable que des lignes telles que celles qui ouvrent la *Vie de Pescennius Niger* (*Pesc.* 1, 1 : *Rarum atque difficile est ut, quos tyrannos aliorum uictoria fecerit, bene mittantur in litteras, atque ideo uix omnia de his plene in monumentis atque annalibus habentur* ; « Il est rare et difficile de trouver de bons ouvrages relatant la vie de ceux qui sont devenus des tyrans grâce à la victoire d'autrui, et pour cette raison les documents et les annales ne fournissent pas tous les renseignements qui les concernent ») aient pu figurer dans un ouvrage dédicacé à l'empereur régnant. À l'inverse, de tels propos se comprennent aisément et trouvent tout leur sens si l'on considère qu'ils ont été rédigés par un membre de l'opposition, amer à l'idée que la légitimité dépende de l'issue d'un combat. Tout se passe comme si l'auteur de ces lignes pressentait l'issue fatale de l'engagement décisif à venir et qu'il se désolait par avance, avec amertume, d'un échec possible. C'est ainsi qu'il faut comprendre le passage décisif de la *Vita Probi* 23, 5 : *Eant nunc qui ad ciuilia bella milites parant, in germanorum necem arment dexteras fratrum, hortentur in patrum uulnera liberos* (« Qu'ils viennent donc maintenant, ceux qui préparent les soldats à la guerre civile, qu'ils arment la main des frères pour qu'ils tuent leurs frères, qu'ils exhortent les fils à frapper leurs pères »). Le contexte qui a inspiré pareille déploration des horreurs des guerres civiles ne peut être placé qu'à la veille d'un conflit que les partis pressentaient comme inévitable. En 392, Nicomaque Flavien savait la guerre imminente. Mais il s'est toujours considéré comme le légitime représentant de son camp et jamais Eugène n'a cessé jusqu'à la fin de reconnaître Théodose. Il faut se souvenir aussi que Sozomène (*hist. eccl.* 7, 22) présente la préfecture de Nicomaque Flavien comme ininterrompue. Ce dernier devait donc, avec plus ou moins de bonne foi, considérer le camp adverse comme responsable du conflit civil en germe.

La tentative de légitimation des empereurs usurpateurs est une des caractéristiques bien connues de l'*Histoire Auguste*. Le seul fait d'inclure les *Vies* de tyrans dans une collection consacrée à l'histoire des empereurs et de les mettre sur un pied d'égalité avec les princes officiels vaut en soi tentative de réhabilitation. Pareille entreprise ne pouvait qu'être l'œuvre d'un homme qui avait choisi le mauvais camp et qui tentait, par la place accordée aux perdants de l'histoire, d'atténuer leur culpabilité.

Le dessein général de l'*Histoire Auguste* étant tel, il est aisé de reconstituer une chronologie possible. Jusqu'en 392, Nicomaque Flavien, homme reconnu et haut placé, rédige des Vies d'empereur dont Théodose a connaissance soit en totalité soit partiellement. Qu'est-ce qui peut empêcher le Prince, à la lecture des Vies d'Hadrien, d'Antonin le Pieux, de Marc Aurèle, de Commode, d'éprouver la tentation d'en être le dédicataire ? Absolument rien. Le Prince récompensera même l'auteur par une questure. Par un échange de bons procédés Nicomaque Flavien nourrira ses Vies d'allusions limpides aux qualités de Théodose. Pour être plus clair dans la flagornerie, il va émailler son texte de citations ou d'allusions au *Panégyrique de Théodose* prononcé par Pacatus en 389. J'ai fait la liste de ces emprunts dans l'Introduction à mon édition des *Vies des deux Valérien et des deux Gallien* dans la CUF. En 392, les choses se gâtent et la perception que Nicomaque Flavien a de la vie politique bascule : il est dans l'opposition. Il complète dès lors sa collection de Vies par les biographies des usurpateurs. Le temps matériel de le faire en deux années lui est largement accordé. D'autres allusions à Théodose, moins flatteuses que les premières, viendront colorer les Vies déjà écrites : elles expriment l'amertume de l'auteur et lui fournissent une revanche littéraire. La collection circule néanmoins en différentes étapes. Elle peut même servir la propagande des opposants par son apologie des valeurs vieilles romaines et de la religion traditionnelle. Les pseudonymes peuvent dater de cette époque-là : ils offraient un dérisoire paravent à celui qui espérait revenir un jour proche aux affaires. Les pseudo-dédicaces à Dioclétien ou à Constantin peuvent être interprétées comme une subtile revanche prise par dépit sur le Prince abhorré. Puisque Théodose persiste dans sa politique chrétienne, les Vies qui lui étaient initialement dédicacées seront désormais offertes à d'autres.

Ajoutons pour conclure que l'auteur de l'*Histoire Auguste* n'a pas résisté, poussé par son incorrigible goût pour le cryptogramme, à signer son œuvre. Le nom même de Nicomaque Flavien apparaît bien, en effet, dans la collection. Dans le chapitre 24 de la *Vie d'Aurélien*, le biographe raconte avec des détails qui n'apparaissent jamais ailleurs le siège que l'empereur mit devant la ville de Tyane, en Turquie actuelle. Alors qu'il songeait à raser complètement la ville, une apparition l'en dissuada. Cette apparition mystérieuse est celle d'Apollonios, natif de Tyane, venu au secours de ses concitoyens. Apollonios, espèce de « saint » protecteur de la cité, est une figure historique, un philosophe néo-platonicien de la seconde moitié du Ier siècle après J.-C. L'auteur de l'*Histoire Auguste* (*Aurelian*. 24, 3) en fait un portrait extrêmement louangeur : « Un sage d'une réputation et d'un prestige très illustres, un philosophe du temps jadis, un véritable ami des dieux, digne même d'être personnellement invoqué eu égard à sa puissance divine » (*celeberrimae famae auctoritatisque sapientem, ueterem philosophum, amicum uere deorum, ipsum etiam pro numine frequentandum*). On apprend ainsi que l'empereur Alexandre Sévère avait fait disposer dans son laraire privé, avec celles du Christ, d'Abraham et d'Orphée, l'image d'Apollonios : « Il célébrait de bon matin un sacrifice dans son laraire ; il y détenait les images des empereurs divinisés – mais uniquement une sélection des meilleurs – et des âmes saintes, au nombre desquelles figuraient Apollonios et, selon un écrivain de son époque, le Christ, Abraham, Orphée et tous les autres du même genre, ainsi que les portraits de ses ancêtres » (*Alex.* 29, 2 : *matutinis horis in lario suo, in quo et diuos principes sed optimos electos et animas sanctiores, in quis Apollonium et, quantum scriptor suorum temporum dicit, Christum, Abraham et Orfeum et huiusmodi ceteros habebat ac maiorum effigies, rem diuinam faciebat*). C'est que les païens de la fin du IVe siècle tentaient de faire de la figure d'Apollonios un thaumaturge capable, par son prestige, d'être opposé au Christ. La liste des images du laraire d'Alexandre Sévère n'a aucune réalité historique et ne révèle aucun syncrétisme religieux. Elle n'a d'existence que dans l'imagination du biographe et constitue dans son esprit une tentative littéraire de réponse aux travaux exégétiques des chrétiens qui tentaient, à la même époque, de s'approprier le mythe d'Orphée, charmant les animaux, par la vertu de son chant et de sa lyre, pouvoir surnaturel présenté par exemple déjà par Eusèbe de Césarée comme l'une des formes du *Logos* divin. Apollonios de Tyane se trouvait donc au cœur de la polémique qu'entretenaient les païens et les chrétiens.

Or le biographe, dans *Vie d'Aurélien*, à la fin du chapitre consacré à Tyane et à Apollonios (24, 9), fournit, après avoir réitéré son éloge du philosophe, un élément d'importance : il a l'intention d'écrire une

Vie d'Apollonios de Tyane (« Moi-même, s'il me reste assez à vivre, et avec l'appui de l'efficace bienveillance de cet homme même, je mettrai, brièvement au moins, par écrit ce qu'a accompli cet homme si grand, non pas que l'œuvre de cet homme remarquable requière les services de mon éloquence, mais pour que toutes les voix proclament des actes qui sont dignes d'admiration » ; *Ipse autem, si uita suppetet atque ipsius uiri fauor uisque iuuerit, breuiter saltem tanti uiri facta in litteras mittam, non quo illius uiri gesta munere mei sermonis indigeant, sed ut ea quae miranda sunt omnium uoce praedicentur*). Cet aveu est une signature : l'auteur de l'*Histoire Auguste* avoue non seulement s'intéresser de près à cet homme, mais encore projeter la rédaction de sa biographie.

Or nous savons avec certitude que Nicomaque Flavien senior a sinon écrit une vie d'Apollonios, mais qu'il s'est, du moins, occupé de traduire (ou de faire transcrire : le verbe latin *exscripsit* est ambigu) la *Vie d'Apollonios de Tyane* (texte que nous possédons) rédigée, en grec, par Philostrate, l'auteur, vers 200, des *Vies des Sophistes*. C'est ce que nous apprend une lettre de Sidoine Apollinaire (*epist.* 8, 3, 1) : « Il a fait transcrire la vie du pythagoricien Apollonios, non pas comme l'a fait Nicomaque senior à partir de Philostrate, mais comme l'a fait Tascius Victorianus à partir de Nicomaque » (*Apollonii Pythagorici uitam, non ut Nicomachus senior e Philostrati, sed ut Tascius Victorianus e Nicomachi exscripsit*). Il était impossible à Nicomaque Flavien de se présenter à visage découvert et d'avouer, dans un ouvrage prétendument écrit sous Constantin, être l'auteur d'un ouvrage postérieur d'au moins cinquante années, mais il se démasque et sa vanité littéraire – ou son intention de fournir des indices à des lecteurs complices – le trahit. Nicomaque Flavien senior, auteur d'une *Vie d'Apollonios de Tyane*, est aussi l'auteur de la *Vie d'Aurélien* de l'*Histoire Auguste*, laquelle est encore connue sous le nom d'*Annales*.

PROLONGEMENT

LA RÉFÉRENCE RÉPUBLICAINE
DANS LA *VIE DE VALÉRIEN*
(*HISTOIRE AUGUSTE, VALER.* 5, 3-8)

Après les lettres des souverains barbares (1-4) s'ouvre ici la seconde grande section de la *Vita Valeriani*, consacrée à la censure de Valérien : sa partie centrale, après un préambule élogieux pour Valérien (5, 1-3), est constituée par les acclamations du Sénat (5, 4-8), unanime à lui offrir la censure, passage censé donner le texte même du sénatus-consulte, mais dont la teneur est évidemment apocryphe. Dèce répond alors au vœu du Sénat en lisant le sénatus-consulte à Valérien (6, 1) et en détaillant les prérogatives qui reviennent à celui qui exerce la fonction de censeur (6, 2-6). Vient enfin le refus de Valérien (6, 7-9).

Le long passage consacré à la censure de Valérien se décompose de la manière suivante :

5, 3 : « Pollion » dit « je » pour la première fois et annonce qu'il va citer des sénatus-consultes en l'honneur de Valérien.

5, 4-8 : à la question posée par le préteur du choix d'un censeur, le Sénat répond par des acclamations qui affirment que la vie même de Valérien est une censure.

6, 1-6 : lorsque Dèce prend connaissance du sénatus-consulte, il le lit en présence de Valérien et donne une liste des attributions du censeur.

6, 7-9 : Valérien répond par un refus ; un particulier ne peut exercer la censure, seul l'empereur en est digne.

3 Et ut scias quanta uis in Valeriano meritorum fuerit publicorum, ponam senatus consulta quibus animaduertant omnes quid de illo semper amplissimus ordo iudicauerit. **4** Duobus Deciis conss., sexto kal. Nouembrium die, cum ob imperatorias litteras in aede Castorum senatus haberetur ireturque per sententias singulorum cui deberet censura deferri (nam id Decii posuerant in senatus amplissimi potestate), ubi primum praetor edixit : « Quid uobis uidetur, p. c., de censore deligendo ? » atque eum qui erat princeps tunc senatus sententiam rogasset absente Valeriano (nam ille in procinctu cum Decio tunc agebat), omnes una uoce dixerunt interrupto more dicendae sententiae : « Valeriani uita censura est. **5** Ille de omnibus iudicet qui est omnibus melior. Ille de senatu iudicet qui nullum habet crimen. Ille de uita nostra sententiam ferat cui nihil potest obici. **6** Valerianus a prima pueritia fuit censor. Valerianus in tota uita sua fuit censor : prudens senator, modestus senator, grauis senator, amicus bonorum, inimicus tyrannorum, hostis criminum, hostis uitiorum. **7** Hunc censorem omnes accipimus, hunc imitari omnes uolumus. Primus genere, nobilis sanguine, emendatus uita, doctrina clarus, moribus singularis, exemplum antiquitatis. » **8** Quae cum essent saepius dicta, addiderunt : « Omnes ! » atque ita discessum est.

3 Et afin que tu saches quelle fut la portée des mérites de Valérien au service de l'État, je citerai les sénatus-consultes afin de permettre à chacun de juger ce que l'ordre très illustre a toujours pensé de lui. **4** Sous le consulat des deux Dèces, le sixième jour des calendes de novembre, comme le Sénat, sur convocation écrite de l'empereur, était réuni dans le temple des Castors et qu'on demandait à chacun à qui il fallait confier la censure (les Dèces, en effet, s'en étaient là-dessus remis aux prérogatives du très illustre Sénat), dès que le préteur eut déclaré : « Quelle est votre décision, Pères conscrits, sur le choix du censeur ? » et qu'il eut sollicité l'avis de celui qui était alors le Prince du Sénat en l'absence de Valérien (car ce dernier était alors sous les armes avec Dèce), tous, unanimes, répondirent en interrompant les habituelles prises d'opinion : « La vie de Valérien est une censure. **5** Qu'il soit le juge de tous, lui qui est le meilleur de tous. Qu'il soit le juge du Sénat, lui qui n'a commis aucune faute. Qu'il se prononce sur notre vie, lui à qui on ne peut rien reprocher. **6** Valérien a été un censeur depuis sa première enfance. Valérien a été un censeur au cours de toute sa vie : sénateur avisé, sénateur mesuré, sénateur de poids, ami des gens de bien, ennemi des tyrans, opposé au crime, opposé au vice. **7** Nous l'acceptons tous comme censeur, nous voulons tous le prendre comme modèle. Il est le premier par la naissance, noble par le sang, irréprochable dans sa vie, fameux pour sa culture, remarquable par ses mœurs, un représentant du passé. » **8** Et après que ces mots eurent été prononcés à maintes reprises, ils ajoutèrent : « À l'unanimité ! », et, sur ce, on se sépara[1].

---

1. Texte et traduction St. Ratti, *Histoire Auguste* IV 2, *Vies des deux Valériens et des deux Galliens*, Paris, Les Belles Lettres, CUF, 2000.

LE CONTEXTE HISTORIQUE DU DÉBAT SUR LA CENSURE

5, 4 : *Duobus Deciis conss. sexto kal. Nouembrium die* : le 27 octobre 251. L'empereur Dèce revêtait à cette date son troisième consulat, et son fils, Q. Herennius Etruscus Messius Decius, associé au pouvoir comme César en 250, son premier consulat. Dèce, selon *Valer.* 5, 4 (*ille in procinctu cum Decio tunc agebat*) était absent à cette date et ne participait pas à la séance du Sénat. L'information de l'*Histoire Auguste* est controuvée puisque Dèce était déjà mort depuis quelques mois, tué sans doute à Abrittus en août 251, en combattant contre les Goths. Le sénatus-consulte est apocryphe et tout l'épisode de *Valer.* 5, 4-8, qui rapporte l'intention de Dèce de restaurer la magistrature censoriale, est inventé.

La censure est une magistrature républicaine, créée en 443 avant J.-C. selon Tite-Live 4, 8, 2. Le débat sur le rétablissement de la censure surprend dans le contexte du IIIe siècle. En effet, les derniers empereurs à avoir porté le titre de censeur furent Claude (Tacite, *Annales* 11, 25 ; Suétone, *Claud.* 16 ; *CIL* IX 5959 [*ILS* 209]) ; Vespasien (Suétone, *Vesp.* 9, 2 ; *CIL* III 12218) ; Domitien (Dion Cassius 67, 4, 3) ; Hadrien (Apulée, *apol.* 11, 4) ; Septime Sévère et Caracalla (*Année Épigraphique* 1986, 689). Les empereurs pouvaient cependant exercer les pouvoirs censoriaux sans en porter le titre ou sans que les sources en fassent état. En fait, on peut considérer que depuis Domitien la censure ne fait plus partie de la liste des magistratures et que les pouvoirs des anciens censeurs sont assumés par l'empereur.

Une première explication, en liaison avec l'époque de Dèce, peut être proposée en s'appuyant sur Zonaras 12, 20, p. 132, 19-22 Dindorf. On a pu en effet voir dans la censure évoquée par « Pollion » l'écho des responsabilités confiées par Dèce, après son départ de Rome, à Valérien. Mais en *Valer.* 5, 4, ce dernier est dit lui aussi absent de Rome. L'altération que fait subir l'*Histoire Auguste* à sa source serait donc ici très forte.

Le contexte constantinien ne permet pas non plus de rapprochement probant avec *Valer.* 5, 4. Constantin s'était dégagé de la censure et avait nommé à la fonction son demi-frère, Dalmatius (333-334). La situation ne correspond pas avec celle de Dèce et de Valérien en 251, puisque les deux personnages n'ont aucun lien de parenté.

La solution est fournie par quatre lettres de Symmaque qui signalent qu'un débat avait eu lieu, quelque temps auparavant, au Sénat de

Rome, à propos d'une proposition de l'empereur qui visait à rétablir la magistrature censoriale et à la confier à un sénateur de haut rang. La date de ces lettres doit être fixée en 397-398. Or Symmaque nous apprend lui-même qu'il a prononcé un bref discours (*oratiuncula* : *epist.* 5, 9, 1) dans lequel il combattait cette proposition, arguant du fait qu'elle ouvrait la voie à toutes les ambitions, ce qui paraît avoir été la position de la majorité des sénateurs : cf. *epist.* 4, 29, 2 (*totius ordinis nostri antetulit auctoritas, ne sub specioso nomine fores inpotentiae ambire solitis panderentur*) ; cf. *epist.* 5, 9, 2. La conséquence logique du raisonnement de Symmaque est donc que seul l'empereur est habilité à revêtir la censure, ce qui est très exactement la position de l'auteur de l'*Histoire Auguste* : cf. *Valer.* 6, 8-9 (*haec sunt propter quae Augustum nomen tenetis ; apud uos censura desedit, non potest hoc implere priuatus*). Le Sénat refusa, en fin de compte, par décret, la proposition de rétablissement de la censure (Symmaque, *epist.* 5, 9, 1).

La date du débat du Sénat sur le rétablissement de la censure a été longuement étudiée par W. Hartke, *Geschichte und Politik im spätantiken Rom*, p. 85-103 ; *Römische Kinderkaiser*, p. 287-293 : il fixait la séance en 393 et pensait que Nicomaque Flavien senior avait été candidat à la censure. Cette théorie, qui se fonde essentiellement sur le vers 63 du *Carmen contra paganos* (*ambieras censor meliorum caedere uitam*), confirme avec éclat l'hypothèse que j'ai développée plus haut : l'auteur de l'*Histoire Auguste* et le haut fonctionnaire de Théodose ne sont qu'une seule et même personne.

Ajoutons enfin au dossier un passage du *Panégyrique* de Théodose par Pacatus, prononcé en 389. L'empereur n'a sans doute pas été censeur en titre, mais Pacatus le félicite d'avoir exercé en quelque sorte une censure morale, à son propre égard, en limitant les dépenses, à commencer par celles du Palais : *a te uoluisti incipere censuram et impendia palatina minuendo nec solum abundantem reiciendo sumptum, sed uix necessarium usurpando dimensum, quod natura difficillimum est, emendasti uolentes* (*paneg.* 12 [2], 13, 2).

La censure et l'idéal républicain

5, 4 : *Valeriani uita censura est* : le biographe opère un glissement de sens, passant de la magistrature censoriale à une acception morale du mot *censura*, au sens de « mesure » ou « contrôle de soi ». C'est clairement une réminiscence du *Panégyrique* de Trajan par Pline : *Perge modo, Caesar, et uim effectumque censurae tuum propositum, tui actus obtinebunt ; nam uita principis censura est eaque perpetua* (45, 6). Pour Symmaque, *oratio* 8, 2 (*Pro Valerio Fortunato*), la *censura* doit être exercée par le Sénat : *erat censurae uestrae, patres conscripti, Fortunati ostentationem notare*. Au début du Vᵉ siècle, des inscriptions honorifiques mentionnent la *censura* comme une qualité : Nicomaque Flavien junior est ainsi cité comme *censurae culmen* (*ILS* 8985), et Flavius Olbius Auxentius Draucus est vanté pour sa *censura* (*CIL* VI 1725 [*ILS* 1284]). Ammien, sans utiliser le mot *censura*, qualifiait cependant Julien de l'expression *censorio uigore* (18, 1, 4) et faisait de ce Prince un censeur sévère (25, 4, 7 : *censor in moribus regendis acerrimus*) ; le souvenir de Caton l'Ancien était alors vivace (cf. Ammien 28, 4, 9). La censure est donc une qualité caractéristique du bon Prince : cf. l'éloge de Victorinus en *trig. tyr.* 6, 6 (*neminem aestimo praeferendum*, […] *non in censura totius uitae ac seueritate militari Pertinacem uel Seuerum*) ; cf. *Aur.* 22, 10 (*res etiam in Sequanis turbatas censura et auctoritate repressit*). Le contraste est dès lors clair avec *Gall.* 3, 9 : *constabat autem censuram parentis eum ferre non potuisse*, passage dans lequel *censura* est employé dans son sens métaphorique. Ce mot devient une des clefs de l'opposition entre Valérien, modèle de maîtrise de soi, et Gallien, le dissolu.

5, 5 : *ille de omnibus iudicet…* : ce paragraphe comporte trois anaphores (*ille de…*), et trois isocolies (les relatives : *qui est…, qui nullum…, cui nihil…*). On retrouve ces mêmes figures en 5, 6-7, ainsi que de nombreux échos sonores (*or/orum*).

Les fonctions du censeur énumérées en *Valer.* 5, 5 sont reprises plus précisément par Dèce, dans sa réponse, en *Valer.* 6, 2-6. Le censeur exerce sa « juridiction » (*iudicet ;* cf. Cicéron, *leg.* 3, 3, 10 : *omnes magistratus auspicium iudiciumque habento*) sur tous les citoyens romains et en particulier sur les sénateurs. Les censeurs ne se bornaient pas à inscrire tous les nouveaux citoyens (Tite-Live 1, 43), ils pouvaient également changer un citoyen de tribu (Tite-Live 45, 15, 4). Il est sans doute fait allusion ici au contrôle exercé par les censeurs sur le recrutement des sénateurs et sur celui de l'ordre équestre (*Valer.* 6, 3 : *tu aestimabis qui manere in curia debeant…*), ce qui est vrai sous la République puis sous l'Empire. Le mot *iudicet* est donc à prendre dans une acception large, même si les censeurs avaient effectivement, à l'origine, un réel pouvoir de sanction : cf. Cicéron, *leg.* 3, 3, 7 ; *Pro Caecina* 99 ; Tite-Live 1, 44, 1 ; Denys, *antiq. Rom.* 4, 15, 6 ; ce pouvoir subsiste sous l'Empire : cf. Frontin, *strat.* 4, 1, 22.

5, 5 : *ille de uita nostra sententiam ferat* : c'est une allusion à la fonction morale du censeur et au contrôle des mœurs dont il est chargé. « Le *census* est une opération morale et politique, créatrice d'honneur au sens étymologique du terme » (C. Nicolet, *Le Métier de citoyen dans la Rome républicaine*, Paris, 1976, p. 103). La référence à l'époque républicaine est claire et l'information du biographe vient peut-être de Cicéron, *leg.* 3, 3, 7 (*mores populi regunto, probrum in senatu ne relinquonto*) et *leg.* 3, 3, 10. Sous l'Empire, cette surveillance des mœurs sera assurée par les empereurs avec autant de vigilance que leurs prédécesseurs : cf. Pline, *hist. nat.* 29, 18 ; C. Nicolet, *op. cit.*, p. 104. Le consul Claudius Julianus, inventé par l'auteur de l'*Histoire Auguste*, considère, dans une lettre qu'il leur adresse, les empereurs Maxime et Balbin, très favorables au Sénat, comme les censeurs du temps jadis : *mores et modestiam meam tamquam ueteribus censoribus meis cuperem probata* (*Max. Balb.* 17, 7). La censure des mœurs est un thème cher aux milieux sénatoriaux de la fin du IVe siècle. Symmaque par exemple, en 376, sait gré au Sénat d'une situation nouvelle : les honneurs reviennent à des magistrats dont les mœurs sont éprouvées (*oratio* 4, 6 : *ad mores rediit honor*).

5, 5 : *cui nihil potest obici* : à la suite d'une accusation présentée par le tribun Cn. Bébius contre Claudius Néron et Livius Salinator, à qui il reprochait d'avoir exercé leur censure avec trop de rigueur, le Sénat précisa par décret, en 205 av. J.-C., que les censeurs, chargés de demander des comptes aux autres, ne rendent compte à personne (cf. Valère Maxime 7, 2, 6 : *eosdem senatus* [...] *causae dictione decreto suo liberauit, uacuum omnis iudicii metu eum honorem reddendo qui exigere debet rationem, non reddere*) ; les anciens magistrats sortis de charge rendent des comptes aux censeurs (cf. Cicéron, *leg.* 3, 4, 11 : *priuati ad eos acta referunto, nec eo magis lege liberati sunto*).

L'ÉLOGE DE VALÉRIEN ET L'OPPOSITION AVEC GALLIEN

5, 1 : *per annos septuaginta uita laudabilis* : la capture étant un fait ignominieux (cf. Festus 23, 1 : *Valeriani, infausti principis, fortunam taedet referre*), Valérien devait avoir soixante-dix ans en 260, date de sa capture par Sapor, à Édesse.

5, 1 : *post omnes honores et magistratus insigniter gestos* : Valérien était consulaire en 238 selon Zosime 1, 14, 1. Il fut alors envoyé à

Rome par Gordien, pour y annoncer les événements d'Afrique et l'avènement de ce nouveau Prince (cf. Hérodien 7, 6, 3, qui ne parle pas du rôle de Valérien). Mais *Gord.* 9, 7, qui fait de Valérien, à cette date, le *princeps senatus*, est nécessairement suspect. En effet, en 251, Valérien n'est plus Prince du Sénat : cf. *Valer.* 5, 4 (à en croire *trig. tyr.* 21, 3, le successeur de Valérien à ce rang serait Arellius Fuscus). Zonaras 12, 20, p. 132, 19-22 Dindorf indique que Dèce, eu égard au poids des responsabilités, les partagea et confia à Valérien l'administration intérieure. Les responsabilités militaires qu'occupa Valérien avant son élévation sont évoquées en *Aurelian.* 11, 4 et *Prob.* 5, 6, dans des documents apocryphes : il aurait été légat de la troisième légion *Felix*. Mais l'existence de cette légion n'est attestée que par une seule inscription : cf. *CIL* XII 2, qui mentionne un Venaecius, légat de la légion *III Gallicae Felicis*, qui est peut-être la *legio III Gallica* bien connue. Plus assuré semble le renseignement donné par Zosime 1, 29, 1 et Zonaras : Valérien, alors en Gaule (cf. Zonaras p. 138, 16-17 Dindorf), à la nouvelle de l'usurpation d'Aemilianus, en 253, rassembla ses troupes et les mena vers Rome. Le commandement qu'exerçait alors Valérien en Gaule avait pour objectif de contrer les Alamans.

5, 1 : *non (…) tumultuario populi concursu, non militum strepitu* : l'*Histoire Auguste* déplore sans détour le rôle grandissant des soldats dans la désignation du Prince. Cf. *Alex.* 1, 6 : *milites iam insueuerant sibi imperatores et tumultuario iudicio facere et item facile mutare, adserentes nonnumquam ad defensionem se idcirco fecisse quod nescissent senatum principem appellasse.* Le mot *tumultuarius* désigne le mode d'accès au pouvoir des usurpateurs : cf. *Gall.* 14, 6 (Auréolus) ; *Claud.* 1, 1 (les tyrans : *alios tumultuarios uidelicet imperatores ac regulos scripseram eo libro quem de triginta tyrannis edidi*) ; Pline le Jeune, *paneg.* 57, 4, parlait déjà en des termes proches de la désignation de certains consuls : *consules (…) non illos qui expirante iam libertate per uim ac tumultum creabantur.* Une acclamation qualifiée de *tumultuaria* annonce un Principat troublé et constitue un très mauvais augure : cf. Ammien 26, 6, 18 (usurpation de Procope en 355 : *leni paucorum susurro, pretio illectorum, deinde tumultuariis succlamationibus plebis, imperator appellatus incondite*) et 26, 7, 5 (*ausis tumultuariis*). *Strepitus* est encore employé de manière péjorative en *Heliog.* 14, 6 et *Aurelian.* 30, 1. Le mot *fremitus*, au contraire, peut désigner un mouvement des soldats qui révèle l'approbation divine : cf. Ammien 15, 8, 10 (discours de Constance aux troupes à l'occasion de l'élévation de Julien au césarat, en 355 : *quia igitur uestrum quoque fauorem adesse fremitus indicat* ; cf. 15, 8, 9 : *arbitrium summi numinis id esse, non mentis humanae*).

5, 1 : *quasi ex totius orbis una sententia* : le même consensus salue l'avènement de Tacite (*Tac*. 4, 8) et de Dioclétien (*Car*. 13, 1 : *omnes diuino consensu*). Le nom de Gallien, au contraire, n'est proposé par personne (cf. *Gall*. 1, 2), tandis que Claude est cher au Sénat : *bonis omnibus carus* (…), *acceptus senatui* (*Gall*. 15, 3). Le *consensus uniuersorum* fonde le Principat. La thématique de l'unanimité dans le choix est chère aux panégyristes : cf. Pline, *paneg*. 7, 6 (*imperaturus omnibus eligi debet ex omnibus*) et *paneg*. 12 (2), 36, 3. Dans un discours de remerciement au Sénat pour le rappel de son père, en 376, Symmaque se félicite de la *concordia* entre le Sénat et le Prince, entre le Sénat et l'armée, signe d'une unanimité des choix : *idem castris quod curiae placet : quis hoc non putet orbis terrarum esse iudicium ?* (*oratio* 4, 7).

L'élection de Valérien eut lieu à l'automne 253, comme le prouvent les documents égyptiens.

Si Valérien a été élu non par acclamation des soldats mais par un avis unanime, c'est donc, en toute logique, que le Sénat a participé à cette unanimité. Or, les sources ne l'affirment absolument pas. Pour Aurélius Victor 32, 1, ce sont les soldats qui choisissent Valérien, et la seule touche d'unanimité chez Victor réside dans le fait que ces troupes, réunies en Rhétie, proviennent de tout l'Empire : *at milites, qui contracti undique apud Raetias ob instans bellum morabantur, Licinio Valeriano imperium deferunt*. En revanche, le rôle du Sénat est clairement affirmé dans la nomination contemporaine (automne 253) de Gallien comme César (Aurélius Victor 32, 3 : *eius filium Gallienum senatus Caesarem creat* ; le césarat de Gallien est attesté par une inscription de Numidie : cf. *Année Épigraphique* 1967, 584). On a pu rapprocher le rôle du Sénat en 253 de celui qu'il avait joué dans la crise de 238. Le même schéma est fourni par Eutrope 9, 7 : *hinc Licinius Valerianus in Raetia et Norico agens ab exercitu imperator et mox Augustus est factus. Gallienus quoque Romae a senatu Caesar est appellatus*, et Zosime 1, 29, 2. Festus 23, 1 accentue davantage le contraste entre les deux modes de désignation de Valérien et de Gallien : *cum Valerianum exercitus, Gallienum senatus imperatorem fecisset*. Il semble donc que l'*Histoire Auguste* simplifie les informations qu'il avait pu trouver dans sa source, qu'il idéalise les conditions de l'élévation de Valérien, voire qu'il renchérisse sur la tradition de la *Kaisergeschichte* pour faire de l'élection de Valérien une décision universelle, partagée par le monde entier (*totius orbis*). La qualité de consulaire de Valérien explique en partie que l'*Histoire Auguste* présente les débuts de son règne sous un jour si favorable (une seconde raison est fournie par des motifs religieux : l'auteur païen de l'*Histoire Auguste* ne pouvait que donner une image idéalisée d'un champion du paganisme). Le biographe fera de même pour Tacite, autre consulaire : en *Tac.* 4, 2, le Sénat prononce des acclamations et lui confie le pouvoir sur l'univers entier (*te principem facimus, tibi curam rei publicae orbisque mandamus*). L'expression *orbis totius una sententia* souligne la différence qui existe entre les conditions de l'accession à l'Empire d'un bon Prince, accepté de tous, et le refus universel de l'autorité de Gallien par les Trente Tyrans. Elle exprime peut-être aussi la nostalgie de l'auteur de l'*Histoire Auguste* pour la domination universelle de Rome.

Valer. 5, 6-7 :
Ces deux paragraphes se signalent par leur style travaillé : homéotéleutes, isosyllabies, anaphores, qui caractérisent la plupart des acclamations citées par l'*Histoire Auguste* (cf. *e. g. Tac.* 3, 6 ; 4, 6 ; 6, 2-3).

5, 6 : *prudens senator* : Valérien était issu d'une famille de l'aristocratie, les *Licinii* (cf. *Valer.* 6, 7 : *nobilis sanguine*). Le fait est confirmé par Aurélius Victor 32, 2 (*genere satis claro*) ; *Epitome* 32, 1 (*parentibus ortus splendissimis*) ; il était de rang consulaire : cf. Zosime 1, 14, 1. L'adjectif *prudens* qualifie le savoir de Marc Aurèle (cf. *Alex.* 9, 1 : *si doctrinam quid Marco prudentius ?*), mais surtout la *prudentia* dans la gestion de l'État est l'apanage du Sénat, comme l'affirme le sénateur Maecius Faltonius Nicomaque, saluant l'avènement de Tacite : *semper quidem, patres conscripti, recte atque prudenter rei publicae magnificus hic ordo consuluit* (*Tac.* 6, 1). Le même personnage associe encore *prudentia* et *grauitas* à propos du choix du Sénat : *attamen nulla umquam neque grauior neque prudentior in hoc sacrario dicta sententia est* (*Tac.* 6, 1). Les opposants de Gallien sont eux aussi *prudentes* : cf. *Gall.* 14, 4 (Cécropius : *prudentissime adiuuit*) ; *trig. tyr.* 13, 3 (Macrianus Junior a un père *prudentissimus*). Il est logique alors de voir Zénobie dotée des mêmes qualités que Valérien, ce qui accentue encore le contraste avec Gallien : cf. *trig. tyr.* 30, 5 (*quam prudens in consiliis, quam constans in dispositionibus, quam erga milites grauis*). Mais les barbares véritables, par exemple les Isauriens, sont dépourvus de cette qualité romaine, qui va de pair avec la *grauitas* : cf. *trig. tyr.* 26, 7 (*non uirtute graues, non instructi armis, non consiliis prudentes*).

5, 6 : *modestus senator* : l'adjectif *modestus* n'est pas appliqué ailleurs dans l'*Histoire Auguste* à une personne, mais une fois à l'armée (*Tac.* 9, 1). L'adverbe *modeste* est utilisé en *Pius* 6, 1 (*modeste suscipere tributa iussit*) et *Alex.* 52, 1 (*persuasit omnibus ut modeste ferrent*). Plus proche de *Valer.* 5, 6 est *Pius* 12, 2 : *seditiones ubicumque factas non crudelitate sed modestia et grauitate compressit* ; cf. aussi *Aur.* 6, 10 : *tanta erat Marci probitas et tanta in imperatorio participatu modestia*. Il faut noter que la *Vie d'Antonin le Pieux* offre deux des trois emplois de *ciuilitas* (6, 4 ; 11, 8 ; le troisième est en *Alex.* 20, 3) dans toute l'*Histoire Auguste* et que cet empereur est aussi doté de la *modestia*. Or, l'association des deux vertus est caractéristique d'Eutrope (biographies d'Auguste, Claude, Titus, Nerva, Trajan et Quintillus). La *modestia* est donc aux antipodes de la *crudelitas*, marque du tyran (cf. *Valer.* 5, 6 : *inimicus tyrannorum*). Eutrope 9, 11, 2 a un emploi de *modestus*, à propos de Claude II, *parcus uir ac modestus et iusti tenax ac rei publicae gerendae idoneus*, et de *modestia* (10, 15, 2) à propos de Constance II. La *modestia* n'est pas du tout éloignée de la qualité augustéenne de *moderatio*.

5, 6 : *grauis senator* : l'adjectif *grauis* constitue un nouvel élément du portrait contrasté entre Valérien et les autres personnages qui s'opposent à Gallien d'un côté et l'empereur débauché de l'autre. En effet, Postumus est dit *in omni uita grauis* (*trig. tyr.* 3, 1), Claude est *imperator grauis* (*Claud.* 5, 2 ; 16, 3 : *grauior*), tandis que Gallien est jugé *leuis* en *Gall.* 4, 3 par les Gaulois. Le mot *grauis* peut qualifier un empereur apprécié : cf. *Aur.* 2, 1 (*a prima infantia grauis*) ; *Maximin.* 20, 4 (*Maximus uita seuerior, prudentia grauior, uirtute constantior*), ou son jugement (*Max. Balb.* 17, 7 : *uestris tamen ut grauioribus iudiciis gloriarer*). *Grauis* définit surtout l'autorité, le poids moral et politique de l'influence sénatoriale : cf. *Tac.* 2, 2 (*quam grauis senatus auctoritas fuit !*) et *Tac.* 6, 1. La *grauitas* est une qualité spécifiquement romaine et une marque distinctive des membres de l'ordre sénatorial depuis l'époque républicaine, marquée par la conduite modèle de Caton, *uir grauissimus* (Tite-Live 34, 5, 2). Au contraire la *leuitas* est grecque et propre aux femmes : cf. Isidore de Séville, *orig.* 9, 7, 30 (*leuitate animi plerumque decipiuntur*), ce qui correspond bien à l'image du philhellène et efféminé Gallien.

5, 7 : *primus genere, nobilis sanguine* : Valérien était membre de la *gens Licinia* (cf. *Valer.* 5, 1) et donc de lignée aristocratique. L'auteur de l'*Histoire Auguste* partage avec Symmaque sa foi dans les vertus du sang : *inpulsu fortasse boni sanguinis qui se semper agnoscit* (*oratio* 8, 3) ; cf. aussi *Alex.* 7, 3 (*sanguis Antoninorum se cognoscat*). *Nobilis*, sous la République, s'appliquait à un consul ou à sa descendance et l'on entrait dans la *nobilitas* quand on avait été porté au consulat. Dans l'*Histoire Auguste*, *nobilis* doit être pris dans son sens politique : sont *nobiles* avant tout les membres de l'ordre sénatorial ou leur famille. Un *nouus senator*, au IVᵉ siècle, est introduit parmi les *nobiles*, comme nous l'apprend le cas de Celsus mentionné par Symmaque, qui, en 384-385, défend l'*adlectio* du philosophe (cf. *relatio* 5, 3 : *dignum est igitur aeternitate numinis uestri Celsum genere eruditione uoluntate laudabilem adiudicare nobilibus pignore dignitatis*). Cf. aussi le cas de Censorinus, *uir (...) antiquae in curia dignitatis* (*trig. tyr.* 33, 1), qualifié de *nobilis* (*trig. tyr.* 32, 8) ou, à l'inverse, le cas de Claudius Pompeianus, fils d'un chevalier romain, qualifié de la formule *nec satis nobili* (*Aur.* 20, 6).

5, 7 : *emendatus uita* : cf. *Claud.* 2, 8 (*talis in re p. fuit ut eius stirpem ad imperium summi principes eligerent, emendatior senatus optaret*). L'adjectif est courant chez Pline le Jeune : cf. *epist.* 3, 3, 5 ; 4, 27, 6 ; 8, 22, 2 ; cf. aussi Apulée, *apol.* 103 (*a tam bono tamque emendato uiro*) et Symmaque, *oratio* 5, 4 (*Trygetio clarissimo et emendato uiro*). Le sens premier du mot (« qui s'est corrigé ») apparaît en *Ver.* 5, 8 (*timore bellico emendatior*). La connotation morale du terme est sensible chez Cicéron (*Lael.* 61 : *emendati mores*). Un membre de l'*ordo senatorius* se doit d'être un exemple par sa vie même : *moribus singularis*.

5, 7 : *doctrina clarus* : l'auteur de l'*Histoire Auguste* prend intérêt à la culture générale des empereurs (cf. *Auid.* 13, 5 : Marc Aurèle ; *Sept. Seu.* 18, 5 ; *Alex.* 9, 1 : Marc Aurèle) et, en ce domaine, Marc Aurèle demeure le modèle (cf. *Aur.* 3, 1-9). *Doctrina* désigne une culture plus solide que le goût de Gallien pour la poésie légère (cf. *Gall.* 11, 6-7). L'empereur cultivé est naturellement prédisposé au pouvoir : cf. *Tac.* 4, 4 (*ecquis melius quam grauis imperat ? ecquis melius quam litteratus imperat ?*). L'aristocratie païenne, à laquelle appartenait sans doute le biographe, gardait en mémoire le modèle du grand lettré qu'était Julien, lui-même inspiré par Marc Aurèle (cf. Ammien 16, 1, 4 ; cf. aussi l'influence de l'image de Julien sur la biographie d'Alexandre

Sévère). La culture littéraire distinguait les païens des chrétiens, jugés par les premiers peu cultivés (cf. Jérôme, *epist.* 22, 30, qui se reproche d'être cicéronien avant d'être chrétien), et le rappel de la culture de Valérien, Prince persécuteur, peut se comprendre dans ce contexte. Enfin, et c'est le plus important, Nicomaque Flavien senior, auteur de l'*Histoire Auguste*, était un lettré à qui l'activité rhétorique était familière : cf. les développements nouveaux sur ce sujet dans St. Ratti, « Nicomaque Flavien senior et l'*Histoire Auguste* : la découverte de nouveaux liens », *Revue des Études latines* 85, 2007, p. 204-219.

5, 7 : *exemplum antiquitatis* : comparer cette expression avec Cicéron, *Pro Rabirio Postumo* 27 (*documentum* […] *antiquitatis*), *Pro Sestio* 19 (*exemplum imperii ueteris, imaginem antiquitatis*) et Tacite, *Annales* 3, 4, 2 (*unicum antiquitatis specimen*). L'*antiquitas* désigne en *Tac.* 19, 6 (*antiquitatem sibi redditam crederent*) l'époque regrettée (et censément retrouvée sous Tacite) à laquelle le Sénat désignait l'empereur. En *Valer.* 5, 7 le mot se rapporte au passé idéalisé qui a précédé la corruption des mœurs. Les exemples empruntés au passé ont une force de conviction intrinsèque liée à leur « antiquité » même : cf. Cicéron, *Verr.* 2, 3, 209 (*exspectant ii qui audiunt exempla ex uetere memoria, ex monumentis ac litteris, plena dignitatis, plena antiquitatis ; haec enim plurimum solent et auctoritatis habere ad probandum et iucunditatis ad audiendum*) ; *Pro Sestio* 130 (*grauitatem plenam antiquitatis*). La comparaison avec le passé est un motif récurrent des panégyriques : cf. Symmaque, *oratio* 4, 7 (*tales collega uester suffragatores habuit quales antiquitas candidatos*).

Le projet de rétablir la censure et de la conférer à un particulier ayant été écarté, c'est Stilicon lui-même qui se chargea de rédiger un nouvel album sénatorial, en 395-396.

L'objectif poursuivi par l'auteur de la *Vita Valeriani* n'est en rien d'écrire une biographie circonstanciée de ce Prince. Les sources dont disposait le biographe, et qu'il a exploitées dans la *Vita Gallieni*, ne fournissent que très peu à la trame de ce que nous possédons de la *Vie de Valérien*. Le biographe n'a sans doute pas voulu faire plus, et le sens de sa démonstration réside plutôt dans une tentative de dépasser les malheurs individuels d'un Prince, *fatali quadam necessitate superatus* (*Valer.* 7), pour mieux affirmer que l'État romain survivra à la contingence. La grandeur de Rome traverse les âges et se perpétue malgré les

accidents de l'histoire : la description complaisante des missions traditionnelles du censeur, qui plonge ses racines historiques dans la Rome
païenne, à une époque où florissaient les vrais mérites, n'a pas d'autre
sens. Le développement sur la *censura* de Valérien, y compris dans sa
dimension morale, veut faire oublier le destin fatal d'un empereur dont
le malheur personnel n'empêchera pas la survie, puis le rétablissement,
de la grandeur romaine.

Nicomaque Flavien senior, auteur de cette biographie, pensait
peut-être incarner lui-même entre 392 et 394, alors qu'il était entré
en rébellion ouverte contre Théodose, l'idéal sénatorial dont il décrit
avec complaisance la réincarnation en Valérien. Toute la richesse et la
subtilité de l'*Histoire Auguste* résident en ce jeu de masques qu'imposaient les graves circonstances contemporaines de la rédaction de l'œuvre. Mais trop d'indices ont été à dessein semés par l'auteur lui-même
dans son ouvrage pour qu'il demeurât plus longtemps dissimulé sous
le paravent de « Pollion ».

BIBLIOGRAPHIE

LE TEXTE

La « Collection des Université de France » propose à ce jour les cinq volumes suivants :

- J.-P. Callu, *Histoire Auguste, Vies d'Hadrien, Aelius, Antonin*, Paris, CUF, 1992.
- F. Paschoud, *Histoire Auguste, Vies d'Aurélien et de Tacite*, Paris, CUF, 1996.
- F. Paschoud, *Histoire Auguste, Vies de Probus, Firmus, Saturnin, Proculus et Bonose, Carus, Numérien et Carin*, Paris, CUF, 2001.
- St. Ratti, O. Desbordes, *Histoire Auguste, Vies des deux Valériens et des deux Galliens*, Paris, CUF, 2000.
- R. Turcan, *Histoire Auguste, Vies de Macrin, Diaduménien, Héliogabale*, Paris, CUF, 1993.

Ces volumes ont pour point commun d'offrir, outre un commentaire détaillé du texte, des introductions nourries sur les *Vies* qu'ils contiennent.

- A. Chastagnol, *Histoire Auguste. Les empereurs romains des IIe et IIIe siècles*, Paris, Robert Laffont, coll. « Bouquins », 1994.

ÉTUDES

Sauf le volume du colloque de Paris (1990), les actes des *Historiae Augustae colloquia* sont publiés depuis 1991 par Edipuglia à Bari : Genève (1991), Macerata (1992), Barcelone (1993), Bonn (1994),

Strasbourg (1996), Genève (1998), Pérouse (2000), Barcelone (2002), Bamberg (2005), Genève (2008). Cette série a pris la suite des *Bonner Historiae Augustae Colloquia* parus à Bonn depuis 1964. On trouvera dans cette riche collection l'essentiel des travaux des spécialistes de l'*Histoire Auguste*.

– C. Bertrand-Dagenbach, *Alexandre Sévère et l'Histoire Auguste*, Bruxelles, Latomus, 1990.

– J.-P. Callu, *Culture profane et critique des sources de l'Antiquité tardive. Trente et une études de 1974 à 2003*, Rome, École Française de Rome, 2006.

– A. Chastagnol, « Le problème de l'*Histoire Auguste* : état de la question », *Bonner Historiae Augustae Colloquium 1963*, Bonn, 1964, p. 43-71.

– A. Chastagnol, *Aspects de l'Antiquité tardive*, Rome, L'Erma di Bretschneider, 1994.

– W. Hartke, *Geschichte und Politik im spätantiken Rom*, *Klio*, Beiheft 45, Leipzig, 1940.

– W. Hartke, *Römische Kinderkaiser. Eine Strukturanalyse römischen Denkens und Daseins*, Berlin, Akademie Verlag, 1951.

– D. Den Hengst, *The Prefaces in the Historia Augusta*, Amsterdam, Gruner, 1981.

– F. Paschoud, « Noms camouflés d'historiens du ive siècle dans l'*Histoire Auguste* », *Historia* 44, 1995, p. 502-504.

– F. Paschoud, « Quelques problèmes actuels relatifs à l'historiographie de l'Antiquité tardive », *Symbolae Osloenses* 73, 1998, p. 74-87.

– F. Paschoud, « Propos sceptiques et iconoclastes sur Marius Maximus », *Historiae Augustae Colloquium Genevense*, 1999, Bari, p. 241-254.

– F. Paschoud, « Preuves de la présence d'une source occidentale latine dans la tradition grecque pour l'histoire du ive siècle », *Journal of Classical Studies Matica Srpska* 3, 2001, p. 7-17.

– F. Paschoud, « Une réponse païenne au providentialisme chrétien », *CRAI*, janvier-mars 2001, p. 335-346.

– St. Ratti, « Jérôme et Nicomaque Flavien : sur les sources de la *Chronique* pour les années 357-364 », *Historia* 46 (4), 1997, p. 479-508.

– St. Ratti, « Sur la source du récit de la mort de Gallien dans l'*Histoire Auguste* (*Gall.* 14, 1-11) », *Historiae Augustae Colloquium Genevense*, éd. F. Paschoud, Bari, 1999, p. 259-276.

– St. Ratti, « Les sources de la *Chronique* de Jérôme pour les années 357-364 : nouveaux éléments », *L'Historiographie de l'Église des premiers siècles*, éd. B. Pouderon et Y.-M. Duval, Paris, Beauchesne, 2001, p. 425-450.

– St. Ratti, « Réponses de l'*Histoire Auguste* aux apologistes Tertullien et Lactance », *Museum Helveticum* 59, 2002, p. 229-237.

– St. Ratti, « Sur la signification de l'*Histoire Auguste, Gall.* 14, 11 : *de dignitate, uel ut coeperunt alii loqui, de maiestate* », *Historiae Augustae Colloquium Perusinum*, éd. G. Bonamente et H. Brandt, Bari, 2002, p. 405-420.

– St. Ratti, « L'historiographie latine tardive, IIIe-IVe siècle. État des recherches 1987-2002 », *Pallas* 63, 2003, p. 209-232.

– St. Ratti, « L'énigme de l'*Histoire Auguste* : autopsie d'un faussaire », *Les Dossiers de l'Archéologie*, avril 2006, p. 64-69.

– St. Ratti, « Nicomaque Flavien senior auteur de l'*Histoire Auguste* », *Historiae Augustae colloquium Bambergense*, éd. G. Bonamente et H. Brandt, Bari, 2007, p. 305-317.

– St. Ratti, « Nicomaque Flavien senior et l'*Histoire Auguste* : la découverte de nouveaux liens », *Revue des Études latines* 85, 2007, p. 204-219.

– St. Ratti, « 394 : fin de la rédaction de l'*Histoire Auguste* ? », *Antiquité Tardive* 16, 2008.

– St. Ratti, « Un nouveau terminus *ante quem* pour l'*Histoire Auguste* », *Historiae Augustae colloquium Genevense* (mai 2008), éd. L. Galli-Milic, Bari, à paraître.

– St. Ratti, *Antiquus error. Les ultimes feux de la résistance païenne* (« Bibliothèque de l'Antiquité Tardive »), Turnhout, Brepols, 2009.

– St. Ratti, « L'arme littéraire dans le conflit religieux de la fin du IVe siècle », dans *Antiquus error* (cité *supra*).

– R. Syme, *Ammianus and the Historia Augusta*, Oxford, Oxford University Press, 1968.

– R. Syme, *Emperors and Biography*, Oxford, Clarendon Press, 1971.

CHAPITRE VIII

AMMIEN MARCELLIN

Ammien Marcellin a pendant très longtemps été un auteur peu lu et peu étudié. La faute sans doute à ce sentiment d'étrangeté qui frappe le néophyte nourri au miel de la latinité classique : s'il ouvre au hasard les *Res Gestae* il ne peut manquer d'être dérouté par une langue qui ne ressemble à rien de ce qui lui est familier. On a souvent attribué ce dépaysement au fait qu'Ammien était un grec qui n'écrivait pas dans sa langue maternelle. Comme on le verra plus loin, cette explication demeure insuffisante. Qu'on songe encore que l'entreprise d'édition et de traduction des *Res Gestae* dans la CUF, débutée en 1978, ne s'est achevée qu'en 1999 par la publication des livres 29-31. En dehors d'études consacrées à des points particuliers aucune monographie d'importance en langue française n'avait été publiée depuis le XIXᵉ siècle avant la thèse magistrale de Guy Sabbah consacrée à *La Méthode d'Ammien Marcellin* parue en 1978. Seul Ernest Stein, dès 1928, dans son *Histoire du Bas-Empire*, avait perçu qu'Ammien Marcellin était, selon lui, le plus grand génie littéraire que le monde ait connu entre Tacite et Dante et Éric Auerbach, dans *Mimésis*, avait su démontrer, dans une explication fameuse de l'épisode de « L'arrestation de Pierre Valvomère » (Ammien 15, 7), la force innovante et la puissance d'imagination du style d'Ammien. Le choix a donc été fait de consacrer à l'auteur des *Res Gestae* un nombre de pages sensiblement plus élevé qu'aux autres auteurs étudiés ici et surtout que les manuels traditionnels ne lui en consacrent généralement. Mais, comme dans les autres chapitres de l'ouvrage, l'exhaustivité n'a jamais été l'objectif poursuivi. Bien des aspects de l'œuvre d'Ammien ne sont pas abordés et mériteraient d'être approfondis (la religion d'Ammien ; sa culture littéraire ; le rôle et la fonction des digressions), points qui sont souvent examinés dans des études spécialisées et dispersées auxquelles renvoie la bibliographie en fin de chapitre.

ÉLÉMENTS D'UNE BIOGRAPHIE

AMMIEN CITOYEN D'ANTIOCHE ?

Les seuls documents sur lesquels peut se fonder une tentative de reconstitution de la carrière d'Ammien sont les passages des *Res Gestae* dans lesquels l'historien parle de lui-même, au détour ou à l'occasion d'allusions plus ou moins développées. En effet, la fameuse lettre 1063 adressée par le rhéteur grec Libanios à un dénommé « Marcellinos » pourrait bien, selon certains travaux récents, ne pas avoir été envoyée à notre historien (le ton adopté par Libanios ne conviendrait pas pour s'adresser à un destinataire qui n'est plus un jeune homme) mais à un homonyme (un jeune sophiste, élève de Libanios et récemment établi à Rome où il avait donné des exhibitions publiques de son talent oratoire), le nom de Marcellinos n'ayant rien de rare au IVᵉ siècle. Or, c'est sur le seul témoignage de cette lettre de Libanios que l'on se fonde d'ordinaire pour affirmer qu'Ammien se trouvait à Rome en 392, qu'une partie de son histoire y avait été donnée en lecture publique, qu'une autre partie se trouvait peut-être alors en préparation et qu'enfin Ammien était le compatriote de Libanios, lui-même citoyen d'Antioche. Si les informations fournies par Libanios ne peuvent plus être prises en compte – ce qu'une majorité de spécialistes n'est cependant pas prête à accepter car les liens d'Ammien avec Antioche peuvent se déduire de l'importance même accordée à la cité dans les *Res Gestae* – c'est toute la base traditionnelle sur laquelle on échafaudait la carrière de l'historien qui s'écroule.

AMMIEN *PROTECTOR DOMESTICVS* D'URSICIN EN GAULE...

À l'abri de toute contestation, en revanche, sont les témoignages fournis par Ammien lui-même. Si l'on suit le fil du texte, voici ce que l'on apprend. En 354, Ammien sert dans l'armée romaine d'Orient, à Nisibe, en Mésopotamie, entre l'Euphrate et le Tigre, sur la frontière orientale de l'Empire (14, 9, 1). Il a été placé par l'empereur Constance II (337-361) sous les ordres d'Ursicin, lui-même à la tête de l'armée romaine avec le grade de *Magister equitum*, maître de la cavalerie, et ancien compagnon d'arme de Constantin. Après un bref séjour à Antioche, Ammien, en 354, accompagne Ursicin à Milan où Constance avait rappelé un dignitaire qu'il suspectait d'ambitions jugées « trop hautes » (14, 11, 2), c'est-à-dire de songer à usurper l'Empire. Mais c'est pour mettre un terme aux visées subversives d'un autre officier supérieur, le Franc Silvanus, qu'Ursicin, aidé par un groupe d'une dizaine d'officiers (des gardes du corps ou *Protectores domestici*) parmi lesquels Ammien, fut envoyé en Alsace, à Strasbourg (15, 5, 22).

Ammien recueille alors de la bouche même de Silvanus les griefs que ce dernier partageait avec Ursicin : ils s'estimaient des hommes de valeur et voyaient avec beaucoup d'amertume la promotion aux plus hautes charges, comme le consulat, d'hommes qu'ils jugeaient leur être inférieurs. Ammien ne cache pas une certaine sympathie pour les mérites de Silvanus et rapporte son assassinat à Cologne en des termes peu flatteurs pour le commanditaire des basses œuvres, l'empereur Constance, qui ne sut d'ailleurs aucun gré à Ursicin pour le succès de sa mission (15, 5, 32-33). Ammien demeura en Gaule avec Ursicin et c'est alors, entre 355 et 357, qu'il put observer d'aussi près que lui permettait son grade les agissements de Julien, neveu de Constantin et César de Constance II, chargé de libérer les frontières de l'Empire de la pression gauloise. Ammien, au moment de la bataille de Strasbourg en 357, n'était sans doute plus en Gaule pour assister à la victoire de Julien, car Ursicin avait entretemps reçu l'ordre de Constance de le rejoindre en Illyrie, à Sirmium, puis de se rendre en Orient où l'accompagnèrent les plus jeunes des officiers de sa suite, parmi lesquels Ammien (16, 10, 21).

... PUIS EN ORIENT

Ursicin est en effet envoyé à Nisibe pour y mettre en échec les visées des Perses sur la ville, mais sans véritable moyen ni surtout l'autorité suffisante pour s'opposer efficacement à l'ennemi. Ammien semble s'associer aux récriminations amères d'Ursicin contre un empereur qui espérait secrètement l'échec de son *Magister equitum* ou, au pire, c'est-à-dire en cas de succès de ce dernier, s'attribuer seul tous les mérites (18, 6, 5). C'est au cours de cette année 359 et à l'occasion des opérations militaires autour d'Amida qu'Ammien risqua sa vie puisqu'il ne s'échappa que de peu après que la citadelle fut prise par les Perses. Il faut lire cette page du livre 18 dans laquelle Ammien raconte comment il fut séparé de ses compagnons de l'arrière-garde, constituée par quelque sept cents cavaliers, sur le chemin d'Amida, au moment de l'attaque de la ville par les Perses, comment, isolé et cerné par l'ennemi, perdu au milieu des blessés et des agonisants, sous la menace des armes de jets romaines défendant la place forte du haut des remparts, il réussit malgré tout à pénétrer à l'intérieur des murs par une porte dérobée. Le spectacle qu'il découvre alors est celui d'une ville en proie à la panique, dans laquelle civils affolés et militaires sans ordres se mêlent aux blessés et aux morts. La description d'Amida attaquée fait ainsi partie des plus belles pages d'Ammien parce qu'elle s'appuie sur des souvenirs personnels et que le pathétique de la situation correspond à une émotion vécue (18, 8, 11-14).

Le futur historien chercha alors son salut dans la fuite et gagna, à travers taillis et montagnes, la Petite Arménie avant de trouver refuge à Antioche. Le soldat venait de faire l'expérience de la défaite, avait connu l'humiliation d'une fuite sans gloire et avait indéniablement risqué sa vie. Il faut s'en souvenir au moment de lire les récits de bataille qui scandent les *Res Gestae*. Au contraire par exemple d'un Tite-Live, Ammien n'est pas un historien de cabinet, il a vu la guerre et côtoyé ses aspects les plus durs. Son patriotisme aussi est celui d'un Romain qui sait d'expérience ce que signifie abandonner une place forte et une partie de sa population à l'ennemi.

LA PARTICIPATION À LA CAMPAGNE DE PERSE

La prise d'Amida par les Perses eut pour conséquence la colère de Constance II – Ammien précise que l'empereur se révéla peu soucieux de s'enquérir des vrais motifs de la défaite – et la destitution d'Ursicin contraint de retourner à la condition de simple particulier (20, 2, 5). La carrière d'Ammien connut la même éclipse que celle de son chef et les *Res Gestae* ne fournissent plus aucune indication sur le rôle personnel d'Ammien pour la période 359-363. Historiquement ces quatre années sont très importantes puisqu'elles voient Julien prendre le titre d'Auguste en février 360, à Lutèce, ce qui n'est rien d'autre qu'une usurpation du pouvoir de Constance II, son propre cousin, contre lequel la guerre civile est désormais inéluctable. Julien avait d'ailleurs pris la route du Danube pour se porter contre l'Auguste légitime. Seule la mort inopinée de ce dernier, à Mopsucrène, le 8 novembre 361, empêchera l'affrontement. Julien, seul maître de l'Empire, peut songer alors à son grand projet de conquête de la Perse et se rend à Antioche pour préparer cette expédition.

Julien quitte cette ville en mars 363, traverse le Khabour (*Abora*) à Cercusium, sur un pont de bateaux, et entre alors en territoire perse avant d'atteindre Zaïthan. C'est dans cette localité apparemment qu'Ammien rejoint l'armée de Julien (l'historien use là pour la première fois depuis le livre 19 du pronom personnel « nous » : 23, 5, 7) et l'historien accompagne dès lors la progression de l'armée romaine en territoire perse sans que l'on puisse préciser son grade ni sa fonction. Ammien vécut l'expédition de l'intérieur jusqu'à sa fin déplorable : échec devant Ctésiphon, blessure et mort de Julien, élévation de Jovien à l'Empire par les soldats, signature d'un traité de paix avec les Perses, abandon de places fortes à l'ennemi et retour de l'armée à Antioche en octobre 363.

À ANTIOCHE

La description très détaillée que donne Ammien du monde des tribunaux, des activités des avocats et jurisconsultes antiochéens, son information de qualité sur la profession des « orateurs du barreau » (30, 4) ont pu faire penser que l'historien, une fois démobilisé, aurait tenté une carrière d'avocat, hypothèse qui s'appuie sur le fait qu'Ammien prétend avoir connu d'expérience le monde des tribunaux qu'il décrit (30, 4, 4). Mais rien ne permet de trancher sur le point de savoir si l'historien fut simplement témoin de ce monde ou un acteur à part entière. Il paraît en tout cas avoir observé de près le déroulement de procès pour trahison entre 371 et 375 sous le règne de Valens et avoir été marqué par la répression des complots contre l'empereur, en particulier par l'arrestation, la condamnation et l'exécution de Théodore, accusé de lèse-majesté. L'expérience personnelle et l'autopsie des faits (29, 1, 24) semblent pousser Ammien à relater dans le détail ces procès, comme si le devoir d'une mémoire qui s'estompe avec le temps était de livrer au public tous les éléments susceptibles de clarifier des événements complexes dont l'horreur même impose à l'historien le devoir de témoigner. Incontestablement Ammien a partagé avec ses contemporains l'angoisse et l'épouvante des habitants des provinces orientales de l'Empire dont aucun ne paraissait à l'abri de l'arbitraire du tyran : « Nous rampions tous à cette époque comme dans les ténèbres cimmériennes, emplis du même effroi que les convives de Denys de Sicile qui, tout en se repaissant d'un banquet plus sinistre que la pire des famines, voyaient avec horreur pendre, du haut des lambris des palais où ils festoyaient, attachés à des crins de cheval, des glaives qui menaçaient leur nuque » (29, 2, 4). Le climat d'horreur et de menaces sourdes qui pesait sur l'époque est ici rendu par des mots si poignants que le pluriel utilisé par Ammien (*reptabamus*) doit être compris bel et bien comme l'expression d'un vécu personnel et douloureux.

LES VOYAGES

En dehors des déplacements avec l'armée romaine résumés ci-dessus, on ne sait rien des voyages d'Ammien. Seules les affirmations de l'historien permettent de supposer qu'il a effectivement vu un certain nombre de pays, de localités ou de monuments. Dans la longue digression sur l'Égypte et les obélisques entamée à propos de l'érection de celui du Grand Cirque à Rome sur ordre de Constance II, Ammien affirme avoir vu à Thèbes, en Égypte, plusieurs de ces monuments, certains « abattus et tronqués » (17, 4, 6). Au début de la longue description de l'Égypte aux chapitres 15 et 16 du livre 22, Ammien opère un bref retour en arrière : dans la partie perdue de son œuvre qui traitait des règnes d'Hadrien et Septime Sévère, il avait abondamment traité de l' Égypte dans une première digression qui reposait sur des « choses vues » (22, 15, 1). La description détaillée d'Alexandrie (22, 16) semble bien s'appuyer sur une autopsie, de même que l'analyse des raisons de la disparition des hippopotames, victimes de trop nombreux chasseurs, repose sur le témoignage des indigènes (22, 15, 24). Quoi qu'il en soit, si rien ne justifie de remettre en cause la réalité du voyage en Égypte, rien non plus ne permet de le dater.

Un peu plus loin, avant de donner très fidèlement la traduction grecque des hiéroglyphes gravés sur un autre obélisque du Cirque, probablement celui qu'avait fait venir Auguste, Ammien, s'il ne prétend pas explicitement les avoir contemplés lui-même, indique seulement qu'il se contente de reproduire le texte d'un ouvrage d'Hermapion (17, 4, 17). Mais la formule d'Ammien (« le plus anciennement apporté des deux obélisques que nous voyons dans le Cirque ») laisse entendre assez clairement que l'historien a pu voir ces monuments de ses propres yeux. Ainsi un voyage d'Ammien à Rome, peut-être après la mort de Valens en 378, n'a rien d'impossible. Trois derniers passages montrent qu'Ammien a pu voir la Thrace (22, 8, 1 et 27, 4, 2), traversée lors de voyages entre l'Europe et l'Asie, et nourrir par ses observations personnelles sa digression sur la région ainsi que sur les nations riveraines du Pont, ou encore sur le Péloponnèse, où l'historien put voir, près de la ville de Méthonè, sur la côte de Messénie, un vaisseau échoué sur le toit d'une maison à la suite d'un violent raz de marée en 365 (26, 10, 19). Mais il est vrai que ces régions ne revêtent pas la même importance que Rome ou l'Égypte (peut-on sérieusement prétendre décrire l'Égypte après Hérodote et Platon sans en avoir fait le voyage ?).

Ingenvvs et Graecvs

Pas plus que pour sa naissance, il n'est possible de préciser la date de la mort d'Ammien. Il vécut probablement assez longtemps ; sa carrière militaire commençant en 350 et son œuvre étant achevée en 395, on peut être tenté de placer sa naissance vers 330 et sa mort vers 400, sans certitude.

Mais deux dernières informations, qui ne sont pas des détails, sont encore fournies par Ammien lui-même. Dans le récit de sa fuite d'Amida, en 359, dans des conditions romanesques, Ammien, qui a dû parcourir de longues distances à pied, évoque son état d'épuisement physique et laisse échapper un commentaire touchant de naïveté : « Étant de bonne naissance, je n'y étais pas habitué » (19, 8, 6) ! Ammien est donc un aristocrate et l'aveu de son inaptitude à la marche prolongée indique qu'il juge naturelle la hiérarchie sociale de la société du IVᵉ siècle avec ses préjugés. En tout cas, rien ne permet d'affirmer avec certitude, même si l'hypothèse est séduisante, qu'Ammien appartenait au milieu des curiales, ni qu'il s'était engagé dans l'armée pour fuir les lourdes responsabilités financières liées à ces charges municipales.

Ammien conclut son *Histoire* par ce qu'on appelle la *sphragis* ou « signature », passage qui s'ouvre par ces mots fameux : « Tels sont les faits qu'en qualité d'ancien soldat et de Grec (…) j'ai retracés selon la mesure de mes forces » (31, 16, 9). Les derniers mots ne doivent pas leurrer le lecteur : l'auteur ne fait là que recourir à une forme stéréotypée de conclusion (ou d'introduction d'ailleurs) visant à réclamer l'indulgence de la postérité pour l'œuvre présentée comme un essai malhabile. Il s'agit de ce que Ernst Curtius, dans *La Littérature européenne et le Moyen Âge latin*, appelait le « topos de la modestie affectée ». Il ne faut donc pas prendre cette modestie affectée au pied de la lettre.

En réalité, Ammien proclame avec force son indépendance. D'abord à l'égard de l'armée, qu'il a quittée et sur laquelle il peut désormais porter le regard d'un démobilisé, d'un ancien (*quondam*) soldat, jadis aux premières loges, aujourd'hui dégagé de toute obéissance. Ensuite à l'égard de la ville de Rome, qu'il admire, mais dont il n'est pas le citoyen. De même que Tacite, dans la préface des *Histoires*, expliquait que sa carrière ne devait rien aux empereurs dont il allait rapporter le règne, cherchant ainsi à éloigner tout soupçon d'*obsequium*, de servilité, et à faire la preuve de son indépendance totale d'esprit, Ammien veut souligner devant son public sa position en quelque sorte excentrée et ainsi le convaincre de sa propre indépendance.

Il faut, en outre, prendre l'affirmation « en tant que Grec » au sens le plus fort des mots comme une revendication ou une affirmation culturelle d'identité. Ammien montre qu'il sait le grec, sans pédanterie, mais avec fierté. Dans la digression sur les éclipses, il précise par des mots grecs, avec pertinence, juste après avoir prononcé le nom du grand astronome grec Ptolémée, ce qu'il n'a pu dire qu'approximativement en latin (20, 3, 4 : « les nœuds écliptiques montants et descendants », c'est-à-dire les points de rencontre des astres). Même s'il est probable que la citation de Ptolémée ne soit pas de première main, ce passage démontre toute la satisfaction qu'éprouve l'historien à faire preuve de sa compétence linguistique. De la même manière, chaque fois qu'Ammien est amené à donner un équivalent lexical grec, il le fait en s'incluant dans une première personne du pluriel : « Ce que nous appelons en grec (…) » (cf. 14, 11, 18 ou 17, 7, 11). Il faut lire là une fière proclamation de ses origines.

Le grec est la langue des philosophes, ce qu'Ammien assurément n'est pas, mais ce que cherchait à être son héros Julien. Au livre 30, Ammien prend un plaisir non dissimulé à insister sur le point que l'échange entre le philosophe Iphiclès et l'empereur Valentinien se tint en langue grecque (30, 5, 8-10). Alors que le latin était la langue officielle non seulement de l'administration impériale mais encore de la cour, Iphiclès incarne le courage intellectuel de celui qui ne craint pas de s'adresser au pouvoir, à travers la personne de son représentant le plus élevé, dans la langue de son art. Valentinien est en même temps présenté, lui qui est doté de cette compétence linguistique somme toute assez rare chez un empereur, sous un jour bien plus favorable que son frère l'inculte Valens. Alors que chez Eutrope par exemple, telle ou telle traduction grecque de mot latin (« comète » ; « apoplexie »), faisait davantage une impression de pédantisme que de réelle culture, chez Ammien le grec relève de l'identité patriotique et culturelle.

Être grec signifie, en effet, aux yeux d'Ammien, affirmer fièrement son origine orientale et mettre en valeur le fait que le grec est sa langue maternelle. L'historien justifie ainsi les nombreux hellénismes, stylistiques et lexicaux, qui émaillent ses écrits, mais ne cherche pas pour autant à les excuser. Ils font partie de son écriture, de sa « patte », comme les archaïsmes l'étaient chez Salluste. Un examen attentif de leurs occurrences tend d'ailleurs à montrer que ces grécismes ne constituent pas des maladresses, mais plutôt des effets de style, souvent signifiants. Ils enrichissent récits et descriptions, voire des analyses psychologiques, sans jamais les alourdir comme on l'a trop souvent écrit.

Il ne faut pas non plus inférer de cette revendication d'identité hellénique l'ignorance d'Ammien en matière de culture latine – il connaissait bien la littérature latine – ni faire de son latin la langue d'un écolier malhabile, hésitant et parfois tortueux. À l'inverse le latin d'Ammien est savant, sa langue élaborée, son style extraordinairement travaillé. Les résultats des études récentes sur Ammien invitent aujourd'hui à considérer comme d'heureuses trouvailles ce que la critique plus ancienne jugeait être des maladresses ou des approximations. Ammien était sans doute parfaitement bilingue, et le latin, s'il n'a pas été sa langue maternelle, a au moins été une seconde langue, apprise très tôt dans son parcours scolaire. Imaginer qu'Ammien ait pu écrire une œuvre de l'ampleur des *Res Gestae* (il ne s'agit pas d'un thème latin de quelques pages…) dans une langue qu'il ne possédait pas parfaitement relève de l'illusion. Des auteurs modernes ont certes écrit d'excellents ouvrages dans une langue qui n'était pas leur idiome de naissance (on songe par exemple à Jorge Semprun), mais, précisément, ce sont de grands écrivains et leur maîtrise du français remonte à leurs années de formation.

La Grèce d'Ammien, c'est l'entité intellectuelle gréco-romaine constituée par l'Empire réunifié au IVe siècle et que lui-même a connu placé sous l'autorité d'un seul Auguste, Julien. Plus qu'aux modèles historiographiques grecs, Thucydide ou Polybe, *Graecus* renvoie aux traditions hellénistiques et romaines et doit être pris dans un sens intellectuel plutôt que national. Il ne faut pas oublier non plus que depuis la victoire du christianisme, concrétisée pour Ammien par la victoire de Théodose sur l'usurpateur Eugène en septembre 394 lors de la bataille du Frigidus, *Graecus* est synonyme de païen. C'est le cas dans la littérature chrétienne, par exemple chez saint Jérôme, et Ammien assume sans doute son hellénisme comme un paganisme.

LES *RES GESTAE* : CONTENU ET DATATION DES 31 LIVRES

L'ORDRE CHRONOLOGIQUE
ET LA RÉPARTITION DE LA MATIÈRE HISTORIQUE

Le propos d'ensemble d'Ammien était d'offrir une histoire anna-listique qui prendrait la suite de l'œuvre de Tacite dont les *Histoires* s'achevaient avec la fin du règne du dernier des Flaviens, Domitien (96) : les anciens eux-mêmes ne donnaient pas à ce terme une défini-tion parfaitement rigoureuse ni univoque – ce sont les modernes qui opposent par exemple les *Annales* de Tacite et ses *Histoires*, distinction que ne faisait pas saint Jérôme, à la fin du IVe siècle, pour lequel Tacite avait écrit une œuvre continue en 30 livres de la mort d'Auguste à celle de Domitien –, mais, dans l'ensemble Ammien range les événements année après année (même si un livre ne coïncide pas plus que chez Tite-Live avec une année pleine) et les ordonne selon la chronologie (cf. les indications programmatiques très claires de 15, 1, 1 et 16, 1, 2), ce qui est une différence fondamentale avec le genre biographique, qui, depuis au moins Suétone, ordonne sa matière par rubriques, *per spe-cies*. Ammien considère que la répartition des événements par saison (hiver/été) est la plus naturelle parce qu'elle est conforme à la grande tradition initiée en Grèce par Thucydide et imitée par tous les annalis-tes latins. Le système n'est d'ailleurs pas fondamentalement différent de la pratique qui consiste à suivre les années consulaires. Ammien respectera cette façon de faire dans la majeure partie des livres, seuls peut-être les derniers (26-31) faisant partiellement exception.

Selon l'historien lui-même (31, 16, 9), son œuvre commençait avec le règne de Nerva et son ultime livre, le 31, s'achève en 375 pour les événements de la partie occidentale de l'Empire et en 378, avec la défaite de Valens contre les Goths à Andrinople en 378 pour la partie orientale. De ces 31 livres, nous ne possédons plus, mais sans lacune importante, que les livres 14 à 31. À vrai dire, le texte subsistant d'Ammien nous est transmis par un seul manuscrit, le *Vaticanus lati-nus* 1873, du IXe siècle (provenant du monastère de Fulda, il fut trouvé en 1417 par le Pogge qui en fit don à la bibliothèque Vaticane), les autres manuscrits étant tous d'époque récente (XVe siècle) et dérivant du premier. Par rapport à Tite-Live, pour lequel nous ne possédons plus guère que le quart des cent quarante-deux livres qui constituaient son *Histoire Romaine*, Ammien fait figure de privilégié.

LES LIVRES PERDUS

Les livres 1 à 13, perdus, contenaient le récit des événements de 96 à 353, soit un arc chronologique de 257 ans, ou encore une vingtaine d'années par livre si l'on fait un calcul sommaire. Il est évident que cette répartition n'est pas la bonne et que la densité du récit devait grandir au fur et à mesure que l'on s'approchait du IIIᵉ siècle. Ce phénomène peut parfaitement s'observer dans l'*Histoire Nouvelle* du païen Zosime qui écrit en grec, au VIᵉ siècle, une histoire qui donne en un seul livre, le premier, les règnes des empereurs d'Auguste à l'avènement de Dioclétien, soit de 27 avant J.-C. à 284 après J.-C., tandis que son livre 2 ne s'étend plus que sur une cinquantaine d'années, du règne de Constantin (305) à la mort de Gallus en 354. On peut donc supposer que la matière d'Ammien s'étoffait au fil du récit. Le contraste entre la partie perdue de l'œuvre et la partie subsistante est donc frappant puisque cette dernière, soit 18 livres, est consacrée aux années 353-378, très exactement un quart de siècle. Ce type de déséquilibre dans la répartition du volume ne gênait pas les anciens, à preuve le même phénomène dans l'œuvre historique de Tite-Live. Ce dernier, en effet, dans la préface de son livre 31, s'affole de l'ampleur que prend désormais son récit. Il s'étonne en effet d'avoir consacré quinze livres aux deux premières guerres puniques, de 264 à 201 avant J.-C., un laps de temps de 63 années, soit autant qu'aux 488 années couvertes par les quinze premiers livres de son *Histoire* de 753 à 264 avant J.-C.

Il n'est guère possible de préciser à partir de quel moment le récit d'Ammien ralentissait pour devenir réellement détaillé. Était-ce à partir de l'avènement de Constantin en 306 ? Ou plutôt à partir de 284, date de l'avènement de Dioclétien, qui est aussi le moment à partir duquel Zosime devient de son côté plus complet ? Les anciens eux-mêmes voyaient dans le règne de ce Prince une période nouvelle, tant en raison des nombreuses réformes administratives entreprises par Dioclétien, l'inventeur du système tétrarchique (partage de l'Empire entre deux Augustes et deux Césars qui lui étaient subordonnés), que par une forme nouvelle d'exercice du pouvoir, plus autocratique et théocratique qu'auparavant. Les allusions faites par Ammien laissent entendre que son récit du règne des Antonins comportait déjà des digressions. En 14, 4, 2, l'historien rappelle ainsi qu'il a déjà décrit les mœurs des

Sarrasins dans l'histoire de Marc Aurèle ; en 22, 9, 6, il indique clairement avoir rapporté, dans une digression incluse dans le récit du règne
de Commode, l'arrivée à Rome, pendant la seconde guerre punique, de
l'image (*simulacrum*, dans le texte, doit désigner la Pierre Noire) de
la déesse Cybèle ; en 25, 8, 5, Ammien affirme avoir raconté l'attaque
de la cité d'Hatra, en Perse, par Trajan (en 117) et par Septime Sévère
(en 198-199). La partie perdue de l'œuvre d'Ammien comportait donc
déjà de nombreux détails pour le ${\rm II}^e$ siècle, voire des digressions.

Quoi qu'il en soit du rythme de la narration des premiers livres,
la répartition décrite ci-dessus prouve l'intérêt privilégié de l'historien pour la période contemporaine, dont il a été en partie le témoin,
et, on le verra, à l'intérieur de cette même période, pour le règne de
Julien, César puis Auguste. On ne peut savoir quel jugement prononçait Ammien sur les empereurs des trois premiers siècles. Tout au plus
quelques allusions dans les livres conservés permettent-elles de deviner
qu'il n'appréciait guère Dioclétien (284-305), accusé d'avoir instauré
le premier à la cour le rituel de l'*adoratio*, c'est-à-dire la pratique qui
consistait à saluer l'empereur comme un roi, voire un dieu, alors que
jusqu'à lui les princes se contentaient de la *salutatio* ordinaire prévue
pour les gouverneurs de province (15, 5, 18). Il n'appréciait pas non
plus l'empereur Gallien (260-268) – ce qui n'a rien de surprenant et se
trouve conforme à l'image de ce Prince que livre l'auteur de l'*Histoire
Auguste* dans la *Vita Gallieni*, vision qui n'est cependant pas parfaitement conforme à la pure vérité historique –, Gallien dont il rappelle au
passage la cruauté extrême (21, 16, 9) et surtout la détestable habitude
qu'il avait de se déguiser, de hanter les tavernes de Rome et de ques-
tionner les passants, de nuit, dans les rues de la capitale, afin de savoir
quelle opinion ils avaient de leur Prince (14, 1, 9). Pareil comportement est prêté à d'autres tyrans, de Caligula à Héliogabale, en passant
par Néron, ce qui montre en quelle compagnie Ammien rangeait le
débauché Gallien. Il est plus délicat de savoir ce qu'Ammien pensait
de Constantin. Julien – mais Ammien partageait-il ces griefs ? – tient
contre son ancêtre des propos sévères, lui reprochant entre autres
d'avoir le premier permis l'accès au consulat de barbares, d'avoir été,
en matière législative, un dangereux révolutionnaire et d'avoir jeté le
désordre dans la tradition reçue des ancêtres (21, 10, 8) tandis que lui-
même se vante d'avoir rétabli l'ordre ancien. Outre que le fait n'est
pas sûr (aucun nom de barbare n'est relevé dans les Fastes consulaires
avant 355), la charge de Julien relève plus de la propagande julienne
contre Constantin que des convictions propres d'Ammien.

À l'inverse les empereurs conquérants sont généralement cités avec faveur par Ammien, par exemple Septime Sévère, loué pour avoir remporté des trophées sur les Perses (23, 5, 17) et surtout Trajan, dont Ammien rappelle la campagne le long de l'Euphrate (*ibid.*) ou encore la soumission de l'Arabie en province romaine (14, 8, 13) en idéalisant largement d'ailleurs la prise de Ctésiphon en 116 ou l'annexion en 106 de la région de Bostra. Mais, au fond, ce sont Hadrien et surtout Marc Aurèle qui recueillent les plus grands éloges de la part d'Ammien, essentiellement parce que Julien en a fait ses modèles. Du premier, Julien cherchait à imiter l'esprit religieux qui lui permettait, grâce à la divination et à la consultation des présages (cf. 25, 4, 17), d'entrer en communication avec la divinité. Ammien ne reproche pas à Julien sa foi en la divination, mais semble regretter simplement ses excès superstitieux en ce domaine. L'exemple d'Hadrien vient ainsi à l'appui de l'éloge de l'esprit religieux de Julien, préoccupé d'établir une communication entre la divinité et les mortels. Du second, Marc Aurèle, Julien s'inspire pour se forger une image de Prince philosophe et soldat. Pour lui, Marc Aurèle est un modèle de comportement qui l'inspire jusque dans ses dernières paroles, empreintes d'une forme toute stoïcienne d'acceptation de la destinée humaine (25, 3, 15). L'accord est ici profond avec les convictions intimes d'Ammien lui-même qui mentionne à plusieurs reprises le règne de Marc Aurèle avec faveur. Citons seulement encore ce passage (21, 16, 11) dans lequel l'historien oppose la cruauté de Constance II, impitoyable dans la poursuite de ses ennemis, avec la clémence de Marc Aurèle qui n'avait pas voulu même connaître, en 175, les noms des complices de l'usurpateur Avidius Cassius et avait déchiré les documents qui les lui révélaient.

LES LIVRES CONSERVÉS : RÉSUMÉ DES LIVRES 14 À 31

Livre 14

Il contient les événements d'août 353 à juillet 354. Constance II, le fils de Constantin, est empereur (337-361), mais Ammien braque son projecteur sur les affaires d'Orient sous le César Gallus. Ses excès de cruauté, à Antioche, le feront assassiner, à 29 ans, après quatre années seulement de règne et le récit de sa décapitation, présenté comme la vengeance d'une des filles de la Justice, Adraste ou Némésis, clôt le livre. En parallèle, selon son habitude, Ammien livre le récit des événements d'Occident sous Constance II. C'est pour lui l'occasion d'un tableau des vices de la noblesse romaine dépravée, préoccupée uniquement de ses plaisirs et livrée à l'indolence et à la paresse. Les incursions de barbares occupent dans ce livre une place importante, celle des Isauriens et des Sarrasins notamment. De son côté, Gallus monte une expédition contre les Alamans qui ravageaient les Gaules et, après avoir envisagé de traverser le Rhin, préfère accorder la paix aux Alamans.

Livre 15

Il contient les événements de décembre 354 à décembre 355. Après une brève préface répondant à ses détracteurs qui lui reprochaient d'être trop long, Ammien narre les campagnes de Constance II contre les Alamans et sa victoire sur les Lentiens, tribu alamanique massacrée par l'empereur (belle digression consacrée alors au Rhin). Un Franc, Silvanus, qui commandait l'infanterie romaine en Gaule, est poussé à la suite d'une manœuvre de ses amis – une lettre falsifiée – à usurper le pouvoir en partie malgré lui (11 août 355). Il est assassiné, en même temps que ses complices, 28 jours plus tard (le 7 septembre). À Rome, une sédition populaire naît de divers prétextes (arrestation du cocher Philoromus et de Pierre Valvomère, pénurie de vin) ; elle est apaisée par Léontius, Préfet de Rome. Le pape Libère est déposé. À Milan, Julien est nommé César par son cousin Constance II qui prononce un discours en sa faveur. Il est chargé de défendre les Gaules. L'arrivée de Julien est l'occasion d'une digression sur les Gaulois : leur origine ; leur nom ; les Alpes gauloises et les routes qui permettent de les traverser ; description des Gaules et du cours du Rhône ; mœurs des Gaulois. Le livre s'achève par la nomination de Musonianus comme Préfet du Prétoire d'Orient.

Livre 16

Il contient les événements de janvier 356 à août 357. Il est presque entièrement consacré aux campagnes de Julien en Gaule, de la prise de Cologne, arrachée aux Francs, et du siège de Sens, où Julien est enfermé pendant un mois et dont il parvient à s'extraire avec brio, à la grande victoire finale lors de la bataille de Strasbourg. La tonalité du récit, très favorable à Julien, est donnée d'emblée par un éloge du César. Éloge de l'eunuque Eutherius, chambellan de Julien et digression sur quelques eunuques fameux dans l'histoire. Tableau de la cour de Constance en Orient traversée de délations et de calomnies ; le Prince lui-même, comme les tyrans du passé, vit dans l'angoisse d'être assassiné. Constance II signe un traité de paix avec les Perses avant d'entamer un voyage à Rome où il fait une entrée solennelle en 357. L'émotion de l'empereur devant les splendeurs de l'*Vrbs* est l'occasion pour Ammien de passer en revue ses monuments les plus fameux. En Gaule, Julien prend la ville de Saverne et met en déroute les sept rois des Alamans placés sous les ordres de Chonodomaire. Ses interventions personnelles (discours et aristies) décident du sort favorable de la bataille.

Livre 17

Il contient les événements de l'automne 357 à l'été 358. Julien, après sa victoire, consolide les frontières romaines sur le Rhin et parachève son œuvre en massacrant des pillards francs et en allégeant les tributs auxquels étaient soumis les Gaulois. À Rome, Constance II fait dresser dans le Grand Cirque un obélisque transporté depuis Thèbes. Ammien donne à cette occasion la traduction grecque des hiéroglyphes qui figuraient sur un autre obélisque, plus ancien, lui aussi placé dans le Cirque. Échange de lettres entre le roi des Perses, Sapor, et Constance II à propos des revendications respectives des deux puissances sur l'Arménie, région tampon entre les deux Empires. Destruction de la ville de Nicomédie par un tremblement de terre (24 août 358) et digression sur l'origine des séismes. De nouveaux succès, militaires et diplomatiques, de Julien en Gaule attisent la jalousie des courtisans de Constance II à son égard. Julien, basé à Sirmium, franchit le Danube pour contrer les menées des Sarmates et des Quades : succès romains. En Orient, les députés de Constance auprès de Sapor échouent dans leur tentative de paix.

Livre 18

Il contient les événements de l'hiver 358 à l'été 359. Julien continue à accumuler les succès militaires en Gaule : il occupe sept villes gauloises ; il franchit le Rhin, dévaste le territoire des Alamans et contraint cinq de leurs rois à se soumettre. Tandis que Julien, inspiré « par la prévoyance divine », engrange les bénéfices de sa politique militaire, Constance II subit une véritable « tempête révolutionnaire » : le plus haut officier de l'armée, le commandant en chef de l'infanterie, Barbation, est exécuté par Constance, avec son épouse Assyria, après avoir comploté contre le Prince. En Orient, la menace perse se fait de plus en plus sensible. La trahison d'Antoninus, un ancien marchand devenu officier de l'armée romaine chargé des finances puis garde du corps de l'empereur, détermine Sapor à entrer en guerre. Ursicin est remplacé par Sabinianus et rappelé tardivement au secours de l'Orient. Accompagné par Ammien, il quitte Nisibe pour Amida. Les Perses pénètrent en Mésopotamie romaine tandis que les Romains se réfugient dans leurs places fortes. Ursicin et Ammien sont surpris par les Perses avec sept cents cavaliers romains et s'enfuient. Description de la place d'Amida sur les bords du Tibre et reddition de deux places fortes romaines, Reman et Busan.

Livre 19

Il contient les événements de juillet 359 à l'automne 359. Les deux tiers environ du livre sont occupés par le siège d'Amida. Portrait du roi Sapor venu aux portes de la citadelle réclamer, plein de présomption, la reddition des Romains. Assauts perses contre la citadelle et résistance énergique des Romains. Ammien livre sa vision du « tumulte de la guerre ». Héroïsme d'Ursicin dont les entreprises sont contrées par le commandant de la cavalerie Sabinianus. Les assiégés sont victimes d'une épidémie de fièvre ; digression sur les causes et les formes diverses de fièvres. Nouvelle attaque perse, en surface et par des galeries souterraines. Sortie meurtrière et nocturne de Gaulois. Affrontements mécaniques : scorpions romains contre balistes perses. Les Perses finissent par entrer dans la place au moyen de terrasses appuyées sur les murailles. Ammien s'enfuit de nuit et gagne Antioche après plusieurs épisodes romanesques. Sort atroce réservé par les Perses aux officiers prisonniers. Pendant ce temps, Rome est en proie à une pénurie de blé et la plèbe se soulève. Révolte des Sarmates. En Orient, à Scythopolis, ont lieu de nombreux procès pour lèse-majesté. Répression des Isauriens.

Livre 20

Il contient les événements du début de 360 à l'été 360. Le livre débute par l'expédition en Bretagne de Lupicin contre les Pictes et les Scots et une digression sur les éclipses solaires et lunaires. Mais son sujet central est l'élévation de Julien au rang d'Auguste par ses troupes, à Lutèce. Julien réagit en promettant à ses soldats de justes rétributions et la fin des promotions imméritées ; il rapporte également à ses proches sa vision du Génie du Peuple romain. En Mésopotamie, Sapor s'empare des places fortes de Singare, dont la population est déportée, et de Bézabde ; il échoue néanmoins devant Virta. Julien propose par écrit à Constance II un partage des pouvoirs ; refus de ce dernier qui engage Julien à se contenter du titre de César. Succès militaire de Julien au-delà du Rhin, contre les Francs attuaires. En

Orient, Constance II échoue dans sa tentative de reprendre Bézabde. Ses hommes sont épouvantés par diverses manifestations météorologiques. Brève digression sur l'origine des arcs-en-ciel.

Livre 21

Il contient les événements de l'hiver 360 à l'été 361. Julien, à Vienne, a achevé la pacification des Gaules et brûle du désir d'en découdre avec Constance II. Il célèbre ses cinq années de règne (quinquennales). Des songes prophétiques lui annoncent la mort imminente de Constance. Développement sur les techniques de divination. Afin d'être populaire, Julien feint d'être chrétien et assiste à un office le jour de l'Épiphanie. Révolte du roi des Alamans Vadomaire et réaction de Julien : arrestation du chef barbare et raid éclair au-delà du Rhin. Harangue de Julien à ses troupes à qui l'empereur demande de lui prêter un serment de fidélité durable. Départ de l'armée en direction des Pannonies. En Orient, Constance II se marie en secondes noces avec Faustine et achète par des présents de toutes sortes les rois d'Arménie et d'Hibérie. Pour parer à toute attaque des Perses, Constance II franchit l'Euphrate et concentre ses troupes à Édesse. Julien lance sa grande offensive de l'été à travers les Rhéties et l'Italie du nord. Sirmium se soumet à Julien et les légions de Constance passent dans son camp. Julien assiège les troupes de Constance II stationnées à Aquilée. Harangue de Constance à ses troupes avant l'affrontement avec Julien. Alors qu'il avait quitté Antioche pour rencontrer son rival, Constance II meurt, des suites d'une fièvre, à Mopsucrène en Cilicie, non sans avoir le temps de désigner Julien comme son successeur. Portrait bilan de Constance II.

Livre 22

Il contient les événements de l'hiver 361 à l'été 362. Julien entre sans rencontrer de résistance à Constantinople et prend le pouvoir sur l'Empire romain dans sa totalité. Condamnations prononcées contre les partisans de Constance II. Julien rétablit l'ordre dans le palais impérial en expulsant notamment les eunuques et en remettant la discipline militaire en vigueur. Il affiche désormais ouvertement son paganisme et rétablit le culte des dieux païens. Activité judiciaire et diplomatique intense de Julien. Digression géographique et ethnographique sur les Thraces et les régions voisines du Pont. Julien se rend à Antioche, après avoir accordé des aides à la cité de Nicomédie détruite par un tremblement de terre. Il y passe l'hiver tout en rendant la justice et en faisant preuve de clémence. À Alexandrie l'évêque Georges est lynché par la population qui lui reproche son sectarisme. Julien prépare son expédition contre les Perses mais fait preuve d'une dévotion superstitieuse et excessive. Incendie du sanctuaire païen de Daphné : Julien incrimine à tort les chrétiens. Julien écrit contre les habitants d'Antioche un pamphlet intitulé le *Misopogon* (*L'Ennemi des barbes*). Découverte d'un bœuf Apis à Alexandrie. Longue digression sur l'Égypte et ses merveilles.

Livre 23

Il contient les événements du début 363 au 3 avril 363. À Antioche, Julien, qui gère son quatrième consulat, achève les préparatifs de son expédition contre les Perses. Plusieurs prodiges sont interprétés comme des signes défavorables à l'expédition parthique. Le 5 mars, départ de l'armée pour Hiérapolis, puis la Mésopotamie. Traversée de l'Euphrate sur un pont de bateaux et arrivée à Batné, en Osrhoène. Brève étape à Carrhes ; songe funeste de Julien ; prodige de la mort de son cheval interprété favorablement. Arrivée par l'Euphrate de la flotte romaine constituée de mille vaisseaux. Digression sur les machines de guerre romaines. Nouveau récit du franchissement de l'Euphrate (le Khabour) à hauteur de Cercusium. Passage à Zaïthan et marche vers Doura. Prodige du lion gigantesque abattu par les soldats et mort d'un soldat du nom de Jovien frappé par la foudre ; querelle entre les haruspices (défavorables à l'expédition) et les philosophes (sceptiques et rationalistes) au sujet de l'interprétation de ces deux présages. Julien harangue ses troupes : il raffermit le courage de ses hommes en leur brossant un historique rapide des succès romains contre les Perses. Longue digression sur la Perse : son histoire, la géographie de ses dix-huit provinces ; histoire des mages et de la magie ; description de l'Arabie, de l'Hyrcanie, des Bactriens, des Scythes, de la Chine ; description des différents peuples de la Perse ; les origines des perles.

Livre 24

Il contient les événements du 7 avril au 15 juin 363. Nouveau récit de la progression de l'armée de la frontière jusqu'à Doura. Premier succès : prise du fort d'Anathan. Progression de l'armée sur l'Euphrate : prises de plusieurs places et première escarmouche avec les Perses. Arrivée à Macépracta où le fleuve se partage en deux bras. L'armée franchit le bras nord qui conduit à Ctésiphon (le Naarmalcha) et entreprend le siège de la cité importante de Pirisabora, située entre les deux bras du fleuve. Aristie de Julien et reddition de la citadelle. Harangue de Julien qui calme les soldats mécontents de la modicité des sommes promises. Digression sur les amours des palmiers. Siège et prise de Mahozamalcha ; le commandant de la garnison, Nabdatès, est fait prisonnier. Partage du butin et comportement digne de Julien avec les prisonnières. Marche en direction de Ctésiphon et massacre des animaux dans un parc royal. Prise d'un fortin grâce à une aristie de Julien. Traversée du Tigre rendue difficile par ses rives escarpées et la défense acharnée des Perses. Les Romains prennent position sous les murs de Ctésiphon. Sacrifice manqué de dix taureaux au dieu Mars. Julien fait brûler ses vaisseaux, renonce au siège de Ctésiphon et décide de progresser vers l'intérieur de la Médie. La tactique perse de la terre brûlée contraint les Romains à battre en retraite. Un tourbillon de poussière au loin semble annoncer l'arrivée de l'armée perse.

Livre 25

Il contient les événements du 16 juin 363 au 17 février 364. Les Perses harcèlent les Romains qui souffrent des restrictions de ravitaillement et se replient en direction du nord-ouest. Exploits individuels de certains officiers ; désertions d'autres ; indulgence de Julien à leur égard. Description des soldats perses bardés de fer, les cataphractaires, et des éléphants. Julien a une double vision : le Génie du Peuple romain s'éloigne de lui ; une comète traverse le ciel. Attaque des Perses et imprudence de Julien qui combat sans cuirasse. Il est frappé au foie d'un coup de lance. Ramené sous sa tente, il meurt après avoir adressé à ses proches des propos philosophiques. Portrait bilan de Julien : ses qualités et ses défauts. Après d'âpres débats, Jovien, chef des *protectores*, est présenté drapé dans le costume impérial aux soldats qui l'acclament en croyant, abusés par la ressemblance des noms, qu'il s'agit de Julien rétabli. L'armée romaine bat en retraite et repasse le Tigre. Sapor entame les négociations de paix et Jovien accepte des conditions infamantes : il livre notamment aux Perses Nisibe et Singare. Désespoir des habitants de Nisibe contraints à l'exode. Ammien accuse la Fortune d'être injuste. Arrivée de Jovien à Antioche et départ pour Constantinople. Il inaugure son consulat (1er janvier 364) à Ancyre et meurt accidentellement à Dadastana. Portrait de Jovien.

Livre 26

Il contient les événements de février 364 à mai 366. Réponse d'Ammien à divers détracteurs et justification de sa décision de poursuivre le récit d'une période bien connue de ses contemporains. Choix de Valentinien pour succéder à Jovien. Digression sur l'année bissextile. Élection de Valentinien à Nicée, accueillie favorablement par les soldats. Allocution du nouvel empereur. À Rome, Apronianus réprime par la peine de mort les coupables d'empoisonnement. À Constantinople, Valens, frère de Valentinien, est associé au pouvoir et proclamé Auguste ; il est en charge de la partie orientale de l'Empire. Les Alamans passent la frontière et entrent en Gaule. En Orient, tentative d'usurpation de Procope et réaction de Valentinien qui envoie Dagalaifus contre les Alamans, jugeant prioritaire de réagir contre les barbares. Histoire de Procope sous Julien et Jovien. Son usurpation lamentable et ridicule et sa proclamation en catimini par le Sénat de Constantinople. Procope réduit la Thrace et la Bithynie, malgré les réactions de Valens. Procope s'empare de Cyzique et, ivre de ses succès, sombre dans l'indolence. Abandonné par les siens, il est finalement livré à Valens qui le fait exécuter. Répression impitoyable contre les partisans de Procope. L'inflexibilité de Valens.

Livre 27

Il contient des événements échelonnés entre 365 et 370. Les Alamans répandent la dévastation dans les Gaules ; ils font périr les comtes Charietto et Sévérianus. Jovin, maître de la cavalerie, massacre plusieurs troupes d'Alamans. Luttes à Rome pour le siège épiscopal entre Damase et Ursin. Digression sur les Thraces à l'occasion de l'expédition de Valens contre les Goths. Guerre de Valens contre les Goths et conditions auxquelles l'empereur, après trois années de lutte, leur accorde la paix. Valentinien fait nommer empereur son fils Gratien, encore enfant. Le caractère sauvage et colérique de Valentinien. Révolte des Pictes et des Scots en Bretagne ; mesures prises par le comte Théodose. L'Afrique est en proie, depuis le début du règne de Valentinien, à des révoltes de tribus barbares. Mesures équitables prises à Rome par le Préfet de la Ville, Prétextat. Valentinien combat avec succès, au-delà du Rhin, le roi des Alamans Vithicabe. À Rome, préfecture du prétoire de Probus ; son caractère implacable. Après une période de calme dans ses relations avec Rome, Sapor, le roi des Perses, cherche à s'emparer à nouveau de l'Arménie et de l'Hibérie ; il fait arrêter, torturer et exécuter le roi d'Arménie Arsace et chasse d'Hibérie le roi Sauromace, allié des Romains.

Livre 28

Il contient des événements dispersés entre 363 et 377. À Rome, Maximin accède à la préfecture de l'annone, puis à la vice-préfecture de Rome ; sa carrière passée et son caractère cruel. Il fait subir la torture à de nombreux nobles et organise de grands procès contre de nombreux Romains accusés d'empoisonnement, de débauche ou d'adultère. L'effroi que causent ces exécutions à Rome. Maximin est promu Préfet du Prétoire. Ses successeurs continuent à agir avec la même iniquité ; exécution d'Aginatius. Valens fortifie la frontière rhénane, de la Rhétie jusqu'à la mer. Massacre de soldats romains au-delà du Rhin par les Alamans. En Syrie, des brigands, les Maratocuprènes, se livrent à des pillages. Valens les fait massacrer. Le général Théodose s'illustre en Bretagne. Retour à Rome et récit des événements sous les préfectures urbaines d'Olybrius et d'Ampélius ; tableau des excentricités et des vices de la noblesse romaine livrée à ses plaisirs ; goût de la plèbe romaine pour la débauche et les spectacles. Les Saxons, après avoir traversé la Manche, ont envahi la Gaule ; les Romains les font tomber dans une embuscade. Valentinien se préoccupe alors des Alamans ; il envoie contre eux les Burgondes. Rappel des événements de Tripolitaine, en Afrique, entre 363 et 377 ; rapines et meurtres commis par les Austoriani qui menacent même Lepcis ; le comte Romanus dissimule la vérité à Valentinien.

Livre 29

Il contient des événements de 371 à 375. Escarmouches et trêve en Arménie entre Romains et Perses. Complots contre la vie de l'empereur Valens. Le notaire Théodore est soupçonné d'aspirer à l'Empire ; il est accusé du crime de lèse-majesté et exécuté. Procès et exécution de nombre de ses complices supposés, parmi lesquels le philosophe Simonidès ; l'abréviateur Eutrope, lui aussi incriminé, est absous. Procès et condamnations à la suite d'accusations de magie. Climat de terreur à Antioche et en Orient ; caractère inflexible de Valens. En Occident, Valentinien, colérique, commet de nombreux actes de cruauté. Il fait néanmoins preuve d'une combativité louable, outre-Rhin, contre le roi des Alamans Macrianus. Il ne peut s'emparer de lui en raison de l'indiscipline des soldats. Événements d'Afrique de 372-375 : révolte du Prince maure Firmus ; intervention de Théodose l'Ancien qui pacifie en fin de compte la Maurétanie. Sur le Danube, soulèvement des Quades et des Sarmates qui massacrent deux légions romaines ; les barbares sont vaincus en Mésie par Théodose le Jeune, le futur empereur. À Rome, préfecture urbaine de Claudius et fin heureuse d'une grave inondation.

Livre 30

Il contient les événements de 373 à 375. Valens fait enlever, puis assassiner Pap, le roi d'Arménie. Échanges d'ambassades entre le roi des Perses Sapor et Valens sur l'Arménie et l'Hibérie. Le Préfet du Prétoire Maximinus pousse Rémigius au suicide. Valentinien conclut la paix avec les Alamans. Tableau sans complaisance du milieu des tribunaux et des avocats. Au début de 375, Valentinien quitte Trèves pour les bords du Danube et séjourne à Carnuntum ; il franchit le fleuve et massacre les Quades. Divers prodiges assombrissent l'empereur. Valentinien reçoit les délégués des Quades qui provoquent sa colère ; il meurt « comme foudroyé », d'un coup de sang. Les origines de Valentinien ; résumé de son action au pouvoir. Tableau de ses défauts : cruauté, cupidité et envie. Tableau de ses qualités, parmi lesquelles le rétablissement de la discipline militaire, la chasteté et la tolérance religieuse. Le fils de Valentinien, Valentinien le Jeune, est proclamé empereur à l'âge de quatre ans.

Livre 31

Il contient les événements qui se déroulent de 375 à 378, essentiellement en Orient. La défaite de Valens contre les Goths et sa mort par le feu sont annoncées par des présages. Digression sur les Huns, les Alains et les peuples barbares de la Scythie. Les Goths sont chassés de leurs territoires par les Huns, passent le Danube et s'installent, avec l'accord de Valens, et non sans avoir juré leur soumission, en Thrace. Le peuple goth des Tervinges se révolte contre les Romains et défait Lupicinus ; bref historique des défaites romaines contre les barbares. Massacres et destructions commis en Thrace par les chefs goths Suéridus et Colias. Richomer prend le commandement général des troupes romaines contre les Goths. Saturninus est envoyé par Valens porter assistance aux généraux Trajan et Profuturus qui sont défaits. Les Goths se répandent dans l'ensemble de la Thrace. Succès du général Frigéridus. En Rhétie, reddition des Alamans ; victoire de Gratien à Argentaria. Il tente de rejoindre son oncle Valens en Orient. Valens livre bataille aux Goths avant l'arrivée de Gratien. Il est défait, le 9 août 378, à Andrinople, par les Goths de Fritigern. Valens est tué, mais son corps reste introuvable. Portrait bilan de Valens : ses qualités et ses défauts. Les Goths tentent en vain d'assiéger Constantinople, puis se retirent. Acte de cruauté d'un auxiliaire sarrasin sur un barbare ; ordre donné par le maître de milice Julius de massacrer de jeunes Goths révoltés. Signature d'Ammien.

LA DATE DE RÉDACTION DES 31 LIVRES

Les *Res Gestae* ont été rédigées et publiées en différentes phases, sans que l'on doive maintenir à toutes forces le classement traditionnel par groupes de trois (triades) ou de six livres (hexades) qui se révèle, au fond, assez artificiel, sauf pour les derniers livres, dont la cohérence est réelle (26-31). Plusieurs chronologies ont pu être proposées. Quelques points d'appui permettent les conclusions suivantes. Les livres 1 à 14 doivent être datés avant 384, comme le laisse entendre la mention « il n'y a pas bien longtemps » appliquée à la mesure de Symmaque, alors Préfet de la Ville, qui chasse de Rome les étrangers de passage à cette date même (cf. 14, 6, 19). Le livre 21 (10, 6) mentionne la préfecture urbaine d'Aurélius Victor, placée en 388-389 : il est donc postérieur à cette date. Le livre 22 ne mentionne pas, dans la digression consacrée à l'Égypte, la destruction du Sérapéum d'Alexandrie, qui eut lieu en 391 : il est donc antérieur à cette date. Les livres 17 à 19 peuvent être placés avant 388, tandis que les livres 20 à 22 doivent l'être avant 391. Quant aux livres 23-25, on les place généralement avant 392.

Une allusion plutôt flatteuse au règne de Théodose (29, 6, 15) peut faire penser que cet empereur, décédé en 395, est vivant au moment où le livre 29 est rédigé. Très récemment, l'éditeur des livres 29-31 dans la Collection des Universités de France, Guy Sabbah, voyait dans le climat d'angoisse et d'incertitude qui baigne cette partie des *Res Gestae* l'indice d'une rédaction contemporaine de l'usurpation d'Eugène, qui eut lieu entre le 22 août 392 et le 6 septembre 394. Le livre 31, quant à lui, aurait été rédigé entre la fin de l'année 394 et le début de 395, après la mort de Théodose.

LA CONSTRUCTION DU DISCOURS HISTORIQUE

SOURCES ET DOCUMENTATION

Ammien offre, pour tous les livres parvenus jusqu'à nous, le témoignage littéraire le plus développé parmi la documentation historique conservée. Cela signifie qu'il ne se contente jamais de résumer une autre source connue, mais qu'il a enrichi les auteurs qu'il a pu suivre d'un certain nombre d'ornements personnels. En outre, il a été le contemporain de la plupart des événements rapportés. Si on le fait naître vers 330, il a, en effet, vingt-trois ans à la date à laquelle commence son récit du livre 14, le premier des livres conservés, l'âge d'être le témoin même lointain des événements.

Les sources grecques

Au contraire de ce que l'on peut faire pour une partie non négligeable de l'œuvre de Tite-Live, qui, dans la troisième décade, suit et traduit parfois simplement Polybe, aucune œuvre antérieure ne peut, dans le détail, être rapprochée des *Res Gestae*. La théorie en vogue dans la seconde moitié du XIXe siècle, à l'époque de la *Quellenforschung* (« recherche des sources ») triomphante, à l'âge d'or de la philologie allemande, était de considérer qu'un historien se contentait dans tous les cas de suivre une source unique – qui pouvait changer d'une période traitée à une autre – et qu'il la reproduisait servilement. L'une des conséquences de cette théorie – on l'appelait la loi de Nissen (1839-1912), du nom d'un célèbre philologue allemand spécialiste de Tite-Live et de Tacite – était de priver l'historiographe de toute liberté ou de toute intervention sur ses sources. On sait aujourd'hui que la vérité est très éloignée de cette façon de concevoir l'écriture historique à Rome et qu'un César, un Tite-Live, un Tacite même, ne se privent jamais de modifier, d'adapter, voire de falsifier leurs sources. L'étude des déformations historiques volontaires imprimées par les historiographes fait même partie désormais des méthodes d'approches indispensables. La critique littéraire se doit ainsi d'intégrer ce facteur dans ses analyses de ce qui constitue bel et bien un « art » – pour reprendre les mots du titre de la célèbre thèse de Michel Rambaud sur les *Commentaires* de Jules César – chez les historiens anciens. Une bonne méthode consiste ainsi à partir de la comparaison des sources avant de se livrer à l'identification de ce qui appartient en propre à un auteur et, en fin de compte, de s'interroger sur les raisons, idéologiques, politiques ou artistiques de son choix.

La perte des treize premiers livres des *Res Gestae* interdit malheureusement de se prononcer sur les sources suivies par Ammien pour cette période. La logique voudrait que pour les événements du IIe siècle et du IIIe siècle, Ammien ait consulté les deux plus importantes sources grecques pour cette période, Dion Cassius et Hérodien. Le premier avait écrit une histoire détaillée et bien informée, des origines jusqu'en

229 (consulat de l'empereur Septime Sévère). Mais de l'œuvre de Dion Cassius en 80 livres, écrite dans les trente premières années du IIIe siècle, nous ne possédons plus, pour les années 47 à 229 (les livres 61 à 80), qu'un résumé assez succinct réalisé par un moine byzantin, Jean Xiphilin. Aucun parallèle textuel ne permet de décider si Ammien avait ou non eu connaissance de Dion Cassius et la question, en l'absence du texte d'Ammien, ne peut être résolue. Hérodien, quant à lui, avait rédigé une histoire des successeurs de Marc Aurèle jusqu'en 238 (avènement de Gordien). Quelques détails sont communs à Ammien et à Hérodien : par exemple l'indication que l'empereur Commode avait coutume de chasser des fauves dans l'amphithéâtre ou qu'il y avait massacré cent lions (cf. Ammien 31, 10, 19 et Hérodien 1, 15, 16). Mais l'anecdote était si connue qu'elle ne nécessitait pas de recourir à une source écrite. L'*Histoire Auguste* la rappelle aussi de son côté (*Comm.* 8, 5 et 13, 5) et il paraît de plus en plus probable aujourd'hui que le biographe n'a pas eu recours à Hérodien. L'utilisation d'Hérodien par Ammien demeure donc une question sans solution.

Pour les livres conservés, dans le domaine grec, on a avancé les noms de Dexippe et de son continuateur Eunape de Sardes. Dexippe est un général athénien valeureux puisqu'il défendit avec succès sa patrie contre les envahisseurs Hérules en 267. Ce soldat est aussi un homme de lettres qui composa des *Scythica*, une histoire des invasions gothiques sous les empereurs Gallien et Aurélien. Sa *Chronique*, de taille plus modeste, allait jusqu'à la mort de l'empereur Claude le Gothique, en 270. Elle a sans doute servi de source factuelle à l'auteur de l'*Histoire Auguste* jusqu'aux règnes de Valérien et de Gallien inclus. Rien ne permet néanmoins d'assurer que l'allusion, somme toute rapide et vague, à la grande invasion des Scythes de 268 que fait Ammien en 31, 5, 15 provienne de Dexippe, mais nous ne possédons plus de ce dernier que de trop maigres fragments pour autoriser des jugements définitifs. Quant à Eunape, le problème est encore plus complexe. En effet, la date de publication de son *Histoire Nouvelle* dans sa première forme (une première édition donc) est sujet de polémiques nombreuses et nourries dont l'écho emplit de nos jours encore les colonnes des revues spécialisées. Eunape, qui ne dissimule pas des convictions païennes militantes, prenait la suite de Dexippe pour écrire les événements de 270 à 395, puis jusqu'en 420. Nous ne possédons que quelques fragments dispersés de son œuvre, mais son contenu peut être savamment déduit du résumé simplifié (notamment du point de vue de la langue) et parfois déformé de manière malhabile qu'en fait le grec Zosime qui le transcrit de très près au VIᵉ siècle. On a relevé avec pertinence que certains fragments d'Eunape, sans doute tirés de préfaces intermédiaires, offraient avec Ammien Marcellin de troublantes coïncidences portant sur des professions de foi méthodologiques. Eunape et Ammien ont en effet en commun de proclamer haut et clair leur exigence de vérité (on peut par exemple comparer les fragments n°1, 28, 73 et 75 d'Eunape avec Ammien 18, 8, 2 ; 27, 4, 2 ou 31, 16, 9) à laquelle l'historien doit se vouer avant toute chose. Mais le motif pourrait être plutôt emprunté à un fonds rhétorique commun que dénoter une véritable et consciente imitation. En outre, la date probable de la publication de la première édition d'Eunape, en 395, après la mort de Théodose, rend difficilement soutenable l'hypothèse qu'Ammien aurait suivi l'*Histoire* d'Eunape comme source.

Les sources latines

Parmi les sources latines d'Ammien figure peut-être le problématique Marius Maximus. Les témoignages épigraphiques et papyrologiques attestent l'existence d'un consul ordinaire pour l'année 223 (sous Alexandre Sévère) qui porte ce nom, ce que confirme Dion Cassius. Ammien Marcellin lui-même (28, 4, 14) se plaint du dégoût de ses contemporains pour l'effort intellectuel et de leur passion exclusive pour les lectures frivoles, par exemple les vers de Juvénal ou les œuvres de Marius Maximus. Finalement, la seule source qui présente Marius Maximus comme un historien est l'*Histoire Auguste*. Cette dernière mentionne en effet à de multiples reprises Marius Maximus comme l'auteur d'une série de biographies impériales allant de Nerva à Héliogabale. On se fonde donc parfois sur ces citations – pieusement réunies sous le nom de Marius Maximus dans des recueils de fragments qui font autorité depuis le XIXᵉ siècle – pour faire de ce dernier un émule de Suétone, amateur de détails croustillants sur la vie privée des princes, auteur de neuf biographies (en douze livres, à cause de Suétone) : Nerva, Trajan, Hadrien, Antonin le Pieux, Marc Aurèle (deux livres), Commode, Pertinax, Septime Sévère (trois livres) et Héliogabale ou, de manière à renforcer le parallèle avec Suétone, de douze biographies, les neuf précédemment citées auxquelles on ajoute pour faire le compte Didius Julianus, Caracalla et Macrin. Comme on peut déduire des citations de l'*Histoire Auguste* que Marius Maximus achevait plutôt sa collection avec Héliogabale, on le fait vivre sous son prédécesseur Alexandre Sévère, ce qui coïncide avec les attestations sur le consul de 223.

Ce montage paraît donc cohérent et convaincant. Il néglige néanmoins les faits suivants. L'*Histoire Auguste* invente, on l'a vu plus haut, de nombreuses autorités historiques pour donner du crédit à ses propres affabulations : Aurélius Vérus, Statius Valens, Fabius Marcellinus ou encore le mystérieux Cordus. Ailleurs, le biographe fait d'auteurs réels, des poètes ou des rhéteurs, des historiens ou des biographes. C'est le cas pour un dénommé Palfurius Sura, cité comme historien dans la *Vie de Gallien*, alors que nous ne le connaissons, grâce à Suétone et Juvénal, que comme orateur ou poète, ou encore pour Gargilius Martialis, présenté dans la *Vie d'Alexandre Sévère* comme un biographe de ce Prince, alors que la tradition le connaît uniquement comme un auteur de traités d'agriculture ! Bref, la tentation est forte de penser que l'*Histoire Auguste* a procédé de même pour Marius Maximus, transformé en biographe et allégué comme source fictive afin d'orner des garanties nécessaires au récit historique des allégations plus ou moins fantaisistes. Il se pourrait bien que Marius Maximus dût être rangé, avec ses congénères, dans la catégorie de ce que les Anglo-Saxons appellent les « bogus authors », les auteurs inventés, et les spécialistes de l'*Histoire Auguste*, reprenant un terme inventé par son auteur (*Quadrige des tyrans* 1, 2), les « mythistoriens ».

Les sources des livres 23-25 (l'expédition perse)

Les livres 23-25 d'Ammien posent la délicate et controversée question des sources pour le récit de l'expédition de Julien contre les Perses. Il est indéniable qu'il existe entre ces livres et le livre 3 de l'*Histoire Nouvelle* de Zosime de nombreux et troublants parallèles. La difficulté s'accroît en raison de l'incertitude qui règne sur la chronologie respective de la parution des livres en question d'Ammien et de l'œuvre d'Eunape de Sardes, source de Zosime. Selon une thèse émise en 1870 et longtemps acceptée, Eunape (dont nous n'avons plus sur cette période que les fragments 19-23) et Ammien seraient indépendants l'un de l'autre et suivraient pour cette période, chacun de leur côté, une source commune, le rapport (Eunape, fragment 8, lui donne le nom de *hupomnèma*) du médecin personnel de Julien, Oribase, celui-là même qui l'aurait soigné au soir de sa blessure mortelle. Mais on ne peut écarter l'idée qui consiste à penser que les parallèles entre Eunape-Zosime et Ammien s'expliquent simplement par le fait qu'Oribase et Ammien ont été des témoins oculaires des événements rapportés.

Il semble en outre qu'il faille abandonner la piste Magnus de Carrhes comme source d'Ammien. Cet officier participa lui aussi à l'expédition perse et on a voulu retrouver son nom sous celui du tribun Magnus signalé par Ammien (24, 4, 23) et Zosime (3, 22, 4) comme étant l'un des premiers assiégeants à pénétrer dans la citadelle de Mahozamalcha par un passage souterrain. Nous possédons en effet un fragment de Magnus de Carrhes conservé par le chronographe byzantin Malalas (*Fragmenta Historicorum Graecorum* Müller, vol. 4, p. 4-6), mais si des parallèles existent avec Ammien, les divergences l'emportent sur les ressemblances. On a enfin avancé comme source possible d'Ammien des rapports d'état-major, une espèce de journal de campagne qui aurait contenu toutes les précisions chiffrées avancées par Ammien. En fait, tout cela demeure assez évanescent et même la thèse de l'influence possible de Commentaires écrits par Julien lui-même rencontre aujourd'hui beaucoup de scepticisme. L'empereur n'aurait, en effet, rédigé qu'un récit de la bataille de Strasbourg et non de l'ensemble de ses campagnes.

La dernière source littéraire d'Ammien dont il faut bien envisager l'influence est une source inconnue, de nature annalistique. Cette thèse, qui remonte à des travaux du milieu du siècle dernier, trouve depuis quelques années de nouveaux partisans. Quel que soit le point terminal de cette œuvre, que l'on déplace de 366 à 383, elle a pu être lue par les différents historiens qui ont traité de l'expédition perse dans les dernières années du IVe siècle. Ammien, Eunape, le Pseudo-Aurélius Victor auteur de l'*Epitome de Caesaribus* ont pu lire cet ouvrage, parfois attribué à Nicomaque Flavien (ces travaux sont antérieurs à la découverte qui assimile l'*Histoire Auguste* aux *Annales* de Nicomaque Flavien). L'auteur de l'*Histoire Auguste* aussi et peut-être même l'abréviateur Eutrope. Ainsi s'expliquent les parallèles entre ces auteurs et certaines notations idéologiques communes, par exemple le blâme adressé à Jovien pour avoir abandonné de nombreux territoires aux Perses après la mort de Julien (Ammien et Eutrope ont à ce propos en commun plusieurs *exempla* destinés à montrer ce que l'attitude de Jovien eut d'antipatriotique) ou encore une nette coloration prosénatoriale, compréhensible chez les auteurs latins, mais présente également de manière plus surprenante chez Eunape-Zosime.

Les informateurs d'Ammien

Étant donné que les événements narrés dans les livres conservés couvrent une période que l'on peut qualifier de contemporaine d'Ammien, on ne doit pas écarter des sources de l'historien les informations orales ou écrites que lui ont fournies ses relations ou ses amis. On est ainsi amené à supposer que le milieu antiochéen et surtout les officiers du corps des *protectores*, auquel appartenait Ammien, ont été de précieux informateurs. Mais la méthode de la *Quellenforschung* s'appuyant avant tout sur des parallèles textuels précis, elle ne peut en aucune manière s'appliquer en l'espèce. On en est donc réduit à des conjectures.

Parmi ces informateurs potentiels, le plus important est le grand chambellan Euthérius. Julien lui adresse une lettre (*epist.* 69) qui révèle qu'il était païen. C'était surtout un homme de confiance de Constance II devant qui Euthérius défendit Julien des accusations que portait contre lui Marcellus, furieux que l'empereur l'ait relevé de son commandement après qu'il eut refusé de porter secours à Julien assiégé à Sens (16, 7, 1-3). Cette défense de Julien par Euthérius est suivie d'un portrait flatteur de l'eunuque arménien (16, 7, 6-8). Cet éloge est étonnamment développé et on peut même y lire des traits qui ressemblent à certaines qualités fondamentales de l'empereur idéal aux yeux d'Ammien et qu'Euthérius aurait inculquées à Julien. Par exemple, il est doté d'une mémoire exceptionnelle (ce qui aurait pu être utile à l'historien…), cultivé, maître de soi, nullement enclin à la cupidité mais porté à l'honnêteté et à la droiture, qualités auxquelles il exhortait Julien. Sa sobriété, son refus des plaisirs préfigurent un trait essentiel du comportement de Julien. Euthérius n'hésitait pas, enfin, à corriger Julien sur certains points, lui reprochant notamment sa légèreté (*leuitas*) orientale, défaut dont le contraire est cette qualité foncièrement romaine si prisée d'Ammien, la *grauitas*. Julien nommé Auguste fit appeler Euthérius auprès de lui à Constantinople. Il est donc tentant, à la suite de Guy Sabbah, de faire d'Euthérius un informateur privilégié d'Ammien. Parce que le chambellan avait pu être le témoin privilégié de l'intimité de Julien, de son passé gaulois à sa gloire d'Auguste pendant les mois passés dans la capitale orientale, parce qu'une affinité intellectuelle réelle devait exister entre Euthérius et Ammien, ainsi que le montre l'éloge du personnage, un échange d'informations entre les deux hommes fut effectivement possible, mais, la moindre trace de ces conversations ayant disparu, il est impossible d'aller plus loin.

Un autre type d'informateur potentiel d'Ammien est fourni par un haut personnage de l'Empire, Eupraxius. Originaire de Maurétanie césarienne, il était archiviste impérial (*magister memoriae*) de Valentinien en 367, particulièrement bien placé donc, à l'instar d'Eutrope sous Valens en 369, pour avoir accès aux archives du règne qu'il contribuait d'ailleurs à enrichir lui-même en rédigeant notes et documents pour l'empereur ou en son lieu et place. Son nom est cité à trois reprises dans les *Res Gestae*. Une première fois en 27, 6, 14, il salue avec enthousiasme l'avènement de Gratien et se voit gratifié par Ammien d'un portrait louangeur, confirmé en 27, 7, 6. En 28, 1, 25, enfin, il s'oppose à la cruauté de Valentinien en faisant preuve, dans le conseil privé du Prince (*consistorium*), d'une liberté de parole soulignée et appréciée par Ammien, car c'est là qualité de philosophe, la *parrhèsia*. Ce faisant, Eupraxius appuie une requête déposée par plusieurs membres du Sénat, dont Prétextat. Les sympathies intellectuelles d'Ammien le conduisent à souligner le courage politique des sénateurs intervenant pour tenter d'adoucir la cruauté de Valentinien qui avait décidé de soumettre des sénateurs à la torture. Mais surtout Eupraxius pourrait avoir guidé Ammien vers les documents officiels entreposés dans les archives publiques et, en l'occurrence, vers ce rapport des sénateurs eux-mêmes dont Guy Sabbah a montré qu'il était à la source du récit de toute l'affaire qui débute en 28, 1, 8. Il est notable, en effet, qu'en 28, 1, 15, Ammien fasse référence à ces documents d'archives, source la plus complète et la plus fiable, et qu'en 28, 1, 30 il regrette l'absence de tout document (*documentum*) avant de se lancer dans le récit de la mort d'Aginatius pour lequel il se contente, tout en le déplorant, de suivre une source orale (*fama*).

Ammien et les archives officielles

Les archives impériales sont ainsi nommées à plusieurs reprises dans les *Res Gestae* : 16, 12, 70 (des déclarations de Constance II figurent dans les *tabularia publica*, mais rien n'indique qu'Ammien les a lues effectivement, il peut y faire ici une simple allusion, d'ailleurs malveillante) ; 28, 1, 15 (les procès intentés sous Maximin furent si nombreux que même les documents officiels et les actes juridiques déposés dans les archives officielles ne suffiraient pas pour en rendre compte : Ammien ne les a donc pas consultées). On ne tirera donc pas de ces deux passages de trop doctorales conséquences. On sait que les historiographes anciens suivent en général une source principale dont ils taisent le nom et que les *auctores* invoqués servent à donner des garanties au lecteur sans que ces citations constituent le moins du monde la preuve que l'historien les a lus. Ce procédé, bien connu, a même été poussé jusqu'à la caricature par l'auteur de l'*Histoire Auguste* qui invoque des garants d'autant plus assurés et nombreux qu'il tire de sa propre imagination les faits qu'il est en train de rapporter. L'historien peut ainsi fournir des éléments qui tiendront lieu de preuve de sa bonne foi ou des garanties sur sa méthode historique aux yeux des lecteurs sans qu'il ait eu effectivement recours à ces sources.

Les progrès en matière de *Quellenforschung* des historiens tardifs montrent qu'ils suivent en général une seule source principale, qu'ils complètent selon les besoins, lorsque l'information désirée manque ou que la source en question s'arrête. C'est vrai pour les abréviateurs, Eutrope par exemple, qui n'avait pas ouvert sur sa table de travail, au moment de résumer l'histoire romaine de Romulus à Jovien (11 siècles !), tous les historiens les plus fameux du passé ni toutes les archives dont il pouvait disposer, mais tout au plus, selon les périodes, deux ou trois histoires romaines déjà résumées, mais c'est vrai également des historiographes dont les œuvres sont plus ambitieuses. Il arrivait à Tite-Live de suivre exclusivement Polybe en de longs passages ; Zosime ne fait que récrire Eunape en un grec moins ampoulé et plus abordable ; l'auteur de l'*Histoire Auguste*, dans les pages narratives de ses biographies, ne suit qu'une seule source, ou deux, en même temps. Si l'on applique ce schéma à Ammien, il faut en conclure que la multiplicité des influences littéraires, si elle contribue largement à la construction d'un discours historique personnel, n'explique pas la source de toute l'information de l'historien. Cette source n'est sans doute pas unique. Ammien disposait d'une palette fournie : les documents officiels et les sources orales ne doivent pas être exclus. Mais les parallèles nombreux entre Ammien et les sources contemporaines (les abréviateurs, Eutrope, l'*Epitome de Caesaribus* et la *Chronique* de Jérôme notamment) incitent à faire d'Ammien, plus qu'un lecteur assidu des archives impériales, un homme de lettres dialoguant avec les intellectuels païens et chrétiens contemporains, cet échange prenant même parfois la forme de la polémique.

LES PRINCIPES HISTORIOGRAPHIQUES D'AMMIEN

L'exigence de vérité

Deux passages d'Ammien – dont le second est capital puisqu'il clôt l'ultime livre des *Res Gestae* – semblent faire assez clairement allusion à la préface générale perdue de l'ouvrage. En 18, 8, 2 et en 31, 16, 9 l'historien rappelle qu'il s'est engagé à écrire « une œuvre qui fait profession de vérité », *opus ueritatem professum*. La première mention de la formule intervient pour justifier le recours aux souvenirs personnels de l'auteur, plus sûrs pour décrire les Thraces que les sources livresques. L'autopsie servirait donc la vérité. La seconde occurrence s'accompagne d'une dénégation : l'historien s'interdit le mensonge, qu'il soit délibéré (*mendacium*) ou le fruit de l'omission (*silentium*). Cette profession de ne jamais taire la vérité trouve par exemple sa confirmation dans le refus d'Ammien de passer sous silence la lâcheté et l'ivrognerie de ces deux escadrons de cavaliers qui laissent par négligence passer vingt mille Perses derrière les lignes romaines à proximité d'Amida : « Il se produisit une affaire terrible et déshonorante qu'il faudrait ensevelir dans un profond silence » (18, 8, 1). À en croire ces déclarations, l'historien obéirait à des principes historiographiques dignes de l'histoire positiviste moderne. Ammien se veut ainsi le digne successeur de Tacite dont la préface aux *Histoires* revendique pour l'historien la liberté de parole.

L'historien doit fonder son récit sur des données sûres : l'autopsie, on l'a dit à propos de la description des Thraces, est l'un des fondements de la « véracité » d'une description, au même titre que le recours à des lectures (cf. 18, 8, 2 et 22, 8, 1 : *uisa uel lecta quaedam perspicua fide monstrare*, « présenter de manière claire et fidèle certaines informations, fruit de mes observations ou de mes lectures »). « Mon récit ne sera pas de ceux que dispose avec art le mensonge ingénieux, mais de ceux où s'exprime l'incorruptible véracité de l'histoire (*fides integra rerum*), fondée sur des preuves évidentes » (16, 1, 3). Alors qu'Ammien dresse un tableau accablant des vices, du libertinage et de la licence des aristocrates romains, il ressent le besoin de fournir les causes de cette course effrénée au plaisir, comme si l'explication intellectuelle garantissait la véracité du tableau : « Des étrangers qui liront peut-être ces pages, par une heureuse fortune pour moi, pourront, je pense, s'étonner, alors que mon histoire en est venue à exposer les affaires de Rome, de n'entendre parler que d'émeutes, de tavernes et autres misères de ce genre : aussi vais-je brièvement en mentionner les causes, étant résolu à ne m'écarter nulle part de la vérité de mon propre chef » (14, 6, 2).

Remonter aux causes dernières relève d'une démarche rationaliste qui impose de dénier toute véracité aux récits fabuleux. Au nom de la *fides*, de la véracité que garantissent des documents sûrs, Ammien récuse le mythe. Ainsi reproche-t-il à Hérodote, sans le nommer, de céder aux facilités de la fable lorsqu'il rapporte qu'à Doriscos, à l'embouchure de l'Hèbre, Xerxès, en 480, au cours de la seconde guerre médique, fit dénombrer ses troupes en les enfermant dans des enclos.

L'apostrophe est sans appel : « Jusques à quand, Grèce éprise de légende, nous conteras-tu qu'à Doriscos, la place de Thrace, on recensa les armées en les enfermant par bataillons dans des enclos ? » (18, 6, 23). Ammien oppose ici une *Graecia fabulosa* (celle dont Hérodote se fait le relais trop zélé) aux témoignages incontestables, « qui ne recèlent ni doute ni incertitude ». Ce type de source seul apporte *fides* au récit, lui donne sa crédibilité et en ce sens Ammien se montre l'héritier de Polybe.

L'historien se doit de dépasser le mythe, voire de le relire à la lumière de la raison. En 359, l'arrière-garde romaine, sur les bords de l'Euphrate, est soudainement attaquée par une multitude de Perses « surgis on ne sait d'où ». Ammien est témoin oculaire de la scène, et il profite de l'expérience pour remettre en cause la véracité de la légende de Cadmos et des géants nés du sol après que le fils d'Agénor y eut répandu les dents du dragon qu'il venait de tuer. Sans citer ni les mythographes ni Ovide, il nie néanmoins leur relation mythique pour en donner une explication rationaliste : « Cet exemple nous fait croire que les fameux autochtones ne sont pas sortis du sein de la terre, mais qu'ils ont été doués par la naissance d'une rapidité supérieure ; et c'est parce qu'on les apercevait contre toute attente en des endroits différents, qu'on les appela souvent "spartes" (c'est-à-dire hommes semés), et qu'on crut, l'antiquité se plaisant comme toujours aux exagérations fabuleuses (*uetustate ut cetera fabulosius extollente*), qu'ils avaient surgis de la terre » (19, 8, 11). Les mots latins sont éclairants : Ammien reproche aux histoires du passé de n'être que des fables dépourvues de tout crédit.

Cette recherche de la vérité historique se manifeste également par un certain scepticisme à l'égard des mythes les plus connus. Ammien ne recule pas devant une récupération de plusieurs épisodes célèbres de l'épopée grecque traditionnelle, par exemple ceux de la guerre de Troie, afin de donner à son propre récit une couleur épique plus marquée, mais l'exigence de vérité l'amène à des rectifications. Ainsi si les Grecs, devant Troie, sont victimes d'une grave sécheresse et périssent « en très grand nombre sous les traits d'Apollon », aussitôt Ammien précise « Apollon, en qui l'on voit le Soleil » (19, 4, 3). Sans aller jusqu'à parler d'évhémérisme, il faut rapprocher cette façon de faire d'une tendance de l'historiographie du IVᵉ siècle à s'éloigner de la vision mythique du passé, comme le fait par exemple Eutrope, qui dépouille, dans le livre 1 de son *Résumé d'histoire romaine*, la période des rois de toute coloration fabuleuse, ou encore Jérôme qui – pour des motifs de polémique religieuse contre les païens – explique que le cheval Pégase n'était rien d'autre que la figure de proue du navire de Bellérophon (*Chronique* 52 b d Helm). On n'aurait garde d'oublier enfin qu'Ammien cherche à donner une dimension scientifique à son œuvre et c'est l'un des rôles joués par les nombreuses digressions savantes qui émaillent les *Res Gestae*. Les pages sur les origines des tremblements de terre, qui empruntent leur matière à Aristote, à Anaxagore et à Anaximandre, mais aussi, dans le domaine latin, à Pline l'Ancien, ont notamment pour but de livrer une exégèse rationaliste d'un phénomène naturel qui soulève la curiosité, mais aussi à expliquer les épithètes traditionnelles données à Neptune. C'est le rôle joué par l'élévation des températures et l'abondance des eaux d'origine pluviale qui justifient ces épithètes poétiques : « Les effroyables phénomènes de ce genre se produisent quand les températures sont surchauffées ou que les eaux de pluie se sont trop abondamment déversées ; voilà aussi pourquoi les poètes et théologiens d'autrefois ont donné à Neptune, divinité de l'élément liquide, les noms d'Ennosigaeos (secoueur de la terre) et de Sisichton (ébranleur de la terre) » (17, 7, 12). Telle est aussi la mission de l'historien, dévoiler « les arcanes de la vérité » (17, 7, 9 : *ueritatis arcana*) sans craindre d'égratigner la mythologie afin de combattre l'ignorance du vulgaire.

L'exigence de vérité impose donc de recourir à des témoignages fiables, qu'ils soient garantis par la personnalité sans reproche de leur auteur, comme ceux du grand chambellan Euthérius, ou encore arrachés sous la torture, ce qui, selon une conception répandue dans l'Antiquité, constitue un gage de leur véracité (par exemple celui du dénommé Eusèbe : 15, 5, 13 ou encore ceux de Patricius et Hilarius qui ne dévoilent la vérité dans l'affaire dite du trépied – la tentative du notaire Théodore d'usurper l'Empire – qu'à partir du moment où le bourreau leur eut labouré les flancs : 29, 1, 28). Des documents incontestables servent de même l'exigence d'exactitude (ainsi la traduction grecque des hiéroglyphes qui figuraient sur l'obélisque du Grand Cirque de Rome ou les *relationes*, les rapports d'état-major), mais c'est l'approche rationaliste, remontant aux causes réelles et refusant les séductions de la mythologie, qui, aux yeux d'Ammien, satisfait le mieux les objectifs qu'il s'est fixés.

L'exigence de dignité
En de nombreux passages dispersés dans les *Res Gestae*, Ammien définit sa conception de l'histoire : seuls les faits importants sont

dignes d'être rapportés pour la postérité et la grande histoire ne saurait s'égarer dans le récit de minuties événementielles qui masquerait l'enchaînement causal des faits. Certains détails dont regorgent les archives ne méritent pas d'être retenus, car tout matériau n'est pas également historique ni ne possède en lui la dimension signifiante nécessaire pour intégrer le récit (28, 1, 15 : *non omnia narratu sunt digna* ; 28, 1, 2 : *memoria digna explanabo*) ; certains combats dont l'issue n'eut aucune influence sur le cours de l'histoire ne méritent pas d'être rapportés car « il ne convient pas d'allonger l'histoire par d'obscurs et infimes détails (*per minutias ignobiles*) » (27, 2, 10). L'historien revendique donc la liberté de choisir, dans la matière historique, les faits saillants qui donnent un sens au cours des événements qui est aussi le cours rectiligne de l'œuvre rédigée (28, 2, 12 : *rectum operis cursum*). Le détail masque la vérité – en outre aucun moyen sûr ne permet de donner par exemple le nombre des victimes d'une bataille (31, 5, 10) – tandis qu'une mise en ordre des événements majeurs (31, 5, 10 : *digerere summitates*) permet d'atteindre à une vérité supérieure, à une véracité digne de confiance, ce qu'Ammien appelle *integritas fida* (*ibid.*).

En fait, la position d'Ammien s'éclaire si on la replace dans le contexte littéraire du temps. Se développe dans les dernières années du IVe siècle une véritable polémique littéraire dont l'objet est la primauté du genre annalistique sur le genre biographique. Ammien illustre le premier, dans la grande tradition classique qui s'étend jusqu'à Tacite inclus. D'autres, à la même époque, traitaient sensiblement la même matière historique – les règnes des empereurs du IIIe siècle – en la répartissant différemment dans des biographies. Ce dernier genre obéissait, depuis Suétone, à de tout autres règles, faisant en particulier une large place à la vie privée des princes et à toutes sortes d'anecdotes plus ou moins frivoles.

Un écho de cette polémique se fait entendre dans les *Res Gestae*, en deux passages. En 26, 1, 1 tout d'abord, dans une brève préface à la dernière hexade de son œuvre, Ammien proteste de manière véhémente contre le goût de ses contemporains qui ont apparemment émis certaines critiques sur ses livres déjà parus reprochant à leur auteur de ne pas transcrire les propos de table des empereurs, de ne pas donner de détails sur les punitions infligées aux hommes de troupes, de ne pas avoir donné les noms de fortins insignifiants ou encore ceux des notables présents à telle ou telle cérémonie officielle (26, 1, 1). Ammien développe alors sa propre conception de l'histoire, aux antipodes de l'accumulation suétonienne de menus faits disparates et d'inégale signification. Rendre compte avec une fallacieuse exhaustivité des questions secondaires reviendrait à espérer compter les atomes qui volent dans le vide (*ibid.*). Contre une histoire totale, Ammien prêche pour une histoire signifiante. La filiation est tacitéenne et l'auteur des *Annales* a fourni à Ammien sa philosophie en même temps que les termes pour la décrire puisqu'en 13, 31, 1 ce dernier jugeait futile de mentionner des événements indignes (*pauca memoria digna euenere*) ou de remplir des volumes de faits secondaires tels que la description de la charpente de l'amphithéâtre élevé par Néron au Champ de Mars. À chaque genre littéraire sa spécificité : les faits saillants (*res inlustres*) ressortissent à la grande histoire, la seule empreinte de *dignitas*, tandis que les détails sans signification historique pourront dormir dans les archives (les *Acta diurna Vrbis*).

La pierre jetée par Ammien atterrit directement dans le jardin des amateurs de minuties croustillantes, dont deux au moins sont cités en 28, 4, 14, Juvénal, dont on rééditait les œuvres dans le dernier quart du IVe siècle – date également d'un commentaire des *Satires* que nous possédons encore, ce qu'on appelle les scholies – et Marius Maximus dont Ammien ne précise pas qu'il est biographe mais dont les écrits ne devaient pas avoir plus de profondeur que ceux du satiriste. En tout cas les lecteurs contemporains de ces deux auteurs sont considérés par Ammien comme des ennemis de la culture (*detestantes ut uenena doctrinas*) et de simples amateurs oisifs de divertissement.

Les recherches des spécialistes de l'*Histoire Auguste* et les analyses les plus récentes livrées par les éditeurs de ce corpus dans la « Collection des Universités de France » ont mis en évidence la propension de l'auteur anonyme de cette collection à citer Juvénal, à parodier son scholiaste et à rendre un hommage souvent suspect aux biographies de Marius Maximus. C'est par exemple à Juvénal 6, 385-388 que le biographe doit ses deux surnoms de « Pollio » et de « Capitolinus » ou encore au célèbre Virron de la satire 5 que l'auteur de la *Vie de Gallien* emprunte plusieurs traits de caractère peu flatteurs qui assimilent l'empereur à un débauché capricieux. On sait enfin, depuis les travaux de Ronald Syme, confirmés depuis par plusieurs études, que l'auteur de l'*Histoire Auguste* connaissait l'œuvre d'Ammien à laquelle il fait plusieurs allusions plus ou moins parodiques, par exemple à l'entame de la *Vie de Valérien* dans laquelle les lettres diplomatiques adressées à Sapor I par des rois barbares empruntent beaucoup à l'échange de lettres officielles entre Sapor II et Constance II au livre 17 d'Ammien. On peut donc légitimement se demander si l'attaque d'Ammien contre les amateurs de fantaisies légères ne vise pas directement l'*Histoire Auguste* et les plaisanteries, voire les forgeries, élaborées à cette époque par l'espiègle et érudit lettré dont les écrits commençaient alors à circuler dans les milieux intellectuels. La désinvolture du biographe ne pouvait que profondément heurter l'exigence de dignité de l'historien.

L'exigence démonstrative : une histoire édifiante

L'histoire n'est jamais simplement une narration. Si cette affirmation est devenue une évidence pour des modernes que la critique littéraire a convaincus que toute transposition dans les mots d'une réalité engage une interprétation, elle ne l'était pas pour les lecteurs des œuvres antiques jusqu'à il y a peu. Écrire l'histoire est une tâche qui, par essence, requiert avant tout des qualités d'orateur, avait écrit Cicéron dans le *De legibus* (1, 5).

Les missions de l'historien recouvrent donc parfaitement celles que ce dernier, dans l'*Orator* et le *De oratore*, assigne à l'orateur. Il doit accomplir trois missions, la première plus intellectuelle, « démontrer » (*docere*), les deux dernières plus affectives, « convaincre » (*mouere*) et « séduire » (*delectare*). L'élaboration formelle et l'exigence esthétique, parfois clairement revendiquées par Ammien (par exemple en 15, 1, 1 : *residua* […] *limatius absoluemus*, « le reste […] je l'achèverai d'un style assez soigné »), viennent au service de l'intention apologétique ou édifiante, on le verra plus en détail à propos de Julien. La démonstration historique s'appuie sur plusieurs procédés littéraires, qui sont des faits de langue, mais surtout sur le recours quasi systématique à l'*exemplum*, c'est-à-dire le précédent historique. Les *Res Gestae* sont ainsi émaillés de références à l'Antiquité grecque ou romaine, empruntées à la tradition littéraire et même scolaire la plus répandue, mais dont la signification est centrale. La conception historiographique d'Ammien rejoint ici celle de ses illustres prédécesseurs et celle de Cicéron : l'histoire est *magistra uitae*, c'est-à-dire qu'elle fournit des exemples – des actes admirables, *pulchra facinora*, l'adjectif devant être pris dans son double sens de « beau » du point de vue esthétique et éthique – à suivre et à méditer, sources du perfectionnement moral et éléments pragmatiques d'une morale théorique, celle des vertus romaines cardinales traditionnelles : courage (*uirtus*), combativité (*fortitudo*), respect de la parole donnée (*fides*), maîtrise de soi (*moderatio*) et condamnation des vices : abandon à la passion (*libido*), cupidité (*auaritia*), colère (*ira*) et cruauté (*crudelitas*). Ces qualités ne sont pas seulement des traits de caractère individuels, mais des vertus civiques, mises par des individus au service du développement et de la conservation de l'État romain. Qu'il soit empereur ou simple soldat, tout personnage des *Res Gestae*, du simple figurant au plus haut fonctionnaire, joue ainsi, à sa place, un rôle qu'Ammien veut édifiant.

L'exigence démonstrative : les *exempla* des livres 24 et 25

Avant de revenir à la fonction de ces *exempla*, je voudrais donner une idée de leur importance et de leur nature en établissant la liste suivante qui ne prend en compte que deux livres d'Ammien, 24 et 25, dont l'unité est constituée par l'expédition perse de Julien.

Livre 24 :

- 24, 1, 3 : Pyrrhus, roi d'Épire, ennemi de Rome et allié de Carthage au début du IIIe siècle avant J.-C., est un modèle en matière d'art militaire
- 24, 2, 16 : Scipion Émilien sape une porte durant le siège de Carthage en 146 avant J.-C.
- 24, 3, 5 et 24, 4, 24 : Fabricius est un général romain adversaire de Pyrrhus (vers 280 avant J.-C.) qui s'illustre par son désintéressement ; il est en outre protégé par le dieu Mars
- 24, 4, 5 : Manlius Torquatus, au IVe siècle avant J.-C., combattit un Gaulois immense et lui arracha son torque d'or
- 24, 4, 5 : Valerius Corvinus accepte le défi d'un Gaulois qu'il vainc en combat singulier grâce à l'aide providentielle d'un corbeau
- 24, 4, 27 : Julien adopte vis-à-vis des femmes le comportement vertueux d'Alexandre le Grand et de Scipion l'Africain
- 24, 6, 7 : exploit de Sertorius qui a traversé tout armé le Rhône à la nage en 105 avant J.-C. lors de la campagne de Marius contre les Cimbres et les Teutons
- 24, 6, 14 : évocation des exploits d'Hector et d'Achille et de ceux des héros des guerres médiques, Sophanès, Aminias, Callimaque et Cynégire

Livre 25 :

- 25, 1, 2 : exploit de Maur qui tente de sauver son frère Machamée mortellement blessé par les Perses (allusion probable à Nisus et Euryale, personnages de l'*Énéide*)

- 25, 1, 15 : allusion directe à Hasdrubal et à son rôle au cours de la bataille du Métaure (seconde guerre punique) en 207 avant J.-C.

- 25, 3, 8 : la mort de Julien est rapprochée de celle d'Épaminondas en 362 avant J.-C. au cours de la bataille de Mantinée (fin de l'hégémonie de Thèbes)

- 25, 3, 13 : évocation de Marcellus, héros de la deuxième guerre punique, de Dentatus qui remporta de multiples couronnes au ve siècle avant J.-C. et de Sergius, l'arrière-grand-père de Catilina et héros de la seconde guerre punique

- 25, 4, 2 : Julien est comparé à Sophocle pour sa chasteté (*castitas*)

- 25, 4, 15 : Julien est comparé à Alexandre le Grand pour son mépris de la richesse personnelle

- 25, 9, 10 : Publius Scipion (le futur Africain) reprend l'Espagne à Carthage (206 avant J.-C.) mais ne reçut pas le triomphe pour cet exploit ; de même pour Fulvius Flaccus qui reprit Capoue en 210 avant J.-C. et pour Opimius qui reprit la cité de Frégelles

- 25, 9, 11 : évocation des Fourches caudines, défilé proche de Bénévent dans lequel les Romains furent bloqués par les Samnites en 321 avant J.-C. : les consuls sont contraints de passer sous le joug avec leur armée ; les traités déshonorants signés par Albinus, battu en 110 avant J.-C. par Jugurtha en Numidie, et par Mancinus, à Numance en 136 avant J.-C., ne furent pas ratifiés par le Sénat.

Conclusion

Le recours par Ammien aux *exempla* revêt, dans l'ensemble de l'œuvre, une triple signification. Il cherche à magnifier le récit et à inscrire les exploits des contemporains d'Ammien – et en tout premier lieu ceux de Julien – dans la tradition héroïque la plus pure afin de prouver que le présent de Rome offre des illustrations de bravoure digne de l'Antiquité. Les hommes de Julien traversent ainsi le Tigre (24, 6, 5) en nageant à la même vitesse que les navires (*uelocitatem comitati sunt nauium*) et leur courage égale celui du grand Sertorius qui servait sous Marius. La matière historique d'Ammien n'a donc pas à rougir de celle dont disposait Plutarque, l'auteur d'une *Vie de Sertorius* vantant la robustesse physique et le courage moral du guerrier. L'*exemplum* exprime ensuite une continuité, celle de la lutte victorieuse de Rome contre les barbares, Gaulois ou Perses. Julien incarne ainsi à lui seul les espoirs d'Ammien en une forme de restauration de la grandeur passée d'une Rome victorieuse sur ses frontières. Enfin, le recours à l'*exemplum* sert le propos apologétique d'Ammien et lui permet de réhabiliter la mémoire de Julien dont les exploits doivent être mis sur le même plan que ceux des plus grands héros romains.

L'HISTORIOGRAPHIE RENOUVELÉE

Si Ammien, prenant la suite de Tacite, s'inscrit dans la tradition historiographique la plus prestigieuse et respecte le cadre annalistique traditionnel, aucun lecteur n'aura jamais la tentation de dire cette œuvre classique. Le long mépris dans lequel on l'a tenue s'explique par une espèce de prévention contre une langue, un style et même une composition dont on pressentait instinctivement qu'ils ne correspondaient pas aux codes habituels de l'historiographie. Le renouvellement des formes est réel chez Ammien, au point que des analyses pionnières, devenues depuis des études classiques, aussi fondées l'une que l'autre, de Jacques Fontaine et d'Éric Auerbach ont pu faire respectivement d'Ammien un « historien romantique » pour le premier et « un écrivain baroque » pour le second. La différence de ces appréciations – qui ne sont pas fondamentalement, loin s'en faut, divergentes ni exclusives – montre combien la diversité des tons et le mélange des genres caractérisent une œuvre polymorphe et parfois déroutante pour cette raison même.

LA VARIÉTÉ DES TONS DANS LES *RES GESTAE*

Le destin funeste de Julien : les livres 23-25

L'unité narrative de ces trois livres saute aux yeux puisqu'ils contiennent le récit de l'expédition perse, du franchissement du Khabour au début du livre 23 à la mort du protagoniste, Julien, à la fin du livre 25. On peut même aller jusqu'à dire que l'intention d'Ammien était de mettre en valeur ces trois livres consacrés à Julien – auxquels on ajoutera le livre 22 au cours duquel le César est désormais seul Auguste – au centre d'une composition savante qui oppose à ce sommet narratif les six livres (16-21) de la marche de Julien au pouvoir et de son opposition à son cousin Constance II d'un côté et de l'autre les six livres (26-31) de l'épilogue que constitue le règne de Valens et Valentinien conclu par le désastre d'Andrinople. La figure de Julien est placée en pleine lumière, entre les ombres des manœuvres de Constance qui cherche à éliminer un parent en qui il a vu très tôt un rival et celles de l'ignorance de Valens et de la cruauté de Valentinien.

Le récit des livres 23-25 progresse à la manière d'une tragédie. Le livre 23 contient les préparatifs de l'expédition et dispose le lecteur à ce qu'il va vivre. Ammien y campe le décor par le biais de deux digressions qui encadrent le récit des déplacements des troupes de Julien. Les anticipations des digressions donnent la dimension large qui manque encore à des manœuvres sans grande portée ni pittoresque en elles-mêmes. La guerre est rendue déjà présente à travers l'évocation plus poétique que technique des machines de guerre et la Perse est, par avance, visitée par la magie d'une description extrêmement détaillée des dix-huit provinces du royaume. L'auditeur d'Ammien voyage aux confins de la Perse en des régions que ni Ammien ni Julien n'ont jamais vues puisqu'aussi bien ni l'Arabie Heureuse ni la Chine ne seront jamais atteintes. La puissance et l'efficacité des engins de jet et des machines de siège gagnent à être suggérées de manière toute théorique étant donné que le siège de Ctésiphon n'aura finalement pas lieu ; le cœur de la Perse devait être évoqué avant l'entrée dans le royaume de Sapor puisque l'armée romaine ne s'aventurera que de quelques milles sur la rive gauche du Tigre. Le rêve ambitieux de Julien – réduire la nation perse – séduit certes et Ammien fait tout pour lui conférer quelque réalité par la magie des mots, mais le contraste avec la fin pitoyable de l'expédition et la reddition de Jovien donne une première coloration tragique à la triade.

Trois phases peuvent être distinguées dans le récit : les préparatifs, suivis d'une progression rapide et de premiers succès militaires ; un ralentissement à l'approche de Ctésiphon ; l'échec final avec d'abord une retraite dissimulée en marche vers l'intérieur et la mort de Julien ensuite. Les débuts sont donc prometteurs et les succès s'enchaînent au cours de la première phase. Les fortins pris à l'ennemi deviennent, au fur et à mesure que l'armée progresse le long de l'Euphrate, des places fortes : Anathan (24, 1), Pirisabora (24, 2) et enfin Mahozamalcha (24, 4). Les sièges sont de plus en plus longs et difficiles – le volume textuel qui leur est consacré de plus en plus grand – et les victoires glorieuses, la dernière place conquise étant même présentée de manière manifestement exagérée comme « une grande ville entourée de murailles puissantes ». Rien ne vient assombrir l'avenir ni tiédir l'enthousiasme de soldats galavanisés par une harangue de Julien prononcée à un moment crucial, la traversée du

Khabour (23, 5, 16-23 : cf. l'explication donnée de cette page en fin de chapitre). Il n'est pas jusqu'à une habile réduplication du récit de la traversée de la rivière qui ne permette de rejeter les avertissements et prodiges défavorables qui accompagnent cette traversée au livre 23 (5, 4 et 6 : lettre du Préfet des Gaules Salluste annonçant à Julien son trépas prochain ; rencontre du cadavre d'un fonctionnaire subalterne exécuté avec légèreté) et donc de les ignorer complètement lors du second récit de la traversée au début du livre 24. Une seconde harangue de Julien (24, 3, 4-7) calme les récriminations financières des soldats et rétablit la confiance entre le chef et la troupe ; la progression se fait en des régions riantes, entre des champs « fertilisés par des eaux abondantes » (24, 3, 10) ; l'armée se nourrit sur le pays de fruits de diverses espèces (24, 3, 12 ; 24, 6, 3). L'atmosphère est si légère qu'Ammien se permet une brève digression sur les amours des palmiers (24, 3, 12-13) dont la poésie souligne le climat serein dans lequel baigne l'expédition.

Après la prise de Mahozamalcha et surtout l'arrivée sous les murs de Ctésiphon débute une seconde phase, ponctuée par l'aveu des difficultés croissantes rencontrées par l'expédition : la marche se fait de plus en pénible en raison de la chaleur qui croît en même temps que le printemps s'installe ; les renforts attendus n'arrivent pas (24, 7, 8) et surtout la politique de terre brûlée pratiquée par les Perses (24, 7, 7) contraint les Romains à battre en retraite, manœuvre présentée comme une attaque de « la Chiliocome qui se trouve auprès de la Gordyène » (24, 8, 4). Ainsi s'achève le livre 24 et la seconde phase. La troisième constitue le triste dénouement : la mort de Julien. Mais ce terme est préparé par la multiplication des escarmouches perses, puis par les combats de harcèlement (25, 1-3).

Andrinople, aboutissement tragique des livres 29-31

Ammien avait peut-être conçu le plan général de son histoire des règnes de Nerva à Valens et Valentinien en trente livres afin de parfaire la comparaison avec Tacite dont l'histoire des empereurs de 14 à 96 – c'est-à-dire l'addition des *Annales* et des *Histoires* que l'on ne distinguait pas, on l'a vu plus haut, à l'époque – comportait, selon le témoignage précieux de saint Jérôme (*Commentarii in Zachariam* 3, 14, 1-2), précisément trente livres. Ce total a été dépassé et c'est probablement le dernier livre, le 31, qui est la cause de ce déséquilibre assumé. Ammien a été porté par son sujet même et a accordé au désastre d'Andrinople (9 août 378) une signification qui éclaire l'ensemble de son projet historique. Dans ce combat perdu par Rome disparaissait l'empereur Valens, dont le corps même ne sera pas retrouvé, ainsi que l'armée d'Orient entière. Le *limes* oriental éclate et les barbares s'installent en territoire romain. Quelque chose s'achève ici, l'espoir de voir Rome s'assurer l'éternité que l'alliance de *Virtus* et de *Fortuna* lui avait promise (14, 6, 3). Andrinople revêt pour Ammien les caractéristiques d'une catastrophe annoncée.

Car l'ambiance tragique de ce dernier livre naît de l'impression de fautes politiques commises par ceux qui ont l'État en charge. Trop d'erreurs se sont accumulées aux cours des cruciales années 371-378 : répression sanglante à la suite du complot du notaire Théodore qui aspire à l'Empire et tente de légitimer ses ambitions par la magie (29, 1-2) ; rébellion en Afrique du Prince maure Firmus (29, 5) ; échec de la politique romaine en Arménie qui conduit Valens à faire assassiner un allié potentiel contre les Perses, le roi Pap (30, 1) ; élection en 375 d'un Prince enfant âgé de quatre ans pour succéder à Valentinien (30, 10) ; décision de Valens d'autoriser les Goths à traverser le Danube et de s'installer en Thrace (31, 4, 5). Et, comme dans la tragédie, des signes nombreux viennent avertir les acteurs mais aussi les spectateurs impuissants de l'issue fatale. Valens, ivre de colère et de vengeance contre ses adversaires suspectés d'aspirer à l'Empire, les livre aux supplices, « ignorant la leçon de ce mot de Cicéron : "Malheur à ceux qui se croient tout permis !" » (26, 10, 12). L'aveuglement princier face aux avertissements (*ignarus sententiae docentis…*) conduit au désastre. Mais Ammien n'est pas seul à délivrer des messages d'alerte, les dieux aussi cherchent à prévenir les habitants de l'Empire du danger imminent. Un cataclysme naturel comme le terrifiant raz de marée de 365 qui se déclencha de manière imprévue « sur toute l'étendue du monde » (26, 10, 15-19) prend la signification d'un prodige, le déferlement des vagues et le déchaînement des éléments préfigurant l'invasion gothique de 378 : la fin du premier livre de la dernière hexade (26-31) laisse ainsi entrevoir l'issue finale. La fin de Valens, brûlé vif dans l'incendie de la masure où il s'était réfugié poursuivi par les Goths (31, 12-13), est elle-même annoncée par des signes qui sont sans équivoque : aboiements de chiens, hurlement de loups, plaintes nocturnes d'oiseaux, soleil voilé et surtout par les prières prémonitoires récitées par les citoyens d'Antioche : « Puisse Valens flamber tout vif ! » (31, 1, 1).

Les trois derniers livres des *Res Gestae* baignent dans une atmosphère lourde et angoissante qui suscite chez le lecteur horreur et pitié. La pitié pour les victimes – le sentiment s'exacerbe devant le spectacle d'innocents torturés : femmes enceintes, enfants et citoyens d'origine noble (31, 8, 7) et le tragique confine alors au pathétique – prend chez Ammien la forme d'une révolte indignée contre les injustices de la Fortune accusée d'aveuglement et d'inclémence (31, 8, 8). L'éditeur de ces livres dans la CUF, Guy Sabbah, a très bien décrit les différentes formes que prend l'horreur : indignation de l'historien lui-même devant la cruauté de Valentinien (29, 3, 9 : *horrescit animus*), omniprésence de ténèbres réelles mais aussi métaphoriques (29, 2, 4 : « Et de fait, pour le dire d'un mot, nous rampions tous à cette époque comme dans les ténèbres cimmériennes »), description des supplices divers appliqués aux victimes des persécutions d'Antioche – les plus raffinés étant réservés aux intellectuels, comme le philosophe Simonidès (29, 1, 37-39) –, autodafés spontanés des bibliothèques privées par leurs propriétaires qui craignent les perquisitions et les fabrications de preuves (29, 2, 4), présence menaçante – même, ou surtout, si elle est en partie invisible – des barbares, les Goths, les Huns et les Alains, aux marches de l'Empire.

Le barbare ne peut être vaincu car il n'a plus rien d'un ennemi humain : il respire la folie (31, 7, 2 : *uesanum spirantibus barbaris*) ; il est poussé par la rage du désespoir (31, 7, 3 : *cum desperatione rabies*) qui le rend indomptable ; il a la hargne d'un fauve échappé à sa cage (31, 8, 9 : *barbari uelut diffractis caueis bestiae*). Ammien a introduit la monstruosité sur la scène tragique et la défaite de la civilisation se résume dans un dernier épisode (31, 16, 6), celui de l'auxiliaire sarrasin dont la cruauté surpasse celle des barbares eux-mêmes. Cet homme, au service de l'armée romaine, offre l'apparence de la sauvagerie et de l'animalité (nudité et pilosité ; hurlements lugubres) et agit avec une totale inhumanité puisqu'il suce à la gorge d'un goth abattu le sang qui s'en écoule. Ammien souligne avec insistance le caractère inouï d'un pareil événement et assimile explicitement son acte à celui d'un spectacle monstrueux (*monstrusosum miraculum*), comme si la victoire des Goths était celle d'une barbarie qui allait contaminer jusqu'aux alliés de Rome. Mais la leçon pourrait être plus subtile. Cet acte inhumain effraie les ennemis qui reculent car, au fond, la terreur ne peut être vaincue que par une terreur plus grande. Ce qu'il faut bien appeler le cynisme d'Ammien s'exprime encore quelques lignes plus bas dans l'épisode du maître de milice Julius qui fait massacrer au-delà du Taurus, en une seule journée, tous les réfugiés goths de la région. Cet acte désespéré, et qui ressemble à ce qu'on qualifierait aujourd'hui de crime de guerre puisqu'il ne s'agit pas de combattants, est salué par Ammien comme une mesure « salutaire » et un plan « avisé » qui « arracha les provinces orientales à de graves périls » (31, 16, 8). La dimension la plus tragique de l'histoire d'Ammien pourrait ainsi résider dans sa conclusion : la haine et le désespoir conduisent à des extrémités que l'on peut justifier si elles sont porteuses de l'espoir d'un redressement.

ROMANESQUE ET EXOTISME

On sait que certaines pages d'Ammien ont, depuis longtemps, dressé les exégètes les uns contre les autres sur la question de l'authenticité des faits. Par exemple, lorsque Ammien est envoyé en mission d'exploration en Orient et qu'il raconte assez longuement les aventures qui lui sont advenues (de 18, 4, 1 à 18, 6, 19) en 359, il lui arrive de colorer son récit avec tant d'art que le résultat a inspiré à certains un scepticisme justifié : peut-on croire l'historien lorsqu'il prétend apercevoir, du haut d'un sommet montagneux, à 75 kilomètres de là, le roi Sapor dans son costume rutilant et, à ses côtés, son allié Grumbatès dont il distingue le visage ridé (18, 6, 22) ?

L'écriture de l'histoire frayait au moins depuis Quinte-Curce et son récit enjolivé de la geste d'Alexandre avec le genre romanesque. Avec Ammien un nouveau pas est franchi et sans doute l'*aemulatio* avec Quinte-Curce est-elle consciente : Julien ne parcourt-il pas les mêmes contrées exotiques que son illustre devancier dont il est comme une réincarnation ? Le goût d'Ammien pour le pittoresque – moyen facile de s'attirer les bonnes grâces d'un public romain réuni dans les meilleurs salons pour y entendre les *recitationes*, c'est-à-dire les lectures orales, de morceaux choisis ? – le conduit par endroits à des descriptions dont le degré d'authenticité n'est pas la qualité première mais qui flattaient le penchant de l'époque pour les *mirabilia*. Ainsi voit-on les lions de Mésopotamie, rendus fous par les moustiques qui pullulent en ces contrées brûlées par le soleil, s'aveugler de leurs griffes à force de tenter d'écarter de leurs yeux les insectes qui s'y abritent. Fort sérieusement l'historien expliquera que la nature a ainsi pourvu à l'équilibre naturel nécessaire et que ce suicide des fauves prémunit l'Orient tout entier de leur présence envahissante (18, 7, 5). Plus touchante encore cette page qui relate avec force détails et commentaires personnels les amours des palmiers. On voit, raconte l'historien, en Mésopotamie inférieure, des forêts entières plantées de palmiers dont les fruits servent à la confection de miel et de vin. Non seulement

ces arbres sont sexuellement différenciés, mais surtout ils se marient :
« On raconte qu'ils prennent plaisir à ces amours mutuelles, et que cela
ressort clairement du fait qu'en se penchant l'un contre l'autre, ils ne
se laissent pas séparer, même par le souffle de vents violents » (24, 3,
13 ; trad. J. Fontaine).

Ce type de digression confère au récit historique la dimension
mythique indispensable au grandissement du personnage principal,
Julien, l'explorateur de mondes inconnus. La conquête de terres encore
placées hors de la sphère de la civilisation qualifie le conquérant, celui
qui porte les frontières romaines au-delà du point où s'étaient arrêtés ses devanciers. L'exotisme participe ainsi du projet général d'Ammien : grandir les mérites et le courage de son héros. Le mélange des
genres répond de cette manière, par une réalisation littéraire inédite,
à un projet idéologique : ce sont les deux faces d'une même pièce à
l'effigie de Julien, les deux dimensions d'un même panégyrique historique. On s'en rendra compte en lisant par exemple le chapitre 2 du
livre 24 qui narre la prise de la citadelle perse de Pirisabora.

L'exotisme géographique ou naturel y côtoie ce que j'appellerais
l'exotisme militaire. Dans la première catégorie rangeons la description du fort de Thiluta dont « la position se dresse à une hauteur verti-
gineuse et se trouve, sur son pourtour, retranchée par la puissance de la
nature comme par la main de l'homme » (24, 2, 1) ; le pittoresque des
toponymes et la recherche étymologique qui l'accompagne (un bras du
Tigre s'appelle le « Naarmalcha », ce qui signifie « fleuve royal » : 24,
2, 7) ; une propension à rendre en quadrichromie les aspects les plus
spectaculaires d'une Perse de carte postale (une tour sur ce bras du
Tigre rappelle le Phare d'Alexandrie, à l'époque déjà l'une des merveilles touristiques : 24, 2, 7) ; un goût irrépressible pour les ruines et
les témoignages mystérieux de leur grandeur passée laissés par d'anciennes civilisations (24, 2, 6 : à Macépracta on peut voir les restes de
l'ancienne Grande Muraille… d'Assyrie) ; la mention répétitive de ces
sources spontanées d'où jaillit le pétrole pour se perdre dans le sable
(24, 2, 3). Dans la seconde catégorie, celle de l'exotisme militaire,
rangeons les détails nombreux fournis par l'historien sur l'armement
effrayant des Perses : leurs arcs puissants qui envoyaient des volées de
flèches dont l'efficacité terrible les faisaient ressembler à des rapaces
lacérant leur proie (24, 2, 8) ; leurs casques étincelants et surtout leurs
cuirasses faites de lamelles métalliques entrelacées à la manière des
écailles de poisson (24, 2, 10 : « Ils avaient d'ailleurs l'air tout bardés
de fer, car des lamelles épousaient étroitement toutes les formes de

leurs membres et protégeaient leur silhouette tout entière sous un revê-
tement sûr » ; trad. J. Fontaine) ; leur manière de combattre en ordre si
serré qu'ils voilent à l'ennemi même la vue du ciel (19, 7, 3).

Il n'est pas jusqu'au remploi de formules virgiliennes qui, dans ces
chapitres consacrés à la Perse, ne viennent conforter la tonalité épique – et donc romanesque – du récit ou bien encore son exotisme. Par
exemple en 24, 2, 10 les défenseurs perses de Pirisabora se protègent
de leurs boucliers dans une posture qui rappelle immanquablement
Virgile : *obiectis scutis* (« brandissant leurs boucliers ») est une réminiscence de l'*Énéide* 2, 443 et 12, 377. On remarquera au passage que
ce poétisme héroïque justifie pleinement le choix de la leçon *obiectis*
retenue par l'éditeur de la CUF, Jacques Fontaine, au détriment de la
variante *obtecti scutis* (« protégés par leurs boucliers »), retenue par
la majorité des éditeurs antérieurs, mais beaucoup plus fade et dénuée
de toute dramatisation. La langue d'Ammien, savante et raffinée, joue
volontiers des échos qu'éveillent chez un auditoire cultivé les emprunts
au Prince des poètes – on sait que Virgile était très lu à la fin du IVᵉ siècle – ainsi que le prouvent encore, à peu de lignes de distance, deux
autres remplois virgiliens : en 24, 2, 12, *Argolici scuti speciem ostende-
bat* (« Elle avait la forme d'un bouclier argien »), qui est une métaphore
pour rendre compte de l'étrangeté du site grandiose de Pirisabora, est
en réalité un souvenir de *Énéide* 3, 637 qui compare l'œil du Cyclope
(*Argolici clipei instar*) à ce même bouclier grec aux formes arrondies ;
dans le même paragraphe enfin, riche en effets littéraires, la formule
audacieuse *in qua excellebant minae murorum* (« sur laquelle <*i. e.* la
citadelle> se dressaient des murs menaçants », ou plus littéralement, ce
qui constitue l'audace même du tour, « les menaces que constituaient
les murailles ») rappelle précisément *Énéide* 4, 88-89 (*minaeque murorum ingentes*).

Le récit de la prise de Pirisabora, on l'aura constaté, davantage qu'à
instruire (*docere*) le public romain des progrès de l'avancée de Julien
en territoire perse, vise à le remplir des frissons d'admiration (*delectare*) que suscite le spectacle en acte d'un conquérant courageux, ren-
forcés par les divers sentiments de peur, de soulagement par lesquels
il était conduit au long d'un récit aux formes renouvelées, empruntées
tant à la tradition historiographique qu'à la tradition épique, et constituant ce que les modernes pourraient, avec un brin d'audace, appeler le
« roman historique ».

PROLONGEMENT

DISCOURS DE JULIEN À LA FRONTIÈRE PERSE
(*RES GESTAE* 23, 5, 15-24)

15. Fracto igitur, ut ante dictum est, ponte cunctisque transgressis imperator antiquissimum omnium ratus est militem adloqui sui rectorisque fiducia properantem intrepide. Signo itaque per lituos dato cum centuriae omnes et cohortes et manipuli conuenissent, ipse aggere glebali adsistens coronaque celsarum circumdatus potestatum talia ore sereno disseruit fauorabilis studio concordi cunctorum :

16. « Contemplans maximis uiribus et alacritate uos uigere, fortissimi milites, contionari disposui, docturus ratione multiplici non nunc primitus, ut maledici mussitant, Romanos penetrasse regna Persidis. Namque ut Lucullum transeam uel Pompeium, qui per Albanos et Massagetas, quos Alanos nunc appellamus, hac quoque natione perrupta uidit Caspios lacus, Ventidium nouimus Antoni legatum strages per hos tractus innumeras edidisse.

17. Sed ut a uetustate discedam, haec quae tradidit recens memoria replicabo. Traianus et Verus et Seuerus hinc sunt digressi uictores et tropaeati, redissetque pari splendore iunior Gordianus, cuius monumentum nunc uidimus honorate, apud Resainam superato fugatoque rege Persarum, ni factione Philippi praefecti praetorio sceleste iuuantibus paucis in hoc ubi sepultus est loco, uulnere impio cecidisset. Nec errauere diu manes eius inulti, quod uelut clarente iustitia omnes, qui in eum conspirauere, cruciabilibus interiere suppliciis.

18. Et illos quidem uoluntas ad altiora propensior subire inpulit facinora memoranda, nos uero miseranda <clades> recens captarum urbium et inultae caesorum exercituum umbrae et damnorum magnitudines carorumque amissiones ad haec, quae proposuimus, hortantur, uotis omnium sociis ut medeamur praeteritis et roborata huius lateris securitate re publica, quae de nobis magnifice loquatur posteritas relinquamus.

19. Adero ubique uobis adiumento numinis sempiterni imperator et antesignanus et conturmalis ominibus secundis, ut reor. At si fortuna uersabilis in pugna me usquam fuderit, mihi uero pro Romano orbe memet uouisse sufficiet ut Curtii Muciique ueteres et clara prosapia Deciorum. Abolenda nobis natio molestissima cuius in gladiis nondum nostrae propinquitatis exaruit cruor.

20. Plures absumptae sunt maioribus nostris aetates, ut interirent radicitus quae uexabant. Deuicta est perplexo et diuturno Marte Carthago, sed eam dux inclytus timuit superesse uictoriae. Euertit funditus Numantiam Scipio post multiplices casus obsidionis emensos. Fidenas ne imperio subcrescerent aemulae, Roma subuertit, et Faliscos ita oppressit et Veios, ut suadere nobis laboret monumentorum ueterum fides, ut has ciuitates aliquando ualuisse credamus.

21. Haec ut antiquitatum peritus exposui, superest ut auiditate rapiendi posthabita, quae insidiatrix saepe Romani militis fuit, quisque agmini cohaerens incedat, cum ad necessitatem congrediendi fuerit uentum, signa propria secuturus sciens quod, si remanserit usquam, exsectis cruribus relinquetur. Nihil enim praeter dolos et insidias hostium uereor nimium callidorum.

22. Ad summam polliceor uniuersis rebus post haec prospere mitigatis absque omni praerogatiua principum, qui quod dixerint uel censuerint pro potestate auctoritatis iustum esse existimant, rationem me recte consultorum uel secus siquis exegerit redditurum.

23. Quocirca erigite iam nunc, quaeso, erigite animos uestros, multa praesumentes et bona aequata sorte nobiscum quicquid occurrerit difficile subituri et coniectantes aequitati semper solere iungi uictoriam. »

24. Conclusa oratione ad hunc gratissimum finem, ductoris gloria proeliator miles exsultans, speque prosperorum elatior, sublatis altius scutis nihil periculosum fore uel arduum clamitabat sub imperatore plus sibi laboris quam gregariis indicente.

25. Maxime omnium id numeri Gallicani fremitu laetiore monstrabant, memores aliquotiens eo ductante perque ordines discurrente cadentes uidisse gentes aliquas, alias supplicantes.

TRADUCTION[1]

Après que le pont eut été coupé, comme cela a été dit plus haut, et que toutes les troupes eurent traversé, Julien estima que le plus pressé était de haranguer cette armée, dont l'allure intrépide était inspirée par sa confiance en soi et en son chef. Au signal donné par la trompette se rassemblent centuries, cohortes et manipules. Lui-même, debout sur une levée de terre et entouré de ses principaux officiers, d'un air serein leur adresse les mots que voici qui furent accueillis dans une faveur unanime :

1. J'ai traduit le texte de la CUF.

« Considérant vos forces hors du commun, la puissance que vous respirez, braves soldats, j'ai pris la décision de vous adresser la parole afin de vous prouver par des arguments multiples que ce n'est pas aujourd'hui pour la première fois, contrairement à ce que colportent les mauvaises langues, que les Romains ont pénétré en territoire perse. Sans parler de Lucullus, sans parler de Pompée, dont les armes, victorieuses de l'Albanie, ont forcé le pays des Massagètes que nous appelons les Alains, et visité la mer Caspienne, nous savons qu'un lieutenant d'Antoine, Ventidius, a accompli de nombreux massacres dans ces contrées. Mais pour laisser là l'antiquité, ce sont des faits de l'histoire récente que je vais rapporter. Trajan, Vérus et Sévère sont revenus de ces régions victorieux et couverts de trophées. Et Gordien le Jeune – au monument funèbre duquel nous venons de rendre hommage – serait revenu avec une gloire comparable, après sa victoire sur le roi des Perses mis en fuite à Résaina, si la trahison impie du Préfet du Prétoire Philippe, secondé par une poignée de scélérats, n'avait mis fin à ses jours au lieu même où s'élève aujourd'hui son tombeau. Ses mânes n'ont pas longtemps erré sans vengeance car, comme si la justice pesait leur sort dans sa balance, tous les conjurés ont péri dans d'atroces supplices. Ces grands conquérants ont assurément été poussés à accomplir leurs exploits par une ambition tournée vers les grandes choses, mais nous c'est une défaite récente et pitoyable, la prise de nos citadelles et les ombres demeurées sans vengeance de nos armées massacrées ainsi que l'ampleur des dommages subis et la perte des êtres chers qui nous poussent à réaliser notre projet, sans parler du vœu général de nous voir porter remède à la situation de nos alliés et, une fois l'État renforcé dans sa sécurité de ce côté, de laisser à la postérité de quoi chanter nos mérites. Je serai partout à vos côtés, avec l'aide de la divinité éternelle, comme général, comme combattant de première ligne, comme compagnon d'armes, sous des présages favorables, j'en suis convaincu. Si au contraire la Fortune qui est versatile m'abandonne au combat, il me suffira, en vérité, de m'être sacrifié pour le salut du monde romain, comme les Mucius et les Curtius du temps jadis et l'illustre famille des Dèces. Il faudra que nous écrasions une nation insupportable sur les épées de laquelle le sang de nos parents n'a pas encore séché. Nos ancêtres employèrent bien des années à se débarrasser pour de bon de ceux qui les gênaient. Que de temps, que d'efforts pour abattre Carthage ! Et un chef glorieux a bien pu craindre qu'elle ne survécût à sa victoire. Scipion ne détruisit Numance de fond en comble qu'après avoir passé par toutes les vicissitudes d'un long siège. Rome renversa Fidènes, pour n'avoir point de rivale ; elle écrasa de même les Véiens et les Falisques. Le témoignage des archives anciennes suffit à peine à nous convaincre que jadis ces cités ont été puissantes. Je viens d'exposer ces faits en tant qu'antiquaire averti ; il reste à présent à chacun à réfréner son goût pour le pillage qui souvent a constitué un piège pour les soldats romains et à marcher en ordre serré, suivant ses propres enseignes, maintenant qu'on en est venu à l'obligation d'engager le combat, en sachant que si jamais il traîne en arrière il sera abandonné, les jarrets coupés. En effet, je ne redoute rien tant que les fourberies et les pièges d'ennemis excessivement retors. Pour résumer, je promets à tous qu'une fois cette affaire heureusement menée je renoncerai à toutes les prérogatives des princes qui estiment que leurs paroles ou leurs décisions sont justes du fait du droit de la souveraineté et que je rendrai compte de mes décisions, heureuses ou malheureuses, si on me le demande. Aussi, courage, dès maintenant, je vous le demande, courage : espérez des succès nombreux, mais acceptez avec moi une communauté d'efforts et de périls, forts de cette conviction qu'au bon droit reste toujours la victoire. »

Une fois le discours achevé par cette heureuse conclusion, les combattants furent transportés par la gloire de leur chef et exaltés par l'espérance du succès, ils soulevaient leurs boucliers et s'écriaient que rien ne serait périlleux ni difficile sous un général qui prenait plus de part à la tâche que les simples soldats. L'exaltation était à son paroxysme parmi les légions gauloises, elles qui se rappelaient qu'à chaque fois, sous son commandement, alors qu'il parcourait leurs rangs, elles avaient vu des nations plier et d'autres le supplier.

*

Le nom de Julien est cité dans 16 des 18 livres (14 à 31) des *Res Gestae* d'Ammien Marcellin parvenus jusqu'à nous[2]. Il est incontestablement le personnage central de l'œuvre d'Ammien dans laquelle il apparaît dès le premier livre conservé, avec une mention élogieuse pour sa modération naturelle[3], qui l'apparente à Titus, et voit son nom cité pour la dernière fois quelques pages avant le récit du désastre d'An-

---

2. Cf. G. Sabbah-L. Angliviel de la Beaumelle, *Ammien Marcellin, Histoire, Livres XXIX-XXXI*, Paris, CUF, 1999, Index Général. Julien n'est pas cité dans les livres 18 et 28.

3. À laquelle Ammien oppose la brutalité de son demi-frère Gallus : *tantum a temperatis moribus Iuliani differens fratris quantum inter Vespasiani filios fuit Domitianum et Titum* (14, 11, 28).

drinople (378) à l'occasion du rappel nostalgique du couronnement de Lutèce[4] (printemps 360), début de la carrière d'Auguste de Julien qui, si elle avait pu se poursuivre, semble laisser entendre Ammien, aurait peut-être empêché le déferlement des Goths que Valens n'a pas su arrêter.

Les livres 23-25 des *Res Gestae*[5] (composés en 391-392), entièrement consacrés à l'expédition contre les Perses de Sapor, trouvent eux-mêmes leur unité dans le personnage même de Julien, davantage que dans la matière historique proprement dite[6], le bref règne de Jovien (25, 7-10) ne constituant qu'un épilogue lamentable de la geste héroïque de Julien, un appendice sinistre dans lequel la figure de Jovien, cet incapable qui brade aux Perses les possessions romaines, sert de contrepoint à celle de son illustre prédécesseur[7]. Le livre 23 est consacré aux préparatifs de la campagne perse et aux premières marches jusqu'en territoire ennemi, d'Antioche à Hiérapolis, puis de Carrhes à Callinicum sur l'Euphrate (23, 1-3). Deux digressions, consacrées à la description des machines de guerre romaines (23, 4) et aux 18 principales provinces de la Perse (23, 6) encadrent un chapitre narratif (23, 5) rapportant la traversée de l'Euphrate à Cercusium, sur un pont de bateaux, l'entrée en territoire perse et la progression de l'armée jusqu'à la hauteur de Doura Europos. C'est à un moment psychologiquement déterminant, juste après l'entrée en territoire perse et alors que le pont de bateaux sur l'Euphrate est volontairement coupé[8], que Julien décide

---

4. Ammien 31, 10, 21 : *ambigenti super corona capiti inponenda Iuliano Caesari* (…) *torquem obtulisse collo abstractam*. L'hésitation de Julien à accepter la couronne participe du motif topique du refus du pouvoir et, chez Ammien, doit être comprise comme une nouvelle justification a posteriori du « *pronunciamiento* » de Lutèce.

5. Je renvoie à J. Fontaine, *Ammien Marcellin, Histoire, Livres XXIII-XXV*, Paris, CUF, 1977 (deux volumes).

6. Ces trois livres offrent néanmoins une unité de temps remarquable : du début du consulat de Julien (avec Sallustius), le 1er janvier 363, à la mort de Jovien, le 17 février 364, soit à peine six semaines après le début de son consulat.

7. Cf. le bref et peu flatteur portrait bilan de Jovien en 25, 10, 14-15 et, déjà, le jugement négatif exprimé par Ammien en 21, 16, 21, lorqu'il prédit à Jovien portant les cendres de Constance II « un pouvoir aussi inconsistant qu'une ombre » (trad. J. Fontaine, *Ammien Marcellin, Histoire, Livres XX-XXII*, Paris, CUF, 1996) : *quae et alia horum similia eidem Iouiano imperium quidem, sed et cassum et umbratile, ut ministro rerum funebrium, portendebant*.

8. 23, 5, 15 : *fracto igitur* (…) *ponte*. La leçon *fracto* est une correction de Th. Mommsen, retenue par J. Fontaine (n. 5) et discutée par G. Sabbah qui semble préférer le texte de Gélénius, *peracto* : cf. *La Méthode d'Ammien Marcellin. Recherches sur la construction du discours historique dans les* Res Gestae, Paris, 1978, p. 491, n. 112. Il demeure que Julien a bien donné l'ordre de démonter le pont (23, 5, 5) : *statimque transgressus, pontem auelli praecipit*. Le moment garde donc toute sa force dramatique.

de s'adresser à ses troupes[9]. Ammien justifie cette prise de parole par l'élan qui habite alors l'armée ; Julien ne doit nullement en réveiller l'ardeur, qui est réelle, mais simplement assumer son rôle de chef, militaire (*imperator*) et spirituel (*rector*), comme l'indique la réminiscence livienne dans la formulation même d'Ammien qui rapproche Julien du roi Ancus Marcius[10].

Trois discours de Julien ponctuent la triade 23-25, tous placés à des moments décisifs du récit : l'entrée en territoire ennemi ; après la prise de Pirisabora et avant le siège de Mahozamalcha (24, 3, 4-7) et au moment de la mort (25, 3, 15-20). Ce dernier discours revêt essentiellement une signification théologique et philosophique (bonheur de la mort ; soumission du sage aux arrêts de la Fortune) alors que le précédent est destiné à raffermir le civisme et l'obéissance des troupes, insatisfaites de la gratification accordée, et sur lesquelles Julien cherche à rétablir son autorité de chef militaire[11]. Ces deux dernières dimensions, religieuse et militaire, se retrouvent dans le premier discours du livre 23, dans lequel elles se combinent à une nouvelle facette des talents de Julien, celle d'un bon connaisseur des riches heures du passé romain. Lorsque le Prince s'adresse à ses hommes, c'est donc au triple titre de soldat, d'antiquaire et de dévot.

*

Alors qu'ailleurs Ammien désigne volontiers Julien du titre de *princeps*[12], dans le chapitre 5 du livre 23, en revanche, l'historien donne de préférence à Julien le titre d'*imperator*[13]. C'est ainsi une constante tout au long de la triade du *bellum persicum* dans laquelle Ammien met en scène avant tout un soldat, un général à la tête d'un corps expéditionnaire. Dans notre passage, Julien est ainsi successivement appelé *imperator*, en 23, 5, 15, au moment de remplir son office de chef de guerre en haranguant ses troupes (*imperator antiquissimum omnium*

---

9. 23, 5, 15 : *imperator antiquissimum omnium ratus est militem adloqui.*
10. Tite-Live 1, 32, 2 : *longe antiquissimum ratus sacra publica (…) facere.*
11. Cf. 24, 3, 7 (*ut imperatorem decet*) et 24, 3, 8 (*auctoritas*).
12. Très tôt dans l'histoire de Julien, alors même qu'il n'est que César, et ce de façon à légitimer son héros : cf. *e. g.* 15, 2, 7 ; 15, 8, 21 ; 16, 4, 3 ; 16, 5, 10.
13. 23, 5, 1 ; 23, 5, 14. Dans la triade 23-25, Julien est appelé 14 fois *princeps* alors qu'on relève 41 occurrences d'*imperator* : cf. J. Fontaine (n. 5), p. 35, n. 2 et J. Béranger, « La terminologie impériale : une application à Ammien Marcellin », *Mélanges Paul Collart*, Lausanne, 1976, p. 47-60.

Écrire l'Histoire à Rome

ratus est militem adloqui), puis, dans le corps même du discours, avec ses propres mots donc, *imperator et antesignatus et conturmalis* (23, 5, 19), c'est-à-dire que le Prince se considère comme un combattant parmi les autres, qu'ils soient fantassins (auquel cas Julien est leur *antesignatus* ou compagnon d'armes, placé en première ligne avec les enseignes) ou cavaliers (auquel cas Julien est *conturmalis* ou compagnon d'escadron).

Mieux que Prince, Julien cherche à être un chef de guerre, un *dux*. C'est cette image qu'ont de lui les contingents de Gaulois intégrés à l'armée romaine, eux qui le connaissent le mieux depuis les campagnes rhénanes : *memores aliquotiens eo ductante perque ordines discurrente* (23, 5, 25). La véritable *auctoritas* n'est pas celle des princes qui gouvernent en vertu de leur seul *potestas* (23, 5, 22 : *pro potestate auctoritatis*), mais ce prestige personnel du chef militaire tel qu'il est défini dans le portrait bilan de Julien en 25, 4, 12 et qui est seul susceptible d'entraîner les légionnaires gaulois « à travers l'Assyrie étouffante jusqu'aux confins des Mèdes »[14].

C'est encore le mot *ductor* dont use Ammien pour décrire la réaction très positive des troupes à l'achèvement du discours de Julien : *ductoris gloria proeliator miles exultans* (23, 5, 24). Par un glissement de sens imperceptible, on en vient rapidement à l'idée de *rector*, qui n'est plus simplement le chef militaire, mais le guide politique : *militem (…) sui rectoris fiducia properantem intrepide* (23, 5, 15). Si Ammien, parlant de Julien, privilégie l'idée de chef de guerre, l'image du dirigeant idéal, soldat et guide, n'est jamais très éloignée. Julien lui-même, dans ses *ultima uerba*, expliquera qu'il se refuse à désigner un successeur, mais qu'il espère qu'on trouvera après lui un bon dirigeant, et c'est le terme cicéronien de *rector* qu'il utilise alors : *opto bonum post me repperiri rectorem* (25, 3, 20).

L'idée générale consiste à présenter Julien comme le frère d'armes de ses soldats, plus exigeant vis-à-vis de lui-même que de ses hommes (23, 15, 24 : *sub imperatore plus sibi laboris quam gregariis indicente*), ce qui n'est que la transposition sur le terrain militaire de la propagande impériale ou de la fiction du Principat faisant du Prince (ou du chef) le *primus inter pares*. D'un point de vue politique, en effet, Ammien cherche à éloigner de Julien l'image de tyran que l'historiographe reportera volontiers sur d'autres, par exemple Constance II.

---

14. 23, 4, 12 : *militem Gallicanum (…) per tepentem Assyriam ad usque confinia traxisse Medorum.*

L'autorité ne suffit plus, en effet, à justifier toutes les décisions, ce qui est l'apanage précisément des *principes* que l'on ne nomme pas mais dont Julien cherche à se distinguer : *absque omni praerogatiua principum qui quod dixerint uel censuerint pro potestate auctoritatis iustum esse existimant* (23, 15, 22). Julien promet ainsi à ses soldats de rendre compte plus tard de son action, à la manière de ces magistrats de l'époque grecque classique : *rationem me recte consultorum uel secus, si quis exigerit, redditurum* (23, 15, 22). C'est là une attitude constante de Julien dans sa manière de concevoir son rôle de dirigeant. Si au début de cette campagne, alors que toute idée d'échec est encore écartée et peu prégnante malgré les prodiges de 23, 5, 8 et 12, au livre 25 Julien, blessé et mourant, procédera à la reddition de ses comptes, personnels et publics, mais en l'adressant cette fois aux seuls interlocuteurs légitimes en pareille circonstance, les dieux[15].

Ammien présente Julien avant tout comme un chef de guerre pour lequel ses hommes éprouvent un dévouement qui confine à l'enthousiasme (23, 5, 24 : *miles exultans*) et auxquels il est capable d'insuffler un élan du meilleur augure pour la suite de l'expédition (23, 5, 15 : *fauorabilis studio concordi cunctorum*). Ce plaidoyer en faveur de l'expédition à son début représentait probablement pour Ammien une réponse aux adversaires politiques de Julien, ces médisants contemporains de l'empereur, présents dans son discours[16], ces détracteurs (*obtrectatores*) auxquels Ammien fait allusion à deux reprises[17] et qui pouvaient être soit les milieux chrétiens hostiles à la politique de l'Apostat, soit les partisans de Constance II, soit encore les membres du parti de la paix opposés à toute aventure militaire en Orient. Face à cette opinion contemporaine de Julien, dont Ammien avait lui-même pu entendre les arguments, il lui fallait bâtir une défense en règle de l'action militaire de Julien, qui, en tant que soldat, citoyen et patriote a rempli son devoir de juste vengeance sur un peuple, les Perses, dont

---

15. Cf. 25, 3, 17 : *nec me gestorum paenitet aut grauis flagitii recordatio stringit* (…) *inmaculatum me, ut existimo, conseruaui, et ciuilia moderatius regens et examinatis rationibus bella inferens repellens…*

16. 23, 5, 16 : *ut maledici mussitant.*

17. Cf. 22, 12, 3 : *quae maximis molibus festinari cernentes, obtrectatores desides et maligni, unius corporis permutationem tot ciere turbas intempestiuas indignum et perniciosum esse strepebant* et 25, 4, 23 : *et quoniam eum obtrectatores nouos bellorum tumultus ad perniciem rei communis insimulant concitasse, sciant, docente ueritate perspicue, non Iulianum, sed Constantinum ardores Parthicos succendisse.* Sur ces deux passages, cf. G. Sabbah, *La Méthode d'Ammien Marcellin*, p. 408-409.

les victimes précisément, les habitants d'Amida, prise par les Perses en 359, ceux de Singara et de Bézabde, prises en 360, mais aussi les soldats alors massacrés demeuraient sans vengeance[18]. Julien, en outre, a su fortifier l'État romain sur ses frontières[19], ajoutant ainsi à la longue liste des exploits glorieux des grandes figures romaines du passé sa propre touche, digne elle aussi, à l'avenir, d'être chantée par la postérité[20], à l'égal des *exempla* héroïques que Julien ne se prive pas de rappeler à ses hommes.

*

De l'aveu même de son auteur, la harangue de Julien a une intention didactique (23, 5, 16 : *docturus*), le personnage d'Ammien empruntant ici à l'historiographe sa propre conception de l'histoire comme « démonstration »[21]. Il convient d'instruire les troupes sur le passé des relations romano-perses afin de donner corps, au moyen du rappel des succès passés, à l'espoir de la victoire à venir. Autrement dit, le passé est appelé à la rescousse pour construire l'avenir. Julien ne parle pas seulement en historien, mais en rhéteur qui veut convaincre de la réalité de sa vision personnelle du futur. Ce discours, tout rempli qu'il soit de notations empruntées au passé, se veut une prospective et annonce la destruction complète de la puissante mais fourbe nation perse[22].

Les *exempla* historiques convoqués par Julien peuvent être répartis en deux catégories : d'une part les références qui remontent à la plus haute antiquité (23, 5, 17 : *uetustas*), c'est-à-dire à la période républicaine et au Ier siècle de l'Empire, d'autre part celles qui relèvent de l'histoire récente (*ibid.* : *recens memoria*), à partir de Trajan. La distinction apparaît plus rhétorique que réelle. Aux yeux d'Ammien, la comparaison avec l'histoire impériale aura plus de poids pour convaincre son lecteur que l'expédition de Julien est en quelque sorte appelée

---

18. 23, 5, 18 : *miseranda clades recens captarum urbium et inultae caesorum exercituum umbrae…*

19. 23, 5, 18 : *roborata huius lateris securitate re publica… Roborata* est une correction de Müller, mais cette *lectio difficilior* (*honorata* V) paraît très convaincante.

20. 25, 5, 18 : *quae de nobis magnifice loquatur posteritas…*

21. Sur ce point, cf. G. Sabbah, *La Méthode d'Ammien Marcellin*, p. 377-379.

22. 23, 5, 19 : *abolenda nobis natio molestissima.* Il faut donner à *abolenda* la valeur de futur de l'indicatif que prend assez souvent le participe en *-ndus* dans le latin du IVe siècle : « Nous détruirons une nation absolument insupportable. » Julien, en outre, emprunte à Caton ses accents vengeurs : cf. G. Sabbah, *La Méthode d'Ammien Marcellin*, p. 485.

vers le succès par la réussite de ses prédécesseurs pour ainsi dire immédiats (Trajan, Vérus, Septime Sévère, Gordien). Ces exemples prendront d'autant plus de poids qu'ils devaient figurer en bonne place dans l'histoire d'Ammien lui-même, qui débutait avec le règne de Nerva[23]. Les références de Julien constituent d'une certaine manière autant d'échos internes, dans une façon de mise en abyme qui devait ravir les auditeurs, aux livres précédents d'Ammien et ces derniers devaient y trouver une forme d'authentification ou de confirmation. Le procédé est techniquement habile. C'est peut-être là ce qui explique aussi la part beaucoup plus grande prise dans le discours de Julien, malgré ses dénégations en forme de prétéritions, par les *exempla* républicains. Comme ils ne figuraient pas, contrairement aux *exempla* impériaux, dans le texte même des *Res Gestae*, Ammien a tout loisir de s'y attarder.

Il faut s'interroger sur la fonction des *exempla* rapportés. Les plus « antiques », on l'a souvent souligné, ont des fondements historiques douteux[24]. D'ailleurs Julien ne donne aucun détail, son énumération des exploits de Lucullus, Pompée et Ventidius Bassus prenant en réalité la forme rhétorique d'une prétérition : *ut Lucullum transeam uel Pompeium (…) Ventidium nouimus…* (23, 5, 16). Il s'agit plutôt pour Julien d'évoquer, à travers trois grands noms[25] de généraux romains, les riches heures de la République conquérante (guerres mithridatiques de Lucullus en 74-67 ; campagnes asiatiques de Pompée en 66-65) et vengeresse[26] (Ventidius Bassus fut vainqueur de Pacorus le jour anniversaire – le 9 juin 38 – de la défaite de Crassus à Carrhes en 53 avant J.-C.).

Ammien (il n'est pas sûr que le soldat de l'armée de Julien ait eu assez de culture, de son côté, pour saisir la portée des *exempla* cités) joue de sa connivence avec un public lettré auquel l'allusion suffit. La signification du choix des *exempla* par Julien n'est pas tout à fait la même que dans le cas des noms invoqués, ailleurs dans les *Res Gestae*, par Ammien lui-même. Ce dernier ne craint pas de magnifier son récit

---

23. 31, 16, 9 : *a principatu Caesaris Neruae exorsus*.

24. Cf. J. Fontaine, n. 118, p. 52-53 : « memorandum apologétique contestable ».

25. Le nom de Ventidius Bassus était en effet aussi fameux que celui de Lucullus et de Pompée. Cet ancien muletier fut, de fait, le premier général romain à triompher des Parthes : cf. St. Ratti, « La survie littéraire de Ventidius Bassus ou Le destin extraordinaire d'un muletier », *L'Information littéraire* 2, mars-avril 1992, p. 40-47.

26. La vengeance est évoquée encore dans la digression sur la Perse par l'entremise de la figure de la reine des Scythes, Tomyris, vainqueur de Cyrus et *ultrix acerrima filiorum* (23, 6, 7).

en comparant les exploits de Julien à ceux des héros mythiques, qu'ils soient des personnages de l'épopée homérique (Hector et Achille[27]), virgilienne (Nisus et Euryale[28]) ou de la tradition livienne (Manlius Torquatus et Valérius Corvinus[29], puis Sicinius Dentatus[30]), le recours à l'*exemplum* hissant alors le récit historique à la hauteur de l'épopée[31].

Le passé invoqué par Julien prend en réalité une signification tout actuelle. L'intention est apologétique : l'orateur se présente comme le dernier maillon d'une longue chaîne historique remontant au Ier siècle avant J.-C. Alors qu'au moment de mourir Julien rappellera son ascendance divine[32], ce que revendique ici l'*imperator*, c'est une ascendance historique prestigieuse : il est le digne successeur des conquérants du temps jadis. Les *exempla* expriment ainsi la continuité d'une tradition, celle des *imperatores* victorieux d'une époque où l'opinion soutenait ses chefs sans état d'âme. Le présent cherche à dissiper les doutes qui le minent[33] par l'évocation d'un passé empreint d'une certitude qui n'est plus de mise. La « self apology » prononcée par Julien prend, à la lumière des événements ultérieurs, la forme d'une réhabilitation de la mémoire du perdant qu'Ammien et Eutrope ne se sont jamais résolus à présenter comme tel[34]. Au total, l'expédition de Julien, avec son cortège d'*aristies*, de *facinora pulchra*, doit prendre place dans une lignée, selon le vœu explicite d'Ammien, qui place la prise de Mahozamalcha sur le même plan que les actes de bravoure d'un Manlius Torquatus ou d'un Valerius Corvinus : *accedat hoc quoque monumentis ueteribus facinus pulchrum* (24, 4, 5). Entre *antiquitas* (23, 5, 21) et *posteritas* (23, 5, 18), l'histoire est mémoire et continuité ; Ammien sert la première en inscrivant son héros Julien au cœur de la seconde, avec le statut de héros[35].

---

27. En 24, 6, 14 ; cf. aussi 24, 6, 9 : *imperator cateruis peditum infirmis medium inter acies spatium secundum Homericam dispositionem praestituit.*

28. En 25, 1, 2.

29. En 24, 4, 5.

30. En 25, 3, 13.

31. Ainsi encore l'*exemplum* de Sertorius invoqué au moment où Julien se lance à l'assaut de la rive gauche du Tigre (24, 6, 5) : sur ce passage, cf. mon article, « Le Tigre et l'empereur Julien : géographie et histoire », *L'École des Lettres* 3, 15 octobre 1992, p. 65-79.

32. Cf. 25, 3, 17 : *post principatum susceptum, tamquam a cognatione caelitum defluentem…*

33. Julien n'évoque-t-il pas spontanément la possibilité d'un échec (23, 5, 19 : *at si fortuna uersabilis in pugna me usquam fuderit…*) ?

34. Cf. Eutrope 10, 16, 2 : *remeansque uictor (…) interfectus est.*

35. 25, 4, 1 : *uir profecto heroicis connumerandus ingeniis.*

L'actualité n'est jamais néanmoins très loin et l'ambition liée au devoir de mémoire ne parvient pas à effacer toute trace de polémique religieuse du texte d'Ammien. La mention du nom de Gordien le Jeune dans le discours de Julien s'explique ainsi moins par son expédition contre Ctésiphon en 242-244 que par l'occasion que sa mort offre à Ammien de rappeler la responsabilité de Philippe dans son assassinat[36]. En effet, Philippe passait au IVe siècle pour le premier empereur chrétien[37] et Ammien se fait ici l'écho complaisant de la tradition païenne, représentée en outre par Eutrope[38], Festus[39], l'*Histoire Auguste*[40] et l'*Epitome de Caesaribus*[41], qui incriminaient Philippe et faisaient de l'assassinat de Gordien un thème polémique dans leur lutte intellectuelle contre les chrétiens[42]. En réalité, il circulait une autre version de la mort de Gordien qui le faisait mourir des suites d'une chute de cheval[43], ce qui prouve la partialité des païens, Ammien notamment, qui est le seul, à travers Julien, à faire de Gordien un vainqueur des Perses à Résaina[44], sans doute pour étayer l'antithèse qu'il bâtit entre la gloire militaire de Gordien et la perfidie de Philippe.

Une dernière interprétation de ces *exempla* historiques peut être donnée, qui n'est pas non plus sans lien avec l'actualité politique. La complaisance d'Ammien à souligner l'érudition de son héros fait de Julien l'émule d'un Claude, un antiquaire avisé[45], capable comme son illustre prédécesseur d'embrasser d'un seul regard le passé romain pour mieux prévoir son avenir. En fait, Ammien cherche aussi à prou-

---

36. 23, 5, 17 : *ni factione Philippi (…) uulnere impio cecidisset.*

37. Jérôme, *Chronique* 217 c Helm.

38. 7, 2, 3 : *<Gordianus> rediens haud longe a Romanis finibus interfectus est fraude Philippi.*

39. 22 : *isque rediens uictor de Perside fraude Philippi, qui praefectus praetorio eius erat, occisus est.*

40. Dont les termes sont étrangement proches de ceux dont use Ammien : cf. *Gord.* 30, 3 (*factione Philippi*) et 30, 9 (*ita Philippus impie, non iure optinuit imperium*).

41. 27, 2.

42. Si Jérôme ne dissimule pas la culpabilité de Philippe, elle sera en revanche complètement occultée par Orose 7, 19, 5 : sur ce point, cf. St. Ratti, « La lecture chrétienne du *Bréviaire* d'Eutrope (9, 2-5) par Jérôme et Orose », *Latomus* 56 (2), 1997, p. 264-278, ici p. 272-273.

43. Zonaras 12, 17, p. 128 Dindorf, apparemment confirmé par les *Res Gestae Diui Saporis*, p. 49, 7-8 Maricq.

44. 23, 5, 17 ; cf. la note 120 de J. Fontaine, p. 53.

45. Il apparaît comme tel aussi bien chez Tacite, *Annales* 11, 24, que dans le discours original aux notables gaulois, prononcé en 48 et conservé par l'inscription de Lyon (*CIL* 13, 1668 = *ILS* 212).

ver l'érudition de son héros[46], pour au moins deux raisons majeures. La première tient à ce que la culture légitime l'accès au pouvoir, ainsi que l'énonce, en moraliste qu'il est, Aurélius Victor en 360 : *summus rector : satis auctoritatis sumat eruditione*[47]. La seconde, plus polémique, réside dans l'opposition double qu'Ammien cherche à faire naître entre deux princes : le premier contemporain du César Julien, l'Auguste Constance II, le second, contemporain d'Ammien lui-même, Valens. Tous deux, en effet, se voient reprocher par Ammien leur pauvre culture. Valens n'est qu'un rustre[48], sans connaissance, ni militaire ni surtout en matière d'arts libéraux[49], sans aucune culture historique non plus[50]. Constance II, quant à lui, est piètre orateur, mais s'obstine à passer pour cultivé[51]. Julien, dont la carrière a manqué d'être bridée par la jalousie de Constance II et dont les succès militaires (au moins dans la présentation d'Ammien) éclipsent le règne de Valens, le vaincu d'Andrinople, se voit doté de cette culture qui non seulement légitime son accès au pouvoir, mais encore le distingue de ces deux princes auxquels Ammien l'oppose assez explicitement[52].

*

Si Ammien peint son personnage en soldat et en antiquaire, qualités qui sont autant de gages de réussite militaire et politique, il laisse néanmoins transparaître dans les propos de Julien de graves et récurrents motifs d'inquiétude. Sa harangue contient un avertissement clairement

---

46. Si toute l'attitude de Julien montre en lui un émule des philososphes (cf. *e. g.* 25, 3, 15), c'est dans le portrait bilan qu'Ammien insiste le plus sur son goût pour la connaissance (25, 4, 7 : *studiosus cognitionum omnium*) à laquelle il consacrait ses veilles nocturnes (25, 4, 6) pour parvenir jusqu'aux « hauteurs du savoir » (25, 4, 5 : *ad arces doctrinarum*). Il n'est pas jusqu'au mot *ciuilitas*, dans ce contexte, qui ne puisse se comprendre comme un synonyme de « culture » (25, 4, 7 : *ciuilitati admodum studens*).

47. *De Caesaribus* 8, 8.

48. 29, 1, 11 : *subrusticum hominem* ; 30, 4, 2 : *subagreste ingenium* ; 31, 14, 5 : *subagrestis ingenii.*

49. 31, 14, 5 : *nec bellicis nec liberalibus studis eruditus.*

50. 30, 4, 2 : *ingenium nullius uetustatis lectionibus expolitum.*

51. 21, 16, 4 : *doctrinarum diligens adfectator, sed cum a rhetorice per ingenium desereretur obtunsum, ad uersificandum transgressus, nihil operae pretium fecit.*

52. Sur la polémique entre les sources à propos de la culture des empereurs Constance II et Jovien, cf. mon étude « La culture du Prince entre historiographie et idéologie », dans *Que reste-t-il de l'éducation classique ? Relire le Marrou. Histoire de l'éducation dans l'Antiquité*, éd. J.-M. Pailler et P. Payen, Toulouse, Presses Universitaires du Mirail, 2004, p. 297-306.

adressé aux soldats de ne pas se livrer au pillage, piège (*auiditas insidiatrix*) qui serait fatal aux armes romaines[53]. L'avertissement se double d'une menace : tout soldat resté à l'arrière dans un espoir de razzia sera abandonné, les jarrets coupés (*exsectis cruribus*). À ce moment perce l'angoisse de Julien, que taraude la fourberie perse : *nihil enim praeter dolos et insidias hostium uereor nimium callidorum* (23, 5, 21). Cette inquiétude intérieure perpétuelle d'un homme qu'Ammien présente régulièrement comme torturé[54] se manifeste par l'évocation récurrente de sa mort. En dépit de l'affirmation de 23, 5, 19, *ominibus secundis*, aussitôt tempérée par un *ut reor* révélateur, les présages qui précèdent l'entrée de l'armée en territoire perse ne sont fondamentalement pas favorables[55]. Ammien le concède à demi-mot lorsqu'il évoque les divergences entre haruspices et philosophes dans l'interprétation de ces manifestations divines[56] et en ne prenant pas réellement parti pour l'un ou l'autre camp des exégètes. L'historiographe se prononce en faveur de l'ambiguïté des signes (23, 5, 9 : *nam et oracula dubia legimus*) et penche donc plutôt du côté de l'interprétation la plus noire, la plus chargée de menaces, certes diffuses et sourdes, mais d'autant plus angoissantes. L'hypothèse que c'est la mort même de Julien qui est annoncée n'est pas écartée : *obitus enim regis portendebatur, sed cuius, erat incertum* (23, 5, 8). Une atmosphère de tragédie latente baigne donc l'ensemble du passage et Julien lui-même s'en trouve marqué puisqu'il évoque sans détour la possibilité d'une issue funeste à l'expédition : *at si fortuna uersabilis in pugna me usquam fuderit...* (23, 5, 19).

La mort hante Julien depuis son adolescence, mais c'est à l'occasion d'une intervention qu'il adresse à ses soldats en fuite, au tout début de la bataille de Strasbourg (357), qu'Ammien l'exprime pour la première fois très clairement. L'historiographe compare alors le César à Sylla qui, lors de sa campagne en Béotie contre Archélaüs, le

---

53. 23, 5, 21 : *superest ut, auiditate rapiendi posthabita, quae insidiatrix saepe Romani militis fuit* Selon Festus 28, 2, c'est l'appât du butin qui empêcha la prise de Ctésiphon promise aux Romains : *apertas Ctesiphontis portas uictor miles intrasset, nisi maior praedarum occasio fuisset quam cura uictoriae.*

54. C'est un état que connaît Julien depuis sa jeunesse et son long exil à Macellum : cf. 25, 3, 17 (*cum in umbra et angustiis amendarer*).

55. Un lion de taille gigantesque est abattu par les soldats : cf. 23, 5, 8 ; un soldat du nom de Jovien meurt atteint par la foudre : cf. 23, 5, 12.

56. Les haruspices cherchent à dissuader Julien de poursuivre l'expédition : cf. 23, 5, 10 et 23, 5, 13, tandis que les philosophes se veulent plus rationalistes et donnent une interprétation rassurante des phénomènes : cf. 23, 5, 11 et 23, 5, 14.

général de Mithridate, avait accepté de verser son sang pour ses hommes[57]. C'est une première évocation indirecte (le succès de Julien à Strasbourg ne permettait pas une annonce plus limpide de la destinée à venir du César) à travers la *deuotio* (*cum dispendio sanguinis*) de Sylla, du leitmotiv de la mort de Julien. Mais plus l'histoire avance, plus l'issue fatale se rapproche, plus la tragédie de la destinée de Julien prend des contours précis. Déjà l'*exemplum* de Sylla rapprochait indirectement Julien des grands modèles liviens, Horatius Coclès en particulier, qui se « dévoua » au Pont Sublicius[58]. Cette fois, en Perse, le modèle de la *deuotio* livienne (*memet uouisse*) est invoqué comme une hypothèse très vraisemblable à travers les figures de Mucius Scaevola, Marcus Curtius et celles des deux Dèces[59]. En effet, en 23, 5, 19 le verbe principal est au futur (*sufficiet*), ce qui donne à l'évocation de la mort de Julien (inéluctable quand la fortune l'aura abandonné : *si fortuna fuderit*) plus de poids que si Ammien avait adopté le système conditionnel de l'irréel.

Cette mort de Julien, que tout auditeur attentif d'Ammien sait inéluctable grâce aux signes divins qui scandent la campagne perse[60], encore annoncée en 25, 3, 3 par l'imprudence de l'empereur qui oublie de revêtir sa cuirasse au moment de porter secours à son arrière-garde, Ammien cherche à lui donner toutes les apparences d'un sacrifice personnel, d'un oubli de soi (*sui securus*), au profit du salut général (*alienae salutis*) : *arma poscebat et equum, ut reuiso proelio suorum fiduciam repararet, ac uideretur, sui securus, alienae salutis sollicitudine uehementer adstringi* (25, 3, 8). Les derniers mots de Julien seront pour rappeler que la mission d'un bon gouvernant est de pourvoir au salut de ses sujets[61] et que, s'il faisait mine d'ignorer les avertissements

---

57. Cf. 16, 12, 41 ; c'est Sylla qui s'exprime : « *scitantibus ubi relictus sim imperator, respondete nihil fallentes : solus in Boeotia pro omnibus nobis cum dispendio sanguinis sui decernens.* »

58. Pour l'influence de Tite-Live sur ce passage d'Ammien, cf. mon étude « Le récit de la bataille de Strasbourg par Ammien Marcellin : un modèle livien ? », *Regards sur le Monde Antique. Hommages à Guy Sabbah*, éd. M. Piot, Lyon, Presses Universitaires de Lyon, 2002, p. 257-264.

59. Les *Decii* sont cités encore en 16, 10, 3.

60. Outre les signes qui précèdent le discours de 23, 5, cf. en 25, 2, 4, la comète aperçue par Julien, mais dont la signification funeste n'est pas retenue par l'empereur (25, 2, 8).

61. 25, 3, 18 : *reputans autem iusti esse finem imperii oboedientium commodum et salutem…*

du destin dont il avait pourtant parfaitement compris la portée[62], c'était pour mieux faire de sa mort un acte utile, un acte glorieux *in medio cursu florentium gloriarum* (25, 3, 19), une *deuotio* digne d'un soldat et d'un émule de cette *antiquitas* dont il vantait les modèles. De cette personnalité torturée Ammien laisse une image cohérente, celle d'un homme à la fois soldat, antiquaire et dévot.

---

62. 25, 3, 19 : *interiturum me ferro dudum didici, fide fatidica praecinente.*

BIBLIOGRAPHIE

LE TEXTE

Ammien est désormais intégralement accessible dans la « Collection des Universités de France » :
– Livres 14-16, texte et trad. É. Galletier et J. Fontaine, Paris, 1968.
– Livres 17-19, texte et trad. G. Sabbah, Paris, 1970.
– Livres 20-22, texte et trad. J. Fontaine, E. Frézouls, J.-D. Berger, Paris, 1996.
– Livres 23-25, texte et trad. J. Fontaine, Paris, 1977 (deux volumes, dont l'un de commentaire).
– Livres 26-28, texte et trad. M.-A. Marié, Paris, 1984.
– Livres 29-31, texte et trad. G. Sabbah, L. Angliviel de la Beaumelle, Paris, 1999.

ÉTUDES

– N. Baglivi, *Ammianea*, Catania, Universita di Catania, 1995.
– T. D. Barnes, *Ammianus Marcellinus and the Representation of Historical Reality*, Ithaca and London, Cornell University Press, 1998.
– J. Den Boeft, D. Den Hengst et H. C. Teitler (éd.), *Cognitio gestorum. The Historiographic Art of Ammianus Marcellinus*, Amsterdam, Royal Netherlands Academy of Arts and Science, 1992.
– J. Den Boeft, D. Den Hengst et H. C. Teitler, *Philological and Historical Commentary on Ammianus Marcellinus* XX, Groningen, Brill Academic Publishers, 1987 ; XXI, 1991 ; avec J. W. Drijvers, XXII, 1995 ; XXIII, 1998 ; XXIV, 2002 ; XXV, 2005.

– *Ammianus after Julian. The Reign of Valentinian and Valens in Books 26-31 of the Res Gestae*, éd. J. Den Boeft, J.W. Drijvers, D. Den Hengst and H.C. Teitler (« Mnesmosyne, Supplementa », 289), Leyde-Boston, Brill Academic Publishers, 2007.

– P. M. Camus, *Ammien Marcellin, témoin des courants culturels et religieux à la fin du IVᵉ siècle*, Paris, Les Belles Lettres, 1967.

– J. Fontaine, « Ammien Marcellin historien romantique », *Bulletin de l'Association Guillaume Budé* 28, 1969, p. 417-435.

– J. Fontaine, « Le style d'Ammien Marcellin et l'esthétique théodosienne », dans Den Boeft, J., Den hengst, D. et Teitler, H. C. (éd.), *Cognitio Gestorum*, p. 27-37.

– Ch. W. Fornara, « Studies in Ammianus Marcellinus. I. The letter of Libanius and Ammianus' connection with Antioch », *Historia* 41, 1992, p. 328-344.

– F. Paschoud, « "Se non è vero, è ben trovato". Tradition littéraire et vérité historique chez Ammien Marcellin », *Chiron* 19, 1989, p. 37-54.

– F. Paschoud, compte rendu de T. D. Barnes 1998, *Antiquité Tardive* 7, 1999, p. 353-363.

– F. Paschoud, « Chronique ammianéenne », *Antiquité Tardive* 10, 2002, p. 417-425.

– St. Ratti, « Le récit de la bataille de Strasbourg par Ammien Marcellin : un modèle livien ? », *Regards sur le Monde Antique. Hommages à Guy Sabbah*, éd. M. Piot, Lyon, Presses Universitaires de Lyon, 2002, p. 257-264.

– St. Ratti, « L'historiographie latine tardive, IIIᵉ- IVᵉ siècle. État des recherches 1987-2002 », *Pallas* 63, 2003, p. 209-232.

– St. Ratti, « Jérôme et l'ombre d'Ammien Marcellin », *Historiae Augustae Colloquium Barcinonense*, éd. G. Bonamente et M. Mayer, Bari, 2005, p. 233-247.

– St. Ratti, « La traversée du Danube par les Goths : la subversion d'un modèle héroïque (Ammien 31, 4) », *Ammianus after Julian. The Reign of Valentinian and Valens in Books 26-31 of the Res Gestae*, éd. J. Den Boeft, J.W. Drijvers, D. Den Hengst and H.C. Teitler (« Mnesmosyne, Supplementa », 289), Leyde-Boston, 2007, p. 181-199.

– St. Ratti, *Antiquus error. Les ultimes feux de la résistance païenne* (« Bibliothèque de l'Antiquité Tardive »), Turnhout, Brepols, 2009.

– K. Rosen, *Ammianus Marcellinus*, Darmstadt, Erträge der Forschung 183, 1982.

– G. Sabbah, *La Méthode d'Ammien Marcellin*, Paris, Les Belles Lettres, 1978.

– G. Sabbah, « Ammien Marcellin, Libanius, Antioche et la date des derniers livres des *Res Gestae* », *Cassiodorus* 3, 1997, p. 89-116.

– G. Sabbah, « Ammianus Marcellinus », dans *Greek and Roman Historiography in Late Antiquity. Fourth to Sixth Century A. D.*, éd. G. Marasco, Leyde, 2003, p. 43-84.

– R. Syme, *Ammianus and the Historia Augusta*, Oxford, 1968.

– E. A. Thompson, *The Historical Work of Ammianus Marcellinus*, Cambridge, 1947.

TABLE DES MATIÈRES

Ce volume,
publié aux Éditions les Belles Lettres
a été achevé d'imprimer
en mars 2009
sur les presses
de la Nouvelle Imprimerie Laballery
58500 Clamecy, France

N° d'éditeur : 6848
N° d'imprimeur : 903169
Dépôt légal : avril 2009
Imprimé en France